Guide to U.S. Coins, Prices & Value Trends

By William T. Gibbs
and
Contributing *Values* Analyst
Mark Ferguson

Sixteenth Edition
2004

A SIGNET BOOK

SIGNET
Published by New American Library, a division of
Penguin Group (USA) Inc., 375 Hudson Street,
New York, New York 10014, U.S.A.
Penguin Books Ltd, 80 Strand,
London WC2R 0RL, England
Penguin Books Australia Ltd, 250 Camberwell Road,
Camberwell, Victoria 3124, Australia
Penguin Books Canada Ltd, 10 Alcorn Avenue,
Toronto, Ontario, Canada M4V 3B2
Penguin Books (N.Z.) Ltd, Cnr Rosedale and Airborne Roads,
Albany, Auckland 1310, New Zealand

Penguin Books Ltd, Registered Offices:
80 Strand, London WC2R 0RL, England

Published by Signet, an imprint of New American Library,
a division of Penguin Group (USA) Inc.

First Signet Printing, November 2003
10 9 8 7 6 5 4 3 2 1

 REGISTERED TRADEMARK—MARCA REGISTRADA

Printed in the United States of America

Foreword

The information included in *The 2004 Coin World Guide to U.S. Coins, Prices & Value Trends* has been compiled by William T. Gibbs, *Coin World* news editor, and Beth Deisher, *Coin World* editor, with assistance from Paul Gilkes, senior staff writer, and Fern Loomis, editorial assistant. Price guide values have been researched by Mark Ferguson, *Coin World* Values analyst, who also wrote Chapter 4. Johanna L. Peters designed the book and the cover.

For more than 43 years, since 1960, *Coin World* has reported on people, laws, new issues, auctions, pricing trends and other elements that affect the hobby and business of collecting coins and related items.

In the *Coin World Price Guide,* the *Coin World* editors present in an easy-to-use format a wealth of information and insights. The retail value guide included in the *Coin World Price Guide* is a regular feature in *Coin World.* The value of the information included in this section has been proven over time.

To contact the editors of *Coin World* or request subscription information, write to *Coin World,* P.O. Box 150, Dept. 02, Sidney, Ohio 45365-0150. Visit Coin World Online at **www.CoinWorld.com**. Get the latest information on the State quarters program at **www.StateQuarters.com**. Check out the latest coin values at **www.coinvaluesonline.com**.

Contents

Introducing the guide

Welcome to the world of coins. *Coin World's 2004 Guide to U.S. Coins, Prices and Value Trends,* the largest edition of our annual price guide ever, is designed for the collector, whether neophyte or advanced. However, it should also be useful to the noncollector who has inherited some old coins or who has just become interested in coins, and to the history buff interested in facets of American history virtually ignored in most history textbooks.

This year's annual feature, "The Jefferson 5-Cent Coin," focuses on the past of the familiar "nickel," and its exciting future, as new designs are introduced, first to commemorate the bicentennials of the Louisiana Purchase and the Lewis and Clark Expedition, and then possibly new renditions of Thomas Jefferson and his home at Monticello.

This year's edition also contains the new chapter introduced in the 2002 edition devoted to the wildly popular State quarter dollars. More people are collecting quarters than any other denomination ever: more than 139 million Americans, according to the United States Mint. The State quarter dollars chapter offers insight into the program and how one can collect the coins.

Our comprehensive analysis of the rare coin market, written by *Coin Values* Analyst Mark Ferguson, follows the annual feature and State quarters chapter, and then we get right into what you buy this book for—the retail price guide of U.S. coins, which has been expanded (more grades and more values) this year, especially in the ever-more popular "modern" U.S. coins. Within the pricing section, we also present the technical specifications for each series.

Following the pricing section are chapters devoted to mintages, Proof and Uncirculated Mint sets and commemorative coins. Then you'll find a chapter about the art and science of grading (determining a coin's level of preservation and ultimately its value), a background history of U.S. coins, and a look at Mint marks and why they are important.

We then discuss the history and latest techniques of coin manufacturing, followed by an illustrated guide to error coins. You'll also find a glossary of often-encountered terms and a full index for quick and easy reference.

Why do people collect coins?

There are many different reasons for collecting coins. You may want to collect coins because of their historical significance. Coins reveal much about a nation. For example, the word liberty, appearing on every United States coin, says volumes about Americans' love of freedom. The motto E PLURIBUS UNUM, Latin for "out of many, one," defines the nation's character, forged from 50 states and the many peoples who make up such a diverse country. The motto IN GOD WE TRUST was introduced during the Civil War, and while at first optional, became mandatory after Theodore Roosevelt, facing strong public criticism, backed down on his insistence the motto *not* be used on new gold coins introduced in 1907 (he thought the motto's use sacrilegious).

You may collect coins for their artistic beauty. The country's greatest sculptor at the beginning of the 20th century, Augustus Saint-Gaudens, sculptured classical designs for gold $10 and $20 coins. Many other U.S. coins are amazing examples of the coiner's art. (Others, sadly, are largely judged unattractive at best.)

You may, like some people, collect for financial reward. This book is not an investment advisory; *Coin World* has always promoted coin *collecting*, not coin *investing*. Many authors are willing to give you their personal recommendations. However, we would be remiss if we did not point out that many individuals have profited from collecting U.S. coins. As is true for any investment, investing in rare coins is a calculated risk. It is essential that the investor knows exactly what he is buying and understands the risks. The risks may be great, but so may be the rewards.

You may collect simply for the love of collecting. A true collector can't explain to the uninitiated the inner joy that comes from owning a 160-year-old half cent that costs less than $25, or a unique misstruck coin pulled from circulation at face value, or an 1861 half dollar that may have been struck by the Confederate States of America after it took control of the three U.S. Mints located south of the Mason-Dixon Line.

Regardless of your vantage, we hope you will find this book useful, educational and entertaining.

Tips for new collectors

Beginning collectors soon learn that there are right ways and wrong ways for just about everything. However, there are no "wrong" ways or "right" ways to collect coins and related numismatic items. No one way or method of collecting is objectively better than another.

However, there are right and wrong ways to do many things collectors routinely do. Some of the things to never do are:

• Never hold a coin by placing your fingers on the coin's surfaces. Instead, hold the coin by its edge. The human skin contains oil and contaminants that can damage a coin's surfaces.

Wrong way to hold a coin.

• Never speak or sneeze while bending over a coin. While this advice may sound silly, it's practical. Saliva and mucus can also damage a coin's surfaces if contact is made.

• Avoid the natural impulse to clean your coins. There are chemicals that can be used safely to remove dirt, other substances and undesirable toning from a coin; however, these are best left to the expert. Cleaning coins with abrasive cleaners like scouring powder or pencil erasers will also damage them. Coins that have been

Right way to hold a coin.

naturally toned usually should be left alone. A patina—the film that builds up on the surfaces of the coin—forms on copper and silver coins as a natural result of the chemical reaction of the coinage metal to the environment. It actually helps protect the metal from further reactions. Many collectors and dealers find natural toning attractive, and will even pay a premium for pleasingly toned coins.

• Store your coins properly. Hobbyists have found that certain types of plastic used in coin holders and flips (plastic holders creased in the middle, with the coin housed on one side) actually damage the coins placed in them. Avoid storage materials made of polyvinyl chloride (PVC); ask your dealer what is safe. In addition, some forms of paper envelopes and albums contain high amounts of sulfur, a substance particularly damaging to copper and silver coins. Do not leave your coins exposed to sunlight, high heat or high humidity for very long; all can damage a coin.

• Learn about grading. Chapter 7 discusses grading in more detail.

Even a basic knowledge of what grading represents is important if you begin to buy coins from others. The higher the grade or condition a coin is in, the more it is worth. However, if a collector does not know whether a coin's grade is represented accurately, he can end up paying more than the coin is worth if the coin grades lower than indicated by the seller.

Getting started

Collecting can be fun for the individual and for the entire family. It can be as easy as getting a couple of rolls of coins from a bank and placing the coins into folder-style albums (one of *Coin* World's most popular columns is "Found in Rolls," written by husband and wife collectors who search through dozens of rolls every week), or a family trip to a local coin show (there are coin shows every weekend in some part of the United States; there's probably one in your area within the next few months).

The State quarter dollars are a good place to start. It takes little effort to go to the bank, buy several rolls of quarters and put individual dates and Mint marks into the holes of an inexpensive album or holder. Most stores carry some sort of album or holder for the State quarters. After going through the rolls and saving the coins needed, take the unwanted coins back to the bank and get some more, or just spend them. If you have duplicates of some coins, trade them with other collectors for the dates you need.

With design changes in the planning stages for the Jefferson 5-cent coin, new collectors may want to start checking their change not only for the new coins but also for older examples.

Sorting pocket change and searching new rolls from the bank brings enjoyment to many beginners. It's inexpensive and doesn't take a lot of time or effort. You may want to substitute Roosevelt dimes for the quarters, or maybe the Lincoln cent, but the goal is still the same— collecting an example of each date and Mint mark for any given series.

Coin collecting opens many doors: economics, history, art and technology, both old and new. Welcome to the world of collecting and U.S. coins!

The Jefferson 5-Cent Coin

The familiar Jefferson 5-cent coin will soon be obsolete, its designs replaced first by a series of commemorative images and then, in 2006, if Mint plans are adopted, by new renditions of Thomas Jefferson and his home at Monticello.

With the end of the current series likely before the end of 2003 or by 2004 at the latest, this is an excellent time to look anew at the Jefferson 5-cent coin and commit to building a complete set.

To coin collectors, the redesign of the Jefferson 5-cent coin is long overdue and, in the end, will not go far enough due to the intransigence and the interference of the Virginia delegation to the U.S. Congress. As this chapter is being written in July 2003, all of the details of the changes planned for the Jefferson 5-cent coin are still undecided, but an end is in sight for what is the second oldest unchanged U.S. coin design type.

The Jefferson 5-cent coin has been around longer than 87 percent of Americans now living, since its introduction in 1938. When the first Jefferson 5-cent coins were pouring from the presses and entering circulation, Franklin D. Roosevelt was in the White House, Adolf Hitler ruled over Germany and Winston Churchill was out of favor in Great Britain. Few Americans had heard of Pearl Harbor; even fewer had heard of Hiroshima and Nagasaki. Television was in its infancy, space flight was the stuff of *Astounding* science fiction magazine (except in the minds of scientists like Robert H. Goddard and Werner von Braun) and the first electronic digital computer would not be operational for another year.

While the world has changed in astonishing ways since the coin's introduction, the designs of the Jefferson 5-cent coin have remained largely static, with Mint designers tweaking the images of Thomas Jefferson and his home at Monticello only slightly over the decades, mainly to improve the coin's strikeability. The Jefferson 5-cent coins of 1938 are virtually identical to those of 2003.

Millions of Americans have gotten so used to the coin that its designs barely register with them. Many probably cannot identify the man on the obverse (the "heads" side) or the structure on the reverse (the "tails" side). In short, it seems like the Jefferson 5-cent coin has been around forever.

When Americans rang in the New Year at the stroke of midnight on Jan. 1, 1938, the magnificent Indian Head 5-cent coin was in production, as it had been since 1913. The coin was the masterwork of James Earle Fraser, one of the pre-eminent sculptors of the first half of the 20th century. The Indian Head 5-cent coin depicts an American Indian on the obverse and a plains bison on the reverse. The coin is popularly known by the nickname "Buffalo nickel." That nickname, while popular, is wrong on both counts: The animal depicted on the reverse is called biologically a bison; and the legal denomination is 5-cent coin, not "nickel," with the latter referring to the less common element in its alloy.

The Indian Head 5-cent coin celebrated its silver anniversary in 1938, and Mint officials decided to change the denomination's designs, as they were permitted under U.S. law. An 1890 law (remaining on the books to this day, though diluted in 2003 for reasons discussed later in this chapter and directly related to the Jefferson 5-cent coin) regulates design changes; the law permits Treasury Department officials to change coinage designs once they had been in use for 25 years (any fewer years and Congress has to approve the changes).

The most crucial decision was a theme for the new 5-cent coin. Officials turned to the cent and quarter dollar for inspiration.

Paradigm shift

United States coinage designs were in the midst of a major paradigm shift. Allegorical depictions of Liberty were giving way to portraits of American politicians – specifically, American presidents.

When Congress began debating a coinage system in 1792, some legislators believed that the United States should follow the practice of most nations by depicting the top U.S. leader on its coinage, the president (an elected official) rather than a king or queen (who often ruled by accident of birth).

Not everyone agreed with placing the president on the coinage, including the man whose portrait would be the first to be depicted if the law went in that direction: George Washington. Washington made it clear that he considered such a practice inappropriate.

Listening to Washington's wishes when it approved the Act of April 2, 1792 (the law authorizing a national coinage and a Mint to strike the coins), Congress mandated a depiction of Liberty, not the president, as the principal design theme on the obverse of every coin, and an eagle on the reverse of every silver and gold coin.

During the 18th, 19th and early 20th centuries, Liberty – always portrayed as a woman – appeared in a variety of styles. The first allegorical representations of Liberty of the 18th century and first three decades of the 19th century took the guise of portraits. A seated figure of Liberty appeared in the mid-1830s on most silver coinage; another seated depiction of Liberty appeared in the 1870s on the Trade dollar. In the early 20th century, Liberty began standing upright on such coins as the Standing Liberty quarter dollar, Walking Liberty half dollar and Saint-Gaudens gold $20 double eagle.

Some coins issued in the 19th century bear no depiction of Liberty, the result of Congress relaxing the rules requiring the figure on every coin. Among these were a silver 3-cent coin, which depicted a large star rather than Liberty; and bronze 2-cent and copper-nickel 5-cent coins depicting shields.

Coins issued in the early 20th century depicted male American Indians (not to be confused with the allegorical Liberty nor the Caucasian Liberty portraits with Indian headdress on the Indian Head cent, first gold dollars and gold $3 coin).

The policy of not depicting an actual person on a U.S. coin actually had been abandoned in 1892 and 1893, when commemorative coins were struck depicting Queen Isabella and Christopher Columbus, and in 1899, when a commemorative silver dollar was struck depicting Frenchman Lafayette and George Washington. Several gold commemorative coins were issued in the early 20th century depicting actual persons, including presidents William McKinley and Thomas Jefferson.

However, none of these coins were intended to circulate. Not until Abraham Lincoln was depicted on the cent in 1909 did a presidential portrait coin circulate. George Washington's depiction on the quarter dollar in 1932 was the second use of a presidential portrait on a circulating coin.

Jefferson's ascension

As 1938 opened, Treasury officials announced an open competition for new designs for the 5-cent coin:

"The Treasury Department, Procurement Division, Section of Painting and Sculpture invites competition for designs for a new five cent coin to be known as the 'Jefferson Nickel.' This competition is open to all American sculptors."

The announcement included the official guidelines, among them the requirement that the sculptor entering the competition had to submit plaster models for the obverse and reverse.

The winner would be paid $1,000.

The design guidelines mandated that an "authentic portrait of Thomas Jefferson" appear on the obverse and a representation of Monticello on the reverse.

The judges reviewed 390 plaster models, according to an April 21, 1938, article in the *Washington Post*.

The news article reported that the quality of the Jefferson portraits differed widely. "The models depicted him as everything from a coarse barbarian to a royal dandy," according to the article. "The facial features varied from skinney [sic] to the triple-chin type. On a few casts, Jefferson scowled. He smiled on none, usually wearing a calm expression."

The article added, "The classic Monticello fared little better, the competitors, in some instances, perching eagles on its roof."

A few of the models depicted objects other than Monticello.

Three days later, Treasury officials announced Felix O. Schlag as winner of the contest. Schlag had been in the United States for nine years when he won the contest.

He was a German immigrant, a soldier in the German Army during World War I. Schlag, a trained sculptor, for a half year during the Depression wielded a pick and shovel during the day and bused tables during the night. He was finally able to create a studio and join the artistic community, in Chicago, in the 1930s. He jumped at the chance to design the coin and win $1,000.

The original version of Schlag's winning portrait was very close to the final product. Treasury officials asked for a few minor revisions, "like angles and curves" according to a May 11 news account. The Commission of Fine Arts – a panel that advises the federal government on artistic matters – asked for further revisions. According to a Sept. 12 news account, Schlag removed a hollow from Jefferson's cheek, smoothed down some "hard lines" around the president's mouth and "cut down the size of Jefferson's collar."

Schlag's original reverse, however, was a completely different design than that used from 1938 to 2003. It depicted a modernistic, oblique view of Monticello, with a very modern-looking tree to the left of the structure. The lettering was very modernistic as well.

The Commission of Fine Arts rejected the design.

Schlag substituted a new, more classical (some would say blander) reverse design showing the structure from the front. He also changed the lettering used on the reverse in response to commission recommendations.

As required by competition rules aimed at keeping the identities of the designers secret from the judges, Schlag did not sign his plasters. As he worked on new plasters, he did not add his initials to those designs either, although he would have been allowed to (the other U.S. coins in production for circulation then all bear the initials of their designers).

Production of 1938 Jefferson 5-cent coins began during the second week of September, and the coins soon entered circulation. All three Mints in operation – Philadelphia, Denver and San Francisco – struck the new coins.

A slightly modified reverse, from a new hub introduced Feb. 21, 1939, was used on some coins struck in 1939 (the Reverse of 1940, so named because in went into general production that year). The main difference was a much thicker top step on the image of Monticello. (Over the years, other minor design modifications have been made, none of which changed the basic overall "look" of the coin.)

Production settled into a routine in 1940 and 1941. Then came the Japanese attack on Pearl Harbor Dec. 7, 1941, and America's entrance into the war raging in Europe since 1939 and in Asia since 1937.

War, and war nickels

As the United States began switching from a peacetime economy to a wartime one, officials took various steps to conserve critical materials and divert their use to military needs. Rationing was introduced for such things as rubber, gasoline and tires.

The draft was introduced, and hundreds of thousands of young men entered military service (many enlisted, many were drafted).

Even the United States Mint was enlisted in the war against the Axis Powers. The Mint stopped making Proof coins by the end of 1942 (these are special coins struck with extra care and special finishes for sale to collectors).

More importantly, officials began exploring whether the composition of some U.S. coins could be changed so the metal used in their making could be diverted to military production.

When 1942 began, the dime, quarter dollar and half dollar were made of a 90 percent silver and 10 percent copper alloy; no changes were made to those coins.

The cent, made of 95 percent copper and 5 percent zinc and tin, and the 5-cent coin, still made of 75 percent copper and 25 percent nickel, contained war-critical metals.

Since the Constitution delegates responsibility for the regulation of U.S. coinage to Congress, legislation was necessary before any changes could be made to the alloys of the cent and 5-cent coin.

The Second War Powers Act of March 27, 1942, granted the Mint authority to strike a 5-cent coin of half silver and half copper, with an additional provision to alter the metals and proportions as Mint officials deemed necessary. While the Mint continued to strike 1942 Jefferson 5-cent coins in the traditional alloy, it experimented with a variety of different alloys. It eventually selected an alloy of 35 percent silver, 56 percent copper and 9 percent manganese (the latter metal never before used for a U.S. coin) – in essence, a nickel-less "nickel." Production of 5-cent coins in the new alloy began Oct. 8, 1942.

To make it easier to distinguish the "wartime silver" or "wartime alloy" 5-cent coins from the earlier coins, the Mint made the Mint mark much larger and moved it from its location to the right of the image of Monticello to above the structure's dome. For the first time, coins struck at the Philadelphia Mint were given a P Mint mark (but only on the 5-cent coins).

When newly struck, the new alloy was very similar in color to the old alloy, although the silver in it gave the coins a whiter color than found on the old alloy. The new composition was not a perfect choice, although it fared better than the rust- and corrosion-prone zinc-coated steel composition used for the cent in 1943 (tin was dropped from the cent during the year in 1942, and was not returned to the alloy until 1947). The three metals in the new 5-cent coin alloy did not combine well to form a homogenous alloy. The alloy was prone to laminations (see the chapter on error coins in this book for details), and it tarnished much more rapidly than the traditional alloy, often unevenly.

The wartime silver alloy was used for the Jefferson 5-cent coin through December 1945, with the Mint reverting to the original alloy in January 1946.

Once the wartime silver alloy was abandoned, production settled back into a routine.

Production of the 1950-D Jefferson 5-cent coins was limited to a little over 2.63 million coins (in contrast, 1949-D Jefferson 5-cent coins numbered nearly 36.5 million). Once mintage figures were published in coin collector journals in 1951, the 1950-D coin became one of the hottest coins ever, with few reaching circulation as dealers and collectors hoarded bags and rolls of the coins. Prices for the coin rose to stratospheric levels and stayed there for years into the 1960s. At the market's peak for the coin, a roll of 40 coins in Uncirculated condition sold for $1,200, or $30 per coin. Then the market for the coin fell and collector interests turned elsewhere (longtime numismatist Q. David Bowers notes that the 1950-D Jefferson 5-cent coin probably is the only U.S. coin worth less today than it was in 1964).

About the same time prices were dropping for the 1950-D Jefferson 5-cent coin, a coin shortage was brewing nationwide. The causes of the shortage were many and varied. Mint officials unfairly blamed much of the shortage on coin collectors and "speculators." The Mint took several steps to end the coinage shortage.

First, it stopped production of Proof coins at the end of 1964 (it had resumed their production in 1950), as well as ending production of Uncirculated Mint sets. It did make Special Mint sets in 1965, 1966 and 1967, each bearing coins with a special finish that required less labor than the Proof coins.

In 1965, the San Francisco Assay Office (as the closed San Francisco Mint had been redesignated in 1962 and which it remained until 1988) began striking coins for the first time since 1955. Mint officials received authority to drop Mint marks from all U.S. coins, which they did in 1965, 1966 and 1967. By dropping Mint marks, some reasoned, collectors would require fewer coins for their collections (one coin per year rather than two or three when counting the Mint mark varieties). When in 1968 Mint marks were returned to all coins but those struck at the Philadelphia Mint, all Mint marks were placed on the obverse for uniformity (on the Lincoln cents, they had always been on the obverse; on the other denominations, however, the Mint marks were on the reverse through 1964).

One minor change occurred in 1966: Felix Schlag finally got his recognition on the coin. As noted earlier, he had not placed his initials on the final model. He had not realized he could do so. Collectors thought it inappropriate that every U.S. coin bore the initials of its designer except for the 5-cent coin. Collectors began lobbying the Mint for the recognition of the artist, with *Coin World* among those leading the effort. Mint officials agreed, and in 1966, a small FS began appearing

FS below portrait

beneath Jefferson's shoulder. Two Proof 1966 Jefferson 5-cent coins were struck and presented to the still living designer (the only Proofs struck during the coinage emergency). Their location is uncertain today.

The P Mint mark returned to the 5-cent coins in 1980 (it was resurrected in 1979 on the new Anthony dollar). Throughout the 1980s, 1990s and 2000s, production of the Jefferson 5-cent coins remained uneventful and regular as clockwork. However, in 2002, Mint officials began exploring the possibility of changing the long-used designs.

End of an era

The Jefferson 5-cent coin, as we know it, appears to be ending, at least in its current form.

Mint Director Henrietta Holsman Fore first publicly floated the idea of new designs for the coin on April 26, 2002, before nearly 100 collectors attending a Mint-sponsored forum in Columbus, Ohio. Fore, responding to comments by collectors present at the forum that it was past time to change the designs of all circulating coins, said that the Mint was considering changing the designs in 2003 to reflect and commemorate the bicentennial of the expedition led by Capt. Meriwether Lewis and Capt. William Clark into the new U.S. lands acquired by the Louisiana Purchase.

Over the next few months following the April comments, collectors responded mostly favorably to the idea, and Mint officials seemed poised to change the designs at the beginning of 2003 as a prelude to changing the designs on all circulating U.S. coins in the years afterward. Mint officials planned even broader changes for the 5-cent coin than first reported; officials would later report they were considering different commemorative designs every year over a four-year period beginning in 2003.

Then on June 7, 2002, the Virginia delegation to Congress heard about the Mint's plans and, to put it mildly, reacted negatively.

The Jefferson 5-cent coin, of course, depicts two Virginia icons: President Thomas Jefferson, born in Virginia when it was still a British Colony, and his home at Monticello.

Despite the Treasury secretary (who heads the Mint) having legal authority to change the designs, Mint officials backed down from their plans. Intending to prevent the Mint from carrying out its plans, a Virginia legislator introduced legislation June 11, 2002, to force the Mint to retain the current designs on the 5-cent coin in perpetuity. The same legislator introduced a new compromise bill July 9, 2002, that would permit the Mint to issue commemorative 5-cent coins in 2003 and 2004 to celebrate the bicentennial of the Louisiana Purchase before returning to the original design concepts in 2005.

Those measures failed to pass before that Congress ended, but new legislation introduced in 2003 became law April 23 with President Bush's signature. It permits commemorative designs from 2003 through 2005 recognizing the Louisiana Purchase and Lewis and Clark Expedition. Mint officials are pushing toward a new reverse before the end of 2003, and multiple designs in 2004 and 2005.

The leading candidate for a new 2003 reverse is a rendition of two shaking hands, one of an American Indian and the other of white soldier, along with a crossed peace pipe and tomahawk. The design is a modified version of the reverse of the Jefferson Indian peace medal carried by Lewis and Clark for distribution to Indian leaders they encountered during their expedition.

An image of one of Lewis and Clark's boats may appear on the reverse of the coin in 2004, along with a new Jefferson portrait based on that used for the Indian peace medal. The Mint may issue a second 2004 reverse design, and two more new designs in 2005.

While the law authorizing the 5-cent coin commemorative program requires those coins struck beginning Jan. 1, 2006, to depict Thomas Jefferson and his home at Monticello, it does not mandate the current designs. Mint officials have already floated design concepts for new renditions of Jefferson and Monticello to appear on the denomination when the commemorative series ends Dec. 31, 2005.

If, then, all goes as planned, the 2003 Jefferson 5-cent coins now in production will be the last of the original designs, bringing an end to a series that began in 1938 and has continued without interruption since. Designs unchanged for more than 60 years will be no more, although the billions of 5-cent coins struck during that time will remain in circulation for decades.

The probable end of the original series in 2003 means now is a good time to begin collecting the Jefferson 5-cent coin. However, how and what to collect? Specialist collectors have their own approaches.

Die variety fun and full steps

Specialist collectors prize the Jefferson 5-cent coin for the many interesting die varieties it contains and for "full steps."

First, let's review die varieties.

A die variety is a coin struck from a die that bears some unique identifier. For example, the 1799/8 Draped Bust cent is a die variety because of a 9 punched over an 8 in the date. Researchers have identified hundreds of die varieties for large cents and other early U.S. coins, with each die being unique because of the manner in which dies were made during the 18th century and much of the 19th century. The marriage of a specific obverse die to a specific reverse die counts as a variety as well.

As increasingly sophisticated techniques were used to produce dies, dies began to lose their uniqueness. Still, such things as doubled dies, repunched Mint marks and over Mint marks – unique die varieties all – were produced through the 1980s. New die production techniques introduced beginning in the mid-1980s for Proof and commemorative coins, and in the 1990s for circulating coinage, brought an end to most significant die varieties (see the errors chapter for details).

Collectors of the Jefferson 5-cent coin will find doubled die, repunched Mint mark and over Mint mark varieties.

One of the most interesting doubled dies was struck in 1943 and discovered by a collector in 1948, but not confirmed by the hobby until 1977: the 1943/2-P Jefferson, Doubled Die Obverse 5-cent coin. It was struck by a die that was produced from two hubs bearing different dates, the first being dated 1942 and the second 1943. Remnants of a 2 appear beneath the 3, which are especially visible on early die state specimens. This is a form of doubled die, and areas of doubling can be seen elsewhere on the obverse.

Many other doubled die varieties, obverse and reverse, exist.

Many repunched Mint mark varieties exist for the series before 1990, when die production methods were changed to eliminate the possibility of making such coins.

Over Mint mark varieties can also be found in the series. Each bears a Mint mark from one Mint punched over the Mint mark of another Mint. Verified varieties are the 1949-D/S Jefferson 5-cent coin, the 1954-D/S 5-cent coin and 10 or so 1955-D/S Jefferson 5-cent coin OMM varieties. The 1955 coins were almost certainly deliberately produced. When Mint officials decided to close the San Francisco Mint in 1955, they began scaling back production there. No 1955-S Jefferson 5-cent coins were struck, but at least 10 reverse dies with an S Mint mark had been produced. Rather than waste the dies, each was repunched with a D Mint mark superimposed over the S Mint mark. Each is different, and the variety with the strongest remnants of the S visible brings the highest prices (the other 1955-D/S varieties bring lower prices).

A few Proof 1971 Jefferson 5-cent coins were struck without the S Mint mark they have borne.

Some collectors like die varieties. Many try to "cherrypick" examples. "Cherrypicking" is the term used by collectors who find unattributed scarce or rare die varieties in a dealer's inventory and thus may acquire the coins at lower prices than they would bring if they were correctly attributed and sold by a dealer familiar with their market value.

Now, on to full step Jefferson 5-cent coins.

Some collectors specialize in well-struck examples with extremely sharp and fully detailed steps on the reverse.

The term "full steps" refers to the condition of the steps leading to the porch of Monticello on the reverse. The representation of Monticello on the coin has six full steps including the porch. However, because of problems in transferring that design element to the dies and difficulties in striking the coin, most of the coins have poorly struck steps. Because of their relative rarity, examples with five or six full steps bring premiums over those with weak steps.

In the 1970s, a group of specialist collectors agreed that a Jefferson 5-cent coin with at least five full steps could bear the "full steps" designation. They permitted the lower two steps to be partially or fully joined, and as long as the other steps qualified as full steps, a coin could bear the full step designation.

Full Steps Reverse Jefferson 5 Cents

To qualify, "steps must extend uninterrupted from the left to the right buttress of the steps," wrote Mark M. Hooten in the April 21, 2003, issue of *Coin World*.

Hooten noted that to qualify as full steps, "the steps must not meet anywhere in between nor can they be joined by tags of metal or bag marks." Only minor bag or contact marks are permitted on the steps, and such marks must not "fully break any step so it is level with the incuse plain of the steps, …" Hooten wrote.

A five-step coin is one with the five top steps fully formed and unbroken, with "only the lowest step being ambiguous or joined with the step above," wrote Hooten. A six-step coin must have no joining of any of the steps.

Most full step coins are scarce or rare. According to Hooten, five date-Mint mark combinations are unknown with five steps or six steps.

Special finishes

Collectors also can collect Jefferson 5-cent coin with multiple surface finishes: standard business strike, Brilliant Proof, Frosted Proof, the Special Mint set finish and a non-Proof Matte Finish (in 1994- and 1997-issued coin and currency sets).

As noted, Proofs are struck under special conditions. A Brilliant Proof coin has mirrored surfaces on the entire coin. A Frosted Proof has frosted devices and legends, and mirror-like fields.

A special 1994-P Jefferson 5-cent coin was struck with a non-Proof Matte finish. It was issued as part of the Jefferson Coin and Currency set (the set comprises the Jefferson commemorative silver dollar, a Series 1976 $2 Federal Reserve note depicting Jefferson, and the special 5-cent coin). Final mintage of the special 5-cent coin was 167,703 pieces. The Matte Finish 1994-P Jefferson 5-cent coin costs about $100 now in MS-65.

The popularity of that set prompted Mint officials to produce a second set with a special Matte Finish Jefferson 5-cent coin in 1997: the Botanic Garden Coin and Currency set. The set's mintage is much smaller than the 1994 set's, at 25,000. The Matte Finish 1997-P Jefferson 5-cent coin costs about $275 now in MS-65.

State quarter dollars

More than 139 million Americans can't be wrong—collecting State quarter dollars is fun.

As 2004 dawns, the United States will be entering the sixth year of a 10-year program of circulating commemorative quarter dollars honoring each of the 50 states. The first State quarter dollars entered circulation in January 1999. The last will enter circulation near the end of 2008. Between those two dates, more new coinage designs will enter circulation than in any previous 10-year period in U.S. coinage history.

The United States Mint is producing five different quarter dollars each year for 10 years, until each state is represented by a quarter dollar with a commemorative reverse design. Congress, spurred by spirited lobbying by the coin collecting community, authorized the 10-year program in 1997. Most collectors are joyous over the opportunity to collect something new from circulation after so many decades of coins of numbing sameness.

While the portrait on the obverse remains that of George Washington, another change should be immediately obvious on the State quarters other than the new reverse designs. The date and denomination have changed sides, with the date now located on the reverse and the denomination QUARTER DOLLAR now on the obverse where the date used to be.

Why the fuss?

Noncollectors might wonder what the fuss is all about. Coinage designs, after all, are a static, unchanging force in our daily lives. For many Americans, the quarter dollar they were familiar with previously has always depicted George Washington and an eagle; the cent, Abraham Lincoln; the dime, Franklin D. Roosevelt; the half dollar, John F. Kennedy; and the 5-cent coin, Thomas Jefferson.

To collectors, that is the problem.

Coinage designs used to change with regularity, sometimes to the point of absurdity from a modern viewpoint. For example, three distinctly different design types were used in 1793 for the nation's first cents: a Flowing Hair Liberty, Chain cent obverse-reverse combination;

a Flowing Hair Liberty, Wreath cent; and a Liberty Cap, Wreath cent. Public and official dissatisfaction over these coinage designs resulted in rapid changes in less than 12 months, the first change being made after just 36,103 cents were struck over the period of a few weeks!

While the pace of design change during the next century wasn't always that hectic, Mint officials changed designs for most denominations on a routine basis. Congress finally put the brakes on unrestricted design changes in 1890. It passed a new law requiring the Treasury Department to seek congressional approval to change coinage designs unless the designs had been in use for at least 25 years.

Happily for collectors, Mint officials during the early decades of the 20th century interpreted the 1890 regulation as *requiring* design changes every 25 years (a concept now largely foreign to Mint officials, although the Mint is warming to the idea of new designs for other coinage denominations; as many as six new designs could be issued for the Jefferson 5-cent coin from 2003 to 2006). For example, new designs for the dime, quarter dollar and half dollar had been introduced in 1891; 25 years later, in 1916, Mint officials felt compelled to introduce new designs for each of those three denominations. By the middle of the 20th century, however, Mint officials' bureaucratic thought processes, and those of Congress as well, began to alter: Change was bad. Keeping things the same was good.

Which leads us to why coin collectors are so excited about the ongoing changes to the Washington quarter dollar. Collectors are tired of seeing the same old designs in circulation day after day, year after year, decade after decade. After all, the Washington quarter dollar has been around for a long time.

Washington's birth

The Washington quarter dollar was introduced in 1932 as a circulating commemorative coin to celebrate Washington's 200th birthday, just 16 years after the then current design had been introduced. Under the 1890 law, congressional approval was required, sought and given for the change since the existing Standing Liberty-Flying Eagle designs had been in use for less than the required 25 years. And there the Washington designs remained, fixed in time for 66 years.

The decision to depict Washington on a legal tender coin likely would have horrified the man being honored. Back before Congress devised the U.S. coinage system in 1792, our Founding Fathers began debating a national coinage. Some suggested that the nation's coins should depict the current president, then George Washington. The scion of Mount Vernon rejected this suggestion, indicating that to place his image on U.S. coinage would be to follow Europe's lead, where many nations at the time placed the portrait of their reigning sovereign on their coinage and paper money. Congress in its wisdom acceded to Washington's view and instead required each coin to depict an allegorical representation of Liberty on each coin's obverse.

For all of the 18th and 19th centuries, and the first decades of the 20th century, various images of Liberty dominated most U.S. coinage designs. (A few coins produced during the 19th century depict such subjects as a shield, flying eagle or large star rather than Liberty.) Then, in 1892, government policy changed. That year represented the 400th anniversary of Christopher Columbus' first voyage to what became known as the Western Hemisphere. Many nations celebrated, including the United States, which staged the World's Columbian Exposition in 1893 (the expo was supposed to start in 1892, but the exposition grounds were not ready until 1893).

Many numismatic collectibles resulted from the U.S. celebration, including the attractive admission tickets, many privately and government-issued medals, and two commemorative coins, the first such coins issued by the United States. The government issued an 1893 commemorative quarter dollar and 1892 and 1893 commemorative half dollars. Not only were these the first U.S. commemorative coins, they were the first U.S. coins to depict actual individuals instead of allegorical figures of Liberty (other than a few pattern pieces, or experimental coins, issued just after the Civil War but never issued for circulation or general production).

The legislation authorizing the coins required that Columbus' portrait be placed on the half dollar and Queen Isabella's portrait on the quarter dollar. (Isabella was Columbus' chief promoter, although it is a myth that she sold her jewels to finance his first voyage.) One other commemorative coin was issued during the 19th century, the 1900 Lafayette silver dollar, which depicts George Washington and the Frenchman who rallied to America's cause during the Revolutionary War. Congress authorized other commemorative coins depicting actual persons during the first decade of the 20th century.

It was not until 1909, the centennial celebration of Lincoln's birth, that the first circulating coin to depict an actual person was produced.

A portrait of Lincoln was placed on the cent to replace the aging Liberty portrait on the Indian Head cent, with only minor objections to the change in policy. Editors at *The Numismatist*, considered by many the leading coin collector magazine of the day, said, "Let us have a Lincoln portrait coin for circulation and not be hampered by the time-worn objection to placing a citizen's portrait upon our coins." One wonders what they might have said had they known that more than 94 years later, the same portrait would still be in use (a record for any U.S. coinage design).

Portraits became the rule rather than the exception once the Lincoln cent opened the floodgates for changes to circulating coinage. Washington followed in 1932 on the quarter dollar; Thomas Jefferson in 1938 on the 5-cent coin (replacing an American Indian); Franklin Roosevelt in 1946 (replacing the Winged Liberty Head); Benjamin Franklin (replacing the Walking Liberty); and John F. Kennedy on the half dollar, in 1948 and 1964, respectively. New dollar coins have depicted Dwight D. Eisenhower, Susan B. Anthony and Sacagawea.

While many collectors lament the passing of Liberty as a design concept—many of the portraits and images of Liberty appearing on U.S. coins are works of art—they've also criticized the government's decades-long reluctance for any change to circulating coinage designs. Official policy used to state that there was no public support for changes in coinage designs. While collectors have argued that point, lobbying efforts at the Treasury Department and on Capitol Hill were largely fruitless. Collectors had got close several times, with one legislative effort derailed when conservative elements claimed, incorrectly, that the effort to change coinage designs was directed at removing from the coins the motto IN GOD WE TRUST. Furthermore, many in Washington, D.C., would find it difficult to remove from our circulating coinage such icons as George Washington, Thomas Jefferson (Virginia's congressional delegation in 2003 introduced legislation mandating Jefferson's depiction and that of Monticello on the 5-cent coin forever; it is now law) and Abraham Lincoln (and might find it daunting to select a racially diverse five Americans for portrayal, if the policy of depicting actual persons were continued).

However, coin collectors finally gained a sympathetic ear when Rep. Michael Castle, R-Del., was named chairman of the House subcommittee in charge of coinage legislation in the mid-1990s. Rep. Castle listened and acted when collectors told Congress that too many expensive commemorative coins were being struck merely to raise funds for various special-interest groups. For example, consider two coins issued while his predecessor, Rep. Joseph P. Kennedy II, D-Mass., served as chairman of the subcommittee. Two commemorative coins were authorized (with little or no opportunity for public comment) that depict Kennedy's relatives: a silver dollar depicting his father, Robert F. Kennedy, and a second silver dollar depicting an aunt, Eunice Kennedy Shriver (who is still living), as a founder of the Special Olympics.

To answer coin collectors' cries that too many programs were being approved, many with inappropriate subjects, Castle got Congress to approve legislation limiting commemorative programs to no more than two a year (although Congress has violated that law already). He also forced changes that call for greater accountability from those organizations and foundations receiving funds from commemorative coin sales. And he indicated he was open to the idea of requiring the Treasury Department to change some of the circulating coins' designs.

Coins for states

During Castle's commemorative coin hearing July 12, 1995, he asked New York City coin dealer Harvey Stack, representing the Professional Numismatists Guild, for any other recommendations after Stack read his prepared statement on commemorative programs. Stack is an opponent of multiple noncirculating commemorative coin programs, which can be very expensive (especially if collectors buy one of everything being offered) and which very often drop in value after collectors buy the coins from the Mint. Stack suggested a circulating commemorative quarter dollar program honoring each of the 50 states as a means of introducing a broader audience to coin collecting, and at low cost (at face value from circulation!). While Stack may not have been the first to suggest the idea publicly, he was the first to do so publicly to someone in government who could act on the proposal. The Citizens Commemorative Coin Advisory Committee, then chaired by the director of the U.S. Mint, unanimously endorsed the idea, as did other hobby leaders testifying at the hearing. Castle warmed to the idea and introduced legislation that passed both houses and was signed into law. Even Treasury officials backed the program, but not until completing a congressionally mandated study and asking Congress to order the program to be implemented. At Castle's instigation, Congress did.

Over the 10 years of the program, five quarter dollars will be issued each year at roughly 10-week intervals in the order the states entered the Union. Each coin will have a design reflective of the state being commemorated. Each state's governor may recommend up to five design concepts, with each state determining the process by which its design concepts are selected. The secretary of the Treasury approves the proposed designs after consultation with two government-appointed committees empowered to comment on coinage designs. The state's governor selects the final design from those approved by the secretary of the Treasury.

Congress avoided any controversy over removing Washington from the design by mandating changes to the reverse only. The 1932 Washington portrait will remain in place on the obverse of each quarter dollar, although some surprising changes have taken place that involve the obverse and reverse. Mint officials studied the placement of existing inscriptions on both sides, the space available on the reverse for the individual state designs, and the need for additional space for new reverse legends. Officials concluded that in order to incorporate the new designs and inscriptions, they needed authority to reposition existing legends. Since the positioning of such elements as the date and QUARTER DOLLAR are mandated by law, Treasury officials had to get congressional authority to move them. Congress again moved remarkably quickly; President Clinton signed the legislation into law in May 1998. Mint officials also had to make the Washington portrait smaller to make space for the additional inscriptions.

The most jarring changes involve the date and the denomination. Mint officials moved the date from the obverse to the bottom of the reverse. (These coins are not the first U.S. coins with dates on the reverse; gold dollars and $3 coins have reverse dates.) The denomination QUARTER DOLLAR was moved from the reverse to the obverse, beneath Washington's portrait (where the date is located on pre-1999 quarter dollars). Officials moved UNITED STATES OF AMERICA from the reverse to the obverse, and some of the obverse legends were moved into different positions on that side.

The Mint has struck State quarter dollars at both the Philadelphia and Denver Mints for circulation, and collector-only versions at those two facilities and the San Francisco Mint. Collectors wanting to collect an example of each coin from circulation will need a specimen from the Philadelphia and Denver Mints, or 100 coins over 10 years. According to Mint officials, no special effort is being made to place a particular state's coins into circulation in that state. As with all coins, distribution is under the control of the Federal Reserve Bank, which buys coins from the Mint at face value and sells them to commercial banks when requested. It's anyone's guess at how widely the State coins will circulate, and for how long. (The Mint has struck millions of each quarter dollar, and for some issues, more than 1 billion pieces. Mintage figures are found in a separate chapter later in this book.)

Consider, for example, the 1776-1976 Bicentennial quarter dollars, half dollars and dollars—the only other circulating commemorative coins produced by the U.S. government in recent decades. The Mint struck and circulated more than 1.67 billion 1976 Washington quarter dollars, each—like the State coins—bearing a commemorative reverse design (a Colonial drummer and Liberty torch). Despite the large quantity produced, few are seen in circulation today, probably because individuals pull the coins from circulation when they encounter them, just because their designs are a little different. Even today, more than a quarter century after the coins entered circulation (in 1975), circulated specimens are worth face value only. Still, they're fun to collect.

Collectors have provided some insight into the circulation patterns of the State quarters. *Coin World* has been tracking distribution since the program began, through its First Reports and Circulation Reports page at its State quarter dollars Web site (**www.statequarters.com**). *Coin World* tracks when a newly issued State quarter is reported for each of the 50 states. So far, each coin has shown up in each state within a few months of release. However, that does not mean the State quarters are circulating everywhere.

For example, Philadelphia Mint and Denver Mint strikes are not distributed evenly throughout the country. Denver Mint coins tend to circulate more in the West, with Philadelphia Mint coins found in larger quantities in the East. There is some broader distribution, but for the most part, collectors tend to find coins from one Mint more often than those of the other Mint. Informal tracking by *Coin World* readers who record what they find over short periods tends to confirm the regional distribution by Mint mark through the Federal Reserve Banks.

Some collectors tell *Coin World* that they have difficulty finding any State quarters locally. That might be because the banks and other commercial businesses in their locale have little need to order new coins from the Federal Reserve and thus are not getting quantities of the

State quarters. The few pieces that show up probably do so through normal commercial channels as they are spent in circulation. While it has been fun for those finding the coins, those who cannot find the coins in circulation are forced to pay dealers premiums, which they find frustrating.

To help collectors, *Coin World* established a trading forum that can be reached through its Web site (**www.coinworld.com/forum.asp**). Once registered, a collector is permitted to offer to trade State quarter dollars in his possession for State quarters he needs.

How to collect

Why are most collectors happy about the State quarter dollar program? It gives them something to collect from circulation that's different from all of the other coins. And that's fun.

In fact, the ranks of coin collectors have grown immensely since the introduction of the State quarters. United States Mint officials report as many as 139 million Americans are saving the State quarter dollars from circulation. *Coin World* staff members encounter many people collecting the quarters who never collected coins before. Many of these new collectors are constantly asking, "When's the next quarter due?"

So how should collectors collect the new State quarter dollars?

A basic approach would be to collect one coin for each state, regardless of issuing Mint, for 50 coins, from Delaware (the first state) to Hawaii (the 50th state). Collectors can pull the coins from circulation, which is the most fun. Most of these coins will exhibit circulation wear and damage, unless collectors acquire fresh rolls of coins directly from their local banks.

A second approach would double the number of coins to 100 pieces, by seeking examples of each coin struck at the Denver and Philadelphia Mints. This approach will be even more fun for collectors, although collectors again are finding most coins in their area are predominately from one Mint or the other. Since most collectors collect by date and Mint mark, this approach will probably be the most common.

A third approach is to buy the coins directly from the Mint. The Mint offers the copper-nickel clad circulating coins and special silver versions in a variety of packaging. Benefits to this approach include getting all of the coins being produced in a higher level of condition than likely to be encountered in circulation. The drawbacks will be cost (collectors will pay much more than face value for the coins) and a lower "fun" threshold (collectors who buy directly from the Mint will miss the thrill of the hunt from circulation).

Another approach would be to add a single example to one's collection of quarter dollars by type. A type collection would include one of each major design within a specific denomination or century. For example, a 20th century type set of quarter dollars would include a Barber quarter dollar, a Standing Liberty coin, silver composition Washington quarter dollars from 1932 to 1964 and 1992 to 1998 (the latter were struck not for circulation but for the Silver Proof sets), a copper-nickel clad specimen from 1965 to date, a Bicentennial reverse specimen, and one or more specimens of the new State coins (a true type coin collection would require one coin from each state, since each has its own reverse design and thus is a separate type).

When will your state's coin be released?

The U.S. Mint has been working on a tight schedule, releasing a new coin every 10 weeks or so. Once production of a particular state's coin is halted, no more will be produced with that theme.

As noted, coins will be introduced in the order the states entered the Union. The accompanying schedule should let you know when to start looking for your state's coin if it hasn't been released yet.

The 50 States Commemorative Quarter Program will be one of the most exciting events for coin collectors over the next six years. Don't miss the boat. You'll be missing lots of fun.

The following list records the year each 50 state's quarter dollar has been or will have been issued into circulation. Following each state is the date it ratified the Constitution (for the first 13 states) or entered the Union.

1999

Delaware	Dec. 7, 1787
Pennsylvania	Dec. 12, 1787
New Jersey	Dec. 12, 1787
Georgia	Jan. 2, 1788
Connecticut	Jan. 9, 1788

2000

Massachusetts	Feb. 6, 1788
Maryland	April 28, 1788
South Carolina	May 23, 1788
New Hampshire	June 21, 1788
Virginia	June 25, 1788

2001

New York	July 26, 1788
North Carolina	Nov. 21, 1789
Rhode Island	May 29, 1790
Vermont	March 4, 1791
Kentucky	June 1, 1792

2002

Tennessee	June 1, 1796
Ohio	March 1, 1803
Louisiana	April 30, 1812
Indiana	Dec. 11, 1816
Mississippi	Dec. 10, 1817

2003

Illinois	Dec. 3, 1818
Alabama	Dec. 14, 1819
Maine	March 15, 1820
Missouri	Aug. 10, 1821
Arkansas	June 15, 1836

2004

Michigan	Jan. 26, 1837
Florida	March 3, 1845
Texas	Dec. 29, 1845
Iowa	July 3, 1846
Wisconsin	May 29, 1848

2005

California	Sept. 9, 1850
Minnesota	May 11, 1858
Oregon	Feb. 14, 1859
Kansas	Jan. 29, 1861
West Virginia	June 20, 1863

2006

Nevada	Oct. 31, 1864
Nebraska	March 1, 1867
Colorado	Aug. 1, 1876
South Dakota	Nov. 2, 1889
North Dakota	Nov. 2, 1889

2007

Montana	Nov. 8, 1889
Washington	Nov. 11, 1889
Idaho	July 3, 1890
Wyoming	July 10, 1890
Utah	Jan. 4, 1896

2008

Oklahoma	Nov. 16, 1907
New Mexico	Jan. 6, 1912
Arizona	Feb. 14, 1912
Alaska	Jan. 3, 1959
Hawaii	Aug. 21, 1959

Coin market analysis 4

The rare coin market has continued to expand during the past year with additional collectors bringing added demand, along with new money, into an already hot marketplace. Momentum grew over the fall and winter of 2002, and strong demand for all sectors of U.S. coins has remained steady well into 2003, without one lull, even during the usually slower months of the spring tax season and summertime activities.

The coin market usually begins a growth cycle by experiencing the elimination of discounts, with prices firming in relation to published values. This cycle is well past that phase, and as we near the end of the third quarter of 2003 we're seeing exceptional coins routinely trade at prices that are higher than published values, even after listed prices have risen dramatically. Dealers are having trouble replacing inventory, especially after a long period of brisk sales, and are now having to increasingly compete directly with collectors, their customers, at every major auction. Of course when this happens, the collector usually wins.

Auctions

While circumstances will always bring a certain number of consignments to the auction firms, the current higher prices for virtually all U.S. coins have failed to bring out the amount of quality coins needed to supply the heightened demand. Competition between all the major auction firms in obtaining consignments is very intense, and adding to this competition has been the creation of a new auction firm, American Numismatic Rarities (ANR) of Wolfeboro, N.H., and the increasing presence of an upstart firm, Scotsman Auction Co. of St. Louis. ANR began in early 2003 with former employees and well-known personalities from Bowers and Merena Galleries who stayed behind when the company moved its headquarters from Wolfeboro to the New Orleans area.

Of course four other major national rare coin auction firms are also setting price records along with the previously mentioned companies. They are Heritage Numismatic Auctions of Dallas; Ira & Larry Goldberg Coins & Collectibles of Beverly Hills, Calif.; Stack's Rare Coins of New York City; and Superior Galleries, also of Beverly Hills. Numerous smaller dealers and collectors are selling coins by the old "mail-bid sale" method, but Internet auctions are rapidly phasing out auctions that strictly use the United States Postal Service in accepting bids. Numerous private Internet sales are now being conducted, along with thousands of auctions being run through major houses, like eBay, Teletrade and others.

No really big "name" auctions were conducted during 2003, but some very important coins and collections were nevertheless sold. The auction "landscape" has also changed in that Internet bidding has been a major influence in the way coin auctions are now being conducted. Several major auction firms have teamed up with eBay, for example, in providing a way for bidders to compete live with floor bidders in attendance at an auction.

Bowers and Merena Galleries introduced live "Internet Radio" to the auction scene at its official 2003 American Numismatic Association auction. It allows bidders or interested parties to listen to an auction being called as if they were right on the auction floor with the other participants. It's a very educational experience, if anything, that demonstrates to people nuances, terminology and procedures used in live auctions.

Record values

The top value reported for rare coins setting records during this past year is "about $3 million," which was paid for the highest quality example of the five known 1913 Liberty Head 5-cent coins; Louis E. Eliasberg Sr. once owned the specimen. The coin, also known as Specimen No. 1, is graded Proof 66 by Professional Coin Grading Service.

It sold in a private transaction at the American Numismatic Association convention at the end of July 2003 in Baltimore. The selling principal in the transaction was Dwight Manley, perhaps best known in numismatics for organizing the principals of the California Gold Marketing Group, which bought, for more than $100 million, most of the gold recovered in the treasure ship, the SS Central America, which sank in a hurricane about 200 miles off the coast of North Carolina in 1857. The purchaser of the 1913 coin was dealer Edward C. Lee, president of Lee's Certified Coins of Merrimack, N.H., for his personal collecting and investing interests.

While Manley paid a record $1.84 million for this coin in March 2001, Lee predicts that he'll be able to sell the coin for "at least $5 million" within one to three years. This particular 1913 Liberty Head 5-cent coin was the first U.S. coin to sell for more than $1 million when Jay Parrino of Kansas City, Mo., bought it for $1.45 million at the 1996 auction of the Eliasberg collection. Lee plans to be the "only person in history who ever retired on a nickel."

While the following price is not a record for a particular coin issue, it's the top value ever for this example of the 1804 Draped Bust silver dollar, known longest as the Adams Specimen. Also known as "The King of American Coins," 1804-dated silver dollars have held numerous records of price values for all coins during the past 100 years or so. The most recent sale of the Adams 1804 silver dollar occurred in the official 2003 ANA auction by Bowers and Merena Galleries on July 31, 2003, in front of a standing-room-only crowd where it brought $1,207,500. The buyer was Beverly Hills dealer Kevin Lipton, whose son cast the only floor bid of $1,050,000, after the auction lot opened for $1 million. The final price included a 15 percent buyer's fee added to the hammer price, or final floor bid. Selling the piece was dealer Donald Kagin of Tiburon, Calif., who purchased the coin for $874,000 in another Bowers and Merena auction, in 2001.

Stack's Rare Coins produced the next two price records in its May 14, 2003, auction of the L.K. Rudolf Collection. The firm sold an 1870-S Seated Liberty silver dollar for $1,092,500, setting a new world record for the highest price ever paid for a U.S. silver coin struck for circulation.

Another record was set in the same auction for the highest price ever paid for a U.S. Trade dollar, the rarest example which is dated 1885 and one of only five struck, which sold for $920,000.

Heritage Rare Coin Galleries represented the buyer or buyers for these two coins.

Although there are just five 1885 Trade dollars, just as there are five 1913 Liberty Head 5-cent coins, the Trade dollars have never brought as much money because they aren't nearly as well known, probably due to B. Max Mehl's longtime promotion looking for the 5-cent coin.

Numerous specialized coins have sold for well into the six-figure level during the past year, but two coins, which sold for solid five-figure prices at Heritage's 2003 Florida United Numismatists convention auction in January, attracted enormous attention during 2003 and were talked about during the rest of the year. These are a 1963 Lincoln cent, graded Proof 70 deep cameo by Professional Coin Grading Service and an 1899 Indian Head cent grading Mint State 68 red, also graded by PCGS. Both of these are very common coins that have been preserved in uncommonly near perfect conditions. However, the 1963 Lincoln cent has been talked about, not only because of its amazingly high price, but also because it had a tiny spot in its upper left obverse field!

Quite a few other late date, "modern" coins, too numerous to mention here, but found in near perfect condition, have also brought well into five-figure prices. This phenomenon has been fueled by the grading services' registry sets in which collectors register the grades of each coin in their collections online with the grading services that conduct these programs, in a competition for the highest overall grades per collection. These registry competitions have caused auction bidding contests that have resulted in outlandishly high prices for many of these coins, reminiscent of the tulip mania in Holland in the 17th century. There is serious concern that, as additional coins are graded and the populations of high-grade issues grows, the bubble will burst for these extraordinary prices for such common coins, leaving owners holding the bag, only able to reap fractions of the prices paid for these coins. The grading services that offer these registry competitions publish statistics on the number of coins graded for each coin issue by grade so their totals can be tracked by grade.

Discoveries

Without a doubt, the most important discovery during 2003 appeared at the American Numismatic Association annual convention in Baltimore. Four of the five known 1913 Liberty Head 5-cent coins were scheduled to be displayed at the convention. This was the chance of a lifetime to view all of these coins together. The fifth known specimen was reportedly lost in a fatal car accident in 1962. It turns out that the real coin was incorrectly called fake by a major dealer who sold coins from the owner's estate after the accident. The real 1913 Liberty Head 5-cent coin then remained in a closet for more than 40 years in an envelope with notes indicating the coin was a fake.

In late May 2003, Bowers and Merena Galleries offered a million dollar reward and $10,000 to be the first to examine the coin if it should be found. This reward gained national publicity and millions of people, collectors and noncollectors alike, checked their pocket change, drawers and closets in hopes of finding this valuable coin. During the ensuing months, this reward convinced the owners of the real coin to bring it out of hiding for examination. They brought it to the Baltimore ANA convention where experts had the first chance in generations to examine it alongside the other four known specimens. Voila! It was declared genuine by these experts. The mystery was solved!

Several other discoveries were made during 2003, mostly

specialized varieties in series heavily studied. New varieties of large cents, which were made from 1793 to 1857, were discovered, as well as minor varieties in other series like Morgan silver dollars. Minor varieties in modern coins are being found as numerous people, novices and specialists alike, are enjoying themselves in their discovery pursuits.

Additions to listed coin values

At the beginning of 2003, *Coin World* made some major changes and additions to Trends, its value guide for coins, from which this book's listings are taken. Values for ultra high grades for modern coins, those generally issued from 1934 to date, have been added for the various series making up these modern issues. The grading scale predominantly used by the hobby ranges from 0 for "basal state" coins to Mint State 70 and Proof 70 for absolutely perfect examples of pieces with no contact marks from other coins. These listings have provided value information for such coins, giving collectors a guide available nowhere else. The popular designations of Cameo and Deep Cameo are also included.

In spring 2003 *Coin World* Trends was improved and presented in an 8.5-by-11-inch monthly pullout format. Previously the values were listed in a full-page format that appeared in weekly cycles covering all series each month. Collectors and dealers raved about the new format, which included the complete listing in one easy-to-carry booklet.

This was followed by changing the format into a monthly newsstand magazine, announced at the 2003 Baltimore convention of the American Numismatic Association and scheduled to appear in October 2003. All *Coin World* subscribers are to receive this new magazine once per month along with their subscription issues. The name has been changed from *Coin World* Trends to *Coin Values*.

Precious metals

Gold, silver and platinum prices were much more volatile during 2003 than they were during the previous year. After making a steady climb in 2002 from about $280 per ounce at the beginning of the year to approximately $350 at the end of the year, gold bounced around during 2003 between $320 to more than $380 for most of the year. While the gold price began 2003 between $340 and $350, it remained only slightly above that level moving into the summer.

However, while silver traded in a narrow range throughout 2002, beginning and ending that year between $4.50 and $4.75 per ounce, it too bounced around much more during 2003. Silver's trading range for most of 2003 fell between a low of just more than $4.35 to a little more than $5 per ounce and climbing while heading into fall 2003.

Platinum, the third precious metal popularly watched, was also quite volatile during much of 2003 after climbing steadily during 2002 from around the $475 per ounce level to end 2002 near the $600 per ounce benchmark. It then proceeded to continue its climb, more rapidly during the beginning of 2003, to just over $700 after which it made a price correction in spring, back down to the $600 area. However, showing strength again in 2003, platinum rose steadily to between the $675 and $700 per ounce level going into fall 2003.

The United States Mint coins various sizes of gold, silver and platinum legal tender coins to make it easy for Americans to purchase these precious metals. Of course, the 1-ounce sizes are most popular, but smaller sizes of all the gold and platinum coins are also made.

Collectors and coin grading services have jumped on the bandwagon of grading these coins, in search of those elusive perfect examples. While such graded pieces trade for premium prices that appear as listings in Coin Values, it is not necessary for people who just want to own these precious metals to purchase them in graded holders. Grading does not matter in pricing these as bullion coins. Condition should really only matter if one wants to have fun collecting these popular perfect, or nearly so, bullion coins as a hobby.

Conclusion

All the fundamentals of the current coin market are just right to keep the bull market raging. Demand is coming from real collectors who are taking an interest in coins and educating themselves in their areas of specialty over the Internet, rather than from inflation-hedging speculators who cared to take virtually no interest in what they were buying during the last great bull market for coins, which took place during the late 1970s, ending with a crash in spring 1980. (The 1989 bull market was a blip on the radar screen in comparison to the late 1970s and 1980.)

The only inside influence on the horizon that may slow down this 2003 market is resistance to substantially higher prices. No coin market crash is in sight at all, and the only forces imagined that could cause such an event are outside economic factors or some other sort of major tragedy. However, if inflation increases much, this bull market for coins could sustain itself for several years.

Values of U.S. coins

Rare coin prices rise and fall based upon the interest of collectors, investors and dealers, the overall economy, changes in precious metals prices and a host of other factors.

We make no predictions in these pages about what the future may bring for rare coins. We provide the reader with information. The Coin Values listings that follow give a guide as to retail value. However, users of this book should note that the price information included here was compiled in August 2003, and while many of the values given will not change substantially, some may. Users seeking the latest pricing information should consult the information published in the print edition published in the first issue of *Coin World* every month or the weekly updates at Coin World Online (**www.coinvaluesonline.com**), which is available free to subscribers.

We will note that historically, the rare coin market appears to move in cycles. Q. David Bowers, a longtime and well-respected dealer, was one of the first in the hobby to write about price cycles. The overall market moves in cycles, with peaks in 1973 to 1974, 1979 to 1980 and 1989, and slumps in 1975 and 1976 and 1981 to late 1987. He writes about this in much more detail in the seventh edition of the *Coin World Almanac,* now available.

Individual series also experience cyclical movements, with gold coins popular in some years, Proof sets and rolls in other years, and high-grade "modern" U.S. coins at other times.

How coins become rare

The first factor that makes a coin rare is its mintage. The term mintage is the number of specimens struck for any given date at a specific Mint. However, mintage figures are often deceptive. For example, the United States Mint struck 312,500 1933 Indian Head eagles, a $10 gold coin. However, price records indicate that the coin is much rarer than the mintage would indicate; perhaps as few as 30 to 40 pieces exist.

What happened? The coins were struck shortly before President Franklin D. Roosevelt signed an executive order forbidding Americans to own certain gold coins. The only gold coins not banned from private ownership were those with numismatic value held by collectors and dealers. Only a few of the 1933 Indian Head eagles struck were released into circulation; the rest were melted before they ever left the Mint.

Another case of how mintage figures can be misleading is raised by the two 1883 Liberty Head 5-cent subtypes. Two distinct subtypes were struck that year. The first bears the denomination on the reverse in the form of the Roman numeral V; the word CENTS does not appear. After larcenous individuals began gold-plating the Liberty Head, No CENTS 5-cent coin and passing it off as the similarly sized $5 gold half eagle, a new subtype was struck. The second subtype bears the word CENTS in addition to the Roman numeral V.

Approximately three times as many of the second, With CENTS variety were struck (mintage: 16 million) as the first, No CENTS variety (mintage: 5.5 million). However, prices for the more "common" variety are much higher than for the lower mintage piece. Why is that so? a new collector might ask.

The sudden replacement of the 1883 Liberty, No CENTS 5-cent variety led to the quick withdrawal of the coin by the public, certain they had a rarity. The much more common subtype entered circulation and stayed there, with many more pieces eventually consigned to the melting pot as they became too worn and were withdrawn by banks. Thus, collectors saved many more specimens of the first version than the second version.

Most coins end up in the melting pot. As coins circulate, they become worn, scratched and damaged. Eventually, they are returned to the Mint for melting. Gold and silver coins have been melted in large quantities by the government and by private individuals. When gold surpassed $800 an ounce and silver reached $50 an ounce in January 1980, millions of common-date gold and silver coins were melted for their precious metal content. A worn 1964 quarter dollar, for example, worth a dollar or less to a collector in 1978 had a bullion value of $9.04 when silver hit $50 an ounce!

Many coins are otherwise removed from circulation, through loss or deliberate destruction or disposal.

Researchers study survival rates by degree of preservation. One author traced the appearances of all U.S. gold coins sold at auction by grade. Several grading services now publish population reports of the coins they grade, another indicator of the survival rate for a particular coin in a particular condition. These population reports can be misleading, however, in that a single coin may be submitted to a grading service many times by an owner hoping to get a higher grade for the piece at some point. A coin submitted a half dozen times may be listed in the firm's population report a half dozen times, thus artificially inflating the number of coins with that grade.

Unexpected supplies of coins turning up on the market can also have an impact on the rare coin market. A 1903-O Morgan silver dollar in Uncirculated was listed in a popular price guide published in 1962 as being valued at $1,500, and a 1904-O Morgan dollar, also in Uncirculated condition, was priced at $350. A year later, in the next edition of the same price guide, the 1903-O Morgan dollar was priced at $30 in the same grade, a loss of more than $1,400, and the 1904-O dollar was worth just $3.50, 1 percent of its value a year earlier!

What happened? The Treasury Department emptied some of its vaults as citizens turned in ever-increasing numbers of silver certificates in exchange for silver dollars. Numerous bags of the 1903-O and 1904-O Morgan dollars, in storage for nearly 60 years, were suddenly dumped onto the market at face value. Prices plummeted.

Demand and dealer promotion can also affect the price of a coin. For example, certain types of error coins are promoted as part of the regular series although in actuality, they are not. For example, the 1955 Lincoln, Doubled Die Obverse cent is heavily promoted, as is the 1972 Lincoln, Doubled Die Obverse cent. Activity is high for both coins, collector albums often have a space reserved for them, and dealers heavily promote them. However, other doubled die cents, much rarer than the 1955 and 1972 coins, are promoted only by a few dealers specializing in error and die variety coins. Their prices are often much lower than the heavily promoted pieces because their existence is known only to a few specialists and the supply is greater than the demand.

About the Coin Values

The values in this price guide were compiled by Mark Ferguson for *Coin World* through August 2003. *Coin World's Coin Values* is a comprehensive retail value guide of U.S. coins, published in the first issue of every month of *Coin World* and weekly online at **www.coinvaluesonline.com**. Many different sources are used in determining the values, including dealer price lists (both buy and sell), prices quoted on several dealer trading networks, Internet transactions, public auction prices, realistic (and confirmed) private transactions and any additional information acquired by the staff. In addition, demand and rarity are key considerations in compiling *Coin Values*. Values are for properly graded, problem-free, original and uncleaned coins with attractive color. Values given here are generally for sight-seen coins (coins that dealers demand to see before bidding on them), as opposed to sight-unseen coins (which dealers offer to buy without looking at them first, although at considerably lower bids than sight-seen coins). A sight-seen coin is generally acknowledged to be of higher value than a sight-unseen coin, even if the two coins bear the same grade.

The values section in this year's edition has been greatly expanded over past editions, with many new grades and values added to some sections. Many of the additions will be found among the "modern" coins—roughly those coins struck since 1934, including all of the series currently still in production. The interest in ultra high-grade examples of these coins has resulted in some incredible prices being paid for "common" coins in "uncommon" high grades.

Coin World neither buys nor sells coins. This values section is published as a reader service and may or may not be the same as an individual's or a firm's buy or sell prices.

Unless otherwise noted, condition (grade) designations are for the lowest possible level of each grade range.

Users should also be aware that coins that have been graded by some third-party grading services may not meet market standards for that grade, and thus would bring lower prices than coins graded by another grading service. The values that follow are for coins that are accurately graded to market grading standards. Coins assigned the "same" grade but in a different "grading standard" may be worth less money.

Buyers are advised to consult with experienced and knowledgeable collectors and dealers for advice on a coin's grade and whether a particular grading service is judged to meet market standards.

Reading a value's listing

It is not possible to configure each line of values to the market peculiarities of each date and variety of every series of U.S. coin. Therefore, gaps may appear in the listing.

A dash listed among the values usually indicates a coin for which accurate market information is not available due to rarity or lack of activity in the marketplace. An asterisk indicates no coins issued.

Liberty Cap, Left half cent

Date of authorization: April 2, 1792
Dates of issue: 1793
Designer/Engraver: Adam Eckfeldt
Diameter: 23.50 mm/0.93 inch
Weight: 6.74 grams/0.22 ounce
Metallic content: 100% copper
Edge: Lettered (TWO HUNDRED FOR A DOLLAR)
Mint mark: None

	G-4	VG-8	F-12	VF-20	VF-30	EF-40	EF-45
1793	2000.	3000.	4500.	6000.	8000.	18500.	20000.

Liberty Cap, Right half cent

Date of authorization: April 2, 1792
Dates of issue: 1794-1797
Designers: (Large Head): Robert Scot
(Small Head): Scot-John Gardner
Engraver: Robert Scot
Diameter: 23.50 mm/0.93 inch
Weight: 1794-1795: 6.74 grams/0.22 ounce
1795-1797: 5.44 grams/0.18 ounce
Metallic content: 100% copper
Edge: 1794-1795: Lettered (TWO HUNDRED
FOR A DOLLAR)
1795 (Type of 1796): Plain
1796: Plain
1797: Most Plain, Some Lettered, Some
Gripped
Mint mark: None

	AG-3	G-4	VG-8	F-12	VF-20	VF-30	EF-40	EF-45
1794	300.	400.	650.	1000.	1500.	2500.	3500.	4500.
1795 Lettered Edge, Pole	150.	300.	550.	900.	1700.	2250.	3250.	4000.
1795 Plain Edge, Pole, Punctuated Date								
	175.	350.	650.	950.	1500.	2500.	3750.	5000.
1795 Plain Edge, No Pole	150.	350.	500.	700.	1100.	2100.	2750.	3750.
1795 Lettered Edge, Pole, Punctuated Date								
	175.	350.	675.	1000.	2000.	3000.	4500.	5500.
1796 With Pole	5500.	9000.	13500.	16500.	20500.	24500.	30000.	37500.
1796 No Pole	8500.	19000.	27500.	38500.	65000.	—	—	—
1797 Plain Edge	200.	350.	500.	1000.	1800.	2500.	4500.	5500.
1797 Pl. Edge,1 above 1	175.	325.	450.	800.	1500.	2000.	3000.	3500.
1797 Lettered Edge	600.	1500.	2750.	5000.	—	—	—	—
1797 Gripped Edge	—	—	—	—	—	—	—	—

—— = Insufficient pricing data

Draped Bust half cent

Date of authorization: April 2, 1792
Dates of issue: 1800-1808
Designers: Obverse: Gilbert Stuart-Robert Scot
Reverse: Scot-John Gardner
Engraver: Robert Scot
Diameter: 23.50 mm/0.93 inch
Weight: 5.44 grams/0.18 ounce
Metallic content: 100% copper
Edge: Plain
Mint mark: None

	G-4	VG-8	F-12	VF-20	VF-30	EF-40	AU-50	MS-60B
1800	50.	75.	150.	250.	400.	600.	800.	1500.
1802/0 1802 Reverse	700.	1400.	2500.	8000.	—	—	—	—
1802/0 1800 Reverse	13500.	25000.	35000.	—	—	—	—	—
1803	50.	75.	150.	250.	400.	700.	1500.	3000.
1804 Plain 4, Stemless	50.	60.	80.	150.	300.	500.	700.	1200.
1804 Plain 4, Stems	60.	100.	200.	300.	800.	1250.	—	—
1804 Crosslet 4, Stemless	50.	60.	80.	150.	300.	450.	650.	1300.
1804 Crosslet 4, Stems	50.	60.	80.	150.	250.	400.	600.	1500.
1804 Spiked Chin	50.	60.	80.	200.	250.	450.	700.	2000.
1805 Med. 5, Stemless	50.	60.	80.	125.	175.	350.	600.	1250.
1805 Large 5, Stems	50.	60.	80.	150.	300.	400.	700.	—
1805 Small 5, Stems	750.	1500.	3500.	—	—	—	—	—
1806 Small 6, Stemless	50.	60.	80.	125.	175.	250.	400.	1000.
1806 Large 6, Stems	50.	60.	80.	125.	150.	250.	450.	1000.
1806 Small 6, Stems	200.	400.	700.	1250.	1500.	2650.	—	—
1807	50.	60.	80.	150.	250.	450.	800.	2100.
1808	50.	60.	90.	175.	400.	500.	1200.	2400.
1808/7	200.	350.	600.	1000.	2250.	3750.	9500.	—

—— = Insufficient pricing data

Classic Head half cent

Date of authorization: April 2, 1792
Dates of issue: 1809-1835
Designer/Engraver: John Reich
Diameter: 23.50 mm/0.93 inch
Weight: 5.44 grams/0.18 ounce
Metallic content: 100% copper
Edge: Plain
Mint mark: None

	G-4	VG-8	F-12	VF-20	VF-30	EF-40	AU-50	MS-60B
1809	35.	40.	55.	75.	100.	200.	350.	850.
1809 Circle in O	35.	50.	75.	100.	200.	400.	700.	—
1809/6	35.	50.	75.	100.	125.	200.	500.	1100.
1810	40.	50.	100.	250.	400.	700.	1000.	2100.
1811	125.	350.	600.	1100.	2100.	4500.	7500.	—
1825	35.	40.	55.	80.	100.	140.	350.	750.
1826	35.	40.	55.	70.	75.	125.	225.	450.
1828 13 Stars	35.	40.	55.	70.	75.	125.	175.	300.
1828 12 Stars	35.	40.	55.	85.	110.	225.	400.	1050.
1829	35.	40.	55.	70.	75.	100.	160.	300.

1831 Originals and Restrikes: Original VF-25 $8600; VF-30 $10250; PF-65 Br $22500;
Restrike PF-64 R&B $12500; PF red $24500.

	G-4	VG-8	F-12	VF-20	VF-30	EF-40	AU-50	MS-60B
1832	35.	40.	55.	70.	75.	80.	200.	300.
1833	35.	40.	55.	70.	75.	80.	200.	300.
1834	35.	40.	55.	70.	75.	80.	200.	300.
1835	35.	40.	55.	70.	75.	80.	200.	300.

1836 Originals and Restrikes Original PF-15 $1500; PF-60 $3500; PF-63 $5500;
PF-64 $12000; 2nd Restrike PF-64 $12500; PF-65 red $45000.

—— = Insufficient pricing data

Coronet half cent

Date of authorization: April 2, 1792
Dates of issue: 1849-1857
Designers: Obverse: Robert Scot-Christian
Gobrecht
Reverse: John Reich-Gobrecht
Engraver: Christian Gobrecht
Diameter: 23.50 mm/0.93 inch
Weight: 5.44 grams/0.18 ounce
Metallic content: 100% copper
Edge: Plain
Mint mark: None

Note: For copper-alloy coins, the letter B following a numerical grade (as in MS-63B) is shorthand for brown, RB represents red and brown, and R stands for red. It is common practice for grading services to qualify copper coins. In addition to a Mint State grade, a copper coin is assigned as brown, red and brown, or red. Generally, full red coins are valued higher than red and brown coins, which in turn are valued higher than brown coins, all else being equal.

	G-4	VG-8	F-12	VF-20	VF-30	EF-40	AU-50	MS-60B
1840-49 Originals and Restrikes VF-20 $1500; AU-50 $2750; PF-60 $3800; PF-63 $5500; PF-64 $8250; PF-65 red $15000.								
1849 Large Date	40.	45.	60.	75.	85.	125.	200.	325.
1850	40.	45.	60.	75.	85.	125.	225.	500.
1851	35.	45.	60.	75.	85.	100.	150.	300.
1852 Restrikes: 1st Restrike Small Berries PF-60 $2600; PF-62 $4000; PF-63 $4500; PF-64 Br $4750; PF-65 R&B $11500; Large Berries PF-63 Br $90000.								
1853	35.	45.	60.	75.	85.	100.	150.	300.
1854	35.	45.	60.	75.	85.	100.	150.	300.
1855	35.	45.	60.	75.	85.	100.	150.	300.
1856	35.	45.	60.	75.	85.	100.	150.	350.
1857	45.	50.	70.	85.	100.	125.	200.	400.

Flowing Hair, Chain cent

Date of authorization: April 2, 1792
Dates of issue: 1793
Designer/Engraver: Henry Voigt
Diameter: 28.50 mm/1.13 inches
Weight: 13.48 grams/0.43 ounce
Metallic content: 100% copper
Edge: Vine and bars, or lettered
(ONE HUNDRED FOR A DOLLAR)
Mint mark: None

	AG-3	G-4	VG-8	F-12	VF-20	VF-30	EF-40	AU-50
1793 AMERICA	2000.	5000.	7500.	10000.	16000.	20000.	25000.	45000.
1793 AMERICA, Periods	2000.	5500.	7500.	12000.	18000.	23000.	30000.	50000.
1793 AMERI.	2500.	6000.	8000.	14000.	20000.	25000.	35000.	60000.

Flowing Hair, Wreath cent

Date of authorization: April 2, 1792
Dates of issue: 1793
Designers: Obverse: Henry Voigt-Adam Eckfeldt
Reverse: Eckfeldt
Engraver: Adam Eckfeldt
Diameter: 28.50 mm/1.13 inches
Weight: 13.48 grams/0.43 ounce
Metallic content: 100% copper
Edge: Vine and bars, lettered
(ONE HUNDRED FOR A DOLLAR)
Mint mark: None

	AG-3	G-4	VG-8	F-12	VF-20	VF-30	EF-40	AU-50
1793 Vine and Bars	1000.	2000.	2500.	4000.	6000.	7500.	10000.	16000.
1793 Lettered Edge	1400.	2000.	2500.	4000.	6000.	7500.	11000.	20000.
1793 Strawberry Leaf	100000.	175000.	275000.	—	—	—	—	—

——— = Insufficient pricing data

Liberty Cap cent

Date of authorization: April 2, 1792
Dates of issue: 1793-1796
Designers: (1793-1794): Joseph Wright
(1794-1796): Wright-John Gardner
Engravers: (1793-1794): Joseph Wright
(1794-1796): Robert Scot
Diameter: 28.50 mm/1.13 inches
Weight: 1793-1795: 13.48 grams/0.43 ounce
1795-1796: 10.89 grams/0.35 ounce
Metallic content: 100% copper
Edge: Plain, or lettered (ONE HUNDRED FOR A
DOLLAR)
Mint mark: None

	AG-3	G-4	VG-8	F-12	VF-20	VF-30	EF-40	AU-50
1793	1500.	2500.	6000.	8500.	20000.	25000.	40000.	80000.
1794 Head of 1793	700.	1400.	2500.	3500.	7500.	10000.	18000.	—
1794 Head of 1794	125.	400.	500.	700.	1400.	1800.	3000.	5000.
1794 Head of 1795	150.	500.	600.	800.	1500.	2000.	3500.	5500.
1794 Starred Reverse	5000.	10000.	20000.	35000.	60000.	75000.	110000.	—
1795 Plain Edge	100.	400.	500.	750.	1500.	2000.	3000.	5000.
1795 Lettered Edge	125.	500.	600.	800.	1800.	2500.	4500.	6500.
1795 Jefferson Head, Plain Edge	4000.	7500.	14000.	22000.	45000.	75000.	—	—
1796	125.	400.	500.	1000.	2000.	2500.	4000.	9000.

—— = Insufficient pricing data

Draped Bust cent

Date of authorization: April 2, 1792
Dates of issue: 1796-1807
Designers: Obverse: Gilbert Stuart-Robert Scot
Reverse: Joseph Wright-Scot
Engraver: Robert Scot
Diameter: 28.50 mm/1.13 inches
Weight: 10.89 grams/0.35 ounce
Metallic content: 100% copper
Edge: Plain, lettered (ONE HUNDRED FOR A
DOLLAR), gripped
Mint mark: None

	AG-3	G-4	VG-8	F-12	VF-20	VF-30	EF-40	AU-50
1796 Reverse of 1794	100.	200.	600.	1200.	2000.	2400.	3500.	7250.
1796 Reverse of 1796	100.	150.	400.	1000.	2000.	2500.	3000.	5000.
1796 Reverse of 1797	100.	150.	300.	700.	1000.	1400.	2300.	4000.
1796 LIHERTY	200.	300.	800.	1200.	2500.	4000.	7500.	—
1797 Reverse of 1797, Stems	75.	150.	250.	400.	600.	900.	1400.	3000.
1797 Reverse of 1796, Gripped Edge	75.	150.	250.	400.	800.	1200.	2500.	4000.
1797 Reverse of 1796, Plain Edge	75.	150.	250.	450.	850.	1400.	3000.	4500.
1797 Reverse of 1797, Stemless	100.	200.	350.	600.	1300.	2300.	4000.	8500.
1798 1st Hair Style	50.	100.	200.	350.	800.	1100.	2100.	4000.
1798 2nd Hair Style	50.	100.	200.	350.	800.	1200.	2000.	3500.
1798 Reverse of 1796	60.	150.	300.	600.	1500.	3300.	6600.	9000.
1798/7 1st Hair Style	100.	200.	350.	600.	1500.	2500.	4000.	9500.
1799	1200.	2000.	3500.	8000.	18000.	25000.	60000.	—
1799/8	1200.	2100.	4500.	9500.	20000.	28000.	—	—
1800 Normal Date	50.	80.	150.	250.	600.	900.	1800.	4750.
1800/798 1st Hair Style	40.	80.	175.	550.	1250.	2650.	4000.	8000.
1800/79 2nd Hair Style	50.	100.	150.	350.	750.	1500.	2000.	6000.
1801	30.	75.	100.	200.	400.	700.	1000.	2500.
1801 3 Errors	75.	150.	400.	800.	1800.	4250.	6000.	12000.

—— = Insufficient pricing data

DRAPED BUST CENT (CONTINUED)

	AG-3	G-4	VG-8	F-12	VF-20	VF-30	EF-40	AU-50
1801 1/000	40.	80.	100.	250.	500.	900.	2000.	5000.
1801 100/000	40.	90.	175.	300.	600.	1000.	2000.	4000.
1802	40.	75.	100.	250.	300.	500.	1000.	2000.
1802 Stemless	40.	75.	150.	250.	350.	500.	1000.	2250.
1802 1/000	40.	80.	175.	300.	500.	800.	1600.	3000.
1803	40.	75.	100.	200.	350.	500.	1000.	2000.
1803 Large Date, Small Fraction	3000.	6000.	11000.	18000.	40000.	80000.	—	—
1803 Large Date, Large Fraction	50.	90.	225.	400.	1000.	2000.	3000.	5500.
1803 Stemless S-243	40.	75.	100.	225.	550.	650.	1200.	2300.
1803 100/000 S-249	40.	75.	125.	250.	650.	1000.	1500.	3000.
1804	400.	800.	1400.	2500.	3500.	5500.	8000.	19000.
1804 restrike (c. 1860)	—	—	—	450.	500.	600.	700.	1000.
1805 Pointed 1	40.	75.	100.	200.	400.	500.	1000.	2500.
1805 Blunt 1 S-267	40.	75.	100.	200.	400.	500.	1000.	2500.
1806	50.	80.	125.	250.	450.	650.	1500.	3500.
1807 Large Fraction	40.	75.	100.	200.	350.	450.	1000.	2000.
1807 Small Fraction	40.	75.	100.	250.	550.	1200.	2750.	
1807 Small Fraction, Comet	40.	75.	100.	250.	750.	1400.	3000.	5500.
1807/6 Large 7	60.	100.	125.	200.	400.	500.	1000.	2250.
1807/6 Small 7	1600.	2750.	4500.	9000.	17500.	—	—	—

—— = Insufficient pricing data

Classic Head cent

Date of authorization: April 2, 1792
Dates of issue: 1808-1814
Designer/Engraver: John Reich
Diameter: 28.50 mm/1.13 inches
Weight: 10.89 grams/0.36 ounce
Metallic content: 100% copper
Edge: Plain
Mint mark: None

Note: For copper-alloy coins, the letter B following a numerical grade (as in MS-63B) is shorthand for brown, RB represents red and brown, and R stands for red. It is common practice for grading services to qualify copper coins. In addition to a Mint State grade, a copper coin is assigned as brown, red and brown, or red. Generally, full red coins are valued higher than red and brown coins, which in turn are valued higher than brown coins, all else being equal.

	AG-3	G-4	VG-8	F-12	VF-20	VF-30	EF-40	AU-50	AU-55	MS-62RB
1808	30.	60.	175.	325.	600.	1000.	2000.	3500.	4700.	11000.
1809	75.	150.	300.	500.	1100.	1750.	3000.	5000.	6000.	14000.
1810	30.	60.	125.	300.	650.	900.	1400.	2200.	2800.	7000.
1810 10/09	30.	60.	125.	300.	700.	1000.	1500.	3250.	4000.	9000.
1811	50.	100.	200.	400.	1000.	1400.	2500.	4000.	5000.	12000.
1811/0	50.	100.	225.	500.	1300.	2100.	4000.	10000.	12000.	—
1812	30.	60.	125.	300.	600.	800.	1100.	2500.	3000.	7000.
1813	40.	75.	150.	300.	600.	900.	1500.	3000.	4000.	7500.
1814 Plain 4	50.	80.	125.	300.	600.	800.	1200.	2500.	3000.	9000.
1814 Crosslet 4	40.	75.	125.	300.	600.	850.	1300.	2000.	2500.	6000.

—— = Insufficient pricing data

Coronet cent

Date of authorization: April 2, 1792
Dates of issue: 1816-1857
Designers: (1816-1835) Obverse: Robert Scot
Reverse: John Reich
(1835-1839)
Obverse: Scot-Christian Gobrecht
Reverse: Reich
(1839-1857) Obverse: Scot-Gobrecht
Reverse: Reich-Gobrecht
Engravers: (1816-1835) Obverse: Scot
Reverse: Reich
(1835-1839) Obverse: Gobrecht
Reverse: Reich
(1839-1857) Obverse: Gobrecht
Reverse: Gobrecht
Diameter: 28.50 mm/1.13 inches
Weight: 10.89 grams/0.35 ounce
Metallic content: 100% copper
Edge: Plain
Mint mark: None

	G-4	VG-8	F-12	VF-20	EF-40	AU-50	AU-55	MS-62RB	MS-63RB
1816	16.	25.	40.	100.	225.	350.	400.	800.	1200.
1817 13 Stars	16.	22.	30.	70.	175.	250.	300.	600.	750.
1817 15 Stars	18.	27.	45.	150.	500.	1000.	1500.	—	—
1818	16.	22.	35.	100.	150.	225.	300.	500.	650.
1819	16.	22.	30.	75.	150.	225.	300.	550.	800.
1819/8	19.	30.	45.	100.	300.	500.	600.	1600.	2250.
1820	16.	23.	30.	80.	175.	250.	350.	600.	750.
1820/19	18.	25.	45.	120.	400.	800.	1250.	2000.	2500.
1820 Small Date, Curled 2	16.	23.	30.	80.	425.	700.	1100.	—	—
1820 Large Date, Curled 2	18.	27.	60.	110.	750.	1950.	—	—	—
1820 Large Date, Plain 2	16.	23.	30.	80.	200.	250.	350.	550.	650.
1821	30.	60.	150.	550.	1400.	3000.	4000.	12000.	18000.
1822	16.	23.	50.	125.	300.	600.	800.	2000.	3500.
1823	80.	200.	400.	900.	3000.	7500.	10000.	—	—

—— = Insufficient pricing data

	G-4	VG-8	F-12	VF-20	EF-40	AU-50	AU-55	MS-62RB	MS-63RB
1823/2	75.	150.	350.	800.	2500.	4500.	6500.	—	—
1823 restrike	—	—	—	—	500.	600.	750.	1200.	1500.
1824	16.	30.	60.	200.	500.	1250.	1750.	3000.	3750.
1824/2	18.	35.	80.	350.	1100.	2500.	3000.	12000.	25000.
1825	16.	25.	50.	150.	400.	850.	1400.	3000.	4500.
1826	16.	25.	50.	125.	300.	400.	600.	1800.	2800.
1826/5	30.	75.	200.	400.	900.	1600.	2100.	4500.	9000.
1827	16.	25.	50.	125.	275.	450.	550.	1100.	1500.
1828 Large Date	16.	25.	35.	100.	250.	350.	400.	900.	1300.
1828 Small Date	18.	30.	65.	135.	300.	600.	700.	1500.	2100.
1829 Large Letters	16.	25.	40.	125.	250.	600.	700.	1300.	1700.
1829 Small Letters.	30.	75.	150.	500.	1250.	3000.	—	—	—
1830 Large Letters.	16.	25.	35.	100.	200.	300.	400.	800.	1250.
1830 Small Letters.	20.	40.	125.	400.	1000.	2500.	4000.	17500.	—
1831	16.	25.	35.	80.	175.	300.	400.	800.	1100.
1832	16.	25.	35.	80.	200.	300.	400.	750.	1000.
1833	16.	25.	35.	80.	150.	250.	300.	600.	800.
1834 Small 8, Large Stars, Medium Letters									
	16.	25.	35.	80.	225.	350.	450.	1100.	1400.
1834 Large 8, Small Stars, Medium Letters									
	16.	25.	35.	80.	225.	350.	450.	1100.	1400.
1834 Large 8, Large Stars, Medium Letters									
	125.	200.	350.	600.	2100.	4500.	—	—	—
1835	16.	25.	35.	80.	150.	250.	300.	500.	600.
1835 Small 8, Small Stars	16.	25.	35.	80.	250.	400.	500.	—	—
1835 Large 8, Large Stars	16.	25.	35.	80.	400.	700.	800.	—	—
1835 Type of 1836	16.	25.	35.	80.	150.	250.	350.	600.	800.
1836	16.	25.	35.	80.	150.	250.	350.	600.	800.
1837 Plain Cord, Large Letters									
	16.	25.	35.	80.	150.	250.	350.	600.	800.
1837 Plain Cord, Small Letters									
	16.	25.	35.	80.	150.	250.	350.	1200.	—
1837 Beaded Cord	16.	25.	35.	80.	150.	250.	350.	700.	—
1838	16.	25.	35.	80.	150.	250.	350.	700.	800.
1839 Head of 1838	16.	25.	35.	80.	150.	300.	400.	1100.	1500.
1839/6	300.	500.	1400.	2500.	6000.	13000.	—	—	—
1839 Silly Head	16.	25.	35.	80.	250.	400.	500.	1600.	3000.
1839 Booby Head	16.	25.	35.	80.	200.	500.	700.	1500.	2500.

—— = Insufficient pricing data

Modified Portrait

Mature Head

	G-4	VG-8	F-12	VF-20	EF-40	AU-50	AU-55	MS-62RB	MS-63RB
MODIFIED PORTRAIT									
1839 Type of 1840	15.	20.	25.	40.	90.	250.	300.	600.	800.
1840 Large Date	15.	20.	25.	40.	80.	200.	250.	500.	700.
1840 Small Date	15.	20.	25.	40.	80.	200.	250.	500.	700.
1840 Small Date, Large 18	20.	25.	30.	75.	150.	300.	350.	600.	800.
1841	15.	20.	30.	75.	125.	300.	350.	450.	600.
1842	15.	20.	25.	40.	80.	200.	250.	400.	500.
1843 Petite Head, Small Letters	15.	25.	30.	50.	100.	250.	300.	500.	800.
1843 Mature Head, Large Letters	15.	25.	30.	50.	125.	300.	350.	500.	600.
1843 Petite Head, Large Letters	20.	35.	50.	150.	350.	600.	800.	1400.	2000.
1844	15.	25.	25.	35.	100.	200.	300.	450.	500.
1844/81	20.	30.	50.	150.	400.	750.	900.	—	—
1845	15.	25.	30.	35.	80.	200.	250.	350.	400.
1846 Medium Date	15.	25.	30.	35.	80.	150.	200.	350.	800.
1846 Small Date	15.	25.	30.	40.	100.	250.	300.	600.	1000.
1846 Tall Date	15.	25.	30.	45.	125.	300.	350.	—	—
1847	15.	25.	30.	60.	80.	150.	200.	400.	600.
1847 7/Small 7	20.	30.	50.	80.	175.	300.	400.	—	—
1848	15.	25.	30.	40.	75.	150.	200.	350.	400.
1849	15.	25.	30.	40.	75.	150.	200.	350.	500.
1850	15.	25.	30.	40.	75.	150.	200.	300.	350.
1851	15.	25.	30.	40.	75.	150.	200.	300.	350.
1851/81	18.	30.	40.	75.	150.	250.	350.	900.	1400.
1852	15.	25.	30.	35.	75.	150.	200.	300.	350.
1853	15.	25.	30.	35.	75.	150.	200.	300.	350.
1854	15.	25.	30.	35.	75.	150.	200.	300.	350.
1855	15.	25.	30.	35.	75.	150.	200.	300.	350.
1855 Knob Ear	15.	25.	35.	60.	100.	250.	300.	750.	1200.
1856	15.	25.	30.	40.	75.	150.	200.	300.	350.
1857	50.	100.	150.	200.	250.	300.	350.	600.	700.
1857 Large Date	40.	80.	100.	150.	200.	250.	300.	500.	600.

—— = Insufficient pricing data

Flying Eagle cent

Date of authorization: Feb. 21, 1857
Dates of issue: 1856-1858
Designers: Obverse: Christian Gobrecht-James B. Longacre
Reverse: Longacre
Engraver: James B. Longacre
Diameter: 19.30 mm/0.76 inches
Weight: 4.67 grams/0.15 ounce
Metallic content: 88% copper, 12% nickel
Edge: Plain
Mint mark: None

Note: Mint State 65 and Proof 65 copper values are for coins with full red original color; lower Mint State and Proof grades reflect specimens that are red and brown.

	G-4	VG-8	F-12	VF-20	EF-40	AU-50	MS-60	MS-63	MS-64	MS-65	MS-66
1856	6000.	7000.	7500.	8500.	9000.	10000.	11000.	15000.	22000.	50000.	100000.
1857	20.	23.	30.	45.	125.	160.	250.	800.	1650.	4000.	7500.
1858 Large Letters	20.	23.	30.	50.	135.	180.	275.	1000.	1800.	3600.	6000.
1858 Small Letters	20.	23.	30.	50.	135.	170.	260.	1500.	2000.	4000.	10000.
1858/7 early die state	65.	100.	175.	400.	800.	1500.	3000.	10000.	22000.	—	—

—— = Insufficient pricing data

Indian Head cent

Shield Added

Date of authorization: Feb. 21, 1857
Dates of issue: 1859-1909
Designer/Engraver: James B. Longacre
Diameter: 1859-1864: 19.30 mm/0.76 inch
1864-1909: 19.05 mm/0.75 inch
Weight: 1859-1864: 4.67 grams/0.15 ounce
1864-1909: 3.11 grams/0.10 ounce
Metallic content: 1859-1864: 88% copper, 12% nickel
1864-1909: 95% copper, 5% tin and zinc
Edge: Plain
Mint mark: 1908-1909, reverse under wreath

Note: For copper-alloy coins, the letter B following a numerical grade (as in MS-63B) is shorthand for brown, RB represents red and brown, and R stands for red. It is common practice for grading services to qualify copper coins. In addition to a Mint State grade, a copper coin is assigned as brown, red and brown, or red. Generally, full red coins are valued higher than red and brown coins, which in turn are valued higher than brown coins, all else being equal.

	G-4	VG-8	F-12	VF-20	EF-40	AU-50	MS-60	MS-63	MS-64	MS-65	MS-66	PF-63	PF-64	PF-65	PF-66
COPPER-NICKEL															
1859	13.	15.	18.	42.	105.	170.	200.	500.	1500.	3500.	6000.	1600.	3000.	5000.	7500.
SHIELD ADDED															
1860 Broad Bust T 2	8.50	10.	13.	15.	55.	85.	130.	225.	600.	900.	5000.	1000.	2000.	3500.	8300.
1860 Narrow Bust	12.	15.	20.	50.	100.	150.	250.	500.	1500.	11000.	—	—	—	—	—
1861	18.	25.	35.	45.	90.	160.	180.	235.	325.	1500.	2500.	800.	4200.	8500.	32000.
1862	7.50	10.	12.	15.	30.	60.	95.	150.	275.	900.	2500.	700.	1300.	2200.	3000.
1863	8.00	10.	12.	15.	25.	55.	65.	150.	375.	1000.	2500.	700.	1200.	3000.	8600.
1864	16.	20.	30.	40.	65.	80.	135.	210.	335.	1150.	11500.	700.	1200.	3100.	7200.

	G-4	VG-8	F-12	VF-20	EF-40	AU-50	MS-60B	MS-63RB	MS-64RB	MS-65RB	MS-66R	PF-63RB	PF-64RB	PF-65RB	PF-65R
BRONZE															
1864 Initial L	55.	65.	105.	125.	200.	250.	300.	550.	700.	1400.	3750.	30000.	—	53000.	70000.
1864	7.00	13.	19.	32.	57.	60.	80.	200.	300.	350.	1000.	3000.	1500.	3000.	14500.
1865	7.00	11.	18.	21.	37.	50.	78.	125.	200.	850.	1600.	21000.	550.	1200.	7500.
1866	40.	45.	60.	85.	175.	210.	250.	600.	900.	1150.	9500.	5000.	500.	800.	5000.
1867/7	45.	55.	75.	150.	250.	350.	450.	750.	1350.	—	—	—	—	—	—
1867	40.	50.	50.	110.	170.	210.	225.	400.	625.	1150.	10000.	—	525.	800.	4750.
1868	35.	40.	50.	80.	150.	190.	255.	450.	800.	875.	6000.	7500.	675.	875.	5800.
1869	57.	77.	185.	240.	285.	400.	500.	700.	900.	1400.	5000.	20000.	385.	900.	2700.
1869/9	120.	140.	225.	350.	500.	550.	600.	700.	1000.	1700.	—	—	—	—	—
1870	40.	70.	165.	225.	300.	350.	435.	525.	700.	1325.	5000.	18500.	375.	875.	2500.
1871	57.	70.	230.	285.	335.	400.	500.	950.	1200.	3500.	12500.	—	375.	850.	2100.
1872	70.	90.	265.	275.	350.	425.	550.	800.	1500.	4000.	25000.	75000.	450.	1000.	4000.
1873 Closed 3	16.	25.	38.	60.	125.	260.	325.	800.	1200.	3250.	12000.	17000.	300.	465.	3000.
1873 Doubled LIBERTY Die 1 bold	100.	250.	600.	1100.	2250.	3250.	6000.	15000.	35000.	—	—	—	—	—	—

—— = Insufficient pricing data

INDIAN HEAD CENT (CONTINUED)

	G-4	VG-8	F-12	VF-20	EF-40	AU-50	MS-60B	MS-60R	MS-63RB	MS-64RB	MS-64R	MS-65RB	MS-65R	MS-66R	PF-63RB	PF-64RB	PF-65R
1873 Open 3	14.	20.	26.	42.	100.	125.	175.	—	350.	550.	2500.	1400.	10000.	—	—	—	—
1874	15.	18.	30.	45.	95.	125.	135.	—	250.	400.	2000.	700.	5000.	7500.	200.	310.	2300.
1875	15.	28.	45.	50.	95.	125.	150.	—	300.	500.	1600.	850.	3750.	—	300.	700.	4000.
1876	28.	32.	45.	60.	135.	165.	205.	—	400.	750.	1600.	1000.	4500.	10000.	260.	600.	2600.
1877	550.	700.	1000.	1200.	1500.	2000.	2500.	3500.	3500.	5500.	9000.	9500.	18750.	78000.	4000.	5000.	10000.
1878	25.	35.	48.	80.	140.	175.	200.	—	300.	650.	1200.	1000.	5000.	4000.	180.	500.	1200.
1879	6.00	10.	14.	30.	65.	68.	72.	—	125.	200.	400.	350.	1400.	2500.	200.	250.	1050.
1880	3.50	3.75	6.00	8.50	25.	40.	60.	—	105.	200.	375.	350.	1000.	3250.	180.	240.	1600.
1881	3.50	3.75	6.00	6.50	16.	25.	40.	—	150.	200.	325.	425.	1000.	1750.	170.	230.	1000.
1882	3.50	3.75	6.50	8.50	16.	25.	35.	—	75.	165.	325.	350.	1200.	2000.	170.	230.	1600.
1883	3.50	3.75	4.00	6.00	15.	25.	35.	—	75.	165.	400.	350.	1400.	2000.	170.	230.	725.
1884	3.50	3.75	6.50	10.	24.	35.	52.	—	125.	200.	500.	500.	2200.	—	170.	230.	1100.
1885	6.00	6.50	11.	22.	55.	65.	90.	—	200.	300.	750.	700.	2000.	—	160.	245.	1700.
1886 Feather between I and C	3.50	6.00	16.	40.	115.	125.	135.	—	225.	410.	1300.	1250.	3100.	7500.	265.	350.	2250.
1886 Feather between C and A	6.00	12.	25.	60.	125.	140.	50.	—	150.	40000.	6000.	2750.	15000.	—	—	—	—
1887	2.00	2.50	3.00	5.50	15.	25.	250.	—	525.	1250.	400.	400.	1000.	50000.	200.	—	—
1888/7	1200.	2000.	4500.	8000.	12000.	17500.	—	—	150.	300.	—	—	—	6000.	—	400.	6000.
1888	2.00	2.50	4.50	5.50	18.	28.	42.	—	150.	350.	1000.	900.	3600.	8500.	225.	—	—
1889	2.00	2.50	3.00	4.75	10.	22.	30.	—	65.	225.	700.	500.	3125.	17500.	165.	325.	6000.
1890	2.00	2.50	3.00	3.75	10.	21.	30.	—	65.	225.	450.	375.	1650.	5500.	180.	200.	1700.
1891	2.00	2.50	3.00	3.75	10.	20.	30.	—	65.	225.	450.	375.	1100.	—	165.	240.	2000.
1892	2.00	2.50	3.00	3.75	12.	20.	30.	—	65.	225.	425.	375.	1200.	3500.	150.	400.	3400.
1893	2.00	2.50	3.00	3.75	10.	20.	29.	—	65.	225.	400.	500.	1400.	2000.	150.	190.	1050.
1894	3.50	4.50	8.00	10.	40.	45.	60.	—	90.	225.	400.	350.	900.	2250.	150.	200.	1125.
1894/94	20.	30.	75.	150.	250.	400.	700.	—	1700.	2500.	6500.	7500.	10000.	—	—	215.	1550.
1895	2.00	2.50	3.00	3.50	11.	18.	28.	—	50.	150.	200.	200.	1100.	2000.	150.	275.	1125.

—— = Insufficient pricing data

INDIAN HEAD CENT (CONTINUED)

	G-4	VG-8	F-12	VF-20	EF-40	AU-50	MS-60B	MS-63RB	MS-64RB	MS-64R	MS-65RB	MS-65R	MS-65R	PF-63RB	PF-64RB	PF-65R
1896	2.00	2.50	3.00	3.50	9.00	21.	28.	50.	150.	225.	225.	900.	2500.	220.	385.	2000.
1897	2.00	2.50	3.00	3.25	9.00	20.	28.	50.	150.	200.	250.	900.	3000.	150.	200.	1500.
1898	2.00	2.50	3.00	3.25	9.00	18.	26.	45.	100.	350.	250.	600.	3000.	150.	200.	1000.
1899	2.00	2.50	2.75	3.25	10.	18.	26.	45.	75.	150.	200.	600.	1500.	185.	225.	1000.
1900	1.50	2.00	2.25	2.50	11.	18.	24.	40.	70.	225.	250.	900.	3300.	135.	200.	1000.
1901	1.50	2.00	2.25	2.50	8.00	17.	22.	40.	70.	150.	125.	500.	1050.	135.	205.	1000.
1902	1.50	2.00	2.25	2.50	8.00	17.	22.	40.	70.	125.	125.	500.	1050.	135.	200.	1000.
1903	1.50	2.00	2.25	2.50	8.00	17.	22.	40.	70.	125.	125.	600.	1050.	135.	400.	1000.
1904	1.50	2.00	2.25	2.50	8.00	17.	22.	40.	65.	125.	125.	600.	1250.	185.	250.	1400.
1905	1.50	2.00	2.25	2.50	8.00	17.	22.	40.	65.	125.	125.	500.	1050.	175.	225.	1000.
1906	1.50	2.00	2.25	2.50	8.00	17.	22.	40.	70.	125.	135.	500.	1150.	170.	200.	1000.
1907	1.50	2.00	2.25	2.50	8.00	17.	22.	40.	65.	125.	135.	750.	1250.	175.	300.	1450.
1908	1.50	2.50	2.50	2.75	8.00	17.	24.	40.	65.	125.	125.	700.	2000.	135.	200.	1100.
1908-S	60.	65.	75.	85.	150.	200.	225.	400.	550.	1000.	700.	3000.	4000.	*	*	*
1909	3.00	3.50	3.75	4.00	16.	24.	28.	55.	85.	150.	150.	600.	1500.	190.	285.	1600.
1909-S	300.	350.	400.	450.	500.	550.	600.	800.	1100.	2000.	1800.	5000.	8500.	*	*	*

——— = Insufficient pricing data   * = None issued

Lincoln, Wheat cent

Date of authorization: Feb. 21, 1857
Dates of issue: 1909-1958
Designer: Victor D. Brenner
Engraver: Charles Barber
Diameter: 19.05 mm/0.75 inch
Weight: 1909-1942, 1944-1958:
   3.11 grams/0.10 ounce
   1943: 2.69 grams/0.09 ounce;
   2.75 grams/0.09 ounce
Metallic content: 1909-1942: 95% copper, 5% zinc and tin
   1942: 95% copper, 5% zinc
   1943: zinc-coated steel
   1944-1946: 95% copper, 5% zinc
   1947-1958: 95% copper, 5% zinc and tin
Edge: Plain
Mint mark: Obverse under date

Note: For copper-alloy coins, the letter B following a numerical grade (as in MS-63B) is shorthand for brown, RB represents red and brown, and R stands for red. It is common practice for grading services to qualify copper coins. In addition to a Mint State grade, a copper coin is assigned as brown, red and brown, or red. Generally, full red coins are valued higher than red and brown coins, which in turn are valued higher than brown coins, all else being equal.

LINCOLN, WHEAT CENT (CONTINUED)

	G-4	VG-8	F-12	VF-20	EF-40	AU-50	MS-60B	MS-63RB	MS-64RB	MS-64R	MS-65RB	MS-65R	MS-66R	MS-67R	MS-68R	PF-63RB	PF-64RB	PF-65C	PF-65R	PF-66	PF-66DC	PF-66R	PF-67DC	PF-67R	PF-68DC	PF-69DC
BRONZE ALLOY																										
1909 VDB	3.75	4.00	4.50	4.75	5.00	6.00	9.50	14.	23.	30.	30.	110.	220.	—	—	5000.	6000.	—	12000.	*	*	*	*	*	*	*
1909-S VDB	475.	550.	650.	700.	800.	900.	1200.	1500.	2500.	3500.	4000.	6000.	11000.	—	—	*	*	*	*	*	*	*	*	*	*	*
1909	1.50	1.75	2.25	2.50	3.00	8.50	12.	18.	22.	25.	35.	100.	360.	—	—	500.	700.	—	2500.	*	*	3500.	*	*	*	*
1909-S	65.	75.	100.	150.	200.	250.	275.	300.	325.	500.	500.	1600.	2600.	—	—	*	*	*	*	*	*	*	*	*	*	*
1909-S over Horizontal S	85.	100.	125.	200.	225.	275.	300.	350.	450.	600.	600.	1750.	2750.	—	—	*	*	*	*	*	*	*	*	*	*	*
1910	0.35	0.50	0.65	0.75	2.25	5.50	14.	22.	30.	35.	75.	175.	450.	—	—	400.	500.	—	3000.	*	*	*	*	*	*	*
1910-S	8.00	9.00	10.	12.	25.	60.	65.	85.	125.	200.	200.	1000.	2000.	—	—	*	*	*	*	*	*	*	*	*	*	*
1911	0.40	0.60	1.00	1.50	4.00	8.00	19.	32.	55.	75.	150.	460.	650.	—	—	400.	500.	—	2500.	*	*	8000.	*	*	*	*
1911-D	5.00	5.50	8.50	12.	40.	55.	80.	110.	315.	550.	475.	900.	2750.	—	—	*	*	*	*	*	*	*	*	*	*	*
1911-S	15.	18.	20.	25.	45.	85.	145.	235.	275.	475.	510.	1950.	3500.	—	—	*	*	*	*	*	*	*	*	*	*	*
1912	1.50	1.75	2.00	4.50	9.00	18.	30.	40.	60.	95.	90.	400.	1350.	—	—	400.	800.	—	7500.	*	*	*	*	*	*	*
1912-D	6.00	6.50	7.00	18.	42.	70.	130.	130.	300.	475.	450.	1500.	3000.	—	—	*	*	*	*	*	*	*	*	*	*	*
1912-S	10.	13.	15.	20.	45.	70.	110.	175.	300.	575.	660.	2000.	6000.	—	—	*	*	*	*	*	*	*	*	*	*	*
1913	1.00	1.25	1.50	3.50	14.	16.	28.	40.	65.	75.	100.	250.	1600.	—	—	400.	500.	—	2000.	*	*	3000.	*	*	*	*
1913-D	3.50	4.00	4.50	10.	25.	55.	85.	130.	300.	450.	375.	1250.	3000.	—	—	*	*	*	*	*	*	*	*	*	*	*
1913-S	6.50	7.00	7.50	12.	33.	68.	68.	130.	215.	300.	700.	2875.	7950.	—	—	*	*	*	*	*	*	*	*	*	*	*
1914	0.60	1.00	1.75	4.00	10.	27.	40.	50.	65.	75.	100.	325.	625.	—	—	400.	500.	—	2500.	*	*	5000.	*	*	*	*
1914-D	125.	200.	250.	300.	500.	1000.	1300.	2000.	3500.	6500.	4500.	12000.	30000.	—	—	*	*	*	*	*	*	*	*	*	*	*
1914-S	10.	12.	14.	20.	80.	125.	235.	235.	1250.	1750.	1750.	8000.	20000.	—	—	*	*	*	*	*	*	*	*	*	*	*
1915	2.00	2.50	4.50	10.	20.	36.	60.	80.	105.	190.	255.	750.	1200.	—	—	500.	600.	—	3500.	*	*	*	*	*	*	*
1915-D	2.25	2.50	2.75	3.75	12.	36.	60.	85.	145.	200.	260.	935.	3000.	—	—	*	*	*	*	*	*	*	*	*	*	*
1915-S	7.00	7.50	8.00	12.	36.	60.	130.	225.	225.	965.	775.	3125.	—	—	—	*	*	*	*	*	*	*	*	*	*	*
1916	0.25	0.35	0.50	1.10	3.50	7.50	12.	25.	45.	50.	52.	125.	935.	—	—	500.	700.	—	9000.	*	*	20000.	*	*	*	*

——— = Insufficient pricing data   * = None issued

LINCOLN, WHEAT CENT (CONTINUED)

	PF-69DC	PF-68DC	PF-67R	PF-67DC	PF-66R	PF-66DC	PF-66	PF-65R	PF-65C	PF-64RB	PF-63RB	MS-68R	MS-67R	MS-66R	MS-65R	MS-65RB	MS-64R	MS-64RB	MS-63RB	MS-60B	AU-50	EF-40	VF-20	F-12	VG-8	G-4
1916-D	*	*	*	*	*	*	*	*	*	*	*	—	—	—	2800.	630.	200.	140.	95.	50.	20.	9.00	3.00	1.50	0.65	0.50
1916-S	*	*	*	*	*	*	*	*	*	*	*	—	—	—	10000.	1250.	550.	350.	105.	65.	24.	10.	2.75	1.75	1.50	1.25
1917	*	*	*	*	*	*	*	*	*	*	*	—	—	1350.	275.	55.	35.	30.	24.	12.	7.50	3.50	1.25	0.50	0.35	0.25
1917 Doubled Die	*	*	*	*	*	*	*	*	*	*	*	—	—	—	—	—	—	3500.	2250.	1500.	1100.	900.	400.	240.	100.	70.
1917-D	*	*	*	*	*	*	*	*	*	*	*	—	—	5000.	1875.	370.	465.	200.	130.	60.	20.	9.00	4.00	1.75	0.50	0.40
1917-S	*	*	*	*	*	*	*	*	*	*	*	—	—	15000.	5000.	750.	1200.	260.	140.	62.	20.	7.50	2.50	1.25	0.75	0.60
1918	*	*	*	*	*	*	*	*	*	*	*	—	—	850.	610.	175.	80.	65.	28.	11.	7.50	4.00	3.00	0.50	0.35	0.25
1918-D	*	*	*	*	*	*	*	*	*	*	*	—	—	4250.	2200.	410.	500.	165.	115.	55.	20.	8.00	3.00	1.00	0.50	0.25
1918-S	*	*	*	*	*	*	*	*	*	*	*	—	—	10000.	3250.	1100.	1000.	475.	145.	58.	30.	7.50	2.00	1.00	0.65	0.35
1919	*	*	*	*	*	*	*	*	*	*	*	—	—	585.	100.	50.	40.	30.	25.	9.00	9.00	2.00	0.75	0.50	0.35	0.25
1919-D	*	*	*	*	*	*	*	*	*	*	*	—	—	5475.	1275.	335.	250.	175.	90.	45.	28.	4.50	1.50	0.60	0.50	0.35
1919-S	*	*	*	*	*	*	*	*	*	*	*	—	—	20000.	3250.	750.	650.	350.	80.	35.	12.	4.00	1.50	1.25	0.35	0.25
1920	*	*	*	*	*	*	*	*	*	*	*	—	—	1075.	100.	30.	35.	26.	20.	10.	4.50	2.00	0.75	0.50	0.35	0.25
1920-D	*	*	*	*	*	*	*	*	*	*	*	—	—	3700.	925.	325.	300.	140.	85.	55.	22.	9.00	2.00	0.65	0.35	0.25
1920-S	*	*	*	*	*	*	*	*	*	*	*	—	—	6500.	5500.	1075.	1250.	350.	190.	90.	30.	7.50	1.50	1.25	0.35	0.25
1921	*	*	*	*	*	*	*	*	*	*	*	—	—	1425.	210.	75.	85.	75.	65.	38.	18.	5.00	1.55	0.50	0.35	0.25
1921-S	*	*	*	*	*	*	*	*	*	*	*	—	—	—	4375.	825.	2300.	375.	185.	90.	60.	17.	3.50	2.00	1.75	1.50
1922 Missing D, Die Pair 2	*	*	*	*	*	*	*	*	*	*	*	—	—	—	85000.	40000.	45000.	30000.	25000.	5500.	3000.	1600.	800.	700.	500.	400.
1922-D	*	*	*	*	*	*	*	*	*	*	*	—	—	7500.	1725.	350.	225.	160.	100.	75.	42.	24.	14.	11.	10.	8.50
1923	*	*	*	*	*	*	*	*	*	*	*	—	—	935.	500.	160.	90.	70.	25.	14.	7.50	3.50	1.00	0.50	0.35	0.25
1923-S	*	*	*	*	*	*	*	*	*	*	*	—	—	—	4375.	1250.	1250.	1700.	400.	190.	70.	24.	5.25	3.00	2.00	1.75
1924	*	*	*	*	*	*	*	*	*	*	*	—	—	—	720.	230.	75.	60.	45.	21.	8.50	3.50	1.00	0.50	0.35	0.25
1924-D	*	*	*	*	*	*	*	*	*	*	*	—	—	18000.	4375.	1250.	900.	515.	325.	250.	150.	80.	30.	14.	12.	10.

——— = Insufficient pricing data   * = None issued

LINCOLN, WHEAT CENT (CONTINUED)

Grade	1924-S	1925	1925-D	1925-S	1926	1926-D	1926-S	1927	1927-D	1927-S	1928	1928-D	1928-S	1929	1929-D	1929-S	1930	1930-D	1930-S	1931	1931-D	1931-S	1932	1932-D	1933
PF-69DC	*	*	*	*	*	*	*	*	*	*	*	*	*	*	*	*	*	*	*	*	*	*	*	*	*
PF-68DC	*	*	*	*	*	*	*	*	*	*	*	*	*	*	*	*	*	*	*	*	*	*	*	*	*
PF-67R	*	*	*	*	*	*	*	*	*	*	*	*	*	*	*	*	*	*	*	*	*	*	*	*	*
PF-67DC	*	*	*	*	*	*	*	*	*	*	*	*	*	*	*	*	*	*	*	*	*	*	*	*	*
PF-66R	*	*	*	*	*	*	*	*	*	*	*	*	*	*	*	*	*	*	*	*	*	*	*	*	*
PF-66DC	*	*	*	*	*	*	*	*	*	*	*	*	*	*	*	*	*	*	*	*	*	*	*	*	*
PF-66	*	*	*	*	*	*	*	*	*	*	*	*	*	*	*	*	*	*	*	*	*	*	*	*	*
PF-65R	*	*	*	*	*	*	*	*	*	*	*	*	*	*	*	*	*	*	*	*	*	*	*	*	*
PF-65C	*	*	*	*	*	*	*	*	*	*	*	*	*	*	*	*	*	*	*	*	*	*	*	*	*
PF-64RB	*	*	*	*	*	*	*	*	*	*	*	*	*	*	*	*	*	*	*	*	*	*	*	*	*
PF-63RB	*	*	*	*	*	*	*	*	*	*	*	*	*	*	*	*	*	*	*	*	*	*	*	*	*
MS-68R	—	—	—	—	—	—	—	—	—	—	—	—	—	—	—	—	—	—	—	—	—	—	—	—	—
MS-67R	—	—	—	—	—	—	—	—	—	—	—	—	—	—	—	—	—	—	—	—	—	—	—	—	—
MS-66R	—	225.	10000.	—	430.	—	—	825.	—	—	425.	4000.	—	475.	1850.	—	600.	100.	250.	180.	2500.	1500.	200.	215.	140.
MS-65R	7000.	100.	2375.	6000.	65.	3000.	50000.	90.	1125.	5000.	85.	775.	3000.	225.	825.	40.	40.	45.	95.	95.	800.	550.	70.	80.	65.
MS-65RB	1500.	35.	300.	2050.	22.	575.	6500.	35.	325.	1375.	32.	165.	460.	60.	100.	45.	30.	30.	50.	50.	225.	200.	40.	45.	40.
MS-64R	1500.	35.	325.	1600.	25.	425.	4300.	35.	250.	425.	35.	150.	285.	65.	40.	28.	35.	45.	30.	45.	150.	200.	35.	38.	35.
MS-64RB	650.	30.	175.	650.	20.	300.	925.	27.	140.	275.	26.	75.	165.	45.	28.	10.	25.	25.	25.	38.	125.	150.	25.	34.	27.
MS-63RB	210.	20.	78.	140.	14.	90.	275.	15.	75.	125.	14.	55.	80.	12.	30.	19.	6.50	24.	12.	28.	110.	100.	20.	27.	24.
MS-60B	95.	9.50	48.	60.	8.00	55.	110.	9.00	55.	60.	8.50	26.	60.	6.50	17.	11.	4.75	13.	10.	18.	80.	90.	18.	15.	15.
AU-50	55.	6.00	21.	20.	5.00	24.	55.	3.85	12.	25.	3.50	9.50	14.	4.00	7.00	4.50	2.50	4.50	6.00	6.75	35.	85.	9.00	7.00	8.50
EF-40	12.	2.50	8.00	6.00	1.75	7.50	12.	1.75	3.50	8.50	1.50	3.00	3.50	1.25	3.00	3.00	1.25	2.50	1.25	2.00	8.00	75.	3.50	2.50	3.00
VF-20	2.50	1.00	1.50	1.00	0.75	1.50	6.00	0.75	1.00	2.50	0.60	1.00	1.50	0.50	0.60	0.75	0.80	0.75	0.75	1.50	8.00	65.	2.50	1.75	1.75
F-12	1.75	0.50	1.00	0.75	0.35	0.60	5.00	0.35	0.50	1.50	0.35	0.50	1.25	0.35	0.35	0.35	0.50	0.50	0.50	1.00	4.50	60.	1.75	1.50	1.50
VG-8	1.50	0.35	0.75	0.50	0.25	0.35	3.00	0.25	0.35	1.25	0.25	0.35	1.00	0.25	0.25	0.25	0.35	0.35	0.35	3.50	4.00	50.	1.50	1.25	1.25
G-4	1.00	0.25	0.50	0.35	0.20	0.25	2.50	0.20	0.20	1.00	0.20	0.25	0.75	0.20	0.20	0.20	0.25	0.25	0.25	3.50	3.75	45.	1.25	1.00	1.00

—— = Insufficient pricing data   * = None issued

LINCOLN, WHEAT CENT (CONTINUED)

Date	G-4	VG-8	F-12	VF-20	EF-40	AU-50	MS-60B	MS-63RB	MS-64RB	MS-64R	MS-65RB	MS-65R	MS-66R	MS-67R	MS-68R	PF-63RB	PF-64RB	PF-65C	PF-65R	PF-66	PF-66DC	PF-66R	PF-67DC	PF-67R	PF-68DC	PF-69DC
1933-D	1.75	2.00	2.75	3.50	5.00	10.	16.	22.	24.	30.	35.	70.	155.	—	—	*	*	*	*	*	*	*	*	*	*	*
1934	—	—	—	0.25	0.40	4.00	4.00	8.00	18.	—	—	35.	65.	220.	—	*	*	*	*	*	*	*	*	*	*	*
1934-D	—	—	0.35	0.55	5.00	8.75	12.	14.	15.	—	—	30.	150.	850.	—	*	*	*	*	*	*	*	*	*	*	*
1935	—	—	0.22	0.40	0.75	1.00	1.25	4.50	5.00	—	—	25.	50.	150.	—	*	*	*	*	*	*	*	*	*	*	*
1935-D	—	—	0.40	0.45	0.85	2.00	3.25	5.00	7.25	—	—	50.	55.	135.	—	*	*	*	*	*	*	*	*	*	*	*
1935-S	—	—	0.65	1.50	2.50	4.25	6.50	10.	17.	—	—	20.	150.	8000.	—	*	*	*	*	*	*	*	*	*	*	*
1936	—	—	—	0.40	0.70	0.90	1.25	2.25	3.00	—	—	15.	45.	100.	—	*	*	*	*	*	*	*	*	*	*	*
1936-D	—	—	0.22	0.40	0.85	1.00	1.85	3.75	12.	—	—	23.	40.	150.	—	*	*	*	*	*	*	*	*	*	*	*
1936-S	—	—	0.32	0.50	1.50	2.00	2.65	4.00	5.00	—	—	20.	70.	250.	—	*	*	*	*	*	*	*	*	*	*	*
1936 Satin Proof	*	*	*	*	*	*	*	*	*	*	*	*	*	*	*	—	—	—	—	—	—	—	—	—	—	—
1936 Brilliant Proof	*	*	*	*	*	*	*	*	*	*	*	*	*	*	*	300.	600.	—	2000.	6000.	3500.	10000.	*	3500.	—	—
1937	—	—	0.20	0.30	1.00	1.50	2.00	3.00	5.00	—	—	20.	70.	110.	450.	75.	200.	*	300.	6000.	1500.	1500.	*	3500.	*	*
1937-D	—	—	0.25	0.40	0.65	1.00	2.25	2.85	4.00	—	—	25.	45.	100.	—	*	*	*	*	*	*	*	*	*	*	*
1937-S	—	—	0.25	0.40	0.65	1.00	2.00	2.75	3.50	—	—	28.	45.	125.	—	*	*	*	*	*	*	*	*	*	*	*
1938	—	—	0.20	0.30	0.60	1.00	1.25	1.75	2.50	—	—	15.	60.	150.	—	50.	150.	*	250.	*	800.	*	2500.	2500.	*	*
1938-D	—	—	0.40	0.75	0.85	1.00	2.50	3.75	4.25	—	—	23.	50.	135.	—	*	*	*	*	*	*	*	*	*	*	*
1938-S	—	—	0.35	0.55	0.80	1.00	2.50	3.00	4.00	—	—	15.	40.	100.	—	*	*	*	*	*	*	*	*	*	*	*
1939	—	—	0.15	0.25	0.30	0.40	0.50	1.00	2.00	—	—	18.	45.	130.	—	50.	150.	*	500.	*	1800.	*	*	4000.	*	*
1939-D	—	—	0.40	0.75	1.00	1.30	1.75	4.00	5.50	—	—	20.	40.	100.	—	*	*	*	*	*	*	*	*	*	*	*
1939-S	—	—	0.25	0.40	0.75	1.00	1.30	2.00	4.50	—	—	18.	40.	100.	—	*	*	*	*	*	*	*	*	*	*	*
1940	—	—	0.20	0.30	0.40	0.45	0.60	1.00	2.00	—	—	15.	40.	175.	—	40.	150.	*	250.	*	500.	500.	*	*	*	*
1940-D	—	—	0.30	0.50	0.60	0.70	0.90	1.00	2.25	—	—	10.	32.	125.	—	*	*	*	*	*	*	*	*	*	*	*
1940-S	—	—	0.30	0.50	0.90	0.90	0.80	1.85	2.75	—	—	18.	38.	160.	—	*	*	*	*	*	*	*	*	*	*	*
1941	—	—	0.23	0.40	0.50	0.55	1.00	2.50	2.50	—	—	18.	32.	150.	—	40.	150.	250.	250.	*	*	500.	*	2000.	*	*

——— = Insufficient pricing data   * = None issued

	G-4	VG-8	F-12	VF-20	EF-40	AU-50	MS-60B	MS-63RB	MS-64RB	MS-64R	MS-65RB	MS-65R	MS-66R	MS-67R	MS-68R	PF-63RB	PF-64RB	PF-65C	PF-65R	PF-66	PF-66DC	PF-66R	PF-67DC	PF-67R	PF-68DC	PF-69DC
1941-D	—	—	0.40	0.60	0.90	1.45	1.65	2.50	3.75	—	—	18.	35.	150.	—	*	*	*	*	*	*	*	*	*	*	*
1941-S	—	—	0.50	0.70	0.80	1.00	1.75	2.50	4.75	—	—	27.	45.	125.	—	*	*	*	*	*	*	*	*	*	*	*
1942	—	—	0.20	0.30	0.40	0.45	0.65	0.75	1.75	—	—	18.	42.	100.	—	40.	125.	*	250.	600.	*	*	*	*	*	*
1942-D	—	—	0.25	0.35	0.40	0.45	0.60	0.70	2.00	—	—	16.	40.	100.	—	*	*	*	*	*	*	*	*	*	*	*
1942-S	—	—	0.55	0.75	1.00	1.50	2.50	5.00	8.50	—	—	30.	40.	100.	—	*	*	*	*	*	*	*	*	*	*	*
ZINC-COATED STEEL																										
1943	—	—	0.20	0.30	0.40	0.65	0.80	1.40	8.00	—	—	18.	30.	80.	—	*	*	*	*	*	*	*	*	*	*	*
1943-D	—	—	0.25	0.45	0.60	0.75	1.00	1.65	9.00	—	—	13.	30.	80.	—	*	*	*	*	*	*	*	*	*	*	*
1943-S	—	—	0.35	0.55	0.75	1.00	2.00	4.00	10.	—	—	20.	40.	100.	—	*	*	*	*	*	*	*	*	*	*	*
SHELL-CASE BRASS																										
1944	—	—	0.10	0.15	0.20	0.35	0.42	0.65	1.25	—	—	10.	21.	100.	—	*	*	*	*	*	*	*	*	*	*	*
1944-D	—	—	0.20	0.25	0.30	0.35	0.40	0.50	1.50	—	—	15.	30.	100.	—	*	*	*	*	*	*	*	*	*	*	*
1944-D/S Variety 1	—	—	75.	115.	175.	245.	325.	425.	675.	—	—	2000.	4000.	—	—	*	*	*	*	*	*	*	*	*	*	*
1944-D/S Variety 2	—	—	32.	48.	90.	100.	145.	275.	350.	—	—	750.	—	—	—	*	*	*	*	*	*	*	*	*	*	*
1944-S	—	—	0.15	0.20	0.25	0.35	0.55	0.65	1.25	—	—	10.	25.	80.	—	*	*	*	*	*	*	*	*	*	*	*
1945	—	—	0.10	0.15	0.24	0.40	0.55	0.75	1.25	—	—	12.	35.	125.	—	*	*	*	*	*	*	*	*	*	*	*
1945-D	—	—	0.15	0.20	0.25	0.40	0.45	0.50	1.00	—	—	10.	30.	100.	—	*	*	*	*	*	*	*	*	*	*	*
1945-S	—	—	0.15	0.20	0.25	0.30	0.40	0.45	1.00	—	—	10.	30.	65.	—	*	*	*	*	*	*	*	*	*	*	*
1946	—	—	0.10	0.15	0.20	0.30	0.40	0.50	0.75	—	—	11.	30.	90.	—	*	*	*	*	*	*	*	*	*	*	*
1946-D	—	—	0.15	0.18	0.20	0.25	0.30	0.50	0.85	—	—	10.	25.	100.	—	*	*	*	*	*	*	*	*	*	*	*
1946-S	—	—	0.20	0.25	0.30	0.35	0.40	0.50	1.25	—	—	15.	30.	150.	—	*	*	*	*	*	*	*	*	*	*	*
1946-S/D	—	—	—	—	—	—	175.	300.	400.	—	—	600.	750.	—	—	*	*	*	*	*	*	*	*	*	*	*

—— = Insufficient pricing data   * = None issued

LINCOLN, WHEAT CENT (CONTINUED)

BRONZE ALLOY

Date	PF-69DC	PF-68DC	PF-67R	PF-67DC	PF-66R	PF-66DC	PF-66	PF-65R	PF-65C	PF-64RB	PF-63RB	MS-68R	MS-67R	MS-66R	MS-65R	MS-65RB	MS-64R	MS-64RB	MS-63RB	MS-60B	AU-50	EF-40	VF-20	F-12	VG-8	G-4
1947	*	*	*	*	*	*	*	*	*	*	*	—	135.	50.	10.	—	—	—	1.50	—	—	—	—	—	—	—
1947-D	*	*	*	*	*	*	*	*	*	*	*	—	40.	30.	9.00	—	—	—	0.40	—	—	—	—	—	—	—
1947-S	*	*	*	*	*	*	*	*	*	*	*	—	125.	30.	11.	—	—	—	0.75	—	—	—	—	—	—	—
1948	*	*	*	*	*	*	*	*	*	*	*	—	250.	100.	10.	—	—	—	0.50	—	—	—	—	—	—	—
1948-D	*	*	*	*	*	*	*	*	*	*	*	—	400.	38.	6.00	—	—	—	0.50	—	—	—	—	—	—	—
1948-S	*	*	*	*	*	*	*	*	*	*	*	—	125.	30.	5.50	—	—	—	1.35	—	—	—	—	—	—	—
1949	*	*	*	*	*	*	*	*	*	*	*	—	250.	150.	15.	—	—	—	0.65	—	—	—	—	—	—	—
1949-D	*	*	*	*	*	*	*	*	*	*	*	—	40.	30.	17.	—	—	—	0.65	—	—	—	—	—	—	—
1949-S	*	*	*	*	*	*	*	*	*	*	*	—	60.	40.	11.	—	—	—	1.25	—	—	—	—	—	—	—
1950	—	—	720.	—	120.	8900.	—	60.	70.	28.	28.	—	500.	80.	15.	—	—	—	0.75	—	—	—	—	—	—	—
1950-D	*	*	*	*	*	*	*	*	*	*	*	—	250.	40.	7.50	—	—	—	0.65	—	—	—	—	—	—	—
1950-S	*	*	*	*	*	*	*	*	*	*	*	—	45.	35.	10.	—	—	—	0.85	—	—	—	—	—	—	—
1951	—	—	270.	—	145.	—	—	60.	310.	19.	19.	—	95.	75.	14.	—	—	—	0.65	—	—	—	—	—	—	—
1951-D	*	*	*	*	*	*	*	*	*	*	*	—	45.	30.	10.	—	—	—	0.35	—	—	—	—	—	—	—
1951-S	*	*	*	*	*	*	*	*	*	*	*	—	75.	45.	12.	—	—	—	0.55	—	—	—	—	—	—	—
1952	—	—	210.	—	90.	—	—	60.	—	16.	16.	—	50.	30.	18.	—	—	—	0.55	—	—	—	—	—	—	—
1952-D	*	*	*	*	*	*	*	*	*	*	*	—	—	45.	11.	—	—	—	0.25	—	—	—	—	—	—	—
1952-S	*	*	*	*	*	*	*	*	*	*	*	—	—	30.	10.	—	—	—	1.75	—	—	—	—	—	—	—
1953	—	—	155.	—	40.	—	—	30.	70.	13.	13.	—	90.	70.	16.	—	—	—	0.20	—	—	—	—	—	—	—
1953-D	*	*	*	*	*	*	*	*	*	*	*	—	35.	25.	11.	—	—	—	0.20	—	—	—	—	—	—	—
1953-S	*	*	*	*	*	*	*	*	*	*	*	—	125.	25.	10.	—	—	—	0.50	—	—	—	—	—	—	—
1954	—	—	90.	—	40.	—	—	30.	—	6.00	6.00	—	100.	35.	15.	—	—	—	0.40	—	—	—	—	—	—	—
1954-D	*	*	*	*	*	*	*	*	*	*	*	—	40.	25.	12.	—	—	—	0.35	—	—	—	—	—	—	—
1954-S	*	*	*	*	*	*	*	*	*	*	*	—	85.	22.	14.	—	—	—	0.20	—	—	—	—	—	—	—

—— = Insufficient pricing data   * = None issued

LINCOLN, WHEAT CENT (CONTINUED)

Date	G-4	VG-8	F-12	VF-20	EF-40	AU-50	MS-60B	MS-63RB	MS-64RB	MS-64R	MS-65RB	MS-65R	MS-66R	MS-67R	MS-68R	PF-63RB	PF-64RB	PF-65C	PF-65R	PF-66	PF-66DC	PF-66R	PF-67DC	PF-67R	PF-68DC	PF-69DC
1955	—	—	—	—	—	—	—	0.15	—	—	—	18.	45.	55.	—	—	4.75	—	12.	—	230.	20.	—	55.	—	—
1955 Doubled Die	—	—	450.	525.	575.	750.	1250.	1575.	—	—	—	22750.	—	—	—	*	*	*	*	*	*	*	*	*	*	*
1955-D	—	—	—	—	—	—	—	0.15	—	—	—	15.	30.	100.	—	*	*	*	*	*	*	*	*	*	*	*
1955-S	—	—	—	—	—	—	—	0.50	—	—	—	15.	30.	60.	—	*	*	*	*	*	*	*	*	*	*	*
1956	—	—	—	—	—	—	—	—	—	—	—	11.	125.	175.	—	4.75	2.25	12.	12.	—	—	25.	—	60.	—	—
1956-D	—	—	—	—	—	—	—	0.15	—	—	—	10.	25.	55.	—	*	*	*	*	*	*	*	*	*	*	*
1957	—	—	—	—	—	—	—	0.15	—	—	—	11.	90.	125.	—	1.25	1.25	35.	12.	—	—	20.	—	30.	—	—
1957-D	—	—	—	—	—	—	—	0.15	—	—	—	10.	35.	75.	—	*	*	*	*	*	*	*	*	*	*	*
1958	—	—	—	—	—	—	—	0.15	—	—	—	12.	30.	40.	—	1.50	1.50	—	12.	—	—	20.	950.	30.	—	—
1958-D	—	—	—	—	—	—	—	0.15	—	—	—	11.	20.	75.	—	*	*	*	*	*	*	*	*	*	*	*

—— = Insufficient pricing data   * = None issued

Lincoln, Memorial cent

Date of authorization:	Feb. 21, 1857
Dates of issue:	1959-present
Designers:	Obverse: Victor D. Brenner
	Reverse: Frank Gasparro
Engravers:	Obverse: Charles Barber
	Reverse: Gilroy Roberts
Diameter:	19.05 mm/0.75 inch
Weight:	1959-1982: 3.11 grams/0.10 ounce
	1982-present: 2.50 grams/0.08 ounce
Metallic content:	1959-1962: 95% copper, 5% zinc and tin
	1962-1982: 95% copper, 5% zinc
	1982-present: 97.5% zinc, 2.5% copper
	(99.2% zinc, 0.8% copper planchet
	plated with pure copper)
Edge:	Plain
Mint mark:	Obverse under date

Note: For copper-alloy coins, the letter B following a numerical grade (as in MS-63B) is shorthand for brown, RB represents red and brown, and R stands for red. It is common practice for grading services to qualify copper coins. In addition to a Mint State grade, a copper coin is assigned as brown, red and brown, or red. Generally, full red coins are valued higher than red and brown coins, which in turn are valued higher than brown coins, all else being equal.

LINCOLN, MEMORIAL CENT (CONTINUED)

	G-4	VG-8	F-12	VF-20	EF-40	AU-50	MS-60B	MS-63RB	MS-64RB	MS-64R	MS-65RB	MS-65R	MS-66R	MS-67R	MS-68R	PF-63RB	PF-64RB	PF-65C	PF-65R	PF-66	PF-66DC	PF-66R	PF-67DC	PF-67R	PF-68DC	PF-69DC
MEMORIAL REVERSE																										
1959	—	—	—	—	—	—	—	0.15	—	10.	—	20.	40.	175.	—	—	1.00	—	12.	—	60.	25.	375.	40.	*	—
1959-D	—	—	—	—	—	—	—	0.15	—	8.00	—	16.	40.	150.	—	*	*	*	*	*	*	*	*	*	*	*
1960 Large Date	—	—	—	—	—	—	—	0.15	—	5.00	—	10.	20.	175.	—	1.00	1.00	—	12.	—	—	14.	—	19.	—	—
1960 Small Date	—	—	—	—	—	—	—	2.00	—	8.00	—	17.	40.	200.	—	14.	14.	—	20.	—	—	30.	—	70.	—	—
1960-D Large Date	—	—	—	—	—	—	—	0.15	—	5.00	—	10.	21.	50.	—	*	*	*	*	*	*	*	*	*	*	*
1960-D Small Date	—	—	—	—	—	—	—	0.20	—	6.00	—	12.	25.	75.	—	*	*	*	*	*	*	*	*	*	*	*
1961	—	—	—	—	—	—	—	0.15	—	5.00	—	10.	100.	125.	—	0.60	0.60	—	10.	—	—	14.	170.	40.	*	*
1961-D	—	—	—	—	—	—	—	0.15	—	10.	—	20.	100.	125.	—	*	*	*	*	*	*	*	*	*	*	*
BRASS ALLOY																										
1962	—	—	—	—	—	—	—	0.15	—	5.00	—	10.	40.	100.	—	0.60	0.60	—	10.	—	30.	14.	50.	40.	*	*
1962-D	—	—	—	—	—	—	—	0.15	—	10.	—	20.	110.	140.	—	*	*	*	*	*	*	*	*	*	*	*
1963	—	—	—	—	—	—	—	0.15	—	7.00	—	15.	150.	225.	—	0.60	0.60	—	10.	—	40.	14.	—	70.	*	*
1963-D	—	—	—	—	—	—	—	0.15	—	7.00	—	15.	150.	225.	—	*	*	*	*	*	*	*	*	*	*	*
1964	—	—	—	—	—	—	—	0.15	—	5.00	—	10.	35.	75.	—	0.60	0.60	—	10.	—	30.	14.	50.	40.	*	*
1964-D	—	—	—	—	—	—	—	0.15	—	6.00	—	12.	40.	100.	—	*	*	*	*	*	*	*	*	*	*	*
1965	—	—	—	—	—	—	—	0.25	—	5.00	—	10.	25.	35.	—	*	*	*	*	*	*	*	*	*	*	*
1966	—	—	—	—	—	—	—	0.15	—	5.00	—	10.	15.	25.	—	*	*	*	*	*	*	*	*	*	*	*
1967	—	—	—	—	—	—	—	0.15	—	6.00	—	12.	30.	25.	—	*	*	*	*	*	*	*	*	*	*	*
1968	—	—	—	—	—	—	—	0.15	—	6.00	—	12.	30.	50.	—	*	*	*	*	*	*	*	*	*	*	*
1968-D	—	—	—	—	—	—	—	0.15	—	6.00	—	12.	30.	50.	—	*	*	*	*	*	*	*	*	*	*	*
1968-S	—	—	—	—	—	—	—	0.15	—	7.00	—	14.	25.	75.	—	0.75	—	—	6.00	—	25.	7.00	45.	8.00	*	*
1969	—	—	—	—	—	—	—	0.25	—	7.00	—	7.50	250.	—	—	*	*	*	*	*	*	*	*	*	*	*
1969-D	—	—	—	—	—	—	—	0.15	—	5.00	—	10.	100.	150.	—	*	*	*	*	*	*	*	*	*	*	*

— = Insufficient pricing data   * = None issued

LINCOLN, MEMORIAL CENT (CONTINUED)

	G-4	VG-8	F-12	VF-20	EF-40	AU-50	MS-60B	MS-63RB	MS-64RB	MS-64R	MS-65RB	MS-65R	MS-66R	MS-67R	MS-68R	PF-63RB	PF-64RB	PF-65C	PF-65R	PF-66	PF-66DC	PF-66R	PF-67DC	PF-67R	PF-68DC	PF-69DC
1969-S	—	—	—	—	—	—	—	0.15	—	6.00	—	12.	25.	75.	—	—	—	—	6.00	—	20.	7.00	35.	8.00	—	—
1969-S Doubled Die	—	—	—	—	—	—	—	5000.	—	—	20000.	20000.	—	—	—	*	*	*	*	*	*	*	*	*	*	*
1970	—	—	—	—	—	—	—	0.25	—	5.00	—	10.	35.	65.	—	*	*	*	*	*	*	*	*	*	*	*
1970-D	—	—	—	—	—	—	—	0.15	—	5.00	—	6.00	50.	75.	—	*	*	*	*	*	*	*	*	*	*	*
1970-S Low 7	—	—	—	—	—	—	—	0.15	—	9.00	—	19.	50.	—	—	0.75	—	—	6.00	—	18.	7.00	27.	8.00	—	—
1970-S Level 7	—	—	—	—	—	—	—	24.	—	30.	—	62.	80.	—	—	50.	—	—	55.	—	160.	90.	—	100.	—	—
1970-S Doubled Die	—	—	—	—	—	—	—	—	—	—	—	20000.	—	—	—	—	—	—	—	—	—	—	—	—	—	—
1971	—	—	—	—	—	—	—	0.25	—	15.	—	30.	50.	75.	—	*	*	*	*	*	*	*	*	*	*	*
1971-D	—	—	—	—	—	—	—	0.25	—	5.00	—	7.00	30.	60.	—	*	*	*	*	*	*	*	*	*	*	*
1971-S	—	—	—	—	—	—	—	0.15	—	5.00	—	6.00	50.	75.	—	0.65	—	—	6.00	—	—	15.	700.	45.	—	—
1972	—	—	—	—	—	—	—	0.15	—	5.00	—	5.00	35.	65.	—	*	*	*	*	*	*	*	*	*	*	*
1972-D	—	—	—	—	—	—	—	0.15	—	6.00	—	13.	30.	60.	—	*	*	*	*	*	*	*	*	*	*	*
1972-S	—	—	—	—	—	—	—	0.20	—	15.	—	30.	60.	125.	—	0.75	—	—	6.00	—	7.00	7.00	—	8.00	—	—
1972 Doubled Die	—	—	—	—	—	—	—	205.	—	—	—	405.	800.	—	—	*	*	*	*	*	*	*	*	*	*	*
1973	—	—	—	—	—	—	—	0.15	—	5.00	—	9.00	32.	50.	—	*	*	*	*	*	*	*	*	*	*	*
1973-D	—	—	—	—	—	—	—	0.15	—	6.00	—	12.	40.	75.	—	*	*	*	*	*	*	*	*	*	*	*
1973-S	—	—	—	—	—	—	—	0.25	—	5.00	—	10.	100.	100.	—	0.65	—	—	6.00	—	—	8.00	—	10.	—	—
1974	—	—	—	—	—	—	—	0.15	—	5.00	—	10.	20.	40.	—	*	*	*	*	*	*	*	*	*	*	*
1974-D	—	—	—	—	—	—	—	0.15	—	5.00	—	10.	40.	75.	—	*	*	*	*	*	*	*	*	*	*	*
1974-S	—	—	—	—	—	—	—	0.25	—	5.00	—	10.	25.	45.	—	0.65	—	—	6.00	—	8.00	8.00	—	10.	—	—
1975	—	—	—	—	—	—	—	0.15	—	5.00	—	9.00	14.	35.	—	*	*	*	*	*	*	*	*	*	*	*
1975-D	—	—	—	—	—	—	—	0.15	—	7.00	—	15.	60.	110.	—	*	*	*	*	*	*	*	*	*	*	*
1975-S	*	*	*	*	*	*	*	*	*	*	*	*	*	*	*	3.00	—	—	6.00	—	10.	7.00	21.	8.00	—	—

—— = Insufficient pricing data   * = None issued

Date	G-4	VG-8	F-12	VF-20	EF-40	AU-50	MS-60B	MS-63RB	MS-64RB	MS-64R	MS-65RB	MS-65R	MS-66R	MS-67R	MS-68	PF-63RB	PF-64RB	PF-65C	PF-65R	PF-66	PF-66DC	PF-66R	PF-67DC	PF-67R	PF-68DC	PF-69DC
1976	—	—	—	—	—	—	—	0.15	—	10.	—	20.	18.	40.	—	*	*	*	*	*	*	*	*	*	*	*
1976-D	—	—	—	—	—	—	—	0.15	—	10.	—	20.	20.	60.	—	*	*	*	*	*	*	*	*	*	*	*
1976-S	*	*	*	*	*	*	*	*	*	*	*	*	*	*	*	2.50	—	—	12.	—	—	15.	—	20.	*	*
1977	—	—	—	—	—	—	—	0.15	—	10.	—	20.	35.	150.	—	*	*	*	*	*	*	*	*	*	*	*
1977-D	—	—	—	—	—	—	—	0.15	—	10.	—	20.	65.	125.	—	*	*	*	*	*	*	*	*	*	*	*
1977-S	*	*	*	*	*	*	*	*	*	*	*	*	*	*	*	1.25	—	—	6.00	—	10.	7.00	15.	8.00	*	*
1978	—	—	—	—	—	—	—	0.15	—	10.	—	20.	65.	100.	—	*	*	*	*	*	*	*	*	*	*	*
1978-D	—	—	—	—	—	—	—	0.15	—	7.00	—	15.	70.	110.	—	*	*	*	*	*	*	*	*	*	*	*
1978-S	*	*	*	*	*	*	*	*	*	*	*	*	*	*	*	1.25	—	—	6.00	—	10.	7.00	15.	8.00	*	*
1979	—	—	—	—	—	—	—	0.15	—	7.00	—	15.	40.	100.	—	*	*	*	*	*	*	*	*	*	*	*
1979-D	—	—	—	—	—	—	—	0.15	—	5.00	—	10.	60.	125.	—	*	*	*	*	*	*	*	*	*	*	*
1979-S Filled S	*	*	*	*	*	*	*	*	*	*	*	*	*	*	*	1.50	—	—	7.00	—	—	—	—	30.	*	*
1979-S Clear S	*	*	*	*	*	*	*	*	*	*	*	*	*	*	*	2.25	—	—	10.	—	—	—	—	—	*	*
1980	—	—	—	—	—	—	—	0.15	—	5.00	—	9.00	15.	40.	—	*	*	*	*	*	*	*	*	*	*	*
1980-D	—	—	—	—	—	—	—	0.15	—	6.00	—	13.	60.	200.	—	*	*	*	*	*	*	*	*	*	*	*
1980-S	*	*	*	*	*	*	*	*	*	*	*	*	*	*	*	0.75	—	—	6.00	—	10.	7.00	14.	8.00	*	*
1981	—	—	—	—	—	—	—	0.15	—	5.00	—	10.	40.	95.	—	*	*	*	*	*	*	*	*	*	*	*
1981-D	—	—	—	—	—	—	—	0.15	—	6.00	—	12.	50.	60.	—	*	*	*	*	*	*	*	*	*	*	*
1981-S	*	*	*	*	*	*	*	*	*	*	*	*	*	*	*	1.25	—	—	7.00	—	12.	8.00	22.	10.	*	*
1982 Large Date	—	—	—	—	—	—	—	0.20	—	5.00	—	8.00	30.	—	—	*	*	*	*	*	*	*	*	*	*	*
1982 Small Date	—	—	—	—	—	—	—	0.30	—	5.00	—	10.	35.	—	—	*	*	*	*	*	*	*	*	*	*	*
1982-D Large Date	—	—	—	—	—	—	—	0.20	—	5.00	—	8.00	20.	—	—	*	*	*	*	*	*	*	*	*	*	*
1982-S	*	*	*	*	*	*	*	*	*	*	*	*	*	*	*	1.50	—	—	2.00	—	—	—	—	14.	18.	35.

— = Insufficient pricing data

* = None issued

	PF-69DC	PF-68DC	PF-67R	PF-67DC	PF-66R	PF-66DC	PF-66	PF-65R	PF-65C	PF-64RB	PF-63RB	MS-68R	MS-67R	MS-66R	MS-65R	MS-65RB	MS-64R	MS-64RB	MS-63RB	MS-60B	AU-50	EF-40	VF-20	F-12	VG-8	G-4
COPPER-PLATED ZINC																										
1982 Large Date	*	*	*	*	*	*	*	*	*	*	*	—	70.	50.	8.00	—	5.00	—	0.25	—	—	—	—	—	—	—
1982 Small Date	*	*	*	*	*	*	*	*	*	*	*	—	70.	50.	10.	—	5.00	—	0.75	—	—	—	—	—	—	—
1982-D Large Date	*	*	*	*	*	*	*	*	*	*	*	—	50.	25.	9.00	—	5.00	—	0.30	—	—	—	—	—	—	—
1982-D Small Date	*	*	*	*	*	*	*	*	*	*	*	—	30.	20.	7.00	—	5.00	—	0.25	—	—	—	—	—	—	—
1983	*	*	*	*	*	*	*	*	*	*	*	—	60	30.	8.00	—	5.00	—	0.15	—	—	—	—	—	—	—
1983-D	*	*	*	*	*	*	*	*	*	*	*	—	70.	20.	7.00	—	5.00	—	0.15	—	—	—	—	—	—	—
1983 Doubled Die	*	*	*	*	*	*	*	*	*	*	*	*	725.	500.	300.	*	—	*	170.	*	*	*	*	*	*	*
1983-S	35.	18.	*	14.	*	*	*	3.50	*	*	2.50	*	*	*	*	*	*	*	*	*	*	*	*	*	*	*
1984	*	*	*	*	*	*	*	*	*	*	*	—	50.	25.	7.00	—	5.00	—	0.15	—	—	—	—	—	—	—
1984-D	*	*	*	*	*	*	*	*	*	*	*	—	35.	25.	7.00	—	5.00	—	0.30	—	—	—	—	—	—	—
1984 Doubled Die	*	*	*	*	*	*	*	*	*	*	*	*	360.	240.	190.	*	—	*	155.	*	*	*	*	*	*	*
1984-S	55.	25.	*	18.	*	*	*	3.00	*	*	2.00	*	*	*	*	*	*	*	*	*	*	*	*	*	*	*
1985	*	*	*	*	*	*	*	*	*	*	*	—	80.	14.	6.00	—	5.00	—	0.50	—	—	—	—	—	—	—
1985-D	*	*	*	*	*	*	*	*	*	*	*	—	25.	10.	6.00	—	5.00	—	0.15	—	—	—	—	—	—	—
1985-S	35.	18.	*	14.	*	*	*	3.50	*	*	2.50	*	*	*	*	*	*	*	*	*	*	*	*	*	*	*
1986	*	*	*	*	*	*	*	*	*	*	*	—	25.	11.	6.00	—	5.00	—	0.75	—	—	—	—	—	—	—
1986-D	*	*	*	*	*	*	*	*	*	*	*	—	50.	20.	9.00	—	5.00	—	0.20	—	—	—	—	—	—	—
1986-S	40.	19.	*	15.	*	*	*	6.00	*	*	4.50	*	*	*	*	*	*	*	*	*	*	*	*	*	*	*
1987	*	*	*	*	*	*	*	*	*	*	*	65.	50.	12.	6.00	—	5.00	—	0.50	—	—	—	—	—	—	—
1987-D	*	*	*	*	*	*	*	*	*	*	*	175.	50.	12.	6.00	—	5.00	—	0.15	—	—	—	—	—	—	—
1987-S	40.	19.	*	15.	*	*	*	3.50	*	*	2.50	*	*	*	*	*	*	*	*	*	*	*	*	*	*	*

—— = Insufficient pricing data   * = None issued

LINCOLN, MEMORIAL CENT (CONTINUED)

	G-4	VG-8	F-12	VF-20	EF-40	AU-50	MS-60B	MS-63RB	MS-64RB	MS-64R	MS-65RB	MS-65R	MS-66R	MS-67R	MS-68R	PF-63RB	PF-64RB	PF-65C	PF-65R	PF-66	PF-66DC	PF-66R	PF-67DC	PF-67R	PF-68DC	PF-69DC
1988	—	—	—	—	—	—	—	0.15	—	5.00	—	6.00	22.	50.	200.	*	*	*	*	*	*	*	*	*	*	*
1988-D	—	—	—	—	—	—	—	0.15	—	5.00	—	6.00	10.	35.	130.	*	*	*	*	*	*	*	*	*	*	*
1988-S	*	*	*	*	*	*	*	*	*	*	*	*	*	*	*	1.50	—	—	2.00	—	—	—	15.	—	20.	95.
1989	—	—	—	—	—	—	—	0.15	—	5.00	—	6.00	17.	60.	200.	*	*	*	*	*	*	*	*	*	*	*
1989-D	—	—	—	—	—	—	—	0.15	—	5.00	—	6.00	17.	35.	200.	*	*	*	*	*	*	*	*	*	*	*
1989-S	*	*	*	*	*	*	*	*	*	*	*	*	*	*	*	1.75	—	—	2.50	—	—	—	14.	—	18.	35.
1990	—	—	—	—	—	—	—	0.15	—	5.00	—	6.00	15.	40.	150.	*	*	*	*	*	*	*	*	*	*	*
1990-D	—	—	—	—	—	—	—	0.15	—	5.00	—	6.00	10.	40.	125.	*	*	*	*	*	*	*	*	*	*	*
1990-S	*	*	*	*	*	*	*	*	*	*	*	*	*	*	*	3.00	—	—	4.00	—	—	—	15.	—	19.	40.
1990-S No S	*	*	*	*	*	*	*	*	*	*	*	*	*	*	*	3400.	3500.	—	4000.	—	—	—	—	—	5000.	—
1991	—	—	—	—	—	—	—	0.15	—	5.00	—	7.00	17.	35.	175.	*	*	*	*	*	*	*	*	*	*	*
1991-D	—	—	—	—	—	—	—	0.15	—	5.00	—	6.00	11.	45.	100.	*	*	*	*	*	*	*	*	*	*	*
1991-S	*	*	*	*	*	*	*	*	*	*	*	*	*	*	*	5.00	—	—	6.00	—	—	—	14.	—	18.	35.
1992	—	—	—	—	—	—	—	0.15	—	5.00	—	6.00	10.	35.	170.	*	*	*	*	*	*	*	*	*	*	*
1992-D	—	—	—	—	—	—	—	0.15	—	5.00	—	6.00	10.	35.	125.	*	*	*	*	*	*	*	*	*	*	*
1992-S	*	*	*	*	*	*	*	*	*	*	*	*	*	*	*	3.00	—	—	5.00	—	—	—	14.	—	19.	40.
1993	—	—	—	—	—	—	—	0.15	—	5.00	—	6.00	20.	40.	290.	*	*	*	*	*	*	*	*	*	*	*
1993-D	—	—	—	—	—	—	—	0.15	—	5.00	—	6.00	9.00	35.	160.	*	*	*	*	*	*	*	*	*	*	*
1993-S	*	*	*	*	*	*	*	*	*	*	*	*	*	*	*	4.50	—	—	7.00	—	—	—	14.	—	18.	35.
1994	—	—	—	—	—	—	—	0.15	—	5.00	—	9.00	17.	20.	75.	*	*	*	*	*	*	*	*	*	*	*
1994-D	—	—	—	—	—	—	—	0.15	—	5.00	—	6.00	11.	60.	200.	*	*	*	*	*	*	*	*	*	*	*
1994-S	*	*	*	*	*	*	*	*	*	*	*	*	*	*	*	4.25	—	—	6.50	—	—	—	15.	—	19.	40.
1995	—	—	—	—	—	—	—	0.15	—	5.00	—	6.00	12.	50.	175.	*	*	*	*	*	*	*	*	*	*	*
1995 Doubled Die, early die state	—	—	2.00	3.50	5.00	7.50	10.	18.	—	—	—	50.	70.	85.	190.	*	*	*	*	*	*	*	*	*	*	*
1995-D	—	—	—	—	—	—	—	0.15	—	5.00	—	6.00	10.	55.	135.	*	*	*	*	*	*	*	*	*	*	*

—— = Insufficient pricing data   * = None issued

	PF-69DC	PF-68DC	PF-67R	PF-67DC	PF-66R	PF-66DC	PF-66	PF-65R	PF-65C	PF-64RB	PF-63RB	MS-68R	MS-67R	MS-66R	MS-65R	MS-65RB	MS-64R	MS-64RB	MS-63RB	MS-60B	AU-50	EF-40	VF-20	F-12	VG-8	G-4
1995-S	30.	18.	14.	—	—	—	—	7.00	—	—	5.00	*	*	*	*	*	*	*	*	*	*	*	*	*	*	*
1996	*	*	*	*	*	*	*	*	*	*	*	75.	25.	8.00	6.00	—	5.00	—	0.15	—	—	—	—	—	—	—
1996-D	*	*	*	*	*	*	*	*	*	*	*	140.	55.	14.	6.00	—	5.00	—	0.15	—	—	—	—	—	—	—
1996-S	40.	19.	—	15.	—	—	—	4.50	—	—	4.00	*	*	*	*	*	*	*	*	*	*	*	*	*	*	*
1997	*	*	*	*	*	*	*	*	*	*	*	150.	70.	12.	6.00	—	5.00	—	0.15	—	—	—	—	—	—	—
1997-D	*	*	*	*	*	*	*	*	*	*	*	100.	40.	12.	6.00	—	5.00	—	0.15	—	—	—	—	—	—	—
1997-S	40.	15.	—	12.	—	—	—	7.00	—	—	5.00	*	*	*	*	*	*	*	*	*	*	*	*	*	*	*
1998	*	*	*	*	*	*	*	*	*	*	*	125.	50.	14.	6.00	—	5.00	—	0.15	—	—	—	—	—	—	—
1998-D	*	*	*	*	*	*	*	*	*	*	*	75.	50.	12.	6.00	—	5.00	—	0.15	—	—	—	—	—	—	—
1998-S	25.	15.	—	12.	—	—	—	6.00	—	—	4.50	*	*	*	*	*	*	*	*	*	*	*	*	*	*	*
1999	*	*	*	*	*	*	*	*	*	*	*	100.	25.	10.	6.00	—	5.00	—	0.15	—	—	—	—	—	—	—
1999-D	*	*	*	*	*	*	*	*	*	*	*	100.	25.	10.	6.00	—	5.00	—	0.15	—	—	—	—	—	—	—
1999-S	25.	15.	—	12.	—	—	—	6.00	—	—	4.00	*	*	*	*	*	*	*	*	*	*	*	*	*	*	*
2000	*	*	*	*	*	*	*	*	*	*	*	80.	25.	9.00	6.00	—	5.00	—	0.15	—	—	—	—	—	—	—
2000-D	*	*	*	*	*	*	*	*	*	*	*	80.	25.	9.00	6.00	—	5.00	—	0.15	—	—	—	—	—	—	—
2000-S	25.	15.	—	12.	—	—	—	6.00	—	—	4.00	*	*	*	*	*	*	*	*	*	*	*	*	*	*	*
2001	*	*	*	*	*	*	*	*	*	*	*	80.	25.	9.00	6.00	—	5.00	—	0.15	—	—	—	—	—	—	—
2001-D	*	*	*	*	*	*	*	*	*	*	*	150.	45.	20.	6.00	—	5.00	—	0.15	—	—	—	—	—	—	—
2001-S	60.	18.	—	15.	—	—	—	7.50	—	—	5.00	*	*	*	*	*	*	*	*	*	*	*	*	*	*	*
2002	*	*	*	*	*	*	*	*	*	*	*	80.	25.	9.00	6.00	—	5.00	—	0.15	—	—	—	—	—	—	—
2002-D	*	*	*	*	*	*	*	*	*	*	*	80.	25.	9.00	6.00	—	5.00	—	0.15	—	—	—	—	—	—	—
2002-S	42.	17.	—	15.	—	—	—	—	—	—	—	*	*	*	*	*	*	*	*	*	*	*	*	*	*	*
2003	*	*	*	*	*	*	*	*	*	*	*	80.	25.	9.00	6.00	—	5.00	—	0.15	—	—	—	—	—	—	—
2003-D	—	—	—	—	—	—	—	—	—	—	—	80.	25.	9.00	6.00	—	5.00	—	0.15	—	—	—	—	—	—	—
2003-S	42.	17.	—	15.	—	—	—	—	—	—	—	—	—	—	—	—	—	—	—	—	—	—	—	—	—	—

—— = Insufficient pricing data   * = None issued

2 cents

Date of authorization: April 22, 1864
Dates of issue: 1864-1872
Designer/Engraver: James B. Longacre
Diameter: 23.00 mm/0.91 inch
Weight: 6.22 grams/0.20 ounce
Metallic content: 95% copper, 5% zinc and tin
Edge: Plain
Mint mark: None

Note: For copper-alloy coins, the letter B following a numerical grade (as in MS-63B) is shorthand for brown, RB represents red and brown, and R stands for red. It is common practice for grading services to qualify copper coins. In addition to a Mint State grade, a copper coin is assigned as brown, red and brown, or red. Generally, full red coins are valued higher than red and brown coins, which in turn are valued higher than brown coins, all else being equal.

	F-12	VF-20	EF-40	AU-50	MS-60B	MS-63RB	MS-64RB	MS-65R	PF-63RB	PF-65R
1864 Small Motto	115.	210.	360.	450.	700.	725.	850.	3000.	13500.	65000.
1864 Large Motto	20.	25.	35.	65.	85.	145.	225.	975.	635.	3900.
1865	22.	25.	35.	70.	100.	165.	250.	1075.	475.	3050.
1866	22.	30.	35.	72.	110.	165.	250.	1575.	450.	1775.
1867	22.	25.	35.	75.	115.	170.	285.	1500.	450.	1950.
1868	22.	25.	38.	80.	120.	180.	290.	1600.	450.	1825.
1869	22.	28.	42.	90.	120.	190.	390.	1425.	450.	1775.
1870	25.	37.	80.	125.	200.	300.	600.	1700.	475.	1775.
1871	27.	42.	80.	135.	215.	425.	800.	2200.	480.	1775.
1872	220.	285.	425.	600.	825.	1200.	1750.	2850.	505.	1900.
1873 Closed 3 Proofs Only	—	—	—	1000.	1150.	1390.	1750.	2900.	1390.	2900.
1873 Open 3 Restrike Proofs Only	—	—	—	1450.	1975.	2450.	6000.	1975.	6000.

—— = Insufficient pricing data

Copper-nickel 3 cents

Date of authorization: April 22, 1864
Dates of issue: 1865-1889
Designer/Engraver: James B. Longacre
Diameter: 17.90 mm/0.71 inch
Weight: 1.94 grams/0.06 ounce
Metallic content: 75% copper, 25% nickel
Edge: Plain
Mint mark: None

	F-12	VF-20	EF-40	AU-50	MS-60	MS-63	MS-64	MS-65	MS-66
1865	16.	19.	23.	45.	80.	120.	230.	675.	1325.
1866	16.	19.	23.	45.	80.	125.	235.	685.	—
1867	16.	19.	23.	45.	82.	130.	240.	750.	—
1868	16.	19.	23.	45.	83.	130.	235.	685.	1500.
1869	16.	19.	23.	52.	90.	135.	250.	775.	1600.
1870	16.	19.	25.	52.	95.	145.	275.	750.	1950.
1871	16.	19.	25.	55.	105.	160.	280.	750.	1500.
1872	16.	19.	23.	55.	100.	180.	350.	1200.	2000.
1873 Closed 3	16.	22.	35.	65.	140.	265.	425.	1950.	—
1873 Open 3	16.	19.	23.	55.	95.	165.	450.	2250.	—
1874	16.	19.	23.	55.	105.	170.	315.	1375.	2400.
1875	16.	21.	35.	70.	125.	175.	280.	690.	1600.
1876	18.	25.	38.	80.	165.	275.	400.	1750.	2400.
1877 (Proofs only)	1025.	1050.	1075.	1100.	*	*	*	*	*
1878 (Proofs only)	450.	475.	500.	525.	*	*	*	*	*
1879	75.	85.	95.	135.	220.	325.	450.	825.	1275.
1880	100.	115.	135.	180.	275.	350.	425.	700.	1200.
1881	15.	18.	25.	45.	85.	185.	230.	750.	1250.
1882	90.	110.	120.	165.	245.	400.	575.	950.	1450.
1883	200.	225.	275.	300.	375.	925.	1350.	3000.	2750.
1884	450.	475.	500.	525.	725.	1100.	1450.	4000.	—
1885	525.	550.	575.	600.	725.	1050.	1175.	2000.	—
1886 (Proofs only)	275.	300.	325.	350.	*	*	*	*	*
1887/6 (Proofs only)	300.	325.	350.	375.	*	*	*	*	*
1887	260.	285.	325.	350.	450.	550.	675.	1000.	2000.
1888	50.	55.	70.	110.	225.	350.	400.	675.	1200.
1889	110.	115.	120.	125.	265.	400.	500.	665.	1350.

—— = Insufficient pricing data   * = None issued

Silver 3 cents

Date of authorization: March 3, 1851
Dates of issue: 1851-1873
Designer/Engraver: James B. Longacre
Diameter: 14.00 mm/0.55 inch
Weight: (1851-1853): 0.80 grams/0.03 ounce
(1854-1873): 0.75 grams/0.02 ounce
Metallic content: (1851-1853): 75% silver, 25% copper
(1854-1873): 90% silver, 10% copper
Weight of pure silver: (1851-1853): 0.60 grams/0.02 ounce
(1854-1873): 0.67 grams/0.02 ounce
Edge: Plain
Mint mark: 1851-O only, reverse right field

	VG-8	F-12	VF-20	EF-40	AU-50	MS-60	MS-63	MS-64	MS-65	MS-66	PF-65
1 OUTLINE OF STAR											
1851	22.	25.	30.	58.	125.	145.	250.	380.	875.	1800.	6600.
1851-O	25.	35.	60.	110.	210.	300.	450.	825.	1975.	7750.	—
1852	22.	25.	30.	58.	125.	145.	250.	380.	875.	1800.	*
1853	22.	25.	30.	58.	125.	145.	260.	425.	1000.	1800.	*
3 OUTLINES OF STAR											
1854	22.	25.	40.	90.	215.	325.	700.	1500.	3500.	6000.	34000.
1855	35.	45.	85.	150.	250.	550.	1100.	2750.	10500.	—	15000.
1856	22.	25.	43.	85.	165.	310.	600.	1750.	3700.	9000.	12500.
1857	22.	25.	42.	85.	220.	290.	600.	1525.	3425.	—	10250.
1858	22.	25.	40.	85.	165.	260.	550.	1425.	3375.	7450.	7500.
2 OUTLINES OF STAR											
1859	20.	24.	36.	60.	125.	160.	275.	435.	925.	2150.	2350.
1860	20.	24.	36.	65.	125.	160.	370.	435.	1000.	1850.	3500.
1861	20.	24.	35.	60.	125.	160.	275.	435.	950.	1650.	2100.
1862	20.	25.	40.	62.	125.	160.	305.	435.	1500.	1500.	1600.
1862/1	24.	30.	40.	75.	140.	210.	350.	550.	950.	1600.	—
1863	—	—	—	—	400.	525.	775.	1125.	1600.	1800.	1425.
1863/2 (Proofs only)											
	—	—	—	475.	*	*	*	*	*	*	4500.
1864	—	—	—	365.	425.	525.	965.	1150.	1500.	1850.	1350.
1865	—	—	—	—	425.	535.	825.	1100.	1700.	3150.	1375.
1866	—	—	—	—	400.	535.	825.	1075.	1550.	2500.	1350.
1867	—	—	—	375.	425.	550.	1150.	1600.	2900.	6500.	1325.
1868	—	—	—	—	425.	560.	1200.	2350.	5750.	7850.	1400.
1869	—	—	—	—	425.	575.	890.	1400.	2750.	5250.	1250.

—— = Insufficient pricing data   * = None issued

SILVER 3 CENTS (CONTINUED)

	VG-8	F-12	VF-20	EF-40	AU-50	MS-60	MS-63	MS-64	MS-65	MS-66	PF-65
1869/8 (Proofs only)											
	—	—	—	—	625.	*	*	*	*	*	4900.
1870	—	—	—	375.	425.	585.	935.	1250.	3250.	4750.	1400.
1871	—	—	—	—	425.	565.	835.	1100.	1500.	2300.	1300.
1872	—	—	—	425.	575.	700.	1350.	2450.	6000.	11000.	1325.
1873 Closed 3 (Proofs only)											
	—	—	—	—	575.	*	*	*	*	*	1600.

Enlarged to show detail

One outline of star

Three outlines   Two outlines

—— = Insufficient pricing data   * = None issued

Shield 5 cents

Rays removed

Date of authorization: May 16, 1866
Dates of issue: 1866-1883
Designer/Engraver: James B. Longacre
Diameter: 20.50 mm/0.81 inch
Weight: 5.00 grams/0.16 ounce
Metallic content: 75% copper, 25% nickel
Edge: Plain
Mint mark: None

SHIELD 5 CENTS (CONTINUED)

	G-4	VG-8	F-12	VF-20	EF-40	AU-50	MS-60	MS-63	MS-64	MS-65	MS-66	PF-63	PF-64	PF-65	PF-66
1866	20.	23.	27.	42.	110.	160.	245.	390.	725.	2375.	6000.	1850.	2750.	4500.	6000.
1867	21.	24.	30.	45.	135.	200.	325.	500.	1075.	3800.	7500.	25000.	35000.	70000.	—
RAYS REMOVED FROM REVERSE															
1867	15.	18.	20.	25.	35.	60.	90.	175.	295.	800.	2350.	400.	1400.	2600.	3500.
1868	15.	18.	20.	25.	35.	60.	90.	175.	275.	775.	2100.	300.	600.	1300.	2400.
1869	15.	18.	20.	25.	38.	62.	95.	200.	275.	715.	2400.	300.	600.	1100.	2400.
1870	15.	18.	23.	27.	40.	70.	115.	285.	375.	1150.	2750.	300.	600.	1150.	2400.
1871	40.	50.	58.	80.	135.	175.	275.	500.	800.	1325.	2500.	300.	600.	1100.	1500.
1872	15.	18.	20.	25.	38.	70.	125.	325.	675.	1000.	2300.	300.	600.	1100.	1500.
1873 Closed 3	22.	30.	38.	72.	115.	155.	225.	400.	750.	1250.	2450.	325.	600.	1200.	1700.
1873 Open 3	15.	18.	24.	32.	45.	75.	135.	285.	400.	1150.	2250.	*	*	*	*
1874	17.	20.	30.	35.	57.	80.	135.	300.	475.	1100.	2850.	300.	600.	1500.	2000.
1875	17.	25.	38.	50.	65.	95.	165.	345.	525.	1750.	2850.	325.	600.	1800.	2300.
1876	17.	20.	30.	40.	65.	85.	135.	275.	400.	975.	2850.	300.	600.	1000.	1300.
1877 (Proofs only)	950.	1000.	1050.	1200.	1250.	1350.	1450.	1500.	1750.	2500.	3500.	1500.	2000.	3000.	4000.
1878 (Proofs only)	450.	475.	500.	525.	550.	600.	600.	650.	700.	800.	1200.	700.	800.	1000.	1300.
1879	275.	325.	385.	410.	450.	500.	600.	825.	1125.	1500.	2500.	400.	600.	800.	1000.
1880	300.	375.	425.	475.	700.	1000.	1200.	2100.	3450.	6575.	—	300.	400.	600.	1000.
1881	150.	190.	250.	275.	385.	475.	625.	775.	950.	1200.	2000.	300.	400.	600.	1000.
1882	15.	18.	20.	25.	35.	60.	95.	180.	265.	650.	1625.	300.	400.	600.	1000.
1883/2	80.	100.	145.	190.	250.	300.	400.	775.	1025.	3200.	5125.	*	*	*	*
1883	15.	18.	20.	25.	35.	60.	95.	170.	260.	625.	1500.	300.	400.	600.	1000.

—— = Insufficient pricing data   * = None issued

Liberty Head 5 cents

No CENTS   With CENTS

Date of authorization: May 16, 1866
Dates of issue: 1883-1912
Designer/Engraver: Charles Barber
Diameter: 21.21 mm/0.84 inch
Weight: 5.00 grams/0.16 ounce
Metallic content: 75% copper, 25% nickel
Edge: Plain
Mint mark: 1912 only, reverse left of CENTS

LIBERTY HEAD 5 CENTS (CONTINUED)

	VG-8	F-12	VF-20	EF-40	AU-50	MS-60	MS-63	MS-64	MS-65	MS-66	PF-63	PF-64	PF-65	PF-66
1883	5.50	6.00	6.50	8.00	12.	25.	50.	70.	235.	750.	250.	400.	1000.	1250.
CENTS ADDED BELOW WREATH ON REVERSE														
1883	11.	16.	23.	50.	75.	90.	125.	235.	600.	1200.	200.	400.	550.	1000.
1884	18.	20.	25.	60.	90.	135.	225.	375.	2000.	3500.	200.	400.	650.	1000.
1885	400.	500.	600.	700.	800.	1200.	1500.	2000.	4500.	6500.	800.	1000.	1800.	2400.
1886	200.	300.	400.	500.	600.	700.	1000.	1500.	4500.	7500.	300.	400.	600.	1000.
1887	11.	23.	25.	50.	75.	110.	175.	300.	1000.	2500.	200.	350.	750.	1000.
1888	18.	22.	50.	65.	125.	185.	225.	325.	1300.	5000.	200.	400.	700.	1000.
1889	9.50	18.	21.	42.	75.	90.	180.	300.	800.	2300.	200.	350.	600.	1000.
1890	12.	18.	23.	40.	80.	135.	175.	300.	1550.	2500.	200.	350.	600.	1000.
1891	7.00	12.	20.	40.	90.	135.	160.	275.	900.	1900.	200.	300.	600.	1000.
1892	7.00	15.	21.	40.	90.	125.	155.	275.	1375.	2500.	200.	300.	600.	1000.
1893	6.00	14.	20.	40.	75.	110.	145.	275.	1250.	1850.	200.	350.	600.	1000.
1894	14.	65.	100.	170.	210.	235.	275.	500.	1175.	1850.	200.	400.	600.	1500.
1895	4.50	18.	27.	50.	90.	120.	160.	325.	1765.	3150.	200.	360.	600.	1000.
1896	11.	22.	30.	50.	90.	120.	200.	375.	1500.	2500.	200.	360.	600.	1000.
1897	4.00	9.00	13.	28.	55.	90.	145.	375.	950.	2000.	200.	350.	550.	1000.
1898	4.00	9.00	13.	30.	65.	135.	160.	225.	1375.	2150.	200.	350.	550.	1000.
1899	2.50	5.00	9.00	25.	45.	90.	110.	180.	750.	1325.	200.	310.	550.	1000.
1900	2.50	5.00	9.00	28.	52.	75.	120.	180.	535.	1350.	200.	310.	550.	1000.
1901	2.50	5.00	8.00	25.	45.	60.	110.	180.	535.	1350.	200.	300.	550.	1000.
1902	2.50	5.00	8.00	25.	45.	60.	110.	180.	535.	1350.	200.	310.	550.	1000.
1903	2.50	5.00	8.00	25.	45.	60.	110.	180.	525.	1200.	200.	330.	550.	1000.
1904	2.50	5.00	8.00	26.	45.	60.	110.	180.	525.	1200.	200.	335.	650.	1000.
1905	2.50	5.00	8.00	25.	45.	60.	110.	180.	535.	1200.	200.	340.	600.	1000.
1906	2.50	5.00	8.00	25.	45.	60.	110.	180.	575.	1400.	200.	310.	550.	1000.
1907	2.50	5.00	8.00	25.	45.	60.	110.	190.	1000.	2000.	200.	340.	550.	1000.
1908	2.50	5.00	8.00	25.	45.	60.	110.	200.	1025.	2000.	200.	300.	550.	1000.

—— = Insufficient pricing data   * = None issued

LIBERTY HEAD 5 CENTS (CONTINUED)

	VG-8	F-12	VF-20	EF-40	AU-50	MS-60	MS-63	MS-64	MS-65	MS-66	PF-63	PF-64	PF-65	PF-66
1909	3.00	5.50	9.00	28.	45.	75.	120.	275.	875.	1575.	200.	300.	550.	1000.
1910	2.50	5.00	8.00	25.	45.	60.	110.	180.	550.	1850.	200.	300.	550.	1000.
1911	2.50	5.00	8.00	25.	45.	60.	110.	180.	525.	1275.	200.	300.	550.	1000.
1912	2.50	5.00	8.00	25.	45.	60.	110.	185.	535.	1200.	200.	300.	550.	1000.
1912-D	3.00	6.00	20.	50.	140.	250.	350.	450.	1500.	3000.	*	*	*	*
1912-S	150.	200.	350.	600.	1200.	1400.	1600.	2000.	5000.	7500.	*	*	*	*

1913 Eliasberg Specimen Proof 66 (NGC) sold for "about $3 million" in July 2003. Five specimens known; all accounted for.

——— = Insufficient pricing data   * = None issued

Indian Head 5 cents

Bison on Mound   Bison on Plain

"Buffalo nickel"

Date of authorization: May 16, 1866
Dates of issue: 1913-1938
Designer: James Earle Fraser
Engraver: Charles Barber
Diameter: 21.21 mm/0.84 inch
Weight: 5.00 grams/0.16 ounce
Metallic content: 75% copper, 25% nickel
Edge: Plain
Mint mark: Reverse below FIVE CENTS

INDIAN HEAD 5 CENTS (CONTINUED)

	G-4	VG-8	F-12	VF-20	EF-40	AU-50	MS-60	MS-63	MS-64	MS-65	MS-66	PF-63	PF-64	PF-65	PF-66
BISON STANDING ON MOUND															
1913	6.50	6.75	7.50	10.	15.	20.	30.	45.	65.	125.	225.	1000.	2000.	3000.	5000.
1913-D	9.00	12.	12.	15.	20.	36.	55.	75.	100.	315.	800.	*	*	*	*
1913-S	16.	18.	25.	30.	45.	60.	85.	125.	375.	685.	1850.	*	*	*	*
BISON STANDING ON PLAIN															
1913	7.00	8.00	9.00	12.	18.	25.	32.	55.	100.	315.	1500.	1200.	1800.	2400.	3000.
1913-D	45.	52.	70.	80.	90.	115.	165.	260.	490.	1250.	4250.	*	*	*	*
1913-S	120.	160.	190.	225.	260.	300.	375.	625.	1200.	3600.	9200.	*	*	*	*
1914	13.	14.	15.	17.	22.	30.	41.	70.	140.	535.	1000.	1200.	2000.	2600.	3500.
1914/3	150.	300.	400.	500.	850.	1750.	2750.	5000.	—		—	*	*	*	*
1914-D	45.	50.	70.	90.	125.	150.	205.	350.	1075.	1475.	3250.	*	*	*	*
1914-S	13.	14.	20.	25.	50.	80.	180.	430.	575.	2000.	5300.	*	*	*	*
1915	4.50	5.00	6.00	10.	18.	30.	42.	75.	125.	325.	1000.	1000.	1700.	2400.	3500.
1915-D	12.	14.	21.	40.	70.	90.	150.	290.	525.	2600.	5125.	*	*	*	*
1915-S	16.	25.	50.	80.	160.	325.	475.	675.	1100.	2625.	7500.	*	*	*	*
1916 Doubled Die	2000.	4000.	6500.	9000.	15000.	25000.	40000.	125000.	200000.	275000.	—	*	*	*	*
1916-D	8.50	12.	15.	21.	60.	80.	135.	275.	525.	2500.	7625.	*	*	*	*
1916-S	4.50	6.00	11.	20.	45.	75.	145.	300.	475.	3250.	4250.	*	*	*	*
1916	3.50	3.85	4.25	4.75	7.50	15.	40.	65.	100.	520.	725.	1000.	2500.	3500.	5500.
1917	3.25	3.85	4.75	6.00	12.	28.	43.	115.	185.	525.	1000.	*	*	*	*
1917-D	8.50	12.	26.	50.	100.	160.	315.	700.	1265.	3700.	10750.	*	*	*	*
1917-S	12.	15.	35.	50.	135.	215.	375.	1100.	1925.	5300.	10500.	*	*	*	*
1918	2.75	3.00	5.00	10.	22.	40.	60.	250.	475.	1400.	3225.	*	*	*	*
1918/7-D	900.	1400.	2500.	5000.	9000.	10000.	30000.	60000.	125000.	250000.	—	*	*	*	*
1918-D	6.75	14.	25.	75.	165.	225.	385.	1125.	1750.	4275.	8750.	*	*	*	*
1918-S	6.75	16.	25.	65.	135.	240.	650.	2600.	6250.	31000.	—	*	*	*	*

—— = Insufficient pricing data   * = None issued

INDIAN HEAD 5 CENTS (CONTINUED)

	G-4	VG-8	F-12	VF-20	EF-40	AU-50	MS-60	MS-63	MS-64	MS-65	MS-66	PF-63	PF-64	PF-65	PF-66
1919	1.50	1.75	2.00	4.00	10.	25.	42.	100.	180.	750.	1725.	*	*	*	*
1919-D	9.00	14.	35.	75.	175.	285.	475.	1250.	2325.	7500.	11000.	*	*	*	*
1919-S	5.00	14.	25.	70.	180.	300.	550.	1500.	4000.	17500.	25000.	*	*	*	*
1920	1.25	1.75	2.00	4.00	9.00	23.	40.	120.	200.	800.	1825.	*	*	*	*
1920-D	5.25	10.	21.	75.	225.	310.	490.	1500.	2250.	6625.	—	*	*	*	*
1920-S	3.00	5.50	14.	65.	165.	260.	415.	1500.	3750.	32500.	45000.	*	*	*	*
1921	2.00	2.75	3.00	12.	35.	50.	80.	235.	375.	720.	1375.	*	*	*	*
1921-S	32.	40.	85.	360.	675.	925.	1350.	2000.	3000.	12000.	20000.	*	*	*	*
1923	1.50	1.75	2.00	3.75	9.00	25.	40.	125.	175.	585.	1400.	*	*	*	*
1923-S	3.50	4.00	10.	85.	210.	275.	435.	775.	1250.	9800.	45000.	*	*	*	*
1924	1.25	1.75	2.00	4.00	9.50	27.	52.	125.	345.	875.	2125.	*	*	*	*
1924-D	3.50	4.50	15.	55.	150.	200.	375.	1000.	1500.	4600.	8500.	*	*	*	*
1924-S	7.50	15.	55.	350.	1100.	1375.	1750.	3600.	5000.	11000.	16000.	*	*	*	*
1925	2.25	2.50	2.75	3.50	9.00	22.	35.	80.	150.	1550.	4800.	*	*	*	*
1925-D	5.50	12.	25.	62.	145.	215.	425.	700.	1500.	8625.	12500.	*	*	*	*
1925-S	3.50	7.00	14.	55.	155.	220.	435.	1725.	4350.	43700.	—	*	*	*	*
1926	1.00	1.25	1.50	2.50	6.00	16.	28.	55.	75.	165.	725.	*	*	*	*
1926-D	4.50	9.00	17.	60.	120.	225.	200.	475.	1450.	5000.	10500.	*	*	*	*
1926-S	12.	20.	45.	350.	750.	1500.	3000.	7000.	15000.	100000.	—	*	*	*	*
1927	0.90	1.00	1.25	2.25	6.00	16.	28.	60.	80.	250.	750.	*	*	*	*
1927-D	2.00	4.00	6.00	18.	58.	92.	130.	285.	750.	9000.	—	*	*	*	*
1927-S	1.50	2.25	5.00	25.	65.	150.	425.	2500.	4500.	19500.	—	*	*	*	*
1928	0.95	1.10	1.25	2.00	6.00	18.	25.	45.	95.	275.	900.	*	*	*	*
1928-D	1.50	2.25	3.50	10.	25.	38.	50.	90.	130.	865.	3800.	*	*	*	*
1928-S	1.35	2.00	3.00	8.00	20.	80.	175.	550.	2250.	7000.	12500.	*	*	*	*
1929	0.75	0.90	1.50	1.75	5.00	15.	25.	60.	90.	285.	2500.	*	*	*	*
1929-D	1.05	1.40	2.00	5.00	25.	35.	50.	105.	300.	1750.	4000.	*	*	*	*

—— = Insufficient pricing data   * = None issued

INDIAN HEAD 5 CENTS (CONTINUED)

	G-4	VG-8	F-12	VF-20	EF-40	AU-50	MS-60	MS-63	MS-64	MS-65	MS-66	PF-63	PF-64	PF-65	PF-66
1929-S	0.90	1.20	1.50	2.25	10.	15.	20.	70.	135.	500.	1725.	*	*	*	*
1930	0.80	0.90	1.25	2.00	4.50	15.	25.	55.	85.	145.	465.	*	*	*	*
1930-S	0.90	1.00	1.25	2.25	9.25	22.	40.	85.	200.	800.	2500.	*	*	*	*
1931-S	6.00	9.00	12.	14.	16.	32.	40.	75.	100.	300.	1000.	*	*	*	*
1934	0.75	0.85	1.00	2.25	4.50	12.	23.	45.	90.	330.	575.	*	*	*	*
1934-D	0.90	1.10	1.50	3.75	12.	32.	50.	80.	210.	875.	7000.	*	*	*	*
1935	0.75	0.85	0.95	1.50	2.10	7.75	16.	28.	45.	90.	225.	*	*	*	*
1935 Doubled Die	30.	40.	75.	150.	400.	1200.	2500.	5000.	—	—	—	*	*	*	*
1935-D	0.80	0.90	1.55	4.00	10.	30.	42.	60.	120.	750.	1500.	*	*	*	*
1935-S	0.80	0.90	1.00	1.50	3.00	14.	32.	65.	80.	145.	800.	*	*	*	*
1936	0.75	0.85	0.95	1.50	2.35	6.75	13.	32.	38.	75.	85.	—	—	—	3000.
1936 Satin Proof	*	—	—	—	*	—	*	*	—	*	—	1200.	1800.	2500.	3000.
1936 Brilliant Proof	—	—	—	—	—	—	—	—	—	—	—	1500.	2000.	3000.	3500.
1936-D	0.75	0.85	0.95	1.50	3.50	11.	25.	32.	38.	90.	250.	*	*	*	*
1936-D 3 and one half legs	300.	500.	600.	1000.	1200.	—	—	—	—	—	—	*	*	*	*
1936-S	0.75	0.85	0.95	1.50	3.00	11.	25.	35.	48.	100.	190.	*	*	*	*
1937	0.75	0.85	0.95	1.50	2.25	6.50	14.	20.	25.	50.	65.	1200.	1600.	2000.	2500.
1937-D	0.75	0.85	0.95	1.50	2.75	7.75	14.	25.	30.	55.	90.	*	*	*	*
1937-D 3 Legs	200.	400.	500.	600.	700.	1000.	2000.	5000.	10000.	25000.	80000.	*	*	*	*
1937-S	0.75	0.85	0.95	1.50	3.00	8.50	13.	25.	30.	50.	115.	*	*	*	*
1938-D	1.25	1.50	2.00	3.00	4.00	7.50	10.	20.	28.	50.	65.	*	*	*	*
1938-D/D	1.75	2.75	4.00	5.25	7.00	11.	19.	25.	30.	50.	—	*	*	*	*
1938-D/S	5.00	6.75	7.50	10.	15.	26.	50.	65.	125.	200.	400.	*	*	*	*

—— = Insufficient pricing data   * = None Issued

Jefferson 5 cents

Date of authorization: May 16, 1866; March 27, 1942
Dates of issue: 1938-present
Designer: Felix Schlag
Engraver: John R. Sinnock
Diameter: 21.21 mm/0.84 inch
Weight: 5.00 grams/0.16 ounce
Metallic content: (1938-1942): 75% copper, 25% nickel
(1942-1945): 56% copper, 35% silver, 9% manganese
(1946-present): 75% copper, 25% nickel
Weight of pure silver: (1942-1945): 1.75 grams/0.06 ounce
Edge: Plain
Mint mark: (1938-1942, 1946-1964): Reverse right of building
(1942-1945, silver): Reverse above dome
(1968-present): Obverse below Jefferson's ponytail

JEFFERSON 5 CENTS (CONTINUED)

	VG-8	F-12	VF-20	EF-40	AU-50	MS-60	MS-63	MS-64	MS-65	MS-65FS	MS-66	MS-66FS	PF-63	PF-64	PF-65	PF-65DC	PF-66	PF-66C	PF-66DC	PF-67	PF-67C	PF-67DC	PF-68DC	PF-69DC
COPPER-NICKEL																								
1938	0.15	0.35	0.45	0.65	0.90	2.25	2.75	5.00	30.	200.	65.	—	55.	*	90.	*	215.	*	*	300.	*	*	*	*
1938-D	0.65	0.70	1.00	1.75	2.25	3.50	5.00	7.00	15.	—	40.	110.												
1938-S	1.35	1.75	2.05	2.75	3.50	4.00	5.00	8.00	16.	250.	45.	140.												
1939	0.08	0.18	0.25	0.45	0.75	1.35	2.50	5.00	20.	40.	25.	—	45.	*	70.	—	370.	*	*	2415.	*	*	*	*
1939 Doubled Monticello	24.	40.	60.	70.	125.	165.	300.	400.	575.	—	800.	—												
1939-D	3.50	4.00	5.00	9.00	20.	35.	45.	55.	80.	—	125.	—												
1939-S	0.75	1.00	1.75	3.25	8.50	15.	22.	25.	35.	335.	150.	—												
1939	—	—	—	—	—	—	—	—	—	—	—	—												
1940	0.08	0.10	0.20	0.25	0.60	0.75	1.35	5.00	12.	90.	17.	200.	40.	*	115.	—	140.	*	*	550.	*	*	*	*
1940-D	0.13	0.20	0.30	0.50	1.45	2.25	2.75	5.00	15.	40.	27.	70.												
1940-S	0.14	0.20	0.35	0.55	1.00	1.90	3.35	5.00	10.	60.	25.	275.												
1941	0.08	0.15	0.20	0.30	0.40	0.65	1.25	7.00	12.	40.	20.	105.	35.	*	65.	*	115.	*	*	437.	*	*	*	*
1941-D	0.10	0.15	0.30	0.55	1.40	2.15	3.00	5.00	8.00	60.	35.	80.												
1941-S	0.10	0.15	0.30	0.60	1.75	3.00	4.00	5.00	13.	60.	25.	—												
1942	0.10	0.15	0.20	0.45	0.70	2.75	4.25	6.00	30.	100.	50.	100.	35.	*	100.	*	145.	*	*	175.	*	*	*	*
1942-D	0.35	0.45	1.25	2.75	7.00	14.	17.	19.	35.	60.	60.	90.												
1942-D/Horizontal D	—	30.	45.	—	—	475.	750.	1550.	2850.	—	—	—												
SILVER																								
1942-P	0.35	0.65	0.75	1.10	3.00	5.25	8.00	9.00	12.	60.	22.	120.	65.	*	190.	*	250.	1850.	*	300.	*	*	*	*
1942-S	0.45	1.00	1.45	2.00	2.75	5.00	9.00	14.	25.	200.	50.	235.												
1943/2-P	35.	42.	65.	90.	160.	250.	300.	425.	650.	1150.	850.	—												
1943-P	0.35	0.60	0.75	1.10	1.75	2.75	4.00	7.00	16.	35.	26.	125.												

—— = Insufficient pricing data   * = None issued

	VG-8	F-12	VF-20	EF-40	AU-50	MS-60	MS-63	MS-64	MS-65	MS-65FS	MS-66	MS-66FS	PF-63	PF-64	PF-65	PF-65DC	PF-66	PF-66C	PF-66DC	PF-67	PF-67C	PF-67DC	PF-68DC	PF-69DC
1943-P Doubled Eye	17.	24.	30.	49.	88.	115.	150.	250.	400.	—	750.	—	*	*	*	*	*	*	*	*	*	*	*	*
1943-D	0.55	0.75	1.00	1.50	2.10	2.50	4.00	11.	10.	50.	25.	75.	*	*	*	*	*	*	*	*	*	*	*	*
1943-S	0.35	0.60	0.75	1.10	1.75	2.90	5.00	13.	13.	60.	26.	120.	*	*	*	*	*	*	*	*	*	*	*	*
1944-P	0.40	0.65	0.80	1.15	2.00	2.75	4.00	6.00	25.	40.	52.	—	*	*	*	*	*	*	*	*	*	*	*	*
1944-D	0.50	0.85	1.00	1.80	3.00	6.50	9.00	10.	20.	40.	30.	60.	*	*	*	*	*	*	*	*	*	*	*	*
1944-S	0.60	0.90	1.25	1.90	3.00	3.75	4.75	7.00	16.	75.	40.	—	*	*	*	*	*	*	*	*	*	*	*	*
1945-P	0.40	0.65	0.80	1.50	2.00	2.65	4.75	7.00	20.	125.	35.	380.	*	*	*	*	*	*	*	*	*	*	*	*
1945-P Doubled Die	—	15.	20.	30.	48.	75.	120.	200.	450.	—	700.	—	*	*	*	*	*	*	*	*	*	*	*	*
1945-D	0.60	1.00	1.35	1.75	2.35	2.65	4.00	7.00	20.	40.	30.	75.	*	*	*	*	*	*	*	*	*	*	*	*
1945-S	0.35	0.55	0.70	1.25	1.50	2.15	3.75	6.00	16.	150.	25.	—	*	*	*	*	*	*	*	*	*	*	*	*
COPPER-NICKEL																								
1946	0.08	0.07	0.15	0.20	0.30	0.50	0.70	5.00	10.	—	20.	—	*	*	*	*	*	*	*	*	*	*	*	*
1946-D	0.07	0.10	0.15	0.30	0.45	0.55	0.80	7.00	14.	215.	35.	120.	*	*	*	*	*	*	*	*	*	*	*	*
1946-D/Horizontal D	42.	65.	80.	140.	225.	275.	400.	650.	1350.	—	—	—	*	*	*	*	*	*	*	*	*	*	*	*
1946-S	0.10	0.20	0.25	0.35	0.40	0.50	0.55	5.00	11.	125.	30.	350.	*	*	*	*	*	*	*	*	*	*	*	*
1947	0.08	0.07	0.15	0.20	0.30	0.55	0.95	5.00	10.	45.	15.	185.	*	*	*	*	*	*	*	*	*	*	*	*
1947-D	0.06	0.08	0.15	0.40	0.60	0.70	1.20	5.00	10.	25.	25.	115.	*	*	*	*	*	*	*	*	*	*	*	*
1947-S	0.06	0.08	0.15	0.25	0.30	0.35	0.45	10.	18.	100.	25.	800.	*	*	*	*	*	*	*	*	*	*	*	*
1948	0.07	0.07	0.10	0.20	0.32	0.40	0.55	5.00	10.	20.	12.	1000.	*	*	*	*	*	*	*	*	*	*	*	*
1948-D	0.07	0.10	0.30	0.45	0.60	0.85	1.35	7.00	20.	70.	13.	90.	*	*	*	*	*	*	*	*	*	*	*	*
1948-S	0.10	0.20	0.35	0.40	0.45	0.50	0.60	5.00	25.	25.	20.	175.	*	*	*	*	*	*	*	*	*	*	*	*
1949	0.08	0.15	0.20	0.30	0.45	0.65	0.75	5.00	10.	125.	20.	—	*	*	*	*	*	*	*	*	*	*	*	*

—— = Insufficient pricing data   * = None issued

JEFFERSON 5 CENTS (CONTINUED)

	VG-8	F-12	VF-20	EF-40	AU-50	MS-60	MS-63	MS-64	MS-65	MS-65FS	MS-66	MS-66FS	PF-63	PF-64	PF-65	PF-65DC	PF-66	PF-66C	PF-66DC	PF-67	PF-67C	PF-67DC	PF-68DC	PF-69DC
1949-D	0.07	0.10	0.25	0.45	0.55	0.75	1.50	5.00	5.00	30.	23.	115.	*	*	*	*	*	*	*	*	*	*	*	*
1949-D/S	—	—	35.	70.	105.	150.	200.	300.	600.	—	—	—	*	*	*	*	*	*	*	*	*	*	*	*
1949-S	0.35	0.45	0.60	0.75	0.90	1.15	1.45	5.00	8.00	200.	20.	—	*	*	*	*	*	*	*	*	*	*	*	*
1950	0.15	0.20	0.30	0.45	0.70	0.80	0.90	5.00	18.	150.	57.	—	38.	38.	60.	—	65.	485.	—	95.	1125.	—	*	*
1950-D	4.75	5.00	5.15	5.25	6.00	6.75	7.50	15.	40.	475.	58.	75.	*	*	*	*	*	*	*	*	*	*	*	*
1951	0.07	0.07	0.15	0.15	0.35	0.75	1.40	5.50	12.	35.	15.	1500.	28.	28.	40.	—	45.	125.	—	95.	235.	—	*	*
1951-D	0.25	0.07	0.25	0.45	0.55	0.65	1.00	5.00	6.50	40.	28.	250.	*	*	*	*	*	*	*	*	*	*	*	*
1951-S	0.07	0.30	0.45	0.70	1.00	1.50	2.25	5.00	10.	—	35.	1200.	*	*	*	*	*	*	*	*	*	*	*	*
1952	0.07	0.07	0.08	0.10	0.50	0.70	0.95	5.00	18.	—	25.	—	18.	18.	30.	—	35.	65.	—	55.	95.	—	*	*
1952-D	0.08	0.10	0.15	0.25	0.75	1.00	1.25	5.00	20.	—	25.	575.	*	*	*	*	*	*	*	*	*	*	*	*
1952-S	0.07	0.10	0.15	0.25	0.35	0.60	1.00	5.00	10.	350.	40.	—	*	*	*	*	*	*	*	*	*	*	*	*
1953	0.07	0.07	0.08	0.10	0.20	0.22	0.35	5.00	10.	—	42.	—	11.	11.	30.	—	35.	85.	—	45.	170.	—	*	*
1953-D	0.07	0.07	0.10	0.15	0.30	0.35	0.35	5.00	23.	260.	42.	—	*	*	*	*	*	*	*	*	*	*	*	*
1953-S	0.08	0.15	0.20	0.25	0.30	0.38	0.75	5.00	10.	—	42.	—	*	*	*	*	*	*	*	*	*	*	*	*
1954	0.07	0.07	0.08	0.10	0.15	0.19	0.35	5.00	8.00	400.	14.	—	7.00	7.00	20.	—	25.	50.	—	40.	80.	—	*	*
1954-D	0.07	0.07	0.08	0.10	0.15	0.19	0.35	5.00	12.	—	—	2250.	*	*	*	*	*	*	*	*	*	*	*	*
1954-S	0.07	0.07	0.08	0.10	0.20	0.23	0.40	4.00	15.	—	35.	—	*	*	*	*	*	*	*	*	*	*	*	*
1954 S/D	—	—	9.00	16.	22.	30.	45.	60.	215.	—	—	—	*	*	*	*	*	*	*	*	*	*	*	*
1955	0.15	0.22	0.25	0.30	0.35	0.40	0.75	5.00	6.00	475.	27.	—	4.50	4.50	12.	—	20.	25.	—	30.	50.	—	*	*
1955-D	0.07	0.07	0.08	0.10	0.15	0.19	0.30	4.00	6.00	—	27.	—	*	*	*	*	*	*	*	*	*	*	*	*
1955 D/S Variety 1	—	—	10.	17.	26.	30.	50.	75.	110.	130.	—	—	*	*	*	*	*	*	*	*	*	*	*	*
1956	0.05	0.05	0.05	0.05	0.05	0.16	0.25	4.00	40.	60.	25.	—	1.75	1.75	8.00	—	12.	95.	—	23.	180.	—	*	*
1956-D	0.05	0.05	0.05	0.05	0.05	0.16	0.25	4.00	35.	425.	80.	—	*	*	*	*	*	*	*	*	*	*	*	*

—— = Insufficient pricing data   * = None issued

Year	VG-8	F-12	VF-20	EF-40	AU-50	MS-60	MS-63	MS-64	MS-65	MS-65FS	MS-66	MS-66FS	PF-63	PF-64	PF-65	PF-65DC	PF-66	PF-66C	PF-66DC	PF-67	PF-67C	PF-67DC	PF-68DC	PF-69DC
1957	0.05	0.05	0.05	0.05	0.05	0.17	0.25	8.00	15.	—	60.	—	0.75	0.75	10.	*	15.	*	*	20.	*	*	*	*
1957-D	0.05	0.05	0.05	0.05	0.05	0.16	0.25	4.00	14.	400.	20.	—	—	—	—	—	—	—	—	—	—	—	—	—
1958	0.06	0.08	0.12	0.17	0.20	0.25	4.00	7.00	50.	—	—	—	1.50	1.50	12.	*	20.	30.	*	25.	40.	*	*	*
1958-D	0.05	0.05	0.05	0.05	0.05	0.16	0.25	4.00	15.	50.	25.	55.	—	—	—	—	—	—	—	—	—	—	—	—
1959	0.05	0.05	0.05	0.05	0.05	0.16	0.25	4.00	10.	—	35.	—	0.75	0.75	6.00	*	12.	20.	*	20.	35.	*	*	*
1959-D	0.05	0.05	0.05	0.05	0.05	0.16	0.25	4.00	7.00	375.	50.	1850.	—	—	—	—	—	—	—	—	—	—	—	—
1960	0.05	0.05	0.05	0.05	0.05	0.16	0.25	4.00	7.00	—	12.	—	0.45	0.45	6.00	*	12.	20.	*	20.	35.	*	*	*
1960-D	0.05	0.05	0.05	0.05	0.05	0.16	0.25	7.50	40.	—	50.	—	—	—	—	—	—	—	—	—	—	—	—	—
1961	0.05	0.05	0.05	0.05	0.05	0.16	0.25	4.00	8.00	—	15.	—	0.40	0.40	6.00	*	12.	20.	*	20.	25.	*	*	*
1961-D	0.05	0.05	0.05	0.05	0.05	0.16	0.25	10.	45.	—	75.	—	—	—	—	—	—	—	—	—	—	—	—	—
1962	0.05	0.05	0.05	0.05	0.05	0.16	0.25	3.50	7.00	90.	15.	—	0.40	0.40	6.00	*	12.	20.	*	20.	35.	*	*	*
1962-D	0.05	0.05	0.05	0.05	0.05	0.16	0.25	3.00	55.	—	75.	—	—	—	—	—	—	—	—	—	—	—	—	—
1963	0.05	0.05	0.05	0.05	0.05	0.16	0.25	3.00	30.	250.	40.	—	0.40	0.40	6.00	*	12.	20.	*	20.	25.	*	*	*
1963-D	0.05	0.05	0.05	0.05	0.05	0.16	0.25	3.00	45.	—	65.	—	—	—	—	—	—	—	—	—	—	—	—	—
1964	0.05	0.05	0.05	0.05	0.05	0.16	0.25	8.50	35.	760.	275.	—	0.40	0.40	6.00	*	12.	20.	*	20.	25.	*	*	*
1964-D	0.05	0.05	0.05	0.05	0.05	0.16	0.25	3.00	22.	—	100.	—	—	—	—	—	—	—	—	—	—	—	—	—
1965	—	—	—	—	—	0.13	3.00	3.00	10.	—	20.	—	—	—	—	—	—	—	—	—	—	—	—	—
1966	—	—	—	—	—	0.13	3.00	3.00	12.	—	25.	—	—	—	—	—	—	—	—	—	—	—	—	—
1967	—	—	—	—	—	0.13	3.00	3.00	12.	—	25.	—	—	—	—	—	—	—	—	—	—	—	—	—
1968-D	—	—	—	—	—	0.13	3.00	3.00	5.00	—	16.	—	—	—	—	—	—	—	—	—	—	—	—	—
1968-S	—	—	—	—	—	0.13	3.00	8.00	12.	—	20.	—	0.50	—	0.75	*	5.00	—	8.00	9.00	*	16.	35.	*
1969-D	—	—	—	—	—	0.13	3.00	6.00	6.00	—	11.	—	—	—	—	—	—	—	—	—	—	—	—	—
1969-S	—	—	—	—	—	0.13	3.00	8.00	15.	—	30.	—	0.50	—	0.75	*	5.00	13.	—	8.00	*	30.	65.	*
1970-D	—	—	—	—	—	0.13	4.00	4.00	12.	—	25.	—	—	—	—	—	—	—	—	—	—	—	—	—

—— = Insufficient pricing data   * = None issued

JEFFERSON 5 CENTS (CONTINUED)

Year	PF-69DC	PF-68DC	PF-67DC	PF-67C	PF-67	PF-66DC	PF-66C	PF-66	PF-65DC	PF-65	PF-64	PF-63	MS-66FS	MS-66	MS-65FS	MS-65	MS-64	MS-63	MS-60	AU-50	EF-40	VF-20	F-12	VG-8
1970-S	—	40.	20.	—	8.00	12.	—	5.00	—	0.75	—	0.50	—	35.	—	12.	7.50	0.25	0.13	—	—	—	—	—
1971	*	*	*	*	*	*	*	*	*	*	*	*	—	25.	—	5.00	3.00	0.75	0.45	—	—	—	—	—
1971-D	*	*	*	*	*	*	*	*	*	*	*	*	125.	27.	60.	10.	3.00	0.50	0.20	—	—	—	—	—
1971-S	—	75.	35.	—	15.	15.	—	5.00	—	2.00	—	1.25	*	*	*	*	*	*	*	*	*	*	*	*
1971-S No S	—	500.	—	—	—	—	—	—	—	1100.	1000.	900.	*	*	*	*	*	*	*	*	*	*	*	*
1972	*	*	*	*	*	*	*	*	*	*	*	*	—	25.	—	8.00	3.00	0.25	0.13	—	—	—	—	—
1972-D	*	*	*	*	*	*	*	*	*	*	*	*	—	25.	—	10.	3.00	0.25	0.13	—	—	—	—	—
1972-S	—	25.	15.	—	8.00	10.	—	5.00	—	2.00	—	1.25	*	*	*	*	*	*	*	*	*	*	*	*
1973	*	*	*	*	*	*	*	*	*	*	*	*	—	15.	—	5.00	3.00	0.25	0.13	—	—	—	—	—
1973-D	*	*	*	*	*	*	*	*	*	*	*	*	—	35.	28.	10.	3.00	0.25	0.13	—	—	—	—	—
1973-S	—	45.	20.	—	10.	12.	—	5.00	—	2.00	—	1.25	*	*	*	*	*	*	*	*	*	*	*	*
1974	*	*	*	*	*	*	*	*	*	*	*	*	—	15.	20.	5.00	3.00	0.25	0.13	—	—	—	—	—
1974-D	*	*	*	*	*	*	*	*	*	*	*	*	—	25.	—	10.	3.00	0.27	0.15	—	—	—	—	—
1974-S	—	18.	15.	—	11.	10.	—	5.00	—	1.50	—	1.00	*	*	*	*	*	*	*	*	*	*	*	*
1975	*	*	*	*	*	*	*	*	*	*	*	*	—	30.	—	5.00	3.00	0.40	0.25	—	—	—	—	—
1975-D	*	*	*	*	*	*	*	*	*	*	*	*	—	30.	—	5.00	3.00	0.35	0.20	—	—	—	—	—
1975-S	—	17.	14.	—	11.	10.	—	5.00	—	1.50	—	1.00	*	*	*	*	*	*	*	*	*	*	*	*
1976	*	*	*	*	*	*	*	*	*	*	*	*	—	25.	—	10.	3.00	0.45	0.25	0.14	—	—	—	—
1976-D	*	*	*	*	*	*	*	*	*	*	*	*	—	30.	—	5.00	3.00	0.45	0.30	—	—	—	—	—
1976-S	—	17.	14.	—	11.	10.	—	5.00	—	2.00	—	1.00	*	*	*	*	*	*	*	*	*	*	*	*
1977	*	*	*	*	*	*	*	*	*	*	*	*	—	25.	—	9.50	3.00	0.25	0.13	—	—	—	—	—
1977-D	*	*	*	*	*	*	*	*	*	*	*	*	—	30.	20.	12.	3.00	0.40	0.28	—	—	—	—	—
1977-S	—	25.	15.	—	10.	11.	—	5.00	—	1.50	—	1.25	*	*	*	*	*	*	*	*	*	*	*	*
1978	*	*	*	*	*	*	*	*	*	*	*	*	—	25.	—	10.	3.00	0.25	0.13	—	—	—	—	—

——— = Insufficient pricing data   * = None issued

	VG-8	F-12	VF-20	EF-40	AU-50	MS-60	MS-63	MS-64	MS-65	MS-65FS	MS-66	MS-66FS	PF-63	PF-64	PF-65	PF-65DC	PF-66	PF-66C	PF-66DC	PF-67	PF-67C	PF-67DC	PF-68DC	PF-69DC
1978-D	—	—	—	—	—	0.15	0.35	3.00	10.	95.	25.	—	*	*	*	*	*	*	*	*	*	*	*	*
1978-S	*	*	*	*	*	*	*	*	*	*	*	*	1.25	—	2.00	—	5.00	—	11.	10.	—	14.	20.	—
1979	—	—	—	—	—	0.13	0.25	3.00	5.00	—	30.	—	*	*	*	*	*	*	*	*	*	*	*	*
1979-D	—	—	—	—	—	0.13	0.27	3.00	10.	50.	25.	—	*	*	*	*	*	*	*	*	*	*	*	*
1979-S Filled S	*	*	*	*	*	*	*	*	*	*	*	*	1.25	—	2.00	—	5.00	—	10.	9.00	—	12.	14.	—
1979-S Clear S	*	*	*	*	*	*	*	*	*	*	*	*	1.50	—	2.50	—	5.00	—	11.	10.	—	13.	15.	—
1980-P	—	—	—	—	—	0.13	0.25	3.00	5.00	195.	15.	—	*	*	*	*	*	*	*	*	*	*	*	*
1980-D	—	—	—	—	—	0.13	0.25	3.00	5.00	—	25.	—	*	*	*	*	*	*	*	*	*	*	*	*
1980-S	*	*	*	*	*	*	*	*	*	*	*	*	0.75	—	1.00	—	5.00	—	12.	9.00	—	18.	30.	—
1981-P	—	—	—	—	—	0.13	0.25	3.00	5.00	—	20.	—	*	*	*	*	*	*	*	*	*	*	*	*
1981-D	—	—	—	—	—	0.13	0.25	3.00	10.	95.	20.	—	*	*	*	*	*	*	*	*	*	*	*	*
1981-S Filled S	*	*	*	*	*	*	*	*	*	*	*	*	0.75	—	1.00	—	5.00	—	10.	9.00	—	12.	14.	—
1981-S Clear S	*	*	*	*	*	*	*	*	*	*	*	*	1.25	—	1.75	—	5.00	—	10.	9.00	—	12.	14.	—
1982-P	—	—	—	—	—	0.14	0.75	3.00	15.	—	25.	—	*	*	*	*	*	*	*	*	*	*	*	*
1982-D	—	—	—	—	—	0.25	1.25	3.00	15.	—	25.	—	*	*	*	*	*	*	*	*	*	*	*	*
1982-S	*	*	*	*	*	*	*	*	*	*	*	*	1.25	—	2.00	—	5.00	—	10.	9.00	—	14.	20.	—
1983-P	—	—	—	—	—	0.87	0.90	3.00	5.00	—	20.	—	*	*	*	*	*	*	*	*	*	*	*	*
1983-D	—	—	—	—	—	0.80	0.90	3.00	5.00	—	20.	—	*	*	*	*	*	*	*	*	*	*	*	*
1983-S	*	*	*	*	*	*	*	*	*	*	*	*	1.25	—	2.00	—	5.00	—	10.	9.00	—	12.	15.	—
1984-P	—	—	—	—	—	0.10	0.45	3.00	5.00	—	15.	—	*	*	*	*	*	*	*	*	*	*	*	*
1984-D	—	—	—	—	—	0.15	0.45	3.00	5.00	—	15.	—	*	*	*	*	*	*	*	*	*	*	*	*
1984-S	*	*	*	*	*	*	*	*	*	*	*	*	2.75	—	4.00	—	5.00	—	10.	9.00	—	12.	14.	—
1985-P	—	—	—	—	—	0.13	0.45	3.00	5.00	100.	15.	—	*	*	*	*	*	*	*	*	*	*	*	*
1985-D	—	—	—	—	—	0.15	0.45	3.00	5.00	—	15.	—	*	*	*	*	*	*	*	*	*	*	*	*

—— = Insufficient pricing data   * = None issued

	PF-69DC	PF-68DC	PF-67DC	PF-67C	PF-67	PF-66DC	PF-66C	PF-66	PF-65DC	PF-65	PF-64	PF-63	MS-66FS	MS-66	MS-65FS	MS-65	MS-64	MS-63	MS-60	AU-50	EF-40	VF-20	F-12	VG-8
1985-S	*	14.	12.	—	9.00	10.	—	5.00	—	3.50	—	2.50	*	—	*	*	*	*	*	*	*	*	*	*
1986-P	*	*	*	*	*	*	*	*	*	*	*	*	—	15.	—	5.00	3.00	0.45	0.10	—	—	—	—	—
1986-D	*	*	*	*	*	*	*	*	*	*	*	*	—	15.	—	5.00	3.00	0.85	0.15	—	—	—	—	—
1986-S	*	14.	12.	—	9.00	10.	—	5.00	—	6.00	—	4.00	30.	*	18.	5.00	3.00	0.25	—	—	—	—	—	—
1987-P	*	*	*	*	*	*	*	*	*	*	*	*	30.	12.	18.	5.00	3.00	0.25	—	—	—	—	—	—
1987-D	*	*	*	*	*	*	*	*	*	*	*	*	*	12.	*	5.00	3.00	0.25	*	—	—	—	—	—
1987-S	25.	15.	9.00	—	6.00	7.00	—	4.00	3.00	2.00	—	1.25	*	12.	12.	5.00	3.00	0.25	—	—	—	—	—	—
1988-P	*	*	*	*	*	*	*	*	*	*	*	*	—	12.	—	5.00	3.00	0.25	—	—	—	—	—	—
1988-D	*	*	*	*	*	*	*	*	*	*	*	*	—	12.	—	5.00	3.00	0.25	—	—	—	—	—	—
1988-S	25.	15.	9.00	—	6.00	7.00	—	4.00	3.00	2.50	—	1.75	*	12.	—	5.00	3.00	0.25	—	—	—	—	—	—
1989-P	*	*	*	*	*	*	*	*	*	*	*	*	18.	12.	—	5.00	3.00	0.25	—	—	—	—	—	—
1989-D	*	*	*	*	*	*	*	*	*	*	*	*	—	12.	—	5.00	3.00	0.25	—	—	—	—	—	—
1989-S	30.	15.	9.00	—	6.00	7.00	—	4.00	3.00	2.50	—	1.75	—	*	—	5.00	3.00	0.25	*	—	—	—	—	—
1990-P	*	*	*	*	*	*	*	*	*	*	*	*	—	10.	—	5.00	3.00	0.25	—	—	—	—	—	—
1990-D	*	*	*	*	*	*	*	*	*	*	*	*	—	10.	—	5.00	3.00	0.25	—	—	—	—	—	—
1990-S	50.	20.	9.00	—	6.00	7.00	—	4.00	3.00	3.00	—	2.00	—	*	—	5.00	3.00	0.25	—	—	—	—	—	—
1991-P	*	*	*	*	*	*	*	*	*	*	*	*	—	10.	—	5.00	3.00	0.30	—	—	—	—	—	—
1991-D	*	*	*	*	*	*	*	*	*	*	*	*	—	10.	—	5.00	3.00	0.30	—	—	—	—	—	—
1991-S	20.	15.	9.00	—	6.00	7.00	—	4.00	4.00	5.00	—	3.50	—	*	—	5.00	3.00	0.35	—	—	—	—	—	—
1992-P	*	*	*	*	*	*	*	*	*	*	*	*	—	*	10.	5.00	3.00	0.35	—	—	—	—	—	—
1992-D	*	*	*	*	*	*	*	*	*	*	*	*	—	10.	11.	5.00	3.00	0.25	—	—	—	—	—	—
1992-S	25.	15.	9.00	—	6.00	7.00	—	4.00	3.00	2.75	—	2.00	*	*	—	*	*	*	*	—	—	—	—	—
1993-P	*	*	*	*	*	*	*	*	*	*	*	*	10.	10.	—	5.00	3.00	0.25	—	—	—	—	—	—
1993-D	*	*	*	*	*	*	*	*	*	*	*	*	14.	10.	—	5.00	3.00	0.25	—	—	—	—	—	—

—— = Insufficient pricing data   * = None issued

JEFFERSON 5 CENTS (CONTINUED)

Date	PF-69DC	PF-68DC	PF-67DC	PF-67C	PF-67	PF-66DC	PF-66C	PF-66	PF-65DC	PF-65	PF-64	PF-63	MS-66FS	MS-66	MS-65FS	MS-65	MS-64	MS-63	MS-60	AU-50	EF-40	VF-20	F-12	VG-8
1993-S	25.	15.	9.00	—	6.00	7.00	—	4.00	3.00	3.00	—	2.25	*	*	*	*	*	*	*	*	*	*	*	*
1994-P	*	*	*	*	*	*	*	*	*	*	*	*	—	10.	—	5.00	3.00	0.25	—	—	—	—	—	—
1994-D	*	*	*	*	*	*	*	*	*	*	*	*	—	10.	—	5.00	3.00	0.25	—	—	—	—	—	—
1994-S	25.	15.	9.00	—	6.00	7.00	—	4.00	3.00	3.00	—	2.35	*	*	*	*	*	*	*	*	*	*	*	*
1995-P	*	*	*	*	*	*	*	*	*	*	*	*	—	10.	—	5.00	3.00	0.25	—	—	—	—	—	—
1995-D	*	*	*	*	*	*	*	*	*	*	*	*	—	12.	35.	5.00	3.00	0.30	—	—	—	—	—	—
1995-S	20.	15.	9.00	—	6.00	7.00	—	4.00	4.50	4.50	—	3.00	*	*	*	*	*	*	*	*	*	*	*	*
1996-P	*	*	*	*	*	*	*	*	*	*	*	*	—	10.	—	5.00	3.00	0.25	—	—	—	—	—	—
1996-D	*	*	*	*	*	*	*	*	*	*	*	*	33.	10.	20.	5.00	3.00	0.25	—	—	—	—	—	—
1996-S	46.	20.	9.00	—	6.00	7.00	—	4.00	3.00	2.00	—	1.25	*	*	*	*	*	*	*	*	*	*	*	*
1997-P	*	*	*	*	*	*	*	*	*	*	*	*	—	10.	—	5.00	3.00	0.25	—	—	—	—	—	—
1997-D	*	*	*	*	*	*	*	*	*	*	*	*	10.	10.	—	5.00	3.00	0.25	—	—	—	—	—	—
1997-S	26.	15.	9.00	—	6.00	7.00	—	4.00	3.00	4.00	—	1.50	*	*	*	*	*	*	*	*	*	*	*	*
1998-P	*	*	*	*	*	*	*	*	*	*	*	*	—	10.	—	5.00	3.00	0.25	—	—	—	—	—	—
1998-D	*	*	*	*	*	*	*	*	*	*	*	*	—	10.	—	5.00	3.00	0.25	—	—	—	—	—	—
1998-S	25.	15.	9.00	—	6.00	7.00	—	4.00	3.00	3.00	—	1.50	*	*	*	*	*	*	*	*	*	*	*	*
1999-P	*	*	*	*	*	*	*	*	*	*	*	*	—	10.	—	5.00	3.00	0.20	—	—	—	—	—	—
1999-D	*	*	*	*	*	*	*	*	*	*	*	*	65.	10.	16.	5.00	3.00	0.20	—	—	—	—	—	—
1999-S	20.	10.	9.00	—	6.00	7.00	—	4.00	3.00	2.00	—	1.25	*	*	*	*	*	*	*	*	*	*	*	*
2000-P	*	*	*	*	*	*	*	*	*	*	*	*	50.	10.	14.	5.00	3.00	0.20	—	—	—	—	—	—
2000-D	*	*	*	*	*	*	*	*	*	*	*	*	20.	10.	5.50	5.00	3.00	0.20	—	—	—	—	—	—
2000-S	30.	10.	8.00	—	6.00	7.00	—	4.00	3.00	2.00	—	1.25	*	*	*	*	*	*	*	*	*	*	*	*
2001-P	*	*	*	*	*	*	*	*	*	*	*	*	100.	10.	—	5.00	3.00	0.20	—	—	—	—	—	—
2001-D	*	*	*	*	*	*	*	*	*	*	*	*	100.	10.	15.	5.00	3.00	0.20	—	—	—	—	—	—

——— = Insufficient pricing data   * = None issued

JEFFERSON 5 CENTS (CONTINUED)

	PF-69DC	PF-68DC	PF-67DC	PF-67C	PF-67	PF-66DC	PF-66C	PF-66	PF-65DC	PF-65	PF-64	PF-63	MS-66FS	MS-66	MS-65FS	MS-65	MS-64	MS-63	MS-60	AU-50	EF-40	VF-20	F-12	VG-8
2001-S	35.	15.	9.00	—	6.00	7.00	—	4.00	3.00	2.00	—	1.50	*	*	*	*	*	*	*	*	*	*	*	*
2002-P	*	*	*	*	*	*	*	*	*	*	*	*	—	10.	—	5.00	3.00	0.20	—	—	—	—	—	—
2002-D	*	*	*	*	*	*	*	*	*	*	*	*	—	10.	—	5.00	3.00	0.20	—	—	—	—	—	—
2002-S	25.	15.	9.00	—	6.00	7.00	—	4.00	3.00	—	—	—	*	*	*	*	*	*	*	*	*	*	*	*
2003-P	—	—	—	—	—	—	—	—	—	—	—	—	—	10.	—	5.00	3.00	0.20	—	—	—	—	—	—
2003-D	—	—	—	—	—	—	—	—	—	—	—	—	—	10.	—	5.00	3.00	0.20	—	—	—	—	—	—
2003-S	25.	15.	9.00	—	6.00	7.00	—	4.00	3.00	—	—	—	—	—	—	—	—	—	—	—	—	—	—	—

—— = Insufficient pricing data   * = None issued

Flowing Hair half dime

Half disme pattern   Flowing Hair

Date of authorization: April 2, 1792
Dates of issue: 1792 (half disme); 1794-1795
Designer/Engraver: Robert Scot
Diameter: 16.50 mm/0.65 inch
Weight: 1.348 grams/0.04 ounce
Metallic content: 89.25% silver, 10.75% copper
Weight of pure silver: 1.20 grams/0.04 ounce
Edge: Reeded
Mint mark: None

HALF DISME PATTERN

	AG-3	G-4	VG-8	F-12	VF-20	EF-40	AU-50	MS-60	MS-63
1792	7500.	12000.	20000.	35000.	40000.	50000.	75000.	125000.	175000.

	AG-3	G-4	VG-8	F-12	VF-20	EF-40	AU-50	MS-60
FLOWING HAIR								
1794	750.	1200.	1500.	2000.	3000.	5000.	7500.	12000.
1795	600.	1000.	1200.	1700.	2500.	4000.	6500.	10000.

Draped Bust half dime

Small Eagle　　　　　　Heraldic Eagle

Date of authorization: April 2, 1792
Dates of issue: 1796-1805
Designer: Obverse: Gilbert Stuart-Robert Scot
Reverse:
(1796-1797): Robert Scot-John
Eckstein
(1800-1805): Robert Scot
Engraver: Robert Scot
Diameter: 16.50 mm/0.65 inch
Weight: 1.35 grams/0.04 ounce
Metallic content: 89.25% silver, 10.75% copper
Weight of pure silver: 1.20 grams/0.04 ounce
Edge: Reeded
Mint mark: None

	AG-3	G-4	VG-8	F-12	VF-20	EF-40	AU-50	MS-60
SMALL EAGLE								
1796/5	750.	1200.	1500.	2500.	4000.	6500.	12000.	20000.
1796 LIBERTY	600.	1000.	1400.	2000.	3500.	6000.	9000.	15000.
1796 LIKERTY	600.	1000.	1400.	2000.	3500.	6000.	9000.	18000.
1797 15 Stars	600.	1000.	1400.	2000.	3500.	6000.	9000.	15000.
1797 16 Stars	600.	1000.	1400.	2000.	3500.	6000.	9000.	15000.
1797 13 Stars	1000.	2000.	2500.	3000.	4000.	6500.	15000.	25000.
	AG-3	G-4	VG-8	F-12	VF-20	EF-40	AU-50	MS-60
HERALDIC EAGLE								
1800	400.	700.	1000.	1800.	2500.	4000.	7500.	12000.
1800 LIBEKTY	400.	700.	1000.	1800.	2500.	4000.	7500.	12000.
1801	500.	800.	1200.	1800.	2500.	4000.	8000.	15000.
1802	7500.	12000.	20000.	30000.	45000.	65000.	100000.	—
1803	500.	800.	1200.	1800.	3000.	5000.	8000.	15000.
1805	600.	900.	1400.	1800.	3000.	5000.	9000.	22000.

—— = Insufficient pricing data

Capped Bust half dime

Date of authorization: April 2, 1792
Dates of issue: 1829-1837
Designers: John Reich-William Kneass
Engraver: William Kneass
Diameter: 15.50 mm/0.61 inch
Weight: 1.35 grams/0.04 ounce
Metallic content: 89.25% silver, 10.75% copper
Weight of pure silver: 1.20 grams/0.04 ounce
Edge: Reeded
Mint mark: None

CAPPED BUST HALF DIME (CONTINUED)

	G-4	VG-8	F-12	VF-20	EF-40	EF-45	AU-50	AU-55	MS-60	MS-62	MS-63	MS-64	MS-65	MS-66
1829	25.	35.	40.	65.	125.	150.	200.	250.	300.	550.	800.	1600.	2800.	3700.
1830	25.	35.	40.	65.	125.	150.	200.	250.	300.	550.	700.	1400.	3500.	4500.
1831	25.	35.	40.	65.	125.	150.	200.	250.	300.	550.	700.	1400.	2500.	3500.
1832	25.	35.	40.	65.	125.	150.	200.	250.	300.	550.	700.	1400.	2500.	3700.
1833	25.	35.	40.	65.	125.	150.	200.	250.	300.	550.	700.	1400.	2500.	3500.
1834	25.	35.	40.	65.	125.	150.	200.	250.	300.	550.	700.	1400.	2500.	3500.
1835 all varieties	25.	35.	40.	65.	125.	150.	200.	250.	300.	550.	700.	1400.	2500.	3500.
1836 all varieties	25.	35.	40.	65.	125.	150.	200.	250.	300.	550.	700.	1400.	2500.	3500.
1837 Small 5c	30.	40.	50.	100.	200.	250.	350.	500.	900.	1100.	2000.	4000.	10000.	—
1837 Large 5c	25.	35.	40.	65.	125.	150.	200.	250.	300.	700.	1000.	1800.	3500.	4500.

—— = Insufficient pricing data   * = None issued

Seated Liberty, half dime

Date of authorization: April 2, 1792
Dates of issue: 1837-1873
Designers: (1837-1840): Christian Gobrecht
(1840-1859):
 Obverse: Gobrecht-Robert B.
 Hughes
 Reverse: Christian Gobrecht
(1860-1873):
 Obverse: Christian Gobrecht-
 Robert B. Hughes-James B.
 Longacre
 Reverse: James B. Longacre
Engraver: (1837-1840): Christian Gobrecht
(1840-1859): Christian Gobrecht
(1860-1873): James B. Longacre
Diameter: 15.50 mm/0.61 inch
Weight: (1837-1853): 1.34 grams/0.04 ounce
(1853-1873): 1.24 grams/0.04 ounce
Metallic content: 90% silver, 10% copper
Weight of pure silver: (1837-1853): 1.20 grams/0.04 ounce
(1853-1873): 1.12 grams/0.04 ounce
Edge: Reeded
Mint mark: Reverse within or below wreath

	G-4	VG-8	F-12	VF-20	EF-40	AU-50	MS-60	MS-62	MS-63	MS-64	MS-65
NO STARS											
1837 Large or Small Date											
	24.	33.	48.	90.	180.	340.	575.	650.	825.	1350.	2650.
1838-O	68.	100.	200.	390.	650.	1375.	4000.	—	8800.	17500.	—
NO DRAPERY											
1838	10.	12.	14.	22.	60.	125.	240.	300.	400.	650.	1750.
1838 Small Stars											
	13.	28.	45.	85.	145.	265.	575.	675.	950.	1900.	4250.
1839	10.	12.	14.	22.	60.	125.	240.	300.	400.	675.	2000.
1839-O	12.	15.	20.	32.	75.	180.	475.	750.	1275.	3300.	—
1839-O Large O											
	325.	625.	1100.	1750.	3000.	4500.	—	—	—	—	—
1840	10.	12.	15.	25.	65.	125.	275.	375.	425.	825.	2150.
1840-O	12.	16.	22.	35.	80.	210.	525.	750.	1600.	3250.	6000.
DRAPERY											
1840	18.	30.	45.	85.	160.	275.	525.	615.	900.	1350.	4000.

—— = Insufficient pricing data   * = None issued

	G-4	VG-8	F-12	VF-20	EF-40	AU-50	MS-60	MS-62	MS-63	MS-64	MS-65
1840-O	28.	45.	80.	165.	265.	800.	—	4750.	—	—	—
1841	10.	11.	12.	20.	45.	100.	155.	190.	325.	700.	1500.
1841-O	12.	16.	22.	38.	120.	300.	600.	800.	1300.	—	—
1842	10.	11.	12.	20.	45.	100.	165.	210.	300.	575.	1600.
1842-O	24.	35.	62.	175.	375.	1500.	2600.	3300.	4750.	5500.	12500.
1843	10.	12.	14.	20.	44.	100.	145.	190.	300.	625.	1500.
1844	10.	11.	12.	22.	50.	110.	170.	210.	375.	675.	1400.
1844-O Small O											
	60.	130.	250.	515.	850.	1700.	4900.	9000.	—	—	—
1844-O Large O											
	65.	110.	175.	350.	700.	—	4000.	—	—	—	26500.
1845	10.	11.	12.	21.	45.	92.	145.	190.	300.	675.	1200.
1846	190.	280.	475.	650.	1500.	3100.	—	—	—	—	—
1847	10.	11.	12.	20.	43.	92.	145.	190.	300.	850.	1250.
1848 Medium Date											
	10.	11.	12.	20.	43.	92.	145.	190.	425.	1100.	2500.
1848 Large Date											
	12.	18.	28.	40.	75.	190.	475.	725.	1350.	2750.	—
1848-O	11.	15.	28.	42.	100.	225.	425.	525.	725.	1250.	1425.
1849/6	10.	14.	26.	45.	77.	145.	375.	425.	750.	1350.	—
1849/8	14.	16.	30.	48.	100.	185.	400.	475.	800.	1400.	2550.
1849	10.	11.	12.	20.	45.	95.	145.	225.	390.	1050.	2100.
1849-O	19.	35.	80.	185.	450.	950.	2200.	3250.	5500.	—	10500.
1850	10.	11.	12.	20.	42.	95.	150.	195.	385.	800.	1400.
1850-O	12.	16.	25.	50.	110.	245.	650.	850.	1550.	—	—
1851	10.	11.	12.	20.	42.	95.	155.	200.	390.	725.	1500.
1851-O	10.	15.	24.	35.	72.	175.	335.	450.	675.	1100.	3950.
1852	10.	11.	12.	20.	42.	95.	155.	195.	300.	525.	1475.
1852-O	22.	33.	65.	100.	235.	450.	1150.	1500.	2500.	—	—
1853	25.	34.	55.	90.	195.	350.	500.	685.	985.	1175.	2150.
1853-O	145.	215.	300.	585.	1275.	2950.	6800.	—	—	22500.	—
ARROWS											
1853	9.00	10.	12.	15.	45.	95.	160.	225.	290.	575.	1725.
1853-O	12.	14.	13.	20.	52.	135.	275.	550.	1050.	1900.	4650.
1854	9.00	10.	12.	15.	45.	98.	175.	240.	285.	625.	2100.
1854-O	10.	12.	13.	20.	55.	145.	325.	475.	950.	1750.	3750.
1855	9.00	10.	12.	17.	45.	100.	175.	225.	350.	725.	2350.
1855-O	16.	21.	28.	55.	120.	235.	425.	700.	1400.	2450.	5250.
NO ARROWS											
1856	10.	11.	12.	18.	40.	80.	130.	180.	225.	535.	1600.
1856-O	10.	12.	19.	35.	70.	185.	385.	550.	1075.	1750.	—
1857	10.	11.	12.	18.	40.	77.	120.	175.	225.	475.	975.
1857-O	10.	12.	16.	29.	55.	130.	250.	325.	425.	725.	2000.
1858	10.	12.	12.	18.	40.	77.	120.	175.	225.	475.	950.
1858/Inverted Date											
	28.	45.	55.	115.	200.	300.	475.	525.	750.	2000.	—
1858/1858	35.	50.	75.	155.	245.	325.	675.	775.	1300.	1975.	3000.
1858-O	10.	12.	16.	32.	58.	150.	240.	310.	390.	650.	1750.

—— = Insufficient pricing data   * = None issued

	G-4	VG-8	F-12	VF-20	EF-40	AU-50	MS-60	MS-62	MS-63	MS-64	MS-65
1859	10.	12.	18.	31.	53.	105.	155.	205.	290.	475.	1500.
1859-O	15.	18.	23.	45.	95.	175.	255.	320.	425.	825.	2000.
1860 Transitional											
	—	—	—	—	—	—	1800.	2250.	3250.	4750.	8000.
LEGEND OBVERSE											
1860	9.00	10.	12.	18.	31.	67.	115.	165.	184.	395.	1000.
1860-O	10.	12.	18.	23.	45.	87.	135.	175.	275.	465.	1325.
1861	9.00	10.	12.	18.	31.	67.	115.	160.	180.	330.	1000.
1861/0	20.	30.	45.	75.	150.	275.	450.	565.	675.	1175.	3500.
1862	9.00	10.	12.	18.	31.	67.	110.	150.	175.	315.	900.
1863	115.	160.	225.	290.	340.	450.	500.	650.	725.	800.	1250.
1863-S	20.	25.	35.	60.	105.	285.	450.	600.	975.	1250.	2500.
1864	250.	325.	405.	525.	700.	800.	925.	975.	1175.	1500.	2750.
1864-S	35.	45.	70.	100.	200.	375.	660.	825.	1300.	2250.	3100.
1865	245.	285.	345.	390.	475.	550.	750.	825.	950.	1175.	2150.
1865-S	18.	24.	30.	50.	105.	370.	700.	875.	1650.	2750.	—
1866	235.	270.	335.	425.	540.	600.	725.	800.	925.	1050.	1750.
1866-S	18.	25.	30.	55.	105.	290.	550.	685.	925.	1725.	3150.
1867	325.	365.	435.	525.	600.	725.	790.	875.	1050.	1400.	2200.
1867-S	16.	20.	34.	57.	90.	225.	350.	675.	750.	1500.	3400.
1868	38.	55.	90.	160.	235.	310.	425.	500.	675.	1000.	2000.
1868-S	10.	12.	19.	27.	50.	145.	275.	350.	515.	1300.	2600.
1869	10.	10.	18.	26.	48.	95.	225.	310.	375.	950.	2100.
1869-S	9.00	11.	18.	25.	50.	130.	255.	375.	725.	1850.	3450.
1870	9.00	10.	12.	14.	32.	65.	115.	160.	200.	405.	1200.
1870-S Unique - Graded (PCGS) MS-63											
1871	9.00	10.	12.	14.	29.	62.	110.	155.	175.	315.	1050.
1871-S	10.	18.	32.	45.	65.	135.	245.	325.	425.	750.	2300.
1872	9.00	10.	12.	14.	29.	60.	105.	135.	160.	305.	1050.
1872-S S in Wreath											
	9.00	10.	12.	14.	30.	60.	105.	135.	-150.	325.	1150.
1872-S S Below Wreath											
	9.00	10.	12.	14.	30.	60.	105.	150.	170.	300.	975.
1873	9.00	10.	12.	14.	29.	60.	105.	150.	170.	350.	1200.
1873-S	9.75	12.	15.	20.	42.	80.	115.	165.	180.	350.	1050.

—— = Insufficient pricing data   * = None issued

Draped Bust dime

Small Eagle   Heraldic Eagle

Date of authorization: April 2, 1792
Dates of issue: 1796-1807
Designer: Obverse: Gilbert Stuart-Robert Scot
Reverse:
(1796-1797): Robert Scot-John
Eckstein
(1800-1805): Robert Scot
Engraver: Robert Scot
Diameter: 18.80 mm/0.74 inch
Weight: 2.70 grams/0.09 ounce
Metallic content: 89.25% silver, 10.75% copper
Weight of pure silver: 1.20 grams/0.04 ounce
Edge: Reeded
Mint mark: None

	G-4	VG-8	F-12	VF-20	EF-40	AU-50	AU-55	MS-60	MS-62
1796	1200.	2000.	2500.	3500.	5000.	7000.	8500.	11000.	15000.
1797 16 Stars	1500.	2000.	2500.	3500.	6000.	8500.	10000.	15000.	20000.
1797 13 Stars	1500.	2000.	2500.	3500.	6000.	8500.	10000.	15000.	20000.
1798/97 16 Stars	750.	1000.	1500.	2000.	3500.	4000.	5000.	7500.	12000.
1798/97 13 Stars	2000.	3000.	4500.	6500.	9000.	—	—	—	—
1798	600.	900.	1200.	1800.	2500.	3000.	4000.	7000.	12000.
1798 Small 8	900.	1200.	1800.	2500.	4500.	7500.	8500.	12000.	15000.
1800	600.	900.	1200.	2000.	3000.	4000.	5000.	6000.	10000.
1801	600.	900.	1500.	2500.	5000.	8000.	9000.	15000.	25000.
1802	1000.	1400.	1800.	3000.	6000.	10000.	18000.	28000.	—
1803	600.	900.	1200.	2000.	4500.	8000.	9000.	12000.	—
1804 13 Star	1200.	1800.	3000.	4500.	12000.	30000.	40000.	—	—
1804 14 Star	1500.	2000.	3500.	5000.	15000.	35000.	45000.	—	—
1805 4 Berries	500.	750.	1000.	1400.	2000.	3000.	4000.	5000.	7500.
1805 5 Berries	600.	850.	1200.	1800.	2500.	4500.	6000.	—	—
1807	500.	750.	1000.	1400.	2000.	3000.	4000.	5000.	7500.

—— = Insufficient pricing data

Capped Bust dime

Date of authorization: April 2, 1792
Dates of issue: 1809-1837
Designer/Engraver: John Reich
Diameter: (1809-1828): 18.80 mm/0.74 inch
(1828-1837): 17.90 mm/0.71 inch
Weight: 2.70 grams/0.09 ounce
Metallic content: 89.25% silver, 10.75% copper
Weight of pure silver: 2.41 grams/0.08 ounce
Edge: Reeded
Mint mark: None

	G-4	VG-8	F-12	VF-20	EF-40	AU-50	AU-55	MS-60	MS-63	MS-64	MS-65
OPEN COLLAR STRIKE											
1809	95.	175.	325.	500.	1000.	1650.	2250.	4250.	—	—	—
1811/09	120.	190.	285.	450.	950.	1500.	1850.	2400.	5250.	9000.	22500.
1814 Small Date	35.	60.	105.	225.	400.	675.	1025.	1850.	3300.	6500.	—
1814 Large Date	28.	38.	55.	140.	345.	535.	625.	975.	1950.	5500.	9500.
1814 STATESOFAMERICA											
	30.	40.	72.	175.	375.	640.	725.	1150.	—	—	15000.
1820 Large O	22.	32.	45.	110.	325.	575.	685.	925.	1800.	3350.	7850.
1820 Small O Office Boy Reverse											
	25.	38.	55.	150.	400.	650.	750.	1050.	2250.	4500.	7850.
1820 STATESOFAMERICA											
	28.	40.	60.	185.	425.	825.	1050.	1650.	3250.	5250.	9750.
1821 Small Date	22.	35.	55.	115.	335.	650.	725.	1200.	2650.	3600.	—
1821 Large Date	22.	25.	40.	90.	270.	500.	600.	900.	1800.	3450.	7850.
1822	325.	485.	775.	1375.	2250.	4250.	5250.	9150.	15750.	—	—
1823/2 Large E reverse											
	22.	30.	40.	85.	275.	505.	650.	900.	2000.	3350.	7850.
1823/2 Small E reverse											
	22.	30.	40.	85.	275.	505.	650.	925.	3150.	7250.	—
1824/2	30.	50.	100.	300.	475.	1050.	1250.	1800.	5000.	—	—
1825	20.	25.	35.	85.	260.	490.	590.	850.	1850.	3350.	8250.
1827	20.	25.	35.	85.	260.	490.	590.	850.	1750.	3350.	7850.
CLOSE COLLAR STRIKE											
1828 Large Date	65.	90.	165.	275.	575.	925.	1150.	2400.	3750.	—	—
1828 Small Date	25.	40.	65.	150.	335.	600.	650.	1000.	2450.	3850.	—
1829 Curl Base 2											
	3850.	5750.	8000.	16000.	—	—	—	—	—	—	—
1829 Small 10c											
	20.	25.	40.	75.	200.	350.	475.	775.	1325.	2550.	5750.

—— = Insufficient pricing data

	G-4	VG-8	F-12	VF-20	EF-40	AU-50	AU-55	MS-60	MS-63	MS-64	MS-65
1829 Medium 10c	20.	25.	40.	75.	200.	350.	550.	900.	1400.	2750.	5750.
1829 Large 10c	32.	48.	95.	175.	400.	585.	750.	1000.	1750.	3500.	6500.
1830	18.	20.	25.	60.	175.	325.	380.	615.	1200.	2200.	6000.
1830/29	35.	58.	85.	145.	350.	575.	675.	1200.	3500.	5250.	—
1831	18.	20.	25.	52.	175.	300.	410.	600.	1200.	2075.	5750.
1832	18.	20.	25.	52.	175.	300.	410.	615.	1200.	2100.	5750.
1833	18.	20.	25.	52.	175.	300.	410.	610.	1200.	2100.	5750.
1834	18.	20.	25.	52.	175.	300.	410.	610.	1200.	2100.	5750.
1835	18.	20.	25.	52.	175.	300.	410.	600.	1200.	2100.	5750.
1836	18.	20.	25.	52.	175.	300.	410.	625.	1250.	2250.	5750.
1837	18.	20.	25.	52.	175.	300.	410.	625.	1250.	2350.	5750.

Seated Liberty dime

Date of authorization:	April 2, 1792
Dates of issue:	1837-1891
Designer:	(1837-1840)
	Obverse: Thomas Sully-Christian Gobrecht
	Reverse: Christian Gobrecht
	(1840-1860)
	Obverse: John Hughes-Gobrecht-Sully
	Reverse: Christian Gobrecht
	(1860-1891)
	Obverse: James B. Longacre-Hughes-Gobrecht-Sully
	Reverse: James B. Longacre
Engraver:	(1837-1840): Christian Gobrecht
	(1840-1860): Christian Gobrecht
	(1860-1891): James B. Longacre
Diameter:	17.90 mm/0.71 inch
Weight:	(1837-1853): 2.67 grams/0.09 ounce
	(1853-1873): 2.49 grams/0.08 ounce
Metallic content::	90% silver, 10% copper
Weight of pure silver:	(1837-1853): 2.41 grams/0.08 ounce
	(1853-1873): 2.24 grams/0.07 ounce
Edge:	Reeded
Mint mark:	Reverse within or below wreath

SEATED LIBERTY DIME (CONTINUED)

	G-4	VG-8	F-12	VF-20	EF-40	AU-50	AU-55	MS-60	MS-63	MS-64	MS-65	PF-63	PF-64	PF-65	PF-66
NO STARS															
1837	28.	35.	70.	250.	475.	675.	800.	1000.	1850.	3750.	—	15000.	22500.	30000.	*
1838-O	40.	60.	125.	350.	625.	1075.	1250.	2150.	6750.	9000.	—	*	*	*	*
NO DRAPERY															
1838 Small Stars	18.	28.	48.	72.	155.	310.	350.	600.	1125.	1750.	—	*	*	*	*
1838 Large Stars	12.	15.	20.	30.	60.	150.	185.	285.	675.	1000.	—	*	*	*		
1838 Partial Drapery	20.	30.	50.	90.	175.	275.	340.	425.	1325.	—	—	*	*	*	*
1839	12.	15.	18.	28.	55.	145.	180.	270.	675.	1250.	—	16500.	*	—		
1839-O Reverse of 1838	115.	200.	350.	475.	750.	—	—	—	—	—	—	*	*	*	*
1839-O	12.	15.	25.	50.	90.	225.	375.	600.	1350.	2250.	—	*	*	*		
1840	12.	15.	20.	30.	52.	135.	180.	270.	675.	1000.	—	12000.	24000.	*		
1840-O	15.	20.	30.	60.	100.	260.	400.	950.	2500.	5000.	—	*	*	*	*
DRAPERY															
1840	24.	40.	75.	135.	265.	575.	800.	1750.	—	—	—	18000.	—	*		
1841	10.	12.	16.	25.	55.	130.	175.	270.	635.	1350.	—	*	—	—		
1841-O Open Bud Reverse	10.	12.	20.	38.	85.	215.	375.	900.	1950.	3000.	—	*	*	*	*
1842	10.	12.	15.	21.	37.	120.	155.	265.	625.	1150.	—	*	*	*		
1842-O	12.	15.	25.	45.	200.	1200.	1450.	2250.	4750.	—	—	*	*	*		
1843	10.	12.	15.	21.	37.	125.	170.	275.	750.	1500.	—	15000.	*	—		
1843/1843	11.	18.	27.	60.	115.	185.	250.	375.	—	2800.	—	*	*	*	*
1843-O	32.	50.	130.	215.	500.	1200.	1800.	2700.	—	—	—	*	*	*		
1844	150.	250.	375.	600.	975.	1900.	—	—	15000.	30000.	—	—	—	105000.		
1845	10.	12.	14.	22.	37.	110.	145.	225.	675.	1500.	—	—	—	19000.	*
1845/1845	12.	20.	37.	50.	150.	415.	—	—	—	—	—	*	*	*		
1845-O	17.	25.	62.	190.	600.	1500.	—	—	3850.	—	—	*	*	*		
1846	60.	95.	165.	285.	775.	1750.	—	—	—	—	—	—	9250.	16500.		

—— = Insufficient pricing data   * = None issued

SEATED LIBERTY DIME (CONTINUED)

	G-4	VG-8	F-12	VF-20	EF-40	AU-50	AU-55	MS-60	MS-63	MS-64	MS-65	PF-63	PF-64	PF-65	PF-66
1847	12.	17.	35.	60.	120.	325.	385.	575.	1675.	1650.	—	—	—	16500.	—
1848	11.	14.	16.	37.	75.	175.	285.	600.	1275.	1650.	—	—	15000.	22500.	—
1849	11.	13.	15.	25.	52.	140.	190.	300.	1050.	1975.	—	—	—	19500.	*
1849-O	11.	16.	45.	90.	300.	775.	1500.	2500.	5500.	—	—	*	*	*	*
1850	10.	12.	14.	21.	37.	115.	150.	225.	675.	1250.	—	*	*	—	*
1850-O	11.	15.	37.	75.	175.	325.	475.	1350.	2750.	5000.	—	*	*	*	*
1851	11.	12.	14.	20.	37.	110.	180.	290.	900.	1900.	—	*	*	*	*
1851-O	12.	15.	27.	75.	200.	500.	800.	1750.	3150.	—	—	*	*	*	*
1852	10.	12.	14.	21.	37.	105.	140.	230.	625.	1100.	—	5500.	10000.	—	*
1852-O	12.	19.	40.	77.	210.	475.	850.	1550.	2900.	4000.	—	*	*	*	*
1853	55.	80.	110.	160.	290.	450.	550.	775.	1425.	2150.	—	*	*	*	*
ARROWS AT DATE															
1853	10.	12.	12.	16.	38.	120.	185.	275.	650.	1150.	—	3500.	—	—	*
1853-O	12.	16.	24.	35.	90.	345.	500.	850.	2900.	—	—	*	*	—	*
1854	10.	12.	12.	16.	38.	120.	195.	300.	750.	1400.	—	8250.	12000.	25000.	*
1854-O	11.	12.	15.	25.	65.	175.	260.	450.	975.	1500.	—	*	*	*	—
1855	11.	12.	14.	20.	50.	135.	215.	400.	850.	1750.	—	9000.	13500.	33000.	*
DRAPERY															
1856 Small Date	10.	11.	14.	16.	35.	115.	150.	225.	675.	1200.	—	2450.	4850.	11000.	*
1856 Large Date	10.	13.	15.	19.	50.	160.	195.	275.	700.	1400.	—	*	*	*	*
1856-O	10.	12.	16.	25.	75.	210.	285.	600.	1600.	3250.	—	*	*	*	*
1856-S	85.	145.	225.	425.	750.	1750.	2350.	3500.	9250.	15000.	—	*	*	*	*
1857	10.	12.	14.	15.	35.	100.	130.	230.	600.	975.	—	2000.	3250.	4750.	*
1857-O	10.	12.	16.	24.	65.	175.	225.	315.	975.	1850.	—	*	*	*	*
1858	10.	11.	14.	15.	35.	100.	130.	225.	630.	1450.	—	2200.	3000.	4250.	*
1858-O	13.	21.	35.	70.	125.	350.	425.	675.	1500.	3250.	—	*	*	*	*
1858-S	75.	140.	225.	375.	675.	1300.	1750.	2750.	10000.	15000.	—	—	*	*	*

—— = Insufficient pricing data   * = None issued

	G-4	VG-8	F-12	VF-20	EF-40	AU-50	AU-55	MS-60	MS-63	MS-64	MS-65	PF-63	PF-64	PF-65	PF-66
1859	10.	12.	14.	21.	55.	145.	180.	300.	600.	1100.	—	1150.	2250.	3750.	*
1859-O	11.	15.	25.	37.	80.	185.	245.	315.	650.	1250.	—	*	*	*	*
1859-S	85.	145.	230.	425.	900.	1750.	2400.	2250.	—	—	—	*	*	*	*
1860-S	25.	31.	47.	115.	275.	700.	1000.	2250.	5750.	8500.	—	*	*	*	*
LEGEND OBVERSE															
1860	10.	12.	14.	20.	37.	70.	85.	150.	340.	775.	—	400.	600.	1450.	*
1860-O	300.	475.	625.	1000.	2650.	5250.	6500.	10250.	26500.	37500.	—	*	650.	*	*
1861	10.	11.	14.	18.	36.	65.	75.	140.	325.	750.	—	600.	850.	1550.	*
1861-S	55.	90.	145.	275.	475.	850.	1075.	2150.	—	6000.	—	*	*	*	*
1862	10.	11.	14.	18.	36.	65.	75.	165.	335.	950.	—	550.	800.	1900.	*
1862-S	31.	48.	78.	165.	365.	685.	785.	1600.	3250.	5000.	—	*	*	*	*
1863	250.	360.	415.	565.	700.	775.	875.	1175.	1550.	1900.	—	525.	650.	1450.	*
1863-S	25.	30.	45.	85.	165.	550.	725.	1550.	2600.	3500.	—	*	*	*	*
1864	185.	300.	375.	475.	675.	750.	825.	925.	1250.	1600.	—	550.	675.	1500.	*
1864-S	23.	28.	40.	80.	160.	375.	590.	875.	1600.	2575.	—	*	*	*	*
1865	250.	370.	460.	560.	685.	800.	875.	925.	1150.	1300.	—	450.	700.	1500.	*
1865-S	23.	30.	50.	95.	260.	675.	1125.	2300.	6250.	—	—	*	*	*	*
1866	260.	385.	535.	685.	800.	950.	1050.	1175.	1450.	1815.	—	450.	675.	1500.	*
1866-S	23.	28.	48.	100.	250.	475.	775.	1900.	—	5500.	—	*	*	*	*
1867	300.	475.	575.	675.	750.	1050.	1150.	1350.	1850.	2100.	—	450.	725.	1500.	*
1867-S	32.	40.	60.	125.	225.	490.	900.	2200.	4500.	—	—	*	*	*	*
1868	10.	13.	20.	32.	60.	135.	185.	350.	725.	1100.	—	360.	600.	1450.	*
1868-S	14.	21.	32.	65.	115.	210.	270.	665.	—	—	—	*	*	*	*
1869	13.	20.	28.	50.	105.	205.	265.	585.	1200.	2250.	—	375.	650.	1500.	*
1869-S	12.	20.	30.	45.	75.	145.	210.	450.	1000.	1750.	—	360.	615.	1450.	*
1870	10.	10.	14.	23.	50.	125.	150.	225.	525.	800.	—	360.	615.	1450.	*
1870-S	190.	275.	340.	435.	585.	950.	1150.	1900.	2750.	3400.	—	*	*	*	*

—— = Insufficient pricing data   * = None issued

SEATED LIBERTY DIME (CONTINUED)

	G-4	VG-8	F-12	VF-20	EF-40	AU-50	AU-55	MS-60	MS-63	MS-64	MS-65	PF-63	PF-64	PF-65	PF-66
1871	10.	10.	13.	20.	37.	130.	180.	310.	675.	1000.	—	360.	635.	1550.	—
1871-CC	900.	1250.	1750.	3500.	7250.	12500.	20000.	14500.	—	41000.	—	*	*	*	*
1871-S	14.	20.	32.	68.	155.	350.	685.	685.	1500.	2800.	—	*	*	*	*
1872	10.	10.	13.	18.	34.	90.	115.	150.	305.	725.	—	360.	635.	1575.	*
1872-CC	350.	575.	900.	1950.	3400.	7000.	13500.	26000.	—	—	—	*	*	*	*
1872-S	21.	35.	72.	125.	225.	425.	600.	1050.	2500.	4250.	—	*	*	*	*
1873 Closed 3	10.	14.	20.	30.	40.	85.	110.	170.	340.	750.	—	340.	600.	1450.	*
1873 Open 3	14.	19.	40.	60.	105.	210.	270.	550.	—	—	—	*	*	*	*
1873-CC (unique) Eliasberg/Bolen specimen sold for $632,500.															

ARROWS AT DATE
1873 Doubled Die (Shield)

	G-4	VG-8	F-12	VF-20	EF-40	AU-50	AU-55	MS-60	MS-63	MS-64	MS-65	PF-63	PF-64	PF-65	PF-66
	—	350.	500.	775.	1000.	—	—	—	—	—	—	*	*	*	*
1873-CC	750.	1100.	2200.	3500.	4850.	8250.	10500.	22500.	50000.	80000.	—	*	*	*	*
1873-S	15.	22.	30.	60.	175.	300.	450.	700.	2100.	3250.	—	*	*	*	*
1874	10.	14.	20.	40.	135.	235.	315.	425.	925.	1950.	—	1125.	1825.	5500.	—
1874-CC	2150.	4850.	6500.	10750.	18500.	24500.	27500.	37500.	—	—	—	1075.	1750.	4250.	—
1874-S	20.	35.	50.	115.	275.	500.	600.	925.	2100.	4250.	—	*	*	*	*

LEGEND OBVERSE

	G-4	VG-8	F-12	VF-20	EF-40	AU-50	AU-55	MS-60	MS-63	MS-64	MS-65	PF-63	PF-64	PF-65	PF-66
1875	10.	10.	13.	14.	25.	65.	75.	120.	195.	360.	—	340.	625.	1450.	*
1875-CC	11.	12.	24.	35.	60.	125.	170.	265.	575.	900.	—	*	*	*	*
1875-CC in Wreath	10.	12.	14.	24.	39.	70.	105.	200.	360.	675.	—	*	*	*	*
1875-S	10.	10.	13.	14.	20.	65.	75.	130.	200.	400.	—	*	*	*	*
1875-S S in Wreath	10.	10.	13.	14.	20.	65.	75.	130.	200.	400.	—	*	*	*	*
1876	10.	10.	13.	14.	20.	65.	75.	130.	195.	360.	—	340.	625.	1500.	*
1876-CC Doubled Die	15.	30.	50.	85.	225.	315.	390.	475.	1250.	—	—	*	*	*	*
1876-S	10.	10.	13.	16.	34.	65.	75.	130.	215.	375.	—	*	*	*	*

—— = Insufficient pricing data   * = None issued

SEATED LIBERTY DIME (CONTINUED)

	G-4	VG-8	F-12	VF-20	EF-40	AU-50	AU-55	MS-60	MS-63	MS-64	MS-65	PF-63	PF-64	PF-65	PF-66
1876-CC	10.	10.	14.	16.	32.	68.	98.	200.	390.	600.	—	—	—	300000.	—
1877	10.	10.	13.	14.	20.	65.	75.	120.	215.	375.	—	350.	650.	1500.	*
1877-CC	12.	11.	14.	18.	30.	65.	75.	155.	275.	600.	—	*	*	*	*
1877-S	12.	13.	14.	19.	28.	65.	75.	120.	300.	400.	—	*	*	*	*
1878	10.	11.	14.	16.	24.	65.	75.	185.	350.	575.	—	340.	575.	1425.	*
1878-CC	45.	62.	100.	160.	240.	480.	515.	725.	1575.	—	—	*	*	*	*
1879	160.	200.	235.	280.	330.	435.	440.	500.	675.	800.	—	310.	550.	1450.	*
1880	135.	175.	210.	240.	275.	350.	400.	455.	610.	800.	—	310.	550.	1400.	*
1881	135.	175.	215.	275.	340.	375.	415.	460.	665.	900.	—	310.	560.	1400.	*
1882	10.	10.	13.	14.	20.	65.	75.	120.	195.	360.	—	310.	550.	1425.	*
1883	10.	10.	13.	14.	20.	65.	75.	120.	195.	360.	—	310.	550.	1450.	*
1884	14.	18.	24.	35.	85.	225.	325.	635.	1350.	2400.	—	310.	560.	1400.	*
1884-S	10.	10.	13.	14.	20.	65.	75.	120.	205.	375.	—	*	*	*	*
1885	10.	10.	13.	14.	20.	65.	75.	120.	205.	375.	—	310.	550.	1400.	*
1885-S	375.	475.	750.	1400.	2250.	3400.	4000.	5750.	9000.	12000.	—	*	*	*	*
1886	10.	10.	13.	14.	20.	65.	75.	120.	195.	360.	—	310.	550.	1400.	*
1886-S	35.	42.	55.	85.	115.	225.	270.	525.	1100.	—	—	*	*	*	*
1887	10.	10.	13.	14.	20.	65.	75.	120.	195.	360.	—	310.	575.	1425.	*
1887-S	10.	10.	13.	16.	24.	65.	75.	135.	280.	400.	—	*	*	*	*
1888	10.	10.	13.	14.	20.	65.	75.	120.	205.	425.	—	310.	560.	1400.	*
1888-S	10.	10.	13.	15.	32.	85.	115.	235.	460.	950.	—	*	*	*	*
1889	10.	10.	13.	14.	20.	65.	75.	120.	195.	360.	—	325.	625.	1400.	*
1889-S	11.	12.	22.	35.	70.	210.	265.	375.	1075.	—	—	*	*	*	*
1890	10.	10.	13.	14.	20.	65.	75.	120.	195.	360.	—	310.	575.	1400.	*
1890-S	12.	17.	25.	39.	60.	150.	185.	325.	700.	1050.	—	*	*	*	*
1891	10.	10.	13.	14.	20.	65.	75.	120.	195.	360.	—	310.	575.	1400.	*
1891-O	10.	11.	14.	15.	25.	65.	80.	135.	325.	650.	—	*	*	*	*

—— = Insufficient pricing data   * = None issued

SEATED LIBERTY DIME (CONTINUED)

	G-4	VG-8	F-12	VF-20	EF-40	AU-50	AU-55	MS-60	MS-63	MS-64	MS-65	PF-63	PF-64	PF-65	PF-66
1891-O/Horizontal O	50.	80.	115.	165.	225.	425.	—	—	—	—	—	*	*	*	*
1891-S	10.	10.	13.	16.	30.	70.	85.	155.	350.	800.	—	*	*	*	*

Legend obverse

—— = Insufficient pricing data   * = None issued

Barber dime

Date of authorization: April 2, 1792
Dates of issue: 1892-1916
Designer: Obverse: Charles Barber
Reverse: James B. Longacre
Engraver: Charles Barber
Diameter: 17.91 mm/0.71 inch
Weight: 2.50 grams/0.08 ounce
Metallic content: 90% silver, 10% copper
Weight of pure silver: 2.25 grams/0.07 ounce
Edge: Reeded
Mint mark: Reverse within or below wreath

BARBER DIME (CONTINUED)

	G-4	VG-8	F-12	VF-20	EF-40	AU-50	MS-60	MS-63	MS-64	MS-65	MS-66	PF-63	PF-64	PF-65	PF-66
1892	4.00	6.00	17.	23.	26.	68.	95.	145.	235.	635.	—	330.	550.	1150.	*
1892-O	8.00	12.	27.	47.	55.	75.	140.	290.	515.	1250.	2150.	*	*	*	*
1892-S	55.	95.	175.	200.	245.	275.	375.	750.	1550.	2300.	3500.	*	*	*	*
1893/2	—	—	—	130.	275.	400.	550.	1350.	2200.	3550.	4500.	*	*	*	*
1893-O	26	42	115.	130.	160.	175.	265.	485.	1000.	2525.	5000.	*	*	*	*
1893-S	11.	19.	28.	39.	60.	125.	250.	525.	1500.	3875.	—	*	*	*	*
1893	6.50	12.	18.	25.	40.	68.	105.	170.	275.	950.	1450.	375.	550.	1150.	—
1894	17.	31.	110.	130.	155.	175.	275.	475.	750.	1300.	—	340.	525.	1125.	—
1894-O	54.	90.	195.	250.	325.	640.	1500.	2600.	4575.	10550.	—	*	*	*	*
1894-S (Proof only) PF-4 $40000, PF-60 $ 65000									*	*		125000.	—	450000.	—
1895	75.	140.	345.	460.	485.	540.	650.	1150.	1650.	2900.	—	425.	600.	1325.	*
1895-O	260.	385.	700.	1000.	1975.	3000.	3750.	4750.	8750.	12500.	—	*	*	*	*
1895-S	38.	47.	130.	170.	210.	285.	475.	1000.	3050.	7250.	—	*	*	*	*
1896	9.50	22.	52.	70.	88.	110.	175.	375.	750.	1450.	2200.	330.	525.	1100.	*
1896-O	60.	115.	265.	340.	400.	660.	1050.	2250.	4800.	8500.	21000.	*	*	*	*
1896-S	70.	135.	260.	285.	350.	475.	675.	1650.	3250.	3750.	6500.	*	*	*	*
1897	2.50	3.50	6.50	13.	25.	68.	100.	155.	275.	750.	1950.	330.	550.	1075.	*
1897-O	58.	110.	270.	340.	420.	540.	775.	1400.	2650.	4550.	—	*	*	*	*
1897-S	14.	30.	95.	100.	132.	225.	400.	1000.	2500.	4500.	9500.	*	*	*	*
1898	2.50	3.00	6.50	11.	23.	68.	90.	140.	275.	675.	1900.	330.	525.	1100.	*
1898-O	8.00	20.	85.	105.	155.	230.	450.	1150.	2250.	3500.	6850.	*	*	*	*
1898-S	5.50	12.	26.	37.	62.	115.	285.	950.	2625.	4550.	6000.	*	*	*	*
1899	2.75	3.50	6.50	10.	22.	68.	85.	140.	300.	775.	1700.	330.	525.	1100.	*
1899-O	6.00	16.	70.	95.	140.	235.	465.	1150.	2900.	5550.	7500.	*	*	*	*
1899-S	6.00	13.	20.	25.	42.	105.	290.	600.	1900.	3350.	5800.	*	*	*	*
1900	2.75	4.00	6.50	11.	22.	68.	85.	140.	275.	825.	2050.	330.	615.	1100.	—

—— = Insufficient pricing data   * = None issued

BARBER DIME (CONTINUED)

	G-4	VG-8	F-12	VF-20	EF-40	AU-50	MS-60	MS-63	MS-64	MS-65	MS-66	PF-63	PF-64	PF-65	PF-66
1900-O	15.	34.	105.	132.	225.	425.	750.	1400.	2750.	5750.	9500.	*	*	*	*
1900-S	4.00	4.75	11.	14.	24.	75.	190.	450.	760.	1700.	3000.	*	*	*	*
1901	2.75	3.50	6.00	8.75	20.	60.	85.	140.	275.	750.	1850.	360.	500.	1150.	*
1901-O	3.50	5.25	12.	21.	45.	125.	370.	1050.	1850.	3300.	5250.	*	*	*	*
1901-S	75.	120.	335.	375.	435.	650.	1025.	2050.	2850.	4250.	6750.	*	*	*	*
1902	2.50	3.00	5.00	7.50	20.	60.	85.	140.	275.	675.	1950.	330.	500.	1150.	*
1902-O	3.00	7.00	14.	25.	46.	140.	425.	825.	1800.	3450.	5800.	*	*	*	*
1902-S	7.00	15.	53.	70.	110.	160.	350.	690.	1950.	3200.	7100.	*	*	*	*
1903	3.00	3.50	5.00	7.50	20.	60.	85.	150.	300.	950.	2300.	330.	500.	1150.	*
1903-O	3.00	5.50	11.	17.	30.	100.	250.	575.	1250.	4850.	—	*	*	*	*
1903-S	70.	125.	340.	475.	750.	850.	1250.	1750.	2175.	4000.	—	*	*	*	*
1904	2.50	3.00	6.00	10.	20.	60.	85.	200.	525.	1700.	3300.	325.	500.	1175.	*
1904-S	36.	62.	150.	195.	275.	460.	785.	1350.	2650.	4550.	11000.	*	*	*	*
1905	2.50	3.00	5.00	7.50	20.	60.	85.	140.	275.	675.	2200.	325.	500.	1125.	*
1905-O	3.00	7.50	32.	45.	65.	120.	225.	500.	900.	2125.	3000.	*	*	*	*
1905-O Micro O	25.	40.	75.	110.	175.	350.	850.	1650.	2850.	5300.	—	*	*	*	*
1905-S	3.00	5.00	8.00	14.	32.	80.	165.	315.	600.	1250.	—	*	*	*	*
1906	2.50	3.00	4.50	7.50	20.	60.	85.	140.	275.	650.	1500.	350.	550.	1150.	*
1906-D	3.00	4.75	10.	16.	31.	75.	160.	285.	925.	2150.	3250.	*	*	*	*
1906-O	5.00	10.	45.	65.	90.	130.	210.	325.	500.	1200.	—	*	*	*	*
1906-S	2.75	3.50	11.	19.	40.	90.	240.	365.	800.	1400.	2650.	*	*	*	*
1907	2.50	3.00	4.25	7.50	20.	60.	85.	155.	275.	650.	—	360.	525.	1150.	*
1907-D	3.00	5.00	9.00	16.	40.	95.	235.	775.	1700.	3800.	—	*	*	*	*
1907-O	2.75	6.00	32.	50.	55.	80.	190.	330.	675.	1325.	—	*	*	*	*
1907-S	2.75	6.00	12.	19.	43.	100.	300.	800.	1575.	2200.	4200.	*	*	*	*
1908	2.50	3.00	4.00	7.50	20.	60.	85.	140.	275.	650.	—	375.	575.	1200.	*
1908-D	2.50	3.00	7.50	12.	32.	60.	120.	200.	425.	1125.	—	*	*	*	*

—— = Insufficient pricing data   * = None issued

BARBER DIME (CONTINUED)

	G-4	VG-8	F-12	VF-20	EF-40	AU-50	MS-60	MS-63	MS-64	MS-65	MS-66	PF-63	PF-64	PF-65	PF-66
1908-O	4.00	12.	45.	60.	80.	160.	290.	475.	700.	1950.	2650.	*	*	*	*
1908-S	2.75	5.00	9.50	16.	35.	150.	265.	535.	1425.	2700.	3750.				
1909	2.50	3.00	4.00	7.50	20.	60.	85.	150.	275.	650.	650.	400.	575.	1200.	*
1909-D	6.00	16.	62.	95.	125.	235.	475.	1075.	1450.	3150.	5500.				
1909-O	2.75	6.00	10.	18.	30.	95.	170.	460.	700.	1300.	—	*	*	*	*
1909-S	7.00	17.	85.	130.	170.	300.	575.	1350.	1900.	2700.	3300.	*	*	*	*
1910	2.50	3.00	7.00	10.	20.	60.	85.	140.	275.	650.	1350.	360.	525.	1200.	*
1910-D	2.50	5.00	8.00	17.	42.	95.	185.	490.	675.	1725.	2750.	*	*	*	*
1910-S	4.00	10.	52.	75.	105.	175.	275.	700.	1250.	2100.	—				
1911	2.50	3.00	4.00	7.50	20.	60.	85.	140.	275.	625.	—	360.	500.	1225.	*
1911-D	2.50	3.00	4.50	8.00	21.	60.	95.	170.	275.	675.	1325.				
1911-S	2.50	3.25	9.00	16.	35.	88.	135.	240.	600.	1050.	1650.	*	*	*	*
1912	2.50	3.00	4.00	7.75	21.	60.	85.	140.	275.	675.	1400.	330.	525.	1225.	*
1912-D	2.50	3.00	4.25	8.00	21.	60.	90.	150.	275.	700.	1400.	*	*	*	*
1912-S	2.50	3.00	8.00	13.	33.	88.	175.	315.	525.	1300.	—				
1913	2.50	3.00	4.00	7.50	20.	60.	85.	140.	275.	650.	2450.	330.	500.	1250.	*
1913-S	10.	20.	80.	120.	210.	275.	400.	650.	850.	1200.	—				
1914	2.50	3.00	4.00	7.50	20.	60.	85.	140.	275.	650.	—	330.	575.	1250.	*
1914-D	2.50	3.00	4.00	7.75	21.	60.	90.	155.	280.	650.	—	*	*	*	*
1914-S	2.50	3.00	9.00	16.	35.	75.	125.	350.	600.	1350.	2800.	*	*	*	*
1915	2.50	3.00	4.00	8.25	20.	60.	85.	140.	275.	675.	—	350.	575.	1275.	*
1915-S	4.75	8.75	32.	43.	60.	130.	250.	475.	640.	1600.	3200.	*	*	*	*
1916	2.50	3.00	4.00	7.75	20.	60.	85.	140.	250.	625.	—	*	*	*	*
1916-S	2.50	3.00	5.75	8.00	21.	60.	90.	165.	300.	825.	—	*	*	*	*

——— = Insufficient pricing data   * = None issued

Winged Liberty Head dime

"Mercury dime"

Date of authorization: April 2, 1792
Dates of issue: 1916-1945
Designer: Adolph Weinman
Engraver: Charles Barber
Diameter: 17.91 mm/0.71 inch
Weight: 2.50 grams/0.08 ounce
Metallic content: 90% silver, 10% copper
Weight of pure silver: 2.25 grams/0.07 ounce
Edge: Reeded
Mint mark: Reverse left of base of fasces (bundle of rods)
NOTE: B refers to Full Split Bands on the fasces on the reverse.

WINGED LIBERTY HEAD DIME (CONTINUED)

	VG-8	F-12	VF-20	EF-40	AU-50	MS-60	MS-62	MS-63	MS-64	MS-64B	MS-65	MS-65B	MS-66	MS-66B	PF-63	PF-65	PF-66
1916	4.00	5.25	6.00	9.00	20.	26.	30.	40.	46.	55.	85.	115.	—	—	*	*	*
1916-D	1100.	1800.	2500.	3500.	5000.	5500.	6000.	7500.	9000.	15000.	20000.	38500.	—	—	*	*	*
1916-S	4.00	6.75	8.00	16.	20.	35.	40.	60.	80.	150.	225.	575.	—	—	*	*	*
1917	1.70	2.60	4.50	7.50	13.	23.	29.	55.	78.	95.	140.	390.	—	—	*	*	*
1917-D	5.00	9.00	18.	37.	80.	135.	245.	350.	475.	1150.	1350.	6000.	—	—	*	*	*
1917-S	2.25	3.25	5.00	9.00	26.	55.	75.	150.	210.	365.	465.	1050.	—	—	*	*	*
1918	2.50	5.25	9.50	26.	38.	68.	80.	95.	130.	225.	350.	1050.	—	—	*	*	*
1918-D	2.75	4.25	9.50	20.	39.	95.	130.	215.	365.	2800.	725.	42500.	—	—	*	*	*
1918-S	2.35	4.00	7.25	14.	30.	80.	140.	250.	375.	2300.	600.	7000.	—	—	*	*	*
1919	1.95	3.00	5.00	10.	21.	30.	38.	95.	125.	185.	300.	675.	—	—	*	*	*
1919-D	5.00	9.25	18.	32.	68.	190.	250.	400.	625.	2650.	1600.	—	—	—	*	*	*
1919-S	3.25	7.00	12.	30.	65.	175.	225.	400.	700.	3500.	850.	11500.	—	—	*	*	*
1920	1.80	2.50	4.00	7.00	14.	24.	30.	70.	95.	120.	225.	500.	—	—	*	*	*
1920-D	2.40	3.50	6.75	15.	40.	100.	165.	350.	390.	775.	750.	4500.	—	—	*	*	*
1920-S	2.25	4.00	7.00	15.	34.	100.	135.	315.	515.	2000.	1350.	9250.	—	—	*	*	*
1921	60.	100.	250.	500.	800.	1000.	1200.	1400.	2000.	2500.	3000.	4000.	—	—	*	*	*
1921-D	100.	150.	350.	600.	1000.	1200.	1500.	1800.	2200.	2800.	3200.	5000.	—	—	*	*	*
1923	1.75	2.50	3.75	6.00	13.	27.	30.	38.	45.	65.	100.	275.	—	—	*	*	*
1923-S	2.35	6.00	10.	50.	85.	160.	225.	375.	775.	1550.	1500.	6500.	—	—	*	*	*
1924	1.60	2.50	5.00	12.	23.	35.	45.	80.	105.	150.	185.	545.	—	—	*	*	*
1924-D	3.50	5.00	11.	42.	90.	140.	185.	325.	565.	750.	1050.	1400.	—	—	*	*	*
1924-S	2.25	3.25	9.00	40.	88.	140.	225.	450.	625.	2750.	1025.	12500.	—	—	*	*	*
1925	1.60	2.50	5.00	7.00	18.	29.	34.	75.	110.	200.	200.	850.	—	—	*	*	*
1925-D	3.75	10.	30.	95.	180.	375.	450.	650.	900.	1350.	1600.	2950.	—	—	*	*	*
1925-S	2.25	4.50	10.	55.	85.	165.	240.	525.	800.	1200.	1700.	4500.	—	—	*	*	*
1926	1.50	2.00	3.50	4.75	12.	24.	30.	58.	105.	130.	265.	575.	—	—	*	*	*
1926-D	2.00	3.75	7.00	20.	39.	95.	125.	225.	300.	475.	550.	2750.	—	—	*	*	*

—— = Insufficient pricing data   * = None Issued

WINGED LIBERTY HEAD DIME (CONTINUED)

	VG-8	F-12	VF-20	EF-40	AU-50	MS-60	MS-62	MS-63	MS-64	MS-64B	MS-65	MS-65B	MS-66	MS-66B	PF-63	PF-65	PF-66
1926-S	7.00	18.	40.	180.	400.	775.	950.	1300.	1500.	2350.	2950.	6250.	—	—	*	*	*
1927	1.55	2.25	3.50	5.00	11.	22.	30.	45.	77.	105.	165.	400.	—	—	*	*	*
1927-D	4.00	5.50	18.	55.	95.	185.	250.	335.	475.	1500.	1375.	8000.	—	—	*	*	*
1927-S	2.75	4.00	7.00	21.	48.	235.	300.	485.	725.	1650.	1750.	7000.	—	—	*	*	*
1928	1.45	2.10	3.50	5.00	15.	25.	30.	45.	55.	90.	140.	350.	—	—	*	*	*
1928-D	3.65	7.00	18.	40.	80.	135.	160.	295.	400.	700.	800.	2800.	—	—	*	*	*
1928-S	2.00	2.75	5.25	15.	35.	90.	135.	225.	290.	600.	475.	1825.	—	—	*	*	*
1929	1.45	2.25	3.30	4.25	10.	19.	22.	30.	36.	50.	60.	250.	—	—	*	*	*
1929-D	2.75	3.75	7.00	14.	21.	25.	30.	38.	42.	50.	80.	240.	—	—	*	*	*
1929-S	1.75	2.50	3.75	6.50	20.	38.	40.	50.	65.	125.	130.	525.	—	—	*	*	*
1930	1.70	2.25	3.50	6.00	13.	25.	30.	45.	50.	100.	145.	550.	—	—	*	*	*
1930-S	3.00	4.25	5.75	12.	38.	65.	72.	90.	95.	160.	155.	500.	—	—	*	*	*
1931	2.25	3.00	4.00	9.00	20.	35.	40.	55.	75.	150.	140.	800.	—	—	*	*	*
1931-D	5.50	8.75	16.	30.	45.	80.	85.	95.	110.	150.	210.	325.	—	—	*	*	*
1931-S	2.35	3.50	6.00	12.	33.	70.	80.	100.	130.	—	210.	1775.	—	—	*	*	*
1934	0.80	1.25	2.25	4.00	7.00	14.	16.	18.	21.	35.	41.	145.	—	—	*	*	*
1934-D	1.30	2.75	6.00	11.	21.	33.	36.	40.	50.	90.	75.	350.	—	—	*	*	*
1935	0.80	1.00	1.35	2.50	5.00	8.00	10.	15.	24.	35.	40.	70.	—	—	*	*	*
1935-D	1.25	2.25	5.00	10.	20.	29.	32.	40.	42.	150.	65.	550.	—	—	*	*	*
1935-S	1.00	1.25	1.85	3.25	9.00	20.	22.	25.	28.	100.	38.	500.	—	—	*	*	*
1936	0.75	1.00	1.35	2.00	3.25	8.00	9.00	15.	20.	40.	28.	85.	—	—	1000.	2000.	3000.
1936-D	1.05	1.45	3.00	6.00	12.	20.	23.	25.	32.	75.	42.	325.	—	—	*	*	*
1936-S	0.95	1.10	1.80	3.50	9.00	15.	16.	18.	23.	35.	30.	75.	—	—	*	*	*
1937	0.75	1.00	1.35	1.95	4.00	8.00	9.00	12.	15.	35.	25.	38.	—	—	500.	1000.	1500.
1937-D	0.95	1.25	2.00	4.00	8.00	18.	19.	22.	27.	35.	45.	110.	—	—	*	*	*
1937-S	0.95	1.25	2.25	3.00	7.00	16.	17.	25.	29.	60.	35.	180.	—	—	*	*	*
1938	0.75	0.95	1.30	2.50	6.00	10.	11.	12.	16.	25.	24.	75.	—	—	250.	500.	800.

—— = Insufficient pricing data   * = None issued

WINGED LIBERTY HEAD DIME (CONTINUED)

	VG-8	F-12	VF-20	EF-40	AU-50	MS-60	MS-62	MS-63	MS-64	MS-64B	MS-65	MS-65B	MS-66	MS-66B	PF-63	PF-65	PF-66
1938-D	1.50	1.75	2.25	4.50	9.00	12.	13.	16.	18.	25.	30.	60.	—	—	*	*	*
1938-S	1.00	1.20	1.75	3.00	6.00	14.	14.	18.	27.	35.	33.	135.	—	—	*	*	*
1939	0.75	1.00	1.30	1.95	3.00	8.00	9.75	12.	17.	40.	28.	170.	—	—	200.	400.	600.
1939-D	0.95	1.10	1.50	2.00	4.00	7.00	8.50	10.	17.	25.	25.	40.	—	—	*	*	*
1939-S	1.25	1.50	2.00	4.00	9.00	19.	22.	27.	35.	140.	40.	575.	—	—	*	*	*
1940	0.75	0.85	1.00	1.95	2.75	5.50	7.00	10.	17.	25.	28.	50.	—	—	200.	400.	600.
1940-D	0.75	0.95	1.25	2.50	5.00	6.75	8.75	11.	20.	19.	28.	50.	—	—	*	*	*
1940-S	0.75	0.95	1.25	1.75	3.00	5.50	8.75	12.	16.	25.	26.	100.	—	—	*	*	*
1941	0.75	0.85	1.00	1.50	2.00	5.50	7.00	9.00	14.	20.	21.	40.	—	—	200.	400.	500.
1941-D	0.75	0.95	1.25	1.85	4.00	7.00	8.50	11.	15.	20.	25.	42.	—	—	*	*	*
1941-S	0.75	0.95	1.25	1.85	2.50	9.00	10.	12.	16.	20.	25.	45.	—	—	*	*	*
1942/1	500.	600.	750.	900.	1200.	2000.	3000.	4000.	5500.	10000.	14000.	35000.	—	—	*	*	*
1942/1-D	400.	500.	600.	700.	1100.	1800.	2500.	3500.	5000.	9000.	6000.	20000.	—	—	*	*	*
1942-D	0.75	0.95	1.25	1.85	2.75	7.00	8.50	12.	16.	20.	25.	35.	—	—	*	*	*
1942-S	0.75	0.95	1.35	2.00	2.50	9.00	10.	13.	20.	40.	28.	125.	—	—	*	*	*
1942	0.75	0.85	1.00	1.50	2.00	5.50	6.75	9.00	12.	20.	20.	45.	—	—	200.	400.	500.
1943	0.75	0.85	1.00	1.50	2.25	5.50	6.75	9.00	12.	20.	20.	50.	—	—	*	*	*
1943-D	0.75	0.95	1.25	1.85	2.50	7.00	8.25	10.	13.	20.	25.	38.	—	—	*	*	*
1943-S	0.75	0.95	1.25	1.85	2.75	9.00	10.	12.	17.	20.	24.	75.	—	—	*	*	*
1944	0.75	0.85	1.00	1.25	2.00	5.00	6.75	11.	13.	20.	20.	85.	—	—	*	*	*
1944-D	0.75	0.95	1.25	1.85	2.50	7.50	8.75	12.	14.	20.	24.	40.	—	—	*	*	*
1944-S	0.75	0.95	1.25	1.75	2.25	7.50	9.25	12.	20.	30.	25.	50.	—	—	*	*	*
1945	0.75	0.85	1.00	1.25	2.25	5.50	7.00	10.	15.	1400.	24.	7150.	—	—	*	*	*
1945-D	0.75	0.95	1.25	2.00	3.50	7.00	8.75	10.	17.	20.	24.	40.	—	—	*	*	*
1945-S	0.75	0.95	1.25	1.90	2.50	7.00	9.00	13.	18.	28.	28.	125.	—	—	*	*	*
1945-S Micro S	1.25	1.50	2.50	5.00	15.	20.	21.	26.	30.	140.	57.	625.	—	—	*	*	*

—— = Insufficient pricing data   * = None issued

Roosevelt dime

Date of authorization: April 2, 1792; July 23, 1965
Dates of issue: 1946-present
Designer/Engraver: John R. Sinnock
Diameter: 17.91 mm/0.71 inch
Weight: (1946-1964, 1992-present silver Proofs
only): 2.50 grams/0.08 ounce
(1965-present): 2.27 grams/0.07 ounce
Metallic content: (1946-1964, 1992-present silver Proofs
only): 90% silver, 10% copper
(1965-present): 75% copper, 25% nickel
clad to pure copper core
Weight of pure silver: (1946-1964, 1992-present silver Proofs
only) 2.25 grams/0.07 ounce
Edge: Reeded
Mint mark: (1946-1964): Reverse left of base
of torch
(1968-present): Obverse above date

ROOSEVELT DIME (CONTINUED)

SILVER	AU-50	MS-60	MS-63	MS-64	MS-65	MS-66	MS-67	MS-68	PF-63	PF-64	PF-65	PF-65C	PF-65DC	PF-66	PF-66C	PF-66DC	PF-67	PF-67C	PF-67DC	PF-68	PF-68C	PF-68DC	PF-69	PF-69DC	PF-70	PF-70DC
1946	0.70	1.00	1.75	8.00	15.	30.	125.	—	*	*	*	*	*	*	*	*	*	*	*	*	*	*	*	*	*	|
1946-D	0.70	1.10	1.75	8.00	14.	30.	110.	—	*	*	*	*	*	*	*	*	*	*	*	*	*	*	*	*	*	|
1946-S	1.25	1.50	3.00	10.	18.	35.	100.	—	*	*	*	*	*	*	*	*	*	*	*	*	*	*	*	*	*	|
1947	0.90	1.40	1.75	7.00	12.	21.	65.	—	*	*	*	*	*	*	*	*	*	*	*	*	*	*	*	*	*	|
1947-D	1.75	2.20	4.00	7.00	12.	20.	37.	—	*	*	*	*	*	*	*	*	*	*	*	*	*	*	*	*	*	|
1947-S	1.25	1.75	3.00	8.00	15.	35.	125.	—	*	*	*	*	*	*	*	*	*	*	*	*	*	*	*	*	*	|
1948	1.55	4.00	5.50	8.00	14.	35.	100.	—	*	*	*	*	*	*	*	*	*	*	*	*	*	*	*	*	*	|
1948-D	2.00	2.50	4.00	7.00	12.	21.	100.	—	*	*	*	*	*	*	*	*	*	*	*	*	*	*	*	*	*	|
1948-S	1.25	1.90	5.00	7.00	10.	30.	120.	—	*	*	*	*	*	*	*	*	*	*	*	*	*	*	*	*	*	|
1949	4.00	9.00	15.	22.	30.	100.	135.	—	*	*	*	*	*	*	*	*	*	*	*	*	*	*	*	*	*	|
1949-D	3.25	3.75	7.00	11.	15.	25.	125.	—	*	*	*	*	*	*	*	*	*	*	*	*	*	*	*	*	*	|
1949-S	6.25	15.	25.	32.	40.	60.	200.	—	*	*	*	*	*	*	*	*	*	350.	*	*	*	*	*	*	*	|
1950	1.40	1.90	6.00	9.00	12.	18.	145.	—	32	32	45.	60.	—	90.	135.	—	120.	350.	*	*	*	*	*	*	*	|
1950-D	1.00	3.00	5.00	7.00	10.	30.	105.	—	*	*	*	*	*	*	*	*	*	*	*	*	*	*	*	*	*	|
1950-S	6.00	9.50	18.	22.	30.	55.	150.	—	*	*	*	*	*	*	*	*	*	*	*	*	*	*	*	*	*	|
1951	0.75	1.30	2.50	7.00	10.	40.	105.	—	22.	22.	35.	40.	—	42.	70.	—	70.	200.	—	125.	350.	*	*	*	*	|
1951-D	0.85	1.40	2.50	9.00	12.	20.	140.	—	*	*	*	*	*	*	*	*	*	*	*	*	*	*	*	*	*	|
1951-S	3.50	5.25	10.	15.	24.	50.	125.	—	*	*	*	*	*	*	*	*	*	*	*	*	*	*	*	*	*	|
1952	0.85	1.75	2.25	10.	10.	40.	100.	—	17.	17.	25.	—	—	36.	—	—	48.	360.	—	75.	75.	*	*	*	*	|
1952-D	0.80	1.00	2.00	7.00	10.	33.	40.	—	*	*	*	*	*	*	*	*	*	*	*	*	*	*	*	*	*	|
1952-S	1.50	3.75	6.00	8.00	12.	43.	80.	—	12.	12.	25.	30.	—	30.	*	*	40.	120.	*	*	*	*	*	*	*	|
1953	0.95	1.10	2.00	8.00	13.	18.	90.	—	*	*	*	*	*	*	*	*	*	*	*	85.	*	*	*	*	*	|
1953-D	0.70	0.90	2.00	7.00	10.	47.	55.	—	*	*	*	*	*	*	75.	*	*	*	*	*	*	*	*	*	|
1953-S	0.60	0.75	1.50	7.00	10.	35.	75.	—	*	*	*	*	*	*	*	*	*	*	*	*	180.	*	*	*	*	|

——— = Insufficient pricing data   * = None issued

ROOSEVELT DIME (CONTINUED)

Legend: ——— = Insufficient pricing data * = None issued

Year	PF-70DC	PF-70	PF-69DC	PF-69	PF-68DC	PF-68C	PF-68	PF-67DC	PF-67C	PF-67	PF-66DC	PF-66C	PF-66	PF-65DC	PF-65C	PF-65	PF-64	PF-63	MS-68	MS-67	MS-66	MS-65	MS-64	MS-63	MS-60	AU-50
1954	—	*	*	*	*	310.	45.	—	200.	35.	—	150.	24.	—	100.	80.	5.00	5.00	—	40.	25.	12.	7.00	1.00	0.60	0.58
1954-D	*	*	*	*	*	*	*	*	*	*	*	*	*	*	*	*	*	*	—	40.	15.	12.	7.00	1.00	0.60	0.58
1954-S	*	*	*	*	*	*	*	*	*	*	*	*	*	*	*	*	*	*	—	58.	20.	10.	7.00	1.50	0.70	0.65
1955	—	*	*	*	300.	90.	40.	235.	36.	30.	—	30.	25.	—	25.	20.	4.50	4.50	—	35.	22.	12.	7.00	1.00	0.80	0.75
1955-D	*	*	*	*	*	*	*	*	*	*	*	*	*	*	*	*	*	*	—	38.	21.	10.	7.00	1.00	0.70	0.68
1955-S	*	*	*	*	*	*	*	*	*	*	*	*	*	*	*	*	*	*	—	75.	20.	10.	8.00	1.00	0.70	0.68
1956	—	*	*	*	335.	140.	25.	250.	24.	21.	—	20.	17.	—	18.	15.	8.00	2.25	—	65.	18.	8.50	7.00	1.00	0.63	0.60
1956-D	*	*	*	*	*	*	*	*	*	*	*	*	*	*	*	*	*	*	—	50.	25.	8.50	7.00	1.00	0.65	0.62
1957	—	*	*	*	475.	90.	40.	—	50.	35.	—	30.	13.	—	20.	18.	8.00	2.00	—	110.	20.	9.00	7.00	1.00	0.63	0.60
1957-D	*	*	*	*	*	*	*	*	*	*	*	*	*	*	*	*	*	*	—	25.	18.	7.50	7.50	1.50	0.70	0.65
1958	—	*	*	*	—	120.	15.	—	45.	12.	—	30.	10.	—	—	20.	8.50	2.00	—	70.	25.	12.	7.00	1.00	0.65	0.62
1958-D	*	*	*	*	*	*	*	*	*	*	*	*	*	*	*	*	*	*	—	70.	16.	10.	7.00	1.00	0.60	0.58
1959	—	*	*	*	980.	100.	20.	200.	90.	16.	160.	50.	10.	100.	35.	35.	8.00	1.45	—	50.	27.	8.50	8.50	1.00	0.65	0.62
1959-D	*	*	*	*	*	*	*	*	*	*	*	*	*	*	*	*	*	*	—	30.	17.	9.00	9.00	1.00	0.60	0.58
1960	—	*	*	*	150.	75.	60.	—	50.	35.	75.	35.	20.	50.	20.	20.	7.00	1.00	—	30.	16.	9.00	9.00	1.00	0.60	0.58
1960-D	*	*	*	*	*	*	*	*	*	*	*	*	*	*	*	*	*	*	—	130.	25.	9.00	6.50	1.00	0.60	0.58
1961	—	*	*	*	60.	50.	40.	35.	20.	15.	—	—	10.	—	11.	11.	7.00	1.00	—	75.	28.	7.00	7.00	1.00	0.60	0.58
1961-D	*	*	*	*	*	*	*	*	*	*	*	*	*	*	*	*	*	*	—	55.	21.	7.00	6.00	1.00	0.60	0.58
1962	—	*	*	*	100.	40.	16.	60.	35.	13.	—	15.	10.	—	11.	11.	7.00	1.00	—	115.	20.	6.50	6.50	1.00	0.60	0.58
1962-D	*	*	*	*	*	*	*	*	*	*	*	*	*	*	*	*	*	*	—	65.	20.	8.50	6.00	1.00	0.60	0.58
1963	—	*	*	*	250.	30.	28.	35.	20.	13.	—	15.	10.	—	11.	11.	7.00	1.00	—	100.	20.	8.50	8.50	1.00	0.60	0.58
1963-D	*	*	*	*	*	*	*	*	*	*	*	*	*	*	*	*	*	*	—	65.	23.	8.50	6.00	1.00	0.60	0.58
1964	—	*	*	*	50.	30.	30.	—	20.	14.	—	13.	10.	—	11.	11.	7.00	1.00	—	85.	17.	8.50	8.50	0.90	0.60	0.58
1964-D	*	*	*	*	*	*	*	*	*	*	*	*	*	*	*	*	*	*	—	150.	17.	7.00	6.00	0.90	0.60	0.58

ROOSEVELT DIME (CONTINUED)

	AU-50	MS-60	MS-63	MS-64	MS-65	MS-66	MS-67	MS-68	PF-63	PF-64	PF-65	PF-65C	PF-65DC	PF-66	PF-66C	PF-66DC	PF-67	PF-67C	PF-67DC	PF-68	PF-68C	PF-68DC	PF-69	PF-69DC	PF-70	PF-70DC
COPPER-NICKEL CLAD																										
1965	—	0.23	0.40	5.00	7.00	15.	50.	—	*	*	*	*	*	*	*	*	*	—	*	*	—	*	*	*	*	*
1966	—	0.25	0.40	5.00	7.50	12.	60.	—	*	*	*	*	*	*	*	*	*	—	*	*	—	*	*	*	*	*
1967	—	0.23	0.40	5.00	7.00	13.	50.	—	*	*	*	*	*	*	*	*	*	—	*	*	—	*	*	*	*	*
1968	—	0.23	0.40	5.50	7.00	13.	50.	60.	*	*	*	*	*	*	*	*	*	—	*	*	—	*	*	*	*	*
1968-D	—	0.23	0.40	5.00	7.00	12.	40.	—	*	*	*	*	*	*	*	*	*	—	*	*	—	*	*	*	*	*
1968-S	*	*	*	*	*	*	*	*	0.60	—	0.75	—	—	—	—	—	8.00	—	25.	10.	—	40.	15.	70.	—	—
1968-S No S	*	*	*	*	*	*	*	*	7500.	8000.	8500.	—	—	—	—	—	4850.	—	—	—	—	—	—	—	—	—
1969	—	0.50	0.75	6.00	6.00	16.	75.	—	*	*	*	*	*	*	*	*	*	—	*	*	—	*	*	*	*	*
1969-D	—	0.25	0.40	4.00	6.00	15.	70.	—	*	*	*	*	*	*	*	*	*	—	*	*	—	*	*	*	*	*
1969-S	*	*	*	*	*	*	*	*	0.60	—	0.75	—	—	—	—	—	8.00	—	25.	10.	—	40.	15.	80.	—	*
1970	*	0.23	0.40	4.00	6.00	17.	75.	—	*	*	*	*	*	*	*	*	*	—	*	*	—	*	*	*	*	*
1970-D	—	0.23	0.40	4.00	6.00	12.	50.	—	*	*	*	*	*	*	*	*	*	—	*	*	—	*	*	*	*	*
1970-S	*	*	*	*	*	*	*	*	0.60	—	0.75	—	—	—	—	—	8.00	—	25.	10.	—	40.	15.	70.	—	1300.
1970-S No S	*	*	*	*	*	*	*	*	900.	950.	1000.	—	—	—	—	—	—	—	—	—	—	—	—	—	—	—
1971	—	0.27	0.45	7.00	10.	12.	65.	—	*	*	*	*	*	*	*	*	*	—	*	*	—	*	*	*	*	*
1971-D	—	0.23	0.40	4.00	9.00	16.	100.	—	*	*	*	*	*	*	*	*	*	—	*	*	—	*	*	*	*	*
1971-S	*	*	*	*	*	*	*	*	0.60	—	0.75	—	—	—	—	—	8.00	—	15.	10.	—	30.	18.	80.	—	*
1972	—	0.27	0.40	5.50	9.00	15.	200.	—	*	*	*	*	*	*	*	*	*	—	*	*	—	*	*	*	*	*
1972-D	—	0.25	0.40	5.50	10.	16.	85.	—	*	*	*	*	*	*	*	*	*	—	*	*	—	*	*	*	*	*
1972-S	*	*	*	*	*	*	*	*	1.00	—	1.25	—	—	—	—	—	8.00	—	12.	10.	—	15.	14.	55.	—	*
1973	—	0.23	0.40	4.00	7.00	11.	50.	—	*	*	*	*	*	*	*	*	*	—	*	*	—	*	*	*	*	*
1973-D	—	0.23	0.40	4.00	6.50	11.	170.	—	*	*	*	*	*	*	*	*	*	—	*	*	—	*	*	*	*	*
1973-S	*	*	*	*	*	*	*	*	1.00	—	1.25	—	—	—	—	—	8.00	—	12.	10.	—	17.	18.	80.	—	*
1974	—	0.23	0.40	4.00	6.50	11.	50.	—	*	*	*	*	*	*	*	*	*	—	*	*	—	*	*	*	*	*

——— = Insufficient pricing data   * = None issued

ROOSEVELT DIME (CONTINUED)

	AU-50	MS-60	MS-63	MS-64	MS-65	MS-66	MS-67	MS-68	PF-63	PF-64	PF-65	PF-65C	PF-65DC	PF-66	PF-66C	PF-66DC	PF-67	PF-67C	PF-67DC	PF-68	PF-68C	PF-68DC	PF-69	PF-69DC	PF-70	PF-70DC
1974-D	—	0.23	0.40	4.00	5.00	11.	50.	*	*	*	*	*	*	*	*	*	*	*	*	*	*	*	*	*	*	*
1974-S	*	*	*	*	*	*	*	*	1.25	*	1.60	*	*	*	*	*	8.00	*	12.	10.	—	16.	15.	43.	—	—
1975	—	0.25	0.45	4.00	5.00	10.	50.	*	*	*	*	*	*	*	*	*	*	*	*	*	*	*	*	*	*	*
1975-D	—	0.25	0.40	4.00	5.00	11.	75.	*	*	*	*	*	*	*	*	*	*	*	*	*	*	*	*	*	*	*
1975-S	*	*	*	*	*	*	*	*	1.50	2.00	2.00	*	*	*	*	*	8.00	—	12.	10.	—	14.	14.	30.	*	*
1975-S No S	—	—	—	—	—	—	—	—	35000.	37000.	40000.	—	—	—	—	—	—	—	—	—	—	—	—	—	—	—
1976	—	0.25	0.55	4.00	5.00	11.	50.	*	*	*	*	*	*	*	*	*	*	*	*	*	*	*	*	*	*	*
1976-D	—	0.25	0.55	4.00	5.50	11.	150.	*	*	*	*	*	*	*	*	*	*	*	*	*	*	*	*	*	*	*
1976-S	*	*	*	*	*	*	*	*	1.00	*	1.25	*	*	*	*	*	8.00	—	12.	10.	—	14.	18.	30.	*	*
1977	—	0.20	0.35	4.00	5.50	10.	50.	*	*	*	*	*	*	*	*	*	*	*	*	*	*	*	*	*	*	*
1977-D	—	0.21	0.35	4.00	9.50	11.	50.	*	*	*	*	*	*	*	*	*	*	*	*	*	*	*	*	*	*	*
1977-S	*	*	*	*	*	*	*	*	1.50	*	2.00	*	*	*	*	*	8.00	—	12.	10.	—	15.	20.	24.	*	*
1978	—	0.20	0.35	4.00	5.50	10.	80.	*	*	*	*	*	*	*	*	*	*	*	*	*	*	*	*	*	*	*
1978-D	—	0.21	0.35	4.00	5.00	6.25	65.	*	*	*	*	*	*	*	*	*	*	*	*	*	*	*	*	*	*	*
1978-S	*	*	*	*	*	*	*	*	0.90	*	1.25	*	*	*	*	*	8.00	—	10.	10.	—	12.	14.	15.	*	*
1979	—	0.20	0.35	4.00	6.00	9.50	50.	*	*	*	*	*	*	*	*	*	*	*	*	*	*	*	*	*	*	*
1979-D	—	0.20	0.35	4.00	5.50	9.00	80.	*	*	*	*	*	*	*	*	*	*	*	*	*	*	*	*	*	*	*
1979-S Filled S	*	*	*	*	*	*	*	*	0.75	*	1.00	*	*	*	*	*	8.00	—	10.	10.	—	11.	—	20.	*	*
1979-S Clear S	*	*	*	*	*	*	*	*	1.00	—	1.50	*	*	*	*	*	*	*	*	10.	—	*	—	30.	30.	50.
1980-P	—	0.20	0.35	5.00	10.	12	50.	*	*	*	*	*	*	*	*	*	*	*	*	*	*	*	*	*	*	*
1980-D	—	0.20	0.35	3.00	4.75	13.	50.	*	*	*	*	*	*	*	*	*	*	*	*	*	*	*	*	*	*	*
1980-S	*	*	*	*	*	*	*	*	0.75	*	1.00	*	*	*	*	*	8.00	*	10.	10.	—	11.	14.	20.	*	*
1981-P	—	0.20	0.35	3.00	4.50	9.00	125.	*	*	*	*	*	*	*	*	*	*	*	*	*	*	*	*	*	*	*
1981-D	—	0.20	0.35	3.00	4.50	10.	30.	*	*	*	*	*	*	*	*	*	*	*	*	*	*	*	*	*	*	*
1981-S	*	*	*	*	*	*	*	*	0.75	—	1.00	*	*	*	*	*	8.00	*	10.	10.	—	11.	15.	25.	20.	25.

— = Insufficient pricing data   * = None issued

	AU-50	MS-60	MS-63	MS-64	MS-65	MS-66	MS-67	MS-68	PF-63	PF-64	PF-65	PF-65C	PF-65DC	PF-66	PF-66C	PF-66DC	PF-67	PF-67C	PF-67DC	PF-68	PF-68C	PF-68DC	PF-69	PF-69DC	PF-70	PF-70DC
1982 No Mintmark, Strong Strike	—	85.	125.	165.	200.	300.	800.	1785.																		
1982-P	—	0.85	2.00	3.00	5.00	15.	65.		*	*	*	*	*	*	*	*	*	*	*	*		*	*	*	*	*
1982-D	—	0.30	0.55	3.00	4.00	14.	45.		*	*	*	*	*	*	*	*	*	*	*	*		*	*	*	*	*
1982-S	*	*	*	*	*	*	*		1.00	—	1.50	—	—	—	—	—	4.00	—	10.	7.00	—	14.	12.	15.	20.	30.
1983-P	—	0.30	1.25	3.00	4.00	14.	45.		*	*	*	*	*	*	*	*	*	*	*	*		*	*	*	*	*
1983-D	—	0.28	0.95	3.00	4.00	10.	45.		*	*	*	*	*	*	*	*	*	*	*	*		*	*	*	*	*
1983-S	*	*	*	*	*	*	*		1.00	—	1.50	—	—	—	—	—	4.00	—	10.	7.00	—	12.	12.	22.	20.	25.
1983-S No S	*	*	*	*	*	*	*		800.	900.	1000.	—	—	—	—	—	250.	—	—	—	—	550.				
1984-P	—	0.20	0.50	3.00	4.00	10.	45.		*	*	*	*	*	*	*	*	*	*	*	*		*	*	*	*	*
1984-D	—	0.20	0.55	3.00	4.00	10.	45.		*	*	*	*	*	*	*	*	*	*	*	*		*	*	*	*	*
1984-S	*	*	*	*	*	*	*		1.25	—	2.00	—	—	—	—	—	4.00	—	10.	7.00	—	12.	12.	15.	20.	23.
1985-P	—	0.21	0.60	3.00	4.25	10.	57.		*	*	*	*	*	*	*	*	*	*	*	*		*	*	*	*	*
1985-D	—	0.20	0.50	3.00	4.00	10.	65.		*	*	*	*	*	*	*	*	*	*	*	*		*	*	*	*	*
1985-S	*	*	*	*	*	*	*		1.00	—	1.50	—	—	—	—	—	4.00	—	10.	7.00	—	12.	12.	13.	20.	25.
1986-P	—	0.20	0.75	3.00	9.50		45.		*	*	*	*	*	*	*	*	*	*	*	*		*	*	*	*	*
1986-D	—	0.20	0.75	3.00	4.00	10.	45.		*	*	*	*	*	*	*	*	*	*	*	*		*	*	*	*	*
1986-S	*	*	*	*	*	*	*		2.00	—	3.00	—	—	—	—	—	4.00	—	10.	7.00	—	12.	12.	16.	20.	25.
1987-P	—	0.20	0.35	3.00	4.00	10.	50.	180.	*	*	*	*	*	*	*	*	*	*	*	*		*	*	*	*	*
1987-D	—	0.20	0.35	3.00	4.00	10.	35.		*	*	*	*	*	*	*	*	*	*	*	*		*	*	*	*	*
1987-S	*	*	*	*	*	*	*		1.25	—	1.75	—	—	—	—	—	4.00	—	10.	7.00	—	12.	12.	15.	20.	25.
1988-P	—	0.20	0.40	3.00	4.00	10.	85.		*	*	*	*	*	*	*	*	*	*	*	*		*	*	*	*	*
1988-D	—	0.20	0.35	3.00	4.00	10.	100.		*	*	*	*	*	*	*	*	*	*	*	*		*	*	*	*	*
1988-S	*	*	*	*	*	*	*		1.00	—	1.50	—	—	—	—	—	4.00	—	10.	7.00	—	12.	12.	18.	20.	25.
1989-P	—	0.20	0.35	3.00	5.00	10.	35.		*	*	*	*	*	*	*	*	*	*	*	*		*	*	*	*	*

—— = Insufficient pricing data   * = None issued

	AU-50	MS-60	MS-63	MS-64	MS-65	MS-66	MS-67	MS-68	PF-63	PF-64	PF-65	PF-65C	PF-65DC	PF-66	PF-66C	PF-66DC	PF-67	PF-67C	PF-67DC	PF-68	PF-68C	PF-68DC	PF-69	PF-69DC	PF-70	PF-70DC
1989-D	—	*	0.35	3.00	9.00	10.	35.	135.	*	*	*	*	*	*	*	*	*	*	*	*	*	*	*	*	*	*
1989-S	*	*	*	*	*	*	*	*	1.25	—	2.00	—	—	—	—	—	4.00	—	10.	7.00	—	11.	12.	16.	20.	350.
1990-P	—	0.20	0.35	3.00	5.00	10.	40.	—	*	*	*	*	*	*	*	*	*	*	*	*	*	*	*	*	*	*
1990-D	—	0.20	0.35	3.00	4.25	10.	50.	—	*	*	*	*	*	*	*	*	*	*	*	*	*	*	*	*	*	*
1990-S	*	*	*	*	*	*	*	*	1.25	—	2.00	—	—	—	—	—	4.00	—	10.	7.00	—	14.	12.	18.	20.	28.
1991-P	—	0.20	0.35	3.00	5.00	10.	45.	—	*	*	*	*	*	*	*	*	*	*	*	*	*	*	*	*	*	*
1991-D	—	0.20	0.35	3.00	5.00	10.	45.	—	*	*	*	*	*	*	*	*	*	*	*	*	*	*	*	*	*	*
1991-S	*	*	*	*	*	*	*	*	2.65	—	3.50	—	—	—	—	—	4.00	—	10.	7.00	—	12.	12.	15.	20.	25.
1992-P	—	0.20	0.35	3.00	5.00	11.	75.	—	*	*	*	*	*	*	*	*	*	*	*	*	*	*	*	*	*	*
1992-D	—	0.20	0.35	3.00	5.50	10.	65.	—	*	*	*	*	*	*	*	*	*	*	*	*	*	*	*	*	*	*
1992-S Clad	*	*	*	*	*	*	*	*	3.50	—	5.00	—	—	—	—	—	4.00	—	10.	7.00	—	11.	12.	18.	20.	25.
1992-S Silver	*	*	*	*	*	*	*	*	3.50	—	7.00	—	—	—	—	—	7.00	—	10.	7.00	—	14.	12.	20.	20.	27.
1993-P	—	0.20	0.35	3.00	5.00	10.	60.	—	*	*	*	*	*	*	*	*	*	*	*	*	*	*	*	*	*	*
1993-D	—	0.20	0.35	3.00	4.00	10.	50.	—	*	*	*	*	*	*	*	*	*	*	*	*	*	*	*	*	*	*
1993-S Clad	*	*	*	*	*	*	*	*	6.00	—	7.50	—	—	—	—	—	5.00	—	10.	7.00	—	11.	12.	18.	20.	25.
1993-S Silver	*	*	*	*	*	*	*	*	6.25	—	8.00	—	—	—	—	—	6.00	—	10.	7.00	—	14.	12.	20.	20.	25.
1994-P	—	0.20	0.35	3.00	4.00	10.	50.	—	*	*	*	*	*	*	*	*	*	*	*	*	*	*	*	*	*	*
1994-D	—	0.20	0.35	3.00	4.00	10.	50.	—	*	*	*	*	*	*	*	*	*	*	*	*	*	*	*	*	*	*
1994-S Clad	*	*	*	*	*	*	*	*	3.50	—	5.00	—	—	—	—	—	4.00	—	10.	7.00	—	11.	12.	14.	20.	29.
1994-S Silver	*	*	*	*	*	*	*	*	5.50	—	7.00	—	—	—	—	—	5.50	—	10.	7.00	—	14.	12.	21.	20.	25.
1995-P	—	0.20	0.35	3.00	5.00	10.	75.	—	*	*	*	*	*	*	*	*	*	*	*	*	*	*	*	*	*	*
1995-D	—	0.20	0.35	3.00	5.00	10.	100.	—	*	*	*	*	*	*	*	*	*	*	*	*	*	*	*	*	*	*
1995-S Clad	*	*	*	*	*	*	*	*	7.50	—	10.	—	—	—	—	—	4.00	—	10.	7.00	—	11.	12.	13.	20.	25.
1995-S Silver	*	*	*	*	*	*	*	*	8.00	—	12.	—	—	—	—	—	5.00	—	10.	7.00	—	14.	12.	17.	20.	25.
1996-P	—	0.20	0.35	3.00	4.00	10.	55.	125.	*	*	*	*	*	*	*	*	*	*	*	*	*	*	*	*	*	*

— = Insufficient pricing data   * = None issued

ROOSEVELT DIME (CONTINUED)

	AU-50	MS-60	MS-63	MS-64	MS-65	MS-66	MS-67	MS-68	PF-63	PF-64	PF-65	PF-65C	PF-65DC	PF-66	PF-66C	PF-66DC	PF-67	PF-67C	PF-67DC	PF-68	PF-68C	PF-68DC	PF-69	PF-69DC	PF-70	PF-70DC
1996-W	—	7.50	10.	13.	20.	35.	75.	225.	*	*	*	*	*	*	*	*	*	*	*	*	—	*	*	*	*	*
1996-D	*	0.20	0.35	3.00	4.00	10.	20.	220.	*	*	*	*	*	*	*	*	*	*	*	*	—	*	*	*	*	*
1996-S Clad	*	*	*	*	*	*	*	*	1.50	*	2.50	—	—	—	—	—	4.00	—	10.	7.00	—	11.	12.	18.	20.	25.
1996-S Silver	*	*	*	*	*	*	*	*	5.00	*	7.50	—	—	—	—	—	5.00	—	10.	7.00	—	14.	12.	20.	20.	26.
1997-P	*	0.20	0.35	3.00	5.00	13.	110.	—	*	*	*	*	*	*	*	*	*	*	*	*	—	*	*	*	*	*
1997-D	*	0.20	0.35	3.00	4.00	9.00	125.	—	*	*	*	*	*	*	*	*	*	*	*	*	—	*	*	*	*	*
1997-S Clad	*	*	*	*	*	*	*	*	2.50	*	4.00	—	—	—	—	—	4.00	—	10.	7.00	—	11.	12.	14.	20.	25.
1997-S Silver	*	*	*	*	*	*	*	*	5.00	*	7.50	—	—	—	—	—	4.00	—	10.	7.00	—	14.	12.	14.	20.	25.
1998-P	*	0.20	0.35	3.00	4.00	9.00	40.	—	*	*	*	*	*	*	*	*	*	*	*	*	—	*	*	*	*	*
1998-D	*	0.20	0.35	3.00	4.00	11.	35.	—	*	*	*	*	*	*	*	*	*	*	*	*	—	*	*	*	*	*
1998-S Clad	*	*	*	*	*	*	*	*	1.50	*	2.50	—	—	—	—	—	4.00	—	10.	7.00	—	11.	12.	14.	20.	25.
1998-S Silver	*	*	*	*	*	*	*	*	5.00	*	7.50	—	—	—	—	—	4.00	—	10.	7.00	—	14.	12.	24.	20.	80.
1999-P	*	0.20	0.35	3.00	4.00	9.00	*	*	*	*	*	*	*	*	*	*	*	*	*	*	—	*	*	*	*	*
1999-D	*	0.20	0.35	3.00	4.00	9.00	25.	135.	*	*	*	*	*	*	*	*	*	*	*	*	—	*	*	*	*	*
1999-S Clad	*	*	*	*	*	*	*	*	1.25	*	2.00	—	—	—	—	—	4.00	—	10.	7.00	—	11.	12.	14.	20.	25.
1999-S Silver	*	*	*	*	*	*	*	*	4.00	*	6.00	—	—	—	—	—	4.00	—	10.	7.00	—	14.	12.	24.	20.	25.
2000-P	*	0.20	0.35	3.00	5.00	12.	25.	200.	*	*	*	*	*	*	*	*	*	*	*	*	—	*	*	*	*	*
2000-D	*	0.20	0.35	3.00	4.00	9.00	25.	—	*	*	*	*	*	*	*	*	*	*	*	*	—	*	*	*	*	*
2000-S Clad	*	*	*	*	*	*	*	*	1.25	*	2.00	—	—	—	—	—	4.00	—	10.	7.00	—	11.	12.	12.	20.	80.
2000-S Silver	*	*	*	*	*	*	*	*	4.00	*	6.00	—	—	—	—	—	4.00	—	10.	7.00	—	14.	12.	23.	20.	80.
2001-P	*	0.20	0.35	3.00	5.00	14.	25.	230.	*	*	*	*	*	*	*	*	*	*	*	*	—	*	*	*	*	*
2001-D	*	0.20	0.35	3.00	4.00	17.	25.	200.	*	*	*	*	*	*	*	*	*	*	*	*	—	*	*	*	*	*
2001-S Clad	*	*	*	*	*	*	*	*	1.25	*	2.50	—	—	—	—	—	4.00	—	10.	7.00	—	11.	12.	12.	20.	80.
2001-S Silver	*	*	*	*	*	*	*	*	*	*	*	—	—	—	—	—	4.00	—	10.	7.00	—	14.	12.	31.	20.	80.
2002-P	*	*	*	3.00	4.00	9.00	25.	—	*	*	*	*	*	*	*	*	*	*	*	*	—	*	*	*	*	*

—— = Insufficient pricing data   * = None issued

ROOSEVELT DIME (CONTINUED)

	AU-50	MS-60	MS-63	MS-64	MS-65	MS-66	MS-67	MS-68	PF-63	PF-64	PF-65	PF-65C	PF-65DC	PF-66	PF-66C	PF-66DC	PF-67	PF-67C	PF-67DC	PF-68	PF-68C	PF-68DC	PF-69	PF-69DC	PF-70	PF-70DC
2002-D	—	—	—	3.00	4.00	9.00	25.	—	—	—	—	—	—	—	—	—	—	—	—	—	—	—	—	—	—	—
2002-S Clad	*	*	*	*	*	*	*	*	—	—	—	—	—	—	—	—	4.00	—	10.	7.00	—	11.	12.	12.	20.	80.
2002-S Silver	*	*	*	*	*	*	*	*	—	—	—	—	—	—	—	—	4.00	—	10.	7.00	—	14.	12.	30.	20.	80.
2003-P	—	—	—	3.00	4.00	9.00	25.	—	—	—	—	—	—	—	—	—	—	—	—	—	—	—	—	—	—	—
2003-D	—	—	—	3.00	4.00	9.00	25.	—	—	—	—	—	—	—	—	—	—	—	—	—	—	—	—	—	—	—
2003-S Clad	—	—	—	—	—	—	—	—	—	—	—	—	—	—	—	—	4.00	—	10.	7.00	—	11.	12.	12.	20.	80.
2003-S Silver	—	—	—	—	—	—	—	—	—	—	—	—	—	—	—	—	4.00	—	10.	7.00	—	14.	12.	30.	20.	80.

—— = Insufficient pricing data   * = None issued

Seated Liberty 20 cents

Date of authorization: March 3, 1875
Dates of issue: 1875-1876
Designers: Obverse: Thomas Sully-Christian Gobrecht-John Hughes-William Barber
Reverse: William Barber
Engraver: William Barber
Diameter: 22.50 mm/0.89 inch
Weight: 5.00 grams/0.16 ounce
Metallic content: 90% silver, 10% copper
Weight of pure silver: 4.50 grams/0.14 ounce
Edge: Plain
Mint mark: Reverse below eagle

SEATED LIBERTY 20 CENTS (CONTINUED)

	G-4	VG-8	F-12	VF-20	EF-40	AU-50	MS-60	MS-62	MS-63	MS-64	MS-65	MS-66
1875	70.	75.	85.	125.	200.	350.	550.	800.	1200.	2000.	5000.	10000.
1875-CC	85.	90.	100.	160.	250.	550.	1000.	1200.	1800.	3500.	9000.	—
1875-S	70.	75.	85.	125.	200.	300.	800.	1000.	1300.	2000.	4500.	9000.
1876	110.	125.	150.	225.	350.	500.	650.	1000.	1600.	2500.	5000.	12500.
1876-CC Eliasberg sale – April 1997. Cataloged as MS-65 $148,500												
1877 Proofs only	1200.	1300.	1600.	1800.	2000.	2300.	*	*	*	*	*	*
1878 Proofs only	1000.	1100.	1300.	1400.	1600.	1800.	*	*	*	*	*	*

—— = Insufficient pricing data   * = None issued

Draped Bust quarter dollar

Small Eagle

Heraldic Eagle

Date of authorization: April 2, 1792
Dates of issue: 1796, 1804-1807
Designers: Obverse: Gilbert Stuart-Robert Scot
Reverse:
(1796): Robert Scot-John Eckstein
(1804-1807): Robert Scot
Engraver: Robert Scot
Diameter: 27 mm/1.07 inches
Weight: 6.74 grams/0.22 ounce
Metallic content: 89.25% silver, 10.75% copper
Weight of pure silver: 6.02 grams/0.19 ounce
Edge: Reeded
Mint Mark: None

SMALL EAGLE

	G-4	VG-8	F-12	VF-20	EF-40	AU-50	AU-55	MS-60	MS-62	MS-63	MS-64
1796	6000.	8000.	12000.	18000.	25000.	30000.	40000.	50000.	55000.	60000.	75000.

HERALDIC EAGLE

	G-4	VG-8	F-12	VF-20	EF-40	AU-50	AU-55	MS-60	MS-62	MS-63
1804	2500.	3000.	4000.	6000.	9000.	18000.	25000.	40000.	60000.	85000.
1805	250.	350.	600.	1000.	1200.	2500.	3500.	7500.	12000.	18000.
1806/5	250.	400.	800.	1200.	1500.	3500.	5000.	9000.	18000.	25000.
1806	250.	350.	600.	1000.	1200.	2500.	3500.	7000.	10000.	12000.
1807	250.	350.	600.	1000.	1500.	3000.	4000.	7000.	10000.	12000.

Capped Bust quarter dollar

Date of authorization: April 2, 1792
Dates of issue: 1815-1838
Designer/Engraver: John Reich
Diameter: 1815-1828: 27.00 mm/1.07 inches
1831-1838: 24.26 mm/0.96 inch
Weight: 6.74 grams/0.22 ounce
Metallic content: 89.25% silver, 10.75% copper
Weight of pure silver: 6.02 grams/0.19 ounce
Edge: Reeded
Mint mark: None

	G-4	VG-8	F-12	VF-20	EF-40	AU-50	AU-55	MS-60	MS-62	MS-63
MOTTO, OPEN COLLAR STRIKE										
1815	58.	75.	110.	280.	685.	1050.	1450.	2100.	2350.	3825.
1818/5	50.	93.	125.	315.	700.	1125.	1600.	2250.	2500.	4250.
1818	48.	65.	100.	280.	660.	1000.	1350.	1950.	2250.	3825.
1819	48.	60.	100.	265.	660.	1000.	1400.	1950.	2450.	4700.
1820 Small 0	48.	65.	100.	280.	675.	1050.	1500.	2200.	2750.	5000.
1820 Large 0	48.	60.	100.	275.	650.	975.	1400.	1950.	2550.	4650.
1821	48.	60.	100.	265.	650.	975.	1325.	1950.	2300.	3825.
1822	60.	100.	140.	325.	815.	1600.	2300.	2550.	2900.	4900.
1822 25/50c	1650.	3250.	4100.	5250.	8500.	15000.	—	25000.	—	—
1823/2	9250.	13500.	18000.	22500.	32500.	50000.	75000.	—	—	—
1824/2	75.	115.	225.	525.	1325.	2150.	2800.	6000.	—	—
1825/2	145.	185.	300.	550.	1100.	1900.	2500.	3750.	—	6500.
1825/3	48.	60.	90.	250.	640.	950.	1325.	1950.	2300.	3775.
1825/4	48.	60.	90.	250.	640.	950.	1350.	2100.	2400.	3775.
1827/3 Originals and Restrikes: Original VF-20/30 $40000; PF-60 $58500; PF-64 $120000; Restrike PF-62 $46000; PF-63 $47500; PF-65 $100000.										
1828	48.	60.	90.	250.	640.	1100.	1375.	2150.	2450.	4000.
1828 25/50c	140.	280.	400.	850.	1550.	3600.	—	8500.	13000.	—
NO MOTTO, CLOSE COLLAR STRIKE										
1831	45.	52.	60.	90.	225.	525.	625.	800.	1100.	2150.
1832	45.	52.	60.	90.	225.	525.	650.	925.	1450.	2500.
1833	48.	58.	72.	115.	280.	725.	900.	1350.	1800.	3350.
1834	45.	52.	60.	90.	225.	525.	625.	800.	1150.	2150.
1835	45.	52.	60.	90.	225.	525.	625.	775.	1150.	2150.

—— = Insufficient pricing data

	G-4	VG-8	F-12	VF-20	EF-40	AU-50	AU-55	MS-60	MS-62	MS-63
1836	45.	52.	60.	90.	225.	550.	725.	1200.	1800.	3250.
1837	45.	52.	60.	90.	225.	550.	650.	825.	1175.	2150.
1838	45.	52.	60.	90.	225.	525.	625.	850.	1250.	2200.

Seated Liberty quarter dollar

Date of authorization: April 2, 1792
Dates of issue: 1838-1891
Designers: (1838-1840):
Obverse: Thomas Sully-Christian Gobrecht
Reverse: John Reich-William Kneass-Gobrecht-Sully
(1840-1891):
Obverse: Robert B. Hughes-Gobrecht-Sully
Reverse: Hughes-Gobrecht-Sully
Engravers: Obverse: Christian Gobrecht
Reverse:
(1838-1853): Christian Gobrecht
(1853-1891): James B. Longacre
Diameter: 24.26 mm/0.96 inch
Weight: (1838-1873): 6.22 grams/0.20 ounce
(1873-1891): 6.25 grams/0.20 ounce
Metallic content: 90% silver, 10% copper
Weight of pure silver: (1838-1873): 5.60 grams/0.18 ounce
(1873-1891): 5.63 grams/0.18 ounce
Edge: Reeded
Mint mark: Reverse below eagle

Arrows at date,
Rays on reverse

SEATED LIBERTY QUARTER DOLLAR (CONTINUED)

	G-4	VG-8	F-12	VF-20	EF-40	AU-50	AU-55	MS-60	MS-62	MS-63	MS-64	MS-65	PF-63	PF-64	PF-65	PF-66
NO DRAPERY AT ELBOW																
1838	18.	25.	30.	75.	265.	485.	635.	975.	1950.	3400.	7250.	—	*	*	*	*
1839	18.	25.	30.	68.	250.	460.	625.	1000.	2000.	3650.	7250.	—	*	*	*	*
1840-O	22.	30.	40.	100.	325.	550.	750.	1200.	2150.	4100.	9000.	—	*	*	*	*
DRAPERY AT ELBOW																
1840	19.	29.	45.	80.	180.	340.	500.	900.	1400.	3050.	5000.	—	25000.	35000.	45000.	*
1840-O Small O	23.	37.	58.	125.	250.	525.	625.	1050.	2150.	3250.	4500.	—	*	*	*	*
1840-O Large O	300.	360.	600.	1100.	—	—	—	—	—	—	—	—	*	*	*	*
1841	44.	58.	88.	140.	255.	435.	525.	1050.	1375.	2200.	3400.	—	*	*	*	*
1841-O	18.	23.	40.	70.	150.	285.	375.	600.	825.	1650.	2950.	—	*	*	*	*
1842 Large Date	70.	98.	175.	250.	375.	875.	1250.	2800.	3250.	4500.	10000.	—	*	*	*	*
1842-O Small Date	400.	600.	1150.	2000.	4750.	7500.	—	16500.	—	—	—	—	*	*	*	*
1842-O Large Date	18.	25.	42.	70.	175.	585.	775.	1950.	3750.	4500.	5500.	—	*	*	*	*
1842 Small Date Proofs only	—												—	—	100000.	—
1843	14.	18.	25.	35.	62.	175.	230.	425.	575.	1075.	2250.	72500.	—	35000.	45000.	*
1843-O Small O	20.	26.	50.	100.	235.	800.	1550.	2250.	4000.	—	9250.	—	*	*	*	*
1843-O Large O	75.	110.	200.	400.	800.	—	—	—	—	—	18500.	—	*	*	*	*
1844	14.	18.	25.	35.	65.	185.	220.	475.	540.	1200.	3750.	—	*	*	*	*
1844-O	16.	20.	35.	60.	145.	325.	550.	1600.	2500.	4000.	6250.	—	*	*	*	*
1845	14.	18.	25.	35.	75.	200.	240.	490.	675.	1200.	2750.	—	—	—	32000.	*
1845/5	17.	22.	35.	55.	115.	265.	325.	725.	—	—	—	—	*	*	*	*
1846	14.	18.	27.	35.	68.	190.	235.	480.	775.	1275.	3200.	—	—	15000.	27500.	*
1846/1846	16.	20.	35.	58.	155.	325.	500.	—	—	—	—	—	*	*	*	*
1847	14.	18.	25.	32.	65.	185.	220.	450.	540.	1050.	3000.	—	*	*	*	*
1847/7	16.	25.	50.	62.	125.	285.	475.	—	—	—	—	—	*	*	*	*
1847-O	22.	40.	58.	98.	315.	625.	1450.	2850.	4500.	6250.	—	—	*	*	*	*

—— = Insufficient pricing data   * = None issued

SEATED LIBERTY QUARTER DOLLAR (CONTINUED)

	G-4	VG-8	F-12	VF-20	EF-40	AU-50	AU-55	MS-60	MS-62	MS-63	MS-64	MS-65	PF-63	PF-64	PF-65	PF-66
1848 (triple date)	25.	38.	82.	140.	210.	400.	550.	1050.	1550.	2850.	—	—	—	—	*	*
1848/1848	40.	55.	88.	170.	235.	590.	1150.	—	—	—	—	—	—	—	*	*
1849	18.	25.	38.	68.	135.	300.	485.	775.	1150.	—	—	—	15000.	—	27500.	*
1849-O	350.	525.	875.	1500.	2800.	5250.	6250.	7500.	11500.	—	22500.	—	*	*	*	*
1850	22.	35.	60.	82.	165.	330.	550.	875.	1500.	2400.	5000.	—	*	*	*	*
1850-O	18.	27.	55.	85.	200.	450.	825.	1250.	1975.	3150.	7000.	—	*	*	*	*
1851	32.	45.	80.	125.	190.	315.	415.	800.	1375.	1825.	3500.	—	*	*	*	*
1851-O	150.	250.	390.	625.	1400.	2650.	3800.	5050.	5850.	—	—	—	*	*	*	*
1852	32.	42.	80.	135.	200.	360.	435.	875.	1000.	1400.	2500.	—	*	*	*	*
1852-O	175.	245.	400.	725.	1400.	3250.	4500.	7000.	10000.	19000.	—	—	*	*	*	*
1853/53 Recut Date	195.	285.	425.	600.	950.	1875.	2250.	2750.	4000.	5500.	—	—	*	*	*	*
ARROWS AND RAYS																
1853	14.	18.	25.	37.	125.	275.	375.	750.	1125.	2025.	4850.	—	62500.	92500.	*	*
1853/4	35.	52.	145.	200.	450.	800.	1250.	2150.	3250.	5500.	10500.	—	*	*	*	*
1853-O	18.	25.	48.	90.	300.	1050.	1800.	2400.	3500.	7250.	15000.	—	*	*	*	*
1853-O/Horizontal O	28.	40.	75.	150.	400.	1800.	—	—	—	—	—	—	*	*	*	*
ARROWS, NO RAYS																
1854	14.	16.	25.	32.	75.	200.	285.	450.	680.	1150.	2100.	—	8500.	14000.	24000.	*
1854-O Large O	15.	20.	30.	50.	115.	305.	550.	975.	1400.	1800.	4250.	—	*	*	*	*
1854-O Huge O	90.	125.	190.	350.	750.	—	6000.	—	—	—	—	—	*	*	*	*
1855	14.	18.	25.	30.	75.	215.	285.	550.	750.	1175.	3500.	—	12500.	18000.	28500.	*
1855-O	32.	50.	100.	250.	500.	1200.	2050.	2950.	4100.	8000.	20000.	—	*	*	*	*
1855-S	30.	34.	65.	140.	425.	1000.	1450.	1950.	3250.	5500.	10000.	—	*	*	*	*
DRAPERY AT ELBOW																
1856	14.	18.	25.	30.	50.	110.	175.	290.	410.	625.	1150.	—	3150.	7000.	11000.	*
1856-O	15.	20.	25.	45.	100.	375.	550.	1200.	—	2250.	3500.	—	*	*	*	*
1856-S	35.	52.	85.	185.	435.	1025.	2500.	3250.	—	7500.	—	—	*	*	*	*

—— = Insufficient pricing data   * = None issued

	G-4	VG-8	F-12	VF-20	EF-40	AU-50	AU-55	MS-60	MS-62	MS-63	MS-64	MS-65	PF-63	PF-64	PF-65	PF-66
1856-S/Small S	42.	65.	135.	275.	775.	1600.	*	—	—	—	—	—	*	*	*	*
1857	14.	18.	25.	30.	55.	120.	165.	280.	410.	550.	1100.	—	3000.	5650.	9500.	*
1857-O	15.	20.	30.	45.	75.	250.	525.	1000.	1600.	2850.	5250.	—	*	*	*	*
1857-S	60.	115.	205.	325.	505.	1150.	1900.	2900.	4250.	6500.	10000.	—	*	*	*	*
1858	14.	18.	25.	30.	55.	140.	185.	285.	430.	525.	1175.	—	1400.	2450.	5000.	*
1858-O	17.	22.	32.	52.	115.	445.	625.	1425.	2500.	4200.	8000.	—	*	*	*	*
1858-S	50.	100.	165.	250.	550.	1500.	2650.	5500.	—	—	—	—	*	*	*	*
1859	14.	18.	25.	35.	65.	145.	200.	375.	750.	1200.	2550.	—	1200.	1875.	5000.	*
1859-O	18.	24.	35.	52.	110.	375.	650.	1450.	2600.	—	8000.	—	*	*	*	*
1859-S	85.	125.	210.	375.	1250.	3100.	7000.	—	—	—	—	—	*	*	*	*
1860	14.	18.	25.	35.	62.	150.	210.	385.	525.	825.	1500.	—	1100.	1900.	5000.	*
1860-O	16.	21.	36.	48.	100.	350.	500.	1050.	1250.	2200.	4250.	—	*	*	*	*
1860-S	170.	315.	425.	900.	4250.	10000.	—	—	—	—	—	—	*	*	*	*
1861	14.	18.	25.	32.	58.	120.	165.	290.	400.	550.	975.	—	1225.	1900.	5500.	*
1861-S	55.	80.	225.	350.	800.	3250.	—	—	—	—	—	—	*	*	*	*
1862	14.	18.	28.	35.	58.	140.	200.	375.	455.	575.	1000.	—	1175.	1925.	5000.	*
1862-S	50.	78.	175.	250.	490.	975.	1650.	2750.	3250.	6000.	10000.	—	*	*	*	*
1863	28.	40.	52.	72.	170.	285.	375.	750.	850.	1250.	1750.	—	950.	1850.	5500.	*
1864	48.	60.	105.	160.	235.	430.	525.	850.	900.	1700.	2250.	—	975.	1825.	4850.	*
1864-S	290.	475.	650.	1050.	1850.	3000.	4500.	—	—	23000.	—	—	*	*	*	*
1865	55.	70.	145.	200.	290.	365.	485.	775.	875.	1350.	2975.	—	950.	1900.	5250.	*
1865-S	70.	115.	200.	300.	475.	1200.	1500.	2000.	2350.	3500.	5500.	—	*	*	*	*

1866 Fantasy piece, DuPont specimen recovered, believed unique

WITH MOTTO

	G-4	VG-8	F-12	VF-20	EF-40	AU-50	AU-55	MS-60	MS-62	MS-63	MS-64	MS-65	PF-63	PF-64	PF-65	PF-66
1866	300.	450.	550.	650.	900.	1250.	1500.	1800.	2100.	3000.	4000.	—	700.	1000.	2400.	*
1866-S	195.	300.	500.	800.	1350.	1900.	2600.	3850.	4650.	—	8250.	—	—	—	—	—
1867	155.	200.	275.	325.	450.	600.	710.	975.	1275.	1800.	3900.	—	650.	975.	2150.	*

— = Insufficient pricing data   * = None issued

SEATED LIBERTY QUARTER DOLLAR (CONTINUED)

	G-4	VG-8	F-12	VF-20	EF-40	AU-50	AU-55	MS-60	MS-62	MS-63	MS-64	MS-65	PF-63	PF-64	PF-65	PF-66
1867-S	155.	240.	350.	490.	725.	1750.	2500.	4500.	5500.	—	—	—	*	*	*	*
1868	88.	105.	200.	260.	330.	415.	575.	675.	800.	1600.	2850.	—	675.	1050.	2550.	*
1868-S	55.	70.	130.	215.	590.	1300.	1700.	2800.	5250.	7500.	12000.	—	*	*	*	*
1869	240.	325.	430.	485.	675.	950.	1200.	1750.	2150.	3000.	—	—	625.	1100.	2450.	*
1869-S	70.	100.	175.	265.	525.	1350.	1750.	2550.	2900.	4150.	—	—	*	*	*	*
1870	48.	65.	95.	145.	235.	350.	435.	800.	925.	1750.	3500.	—	625.	1150.	2500.	*
1870-CC	3000.	4000.	7500.	12500.	20500.	37500.	—	—	—	—	—	—	*	*	*	*
1871	32.	40.	52.	88.	155.	300.	400.	750.	775.	1100.	2100.	—	675.	1125.	2200.	*
1871-CC	1250.	2750.	4200.	10000.	17500.	30000.	—	—	—	—	—	—	*	*	*	*
1871-S	285.	365.	465.	625.	1000.	1500.	2000.	3000.	3500.	3750.	7000.	—	650.	925.	2150.	*
1872	30.	38.	52.	82.	145.	260.	315.	875.	1350.	1975.	3900.	—	*	*	*	*
1872-CC	450.	775.	1500.	2250.	4150.	9500.	15000.	25000.	50000.	—	—	—	*	*	*	*
1872-S	450.	750.	1325.	2000.	3850.	5500.	6250.	8000.	10000.	14000.	—	—	*	*	*	*
1873 Closed 3	160.	225.	350.	460.	610.	1125.	1450.	2900.	—	—	—	—	675.	1075.	2300.	*
1873 Open 3	30.	35.	52.	95.	175.	275.	325.	550.	800.	1200.	2350.	—	*	*	*	*

1873-CC R. Henry Norweb Specimen MS-64 (PCGS) sold for $209000 on 2/9/98.

ARROWS ADDED

	G-4	VG-8	F-12	VF-20	EF-40	AU-50	AU-55	MS-60	MS-62	MS-63	MS-64	MS-65	PF-63	PF-64	PF-65	PF-66
1873	16.	18.	28.	55.	185.	375.	425.	675.	850.	1475.	2250.	—	1200.	2650.	6000.	*
1873-CC	1300.	2550.	4750.	8500.	14000.	—	32500.	—	100000.	140000.	—	—	*	*	*	*
1873-S	25.	40.	80.	160.	300.	575.	750.	1200.	1600.	3000.	4750.	—	*	*	*	*
1874	17.	22.	32.	60.	185.	390.	435.	750.	875.	1550.	2100.	—	1150.	2200.	5250.	*
1874-S	20.	35.	60.	130.	275.	500.	600.	825.	1000.	1450.	1925.	—	*	*	*	*

WITH MOTTO

	G-4	VG-8	F-12	VF-20	EF-40	AU-50	AU-55	MS-60	MS-62	MS-63	MS-64	MS-65	PF-63	PF-64	PF-65	PF-66
1875	14.	16.	24.	30.	50.	110.	145.	230.	335.	405.	825.	—	685.	1025.	2025.	*
1875-CC	50.	85.	140.	250.	410.	660.	825.	1400.	1350.	2250.	4000.	—	*	*	*	*
1875-S	39.	52.	72.	110.	150.	285.	325.	550.	1050.	1400.	2100.	—	*	*	*	*
1876	14.	16.	24.	30.	50.	110.	145.	225.	315.	405.	775.	—	675.	1000.	2000.	*

—— = Insufficient pricing data   * = None issued

SEATED LIBERTY QUARTER DOLLAR (CONTINUED)

	G-4	VG-8	F-12	VF-20	EF-40	AU-50	AU-55	MS-60	MS-62	MS-63	MS-64	MS-65	PF-63	PF-64	PF-65	PF-66
1876-CC	15.	18.	25.	32.	55.	145.	200.	315.	400.	700.	1100.	—	*	*	*	*
1876-S	14.	16.	22.	28.	52.	130.	165.	230.	290.	415.	825.	—	*	*	*	*
1877	14.	16.	24.	30.	50.	110.	145.	225.	330.	405.	750.	—	685.	1025.	2025.	
1877-CC	14.	18.	24.	35.	60.	140.	175.	275.	350.	600.	850.	—	*	*	*	*
1877-S	14.	16.	22.	28.	50.	110.	140.	235.	325.	410.	775.	—	*	*	*	*
1877-S/Horizontal S	25.	38.	75.	175.	225.	275.	375.	750.	1275.	2250.	4250.	—	*	*	*	*
1878	14.	16.	22.	30.	50.	110.	145.	240.	365.	450.	1250.	—	625.	1000.	2000.	*
1878-CC	18.	28.	40.	60.	105.	210.	255.	340.	435.	750.	1000.	—	*	*	*	*
1878-S	75.	140.	190.	265.	435.	750.	800.	1275.	1775.	2900.	3900.	—	*	*	*	*
1879	140.	180.	205.	250.	320.	350.	395.	420.	475.	725.	950.	—	625.	975.	2000.	
1880	140.	185.	210.	250.	330.	355.	405.	415.	475.	700.	950.	—	650.	950.	2000.	
1881	145.	190.	215.	265.	315.	350.	400.	445.	500.	750.	1100.	—	625.	975.	2000.	
1882	150.	195.	215.	265.	330.	365.	420.	500.	575.	765.	1350.	—	650.	1035.	2000.	
1883	145.	190.	215.	265.	325.	360.	415.	495.	525.	775.	1100.	—	625.	1000.	2000.	
1884	175.	225.	260.	320.	350.	370.	455.	575.	650.	800.	1200.	—	650.	1000.	2000.	
1885	145.	190.	215.	260.	330.	355.	395.	415.	500.	725.	1450.	—	650.	1045.	2000.	
1886	190.	235.	275.	325.	450.	700.	750.	850.	900.	1000.	1250.	—	800.	1050.	2000.	
1887	160.	205.	245.	285.	345.	375.	465.	500.	550.	765.	1225.	—	650.	975.	2000.	
1888	160.	205.	245.	285.	345.	375.	465.	500.	575.	675.	950.	—	625.	1000.	2000.	
1888-S	15.	18.	28.	32.	55.	140.	210.	390.	440.	725.	2000.	—	—	—	—	
1889	145.	205.	245.	280.	350.	385.	450.	525.	550.	700.	925.	—	775.	1025.	2000.	
1890	50.	58.	85.	110.	155.	200.	330.	425.	450.	650.	900.	—	800.	1000.	2000.	
1891	15.	18.	22.	30.	50.	110.	145.	235.	285.	405.	700.	—	750.	1025.	2000.	
1891-O	135.	165.	300.	475.	775.	1550.	1960.	2950.	3600.	7500.	—	—	*	*	*	*
1891-S	15.	18.	25.	35.	55.	145.	185.	250.	365.	475.	825.	—	*	*	*	*

—— = Insufficient pricing data   * = None issued

Barber quarter dollar

Date of authorization: April 2, 1792
Dates of issue: 1892-1916
Designer/Engraver: Charles Barber
Diameter: 24.26 mm/0.96 inch
Weight: 6.25 grams/0.20 ounce
Metallic content: 90% silver, 10% copper
Weight of pure silver: 5.63 grams/0.18 ounce
Edge: Reeded
Mint mark: Reverse below eagle's tail

BARBER QUARTER DOLLAR (CONTINUED)

	G-4	VG-8	F-12	VF-20	EF-40	AU-50	MS-60	MS-62	MS-63	MS-64	MS-65	PF-63	PF-64	PF-65	PF-66
1892	5.00	8.00	20.	30.	72.	125.	160.	210.	260.	450.	1200.	575.	825.	1900.	*
1892-O	7.00	12.	32.	42.	80.	150.	260.	310.	400.	700.	1750.	*	*	*	*
1892-S	17.	35.	60.	85.	125.	275.	400.	550.	750.	1550.	4500.	*	*	*	*
1892-S/S	25.	45.	75.	100.	195.	375.	500.	725.	1100.	2500.	—	*	*	*	*
1893	5.00	8.00	23.	35.	72.	125.	220.	260.	310.	600.	1500.	575.	825.	1900.	*
1893-O	6.00	10.	27.	45.	90.	155.	265.	380.	550.	825.	2000.	*	*	*	*
1893-S	10.	20.	50.	85.	130.	275.	420.	650.	950.	2350.	6500.	*	*	*	*
1894	6.00	10.	30.	40.	75.	135.	220.	270.	365.	575.	1650.	575.	825.	1900.	*
1894-O	7.00	12.	35.	55.	85.	195.	345.	525.	700.	1250.	2250.	*	*	*	*
1894-S	7.00	12.	35.	50.	85.	175.	325.	500.	750.	1400.	3000.	*	*	*	*
1895	6.00	10.	25.	35.	72.	135.	225.	360.	475.	650.	1575.	575.	875.	1900.	*
1895-O	8.00	12.	35.	50.	95.	220.	420.	650.	950.	1400.	2750.	*	*	*	*
1895-S	8.00	15.	45.	75.	100.	220.	375.	575.	1000.	2000.	3650.	*	*	*	*
1895-S/S	12.	25.	60.	90.	150.	300.	450.	750.	1500.	3750.	—	*	*	*	*
1896	6.00	10.	24.	35.	72.	135.	250.	325.	435.	600.	1750.	575.	825.	1900.	*
1896-O	10.	20.	80.	225.	335.	625.	875.	1275.	1850.	3950.	7250.	*	*	*	*
1896-S	500.	700.	1000.	1400.	2800.	4000.	5000.	7000.	9000.	1400.	25000.	*	*	*	*
1897	6.00	10.	20.	35.	72.	125.	175.	225.	300.	475.	1650.	575.	825.	1900.	*
1897-O	10.	25.	80.	190.	350.	625.	850.	1250.	1700.	2650.	3700.	*	*	*	*
1897-S	27.	65.	185.	•245.	345.	650.	950.	1325.	1750.	3000.	6000.	*	*	*	*
1898	6.00	10.	25.	35.	70.	125.	175.	225.	300.	475.	1300.	600.	825.	1900.	*
1898-O	10.	20.	60.	115.	225.	415.	650.	950.	1500.	3300.	—	*	*	*	*
1898-S	8.00	14.	45.	55.	75.	180.	425.	800.	1200.	3500.	5500.	*	*	*	*
1899	6.00	10.	20.	35.	65.	125.	175.	215.	300.	475.	1750.	575.	825.	2025.	*
1899-O	6.00	12.	28.	45.	92.	260.	400.	600.	800.	1400.	4250.	*	*	*	*
1899-S	12.	25.	65.	80.	105.	230.	440.	650.	1200.	1850.	3500.	*	*	*	*
1900	6.00	10.	20.	35.	65.	125.	175.	215.	300.	475.	1750.	575.	825.	1900.	*

—— = Insufficient pricing data   * = None issued

BARBER QUARTER DOLLAR (CONTINUED)

	G-4	VG-8	F-12	VF-20	EF-40	AU-50	MS-60	MS-62	MS-63	MS-64	MS-65	PF-63	PF-64	PF-65	PF-66
1900-O	8.00	22.	60.	100.	125.	325.	600.	750.	950.	1650.	3300.	*	*	*	*
1900-S	8.00	12.	35.	48.	65.	125.	400.	650.	975.	1800.	4500.	*	*	*	*
1901	8.00	12.	20.	30.	65.	125.	170.	215.	325.	475.	2600.	575.	825.	1900.	*
1901-O	30	45.	105.	200.	350.	615.	825.	1350.	2000.	3750.	—	*	*	*	*
1901-S	3000.	5000.	6500.	9000.	12000.	16000.	22000.	25000.	30000.	40000.	50000.	*	*	*	*
1902	5.00	8.00	19.	30.	65.	125.	175.	215.	285.	475.	1200.	600.	875.	1900.	*
1902-O	6.00	12.	35.	55.	100.	200.	425.	675.	1250.	2400.	4750.	*	*	*	*
1902-S	10.	15.	35.	60.	85.	200.	425.	575.	825.	1575.	3500.	*	*	*	*
1903	5.00	8.00	19.	30.	65.	125.	175.	300.	475.	725.	2100.	575.	825.	1900.	*
1903-O	8.00	12.	35.	48.	85.	225.	400.	775.	1200.	2650.	5250.	*	*	*	*
1903-S	11.	20.	40.	70.	110.	250.	430.	575.	850.	1385.	2450.	*	*	*	*
1904	5.00	8.00	19.	35.	65.	125.	175.	215.	300.	575.	2100.	575.	825.	1900.	*
1904-O	8.00	13.	50.	85.	175.	375.	765.	1025.	1350.	2200.	2850.	*	*	*	*
1905	5.00	8.00	25.	35.	65.	125.	175.	250.	375.	575.	2250.	575.	825.	1900.	*
1905-O	12.	20.	75.	130.	200.	345.	475.	750.	1100.	2100.	6000.	*	*	*	*
1905-S	10.	18.	35.	50.	90.	210.	350.	650.	1000.	1400.	3600.	*	*	*	*
1906	5.00	8.00	20.	35.	65.	125.	165.	210.	275.	465.	1200.	575.	825.	1900.	*
1906-D	5.00	8.00	23.	40.	65.	145.	240.	315.	475.	775.	2500.	*	*	*	*
1906-O	5.00	8.00	38.	53.	85.	200.	300.	375.	500.	725.	1300.	*	*	*	*
1907	5.00	8.00	19.	30.	65.	125.	165.	210.	275.	465.	1200.	575.	825.	1900.	*
1907-D	5.00	8.00	25.	45.	80.	175.	250.	375.	775.	1275.	3050.	*	*	*	*
1907-O	5.00	8.00	19.	35.	65.	135.	185.	300.	400.	1000.	2950.	*	*	*	*
1907-S	5.00	12.	38.	60.	110.	250.	475.	700.	975.	2000.	3500.	*	*	*	*
1908	5.00	8.00	19.	30.	65.	125.	200.	235.	300.	465.	1500.	575.	825.	1900.	*
1908-D	5.00	8.00	19.	30.	65.	125.	225.	285.	390.	625.	1525.	*	*	*	*
1908-O	5.00	8.00	19.	30.	65.	125.	200.	250.	310.	500.	1625.	*	*	*	*
1908-S	12.	27.	75.	125.	250.	425.	700.	950.	1400.	2250.	6000.	*	*	*	*

—— = Insufficient pricing data   * = None issued

BARBER QUARTER DOLLAR (CONTINUED)

	G-4	VG-8	F-12	VF-20	EF-40	AU-50	MS-60	MS-62	MS-63	MS-64	MS-65	PF-63	PF-64	PF-65	PF-66
1909	5.00	8.00	19.	30.	65.	110.	165.	210.	275.	465.	1200.	575.	825.	1900.	*
1909-D	5.00	8.00	19.	30.	65.	150.	195.	250.	335.	525.	1800.	*	*	*	*
1909-O	15.	32.	85.	185.	285.	465.	750.	1025.	1475.	2600.	6750.	*	*	*	*
1909-S	5.00	8.00	30.	45.	65.	180.	325.	525.	800.	1400.	2400.	*	*	*	*
1910	5.00	8.00	25.	35.	65.	140.	190.	240.	300.	635.	1500.	575.	825.	1900.	*
1910-D	6.00	10.	36.	60.	100.	225.	335.	550.	1025.	1500.	2500.	*	*	*	*
1911	5.00	8.00	19.	35.	75.	130.	165.	210.	275.	465.	1200.	575.	825.	1900.	*
1911-D	10.	20.	80.	200.	285.	450.	650.	850.	1250.	2450.	5000.	*	*	*	*
1911-S	8.00	15.	45.	60.	135.	285.	400.	525.	725.	900.	1750.	*	*	*	*
1912	5.00	8.00	19.	35.	65.	125.	165.	210.	275.	465.	1200.	575.	825.	1900.	*
1912-S	8.00	12.	40.	60.	100.	220.	400.	675.	1050.	1500.	2900.	*	*	*	*
1913	10.	20.	65.	140.	375.	525.	950.	1025.	1200.	1700.	4350.	575.	825.	1900.	*
1913-D	7.50	12.	35.	45.	80.	160.	275.	325.	425.	675.	1600.	*	*	*	*
1913-S	800.	1200.	2500.	3500.	4500.	5000.	6000.	7000.	8000.	10000.	15000.	*	*	*	*
1914	5.00	8.00	19.	30.	65.	110.	165.	195.	275.	465.	1300.	600.	825.	2025.	*
1914-D	5.00	8.00	19.	30.	65.	110.	165.	215.	275.	475.	1650.	*	*	*	*
1914-S	65.	85.	165.	200.	385.	575.	925.	1150.	1375.	2400.	3050.	*	*	*	*
1915	5.00	8.00	19.	30.	65.	110.	165.	225.	285.	475.	1250.	575.	1000.	2300.	*
1915-D	5.00	8.00	19.	30.	65.	110.	165.	210.	285.	475.	1250.	*	*	*	*
1915-S	5.00	10.	27.	40.	80.	200.	240.	325.	450.	850.	1650.	*	*	*	*
1916	5.00	8.00	19.	30.	65.	110.	165.	210.	275.	465.	1200.	*	*	*	*
1916-D	5.00	8.00	19.	30.	65.	110.	165.	210.	275.	465.	1150.	*	*	*	*
1916-D Large D/Small D	10.	21.	40.	60.	110.	185.	300.	450.	700.	—	—				

—— = Insufficient pricing data   * = None issued

Standing Liberty quarter dollar

Bare breast, No stars below eagle

Date of authorization:	April 2, 1792
Dates of issue:	1916-1930
Designer:	Hermon MacNeil
Engravers:	Obverse: Hermon MacNeil
	Reverse: MacNeil, Charles Barber
Diameter:	24.26 mm/0.96 inch
Weight:	6.25 grams/0.20 ounce
Metallic content:	90% silver, 10% copper
Weight of pure silver:	5.63 grams/0.18 ounce
Edge:	Reeded
Mint mark:	Obverse left of date

NOTE: The H following the numerical grade, such as MS-65H, refers to head. Liberty's head should be well struck and fully defined.

Mailed breast, Stars below eagle

STANDING LIBERTY QUARTER DOLLAR (CONTINUED)

	G-4	VG-8	F-12	VF-20	EF-40	AU-50	MS-60	MS-63	MS-63H	MS-64	MS-64H	MS-65	MS-65H	MS-66	MS-66H
BARE BREAST															
1916	2000.	3000.	4500.	5000.	6000.	6500.	7500.	9000.	12500.	14000.	20000.	18000.	30000.	30000.	40000.
1917	15.	40.	50.	65.	75.	165.	225.	250.	400.	600.	800.	900.	1600.	—	2200.
1917-D	20.	40.	50.	65.	100.	175.	275.	365.	480.	650.	850.	1000.	2000.	—	2500.
1917-S	17.	40.	50.	75.	150.	200.	400.	500.	1000.	700.	1200.	1650.	2650.	—	5000.
MAILED BREAST, STARS BELOW EAGLE															
1917	14.	20.	25.	30.	50.	85.	150.	200.	550.	400.	700.	650.	1800.	1650.	3500.
1917-D	30.	45.	80.	90.	100.	150.	225.	300.	750.	600.	1400.	1400.	3350.	1600.	7000.
1917-S	25.	45.	60.	75.	85.	120.	160.	310.	775.	500.	2400.	1000.	4250.	2700.	9000.
1918	15.	20.	30.	35.	50.	90.	135.	250.	350.	350.	900.	625.	1500.	—	3500.
1918-D	27.	37.	55.	65.	90.	140.	225.	325.	1150.	775.	2400.	1350.	5500.	2000.	12000.
1918-S	17.	25.	35.	45.	60.	150.	275.	300.	1550.	650.	8000.	1500.	17500.	—	—
1918/7-S	1500.	2000.	2500.	3000.	5000.	9000.	15000.	35000.	125000.	47500.	175000.	85000.	—	2000.	35000.
1919	30.	45.	55.	60.	70.	100.	140.	215.	350.	265.	750.	600.	1800.	850.	2500.
1919-D	65.	110.	130.	200.	300.	500.	700.	1900.	3750.	2200.	14500.	2500.	24000.	3750.	30000.
1919-S	60.	150.	200.	300.	400.	650.	1500.	2000.	4000.	3750.	10750.	4500.	35000.	6000.	35000.
1920	15.	20.	28.	35.	45.	75.	125.	220.	325.	375.	700.	500.	1875.	850.	4800.
1920-D	33.	55.	75.	100.	120.	180.	225.	650.	1650.	1350.	3150.	2300.	5900.	—	—
1920-S	20.	28.	35.	40.	60.	150.	225.	775.	8500.	1325.	15000.	2250.	25000.	—	—
1921	75.	135.	165.	225.	325.	425.	500.	1000.	1250.	1050.	2050.	1550.	4000.	—	70000.
1923	14.	20.	35.	40.	50.	75.	120.	225.	725.	400.	1400.	650.	3600.	900.	—
1923-S	150.	375.	450.	600.	800.	975.	1500.	1750.	2000.	2000.	2700.	2400.	4000.	—	7500.
1924	14.	20.	25.	28.	35.	70.	115.	175.	315.	260.	515.	480.	1400.	—	4000.
1924-D	45.	65.	75.	80.	100.	130.	145.	300.	1275.	700.	2200.	1000.	4500.	—	16000.
1924-S	22.	30.	38.	45.	85.	175.	350.	850.	1600.	1000.	3250.	1950.	5250.	—	6500.
1925	3.00	4.00	7.00	15.	35.	70.	105.	225.	700.	250.	900.	525.	1500.	—	—
1926	3.00	4.00	7.00	15.	33.	65.	105.	165.	315.	250.	515.	465.	2000.	575.	5000.

—— = Insufficient pricing data   * = None issued

STANDING LIBERTY QUARTER DOLLAR (CONTINUED)

	G-4	VG-8	F-12	VF-20	EF-40	AU-50	MS-60	MS-63	MS-63H	MS-64	MS-64H	MS-65	MS-65H	MS-66	MS-66H
1926-D	6.50	8.00	15.	30.	50.	85.	110.	375.	6500.	450.	15750.	550.	25000.	—	—
1926-S	3.50	4.00	12.	25.	100.	250.	345.	850.	6250.	1275.	15500.	2050.	26500.	—	—
1927	3.00	4.00	6.00	20.	40.	80.	120.	165.	300.	250.	515.	465.	1250.	1150.	2500.
1927-D	7.00	9.00	15.	40.	85.	135.	155.	225.	700.	450.	2000.	500.	3500.	1150.	5000.
1927-S	11.	13.	85.	450.	1000.	2800.	3800.	5500.	—	6900.	55000.	9750.	125000.	11000.	2500.
1928	3.00	4.00	5.00	15.	30.	85.	175.	225.	375.	250.	550.	700.	1400.	—	—
1928-D	4.50	5.00	7.00	20.	40.	80.	135.	185.	1975.	300.	3950.	600.	6000.	785.	—
1928-S	4.00	5.00	6.00	15.	35.	75.	130.	180.	350.	250.	385.	460.	900.	950.	2000.
1929	3.00	4.00	5.00	12.	30.	65.	100.	165.	300.	250.	425.	460.	1200.	—	—
1929-D	4.50	5.00	8.00	15.	35.	75.	150.	225.	1050.	290.	2300.	500.	6500.	—	14000.
1929-S	3.00	4.00	5.50	15.	35.	75.	115.	225.	325.	250.	475.	465.	750.	—	2500.
1930	3.00	4.00	4.50	12.	35.	70.	125.	225.	325.	275.	475.	435.	725.	—	1600.
1930-S	3.00	4.00	4.50	12.	35.	75.	115.	225.	400.	300.	500.	600.	850.	—	2000.

——— = Insufficient pricing data   * = None issued

Washington quarter dollar

Date of authorization: April 2, 1792; July 23, 1965; Oct. 18, 1973; Dec. 1, 1997

Dates of issue: 1932-present

Designers: John Flanagan
(Bicentennial Reverse): Jack L. Ahr

Engravers: John R. Sinnock
(Bicentennial Reverse): Frank Gasparro

Diameter: 24.26 mm/0.96 inch

Weight: (1932-1964, 1992-present silver Proofs only): 6.25 grams/0.20 ounce
(1965-present): 5.67 grams/0.18 ounce
1976 Bicentennial Proof and Uncirculated: 5.75 grams/0.18 ounce

Metallic content: (1932-1964, 1992-present silver Proofs only): 90% silver, 10% copper
(1976 Bicentennial Proof and Uncirculated sets only): 80% silver, 20% copper bonded to a core of 21.5% silver, 78.5% copper
(1965-present): 75% copper, 25% nickel clad to pure copper core

Weight of pure silver: (1932-1964, 1992-present silver Proofs only): 5.63 grams/0.18 ounce
(1976 Bicentennial Proof and Uncirculated sets only): 2.30 grams/0.07 ounce

Edge: Reeded

Mint mark: (1932-1964): Reverse below eagle
(1968-present): Obverse right of Washington's ponytail

SILVER	VF-20	EF-40	AU-50	MS-60	MS-63	MS-64	MS-65	MS-66	MS-67	PF-63	PF-64	PF-65	PF-66	PF-66DC	PF-67	PF-67C	PF-67DC	PF-68	PF-68C	PF-68DC	PF-69	PF-69DC
1932	7.00	9.00	15.	28.	50.	100.	350.	2250.	—	*	*	*	*	*	*	*	*	*	*	*	*	*
1932-D	100.	250.	400.	725.	2000.	3250.	15000.	100000.	—	*	*	*	*	*	*	*	*	*	*	*	*	*
1932-S	80.	100.	200.	400.	925.	1500.	5500.	25000.	—	*	*	*	*	*	*	*	*	*	*	*	*	*
1934-D	20.	35.	75.	175.	330.	600.	1625.	5000.	—	*	*	*	*	*	*	*	*	*	*	*	*	*
1934	3.00	4.75	10.	20.	30.	40.	70.	150.	300.	*	*	*	*	*	*	*	*	*	*	*	*	*
1934 Light Motto	5.00	10.	15.	30.	75.	110.	350.	1400.	—	*	*	*	*	*	*	*	*	*	*	*	*	*
1934 Doubled Die	150.	200.	350.	750.	1200.	3000.	6000.	15000.	—	*	*	*	*	*	*	*	*	*	*	*	*	*
1935	4.00	8.00	13.	20.	35.	45.	120.	260.	300.	*	*	*	*	*	*	*	*	*	*	*	*	*
1935-D	14.	35.	120.	200.	275.	450.	875.	1850.	—	*	*	*	*	*	*	*	*	*	*	*	*	*
1935-S	8.00	18.	40.	55.	85.	140.	265.	600.	—	*	*	*	*	*	*	*	*	*	*	*	*	*
1936	3.00	5.00	9.00	20.	30.	45.	75.	250.	400.	900.	1200.	1500.	4500.	—	9000.	*	*	*	*	*	*	*
1936-D	25.	80.	200.	350.	500.	950.	1200.	2700.	—	*	*	*	*	*	*	*	*	*	*	*	*	*
1936-S	7.00	25.	45.	85.	100.	125.	230.	515.	750.	*	*	*	*	*	*	*	*	*	*	*	*	*
1937	4.00	12.	25.	30.	42.	65.	150.	325.	475.	350.	500.	600.	900.	—	1800.	*	*	*	*	*	*	*
1937-D	6.00	14.	80.	45.	75.	100.	150.	525.	750.	*	*	*	*	*	*	*	*	*	*	*	*	*
1937-S	20.	40.	80.	125.	175.	225.	335.	400.	700.	*	*	*	*	*	*	*	*	*	*	*	*	*
1938	12.	16.	40.	60.	90.	100.	175.	400.	525.	150.	250.	350.	500.	—	1200.	*	*	530.	*	*	*	*
1938-S	10.	25.	50.	60.	85.	125.	195.	380.	1390.	*	*	*	*	*	*	*	*	*	*	*	*	*
1939	2.50	3.50	10.	12.	40.	65.	90.	160.	300.	150.	250.	300.	400.	—	800.	*	*	*	*	*	*	*
1939-D	8.50	15.	20.	12.	50.	65.	100.	175.	300.	*	*	*	*	*	*	*	*	*	*	*	*	*
1939-S	9.00	25.	45.	60.	75.	135.	175.	300.	600.	*	*	*	*	*	*	*	*	*	*	*	*	*
1940	2.50	3.00	8.00	12.	30.	40.	75.	110.	235.	125.	200.	300.	350.	—	600.	*	*	*	*	*	*	*
1940-D	15.	20.	50.	60.	125.	175.	250.	475.	2300.	*	*	*	*	*	*	*	*	*	*	*	*	*
1940-S	5.00	7.00	15.	20.	30.	40.	100.	135.	300.	*	*	*	*	*	*	*	*	*	*	*	*	*

—— = Insufficient pricing data   * = None issued

	VF-20	EF-40	AU-50	MS-60	MS-63	MS-64	MS-65	MS-66	MS-67	PF-63	PF-64	PF-65	PF-66	PF-66DC	PF-67	PF-67C	PF-67DC	PF-68	PF-68C	PF-68DC	PF-69	PF-69DC
1941	2.50	5.00	7.00	20.	20.	25.	55.	100.	150.	100.	150.	250.	400.	*	500.	*	*	*	*	*	*	*
1941-D	5.00	7.00	12.	15.	45.	65.	80.	375.	750.	*	*	*	*	*	*	*	*	*	*	*	*	*
1941-S	2.50	5.00	9.00	15.	30.	45.	90.	260.	450.	*	*	*	*	*	*	*	*	*	*	*	*	*
1942	2.50	3.00	5.00	10.	20.	25.	50.	380.	500.	85.	125.	200.	300.	—	400.	*	*	*	*	*	*	*
1942-D	3.00	6.00	12.	17.	65.	35.	70.	150.	250.	*	*	*	*	*	*	*	*	*	*	*	*	*
1942-S	4.00	8.00	20.	45.	65.	80.	135.	400.	750.	*	*	*	*	*	*	*	*	*	*	*	*	*
1943	2.60	2.75	3.00	6.00	10.	25.	45.	80.	150.	*	*	*	*	*	*	*	*	*	*	*	*	*
1943-D	2.50	5.00	16.	25.	35.	60.	75.	135.	215.	*	*	*	*	*	*	*	*	*	*	*	*	*
1943-S	3.00	4.00	12.	25.	35.	52.	70.	170.	200.	*	*	*	*	*	*	*	*	*	*	*	*	*
1943-S Doubled Die	175.	185.	225.	375.	650.	900.	1850.	5000.	—	*	*	*	*	*	*	*	*	*	*	*	*	*
1944	2.75	3.00	3.50	5.00	11.	18.	45.	110.	150.	*	*	*	*	*	*	*	*	*	*	*	*	*
1944-D	2.25	5.50	8.50	14.	18.	25.	50.	95.	150.	*	*	*	*	*	*	*	*	*	*	*	*	*
1944-S	2.25	5.00	9.00	16.	22.	28.	55.	80.	215.	*	*	*	*	*	*	*	*	*	*	*	*	*
1945	2.25	2.35	3.00	4.00	10.	15.	50.	160.	250.	*	*	*	*	*	*	*	*	*	*	*	*	*
1945-D	2.75	5.00	10.	15.	22.	35.	55.	100.	200.	*	*	*	*	*	*	*	*	*	*	*	*	*
1945-S	3.50	5.00	8.00	12.	19.	30.	50.	125.	200.	*	*	*	*	*	*	*	*	*	*	*	*	*
1946	2.25	2.50	3.25	3.25	12.	15.	50.	225.	200.	*	*	*	*	*	*	*	*	*	*	*	*	*
1946-D	2.35	2.75	5.50	9.00	10.	18.	45.	85.	145.	*	*	*	*	*	*	*	*	*	*	*	*	*
1946-S	3.00	3.25	3.50	7.00	11.	20.	45.	100.	460.	*	*	*	*	*	*	*	*	*	*	*	*	*
1947	2.25	3.00	4.00	5.25	12.	20.	45.	75.	130.	*	*	*	*	*	*	*	*	*	*	*	*	*
1947-D	2.35	3.00	4.00	7.00	12.	20.	40.	95.	335.	*	*	*	*	*	*	*	*	*	*	*	*	*
1947-S	2.75	3.50	5.00	10.	12.	18.	40.	65.	265.	*	*	*	*	*	*	*	*	*	*	*	*	*
1948	2.25	2.65	3.00	5.00	10.	18.	50.	80.	550.	*	*	*	*	*	*	*	*	*	*	*	*	*
1948-D	2.35	2.80	7.00	10.	10.	25.	45.	150.	250.	*	*	*	*	*	*	*	*	*	*	*	*	*
1948-S	3.25	4.00	5.00	7.50	11.	25.	45.	70.	215.	*	*	*	*	*	*	*	*	*	*	*	*	*

——— = Insufficient pricing data   * = None issued

WASHINGTON QUARTER DOLLAR (CONTINUED)

	VF-20	EF-40	AU-50	MS-60	MS-63	MS-64	MS-65	MS-66	MS-67	PF-63	PF-64	PF-65	PF-66	PF-66DC	PF-67	PF-67C	PF-67DC	PF-68	PF-68C	PF-68DC	PF-69	PF-69DC
1949	3.25	7.00	10.	25.	32.	45.	60.	140.	230.	*	*	*	*	*	*	*	*	*	*	*	*	*
1949-D	3.75	4.50	11.	15.	20.	30.	55.	250.	520.	*	*	*	*	*	*	*	*	*	*	*	*	*
1950	2.25	3.75	5.00	7.00	9.00	25.	40.	75.	120.	55.	60.	75.	85.	*	100.	*	*	350.	*	*	*	*
1950-D	2.00	4.00	4.75	6.00	8.50	15.	40.	115.	250.	*	*	*	*	*	*	*	*	*	*	*	*	*
1950-S	2.00	4.00	8.50	12.	18.	23.	75.	95.	170.	*	*	*	*	*	*	*	*	*	*	*	*	*
1950-D/S	55.	135.	200.	250.	350.	550.	1000.	5000.	—	*	*	*	*	*	*	*	*	*	*	*	*	*
1950-S/D	60.	150.	200.	235.	300.	375.	600.	1100.	—	*	*	*	*	*	*	*	*	*	*	*	*	*
1951	3.00	4.00	5.00	6.00	8.00	15.	35.	100.	425.	39.	45.	55.	70.	*	100.	315.	*	*	*	*	475.	*
1951-D	2.00	3.00	4.00	6.00	7.00	10.	40.	75.	150.	*	*	*	*	*	*	*	*	*	*	*	*	*
1951-S	3.00	5.00	8.50	16.	27.	35.	50.	90.	585.	*	*	*	*	*	*	*	*	*	*	*	*	*
1952	2.50	3.00	7.75	10.	13.	15.	25.	60.	275.	28.	38.	50.	70.	*	100.	*	*	110.	500.	*	*	*
1952-D	2.00	2.50	3.00	6.00	10.	14.	50.	175.	300.	*	*	*	*	*	*	*	*	*	*	*	*	*
1952-S	5.00	5.75	6.75	12.	25.	30.	45.	95.	335.	*	*	*	*	*	*	*	*	*	*	*	*	*
1953	2.00	3.25	5.00	5.00	9.50	14.	45.	100.	175.	20.	25.	30.	50.	*	90.	110.	*	*	450.	*	*	*
1953-D	2.00	2.25	2.50	5.00	5.00	13.	45.	200.	350.	*	*	*	*	*	*	*	*	*	*	*	*	*
1953-S	2.00	2.75	4.00	7.00	7.00	12.	40.	80.	350.	*	*	*	*	*	*	*	*	*	*	*	*	*
1954	2.00	2.50	4.00	3.75	13.	15.	35.	100.	175.	10.	12.	20.	27.	*	35.	175.	*	130.	225.	*	175.	*
1954-D	2.00	2.50	3.25	6.00	9.50	12.	48.	155.	450.	*	*	*	*	*	*	*	*	*	*	*	*	*
1954-S	2.00	2.50	3.25	3.75	8.00	15.	40.	90.	300.	*	*	*	*	*	*	*	*	*	*	*	*	*
1955	2.00	3.00	4.00	4.75	5.50	20.	30.	90.	80.	9.00	10.	17.	25.	*	50.	200.	*	125.	375.	*	175.	*
1955-D	3.50	4.50	5.50	7.00	8.50	20.	68.	350.	750.	*	*	*	*	*	*	*	*	*	*	*	*	*
1956	2.00	3.00	4.00	6.50	10.	11.	25.	60.	100.	7.00	8.50	10.	25.	*	40.	95.	125.	100.	125.	*	150.	*
1956-D	2.25	3.00	4.25	6.00	7.50	11.	35.	60.	110.	*	*	*	*	*	*	*	*	*	*	*	*	*
1957	3.00	3.50	4.25	6.00	8.00	11.	27.	60.	110.	2.75	7.00	10.	25.	*	40.	225.	320.	100.	200.	*	150.	*
1957-D	2.00	3.00	4.00	6.00	9.50	25.	25.	100.	250.	*	*	*	*	*	*	*	*	*	*	*	*	*

—— = Insufficient pricing data   * = None issued

WASHINGTON QUARTER DOLLAR (CONTINUED)

	VF-20	EF-40	AU-50	MS-60	MS-63	MS-64	MS-65	MS-66	MS-67	PF-63	PF-64	PF-65	PF-66	PF-66DC	PF-67	PF-67C	PF-67DC	PF-68	PF-68C	PF-68DC	PF-69	PF-69DC
1958	2.00	2.50	3.00	3.50	4.00	10.	35.	50.	175.	5.00	7.00	10.	25.	*	40.	275.	*	*	350.	*	150.	*
1958-D	2.00	2.50	3.00	4.75	6.25	9.00	30.	70.	200.													
1959	2.50	3.00	3.50	4.00	5.50	15.	30.	100.	175.	2.75	7.00	10.	25.	—	40.	55.	235.	100.	325.	*	150.	*
1959-D	2.50	3.00	3.50	4.00	4.00	14.	42.	65.	100.													
1960	2.00	2.50	3.00	3.50	4.00	16.	32.	100.	285.	1.75	7.00	10.	25.	—	40.	115.	240.	100.	135.	425.	150.	*
1960-D	2.00	2.50	3.00	3.50	4.00	5.50	27.	100.	180.													
1961	2.00	2.50	3.00	3.50	4.00	5.00	27.	95.	275.	1.50	5.00	8.50	20.	—	30.	40.	35.	50.	125.	600.	100.	*
1961-D	2.00	2.50	3.00	3.50	4.00	8.50	28.	165.	175.													
1962	2.00	2.50	3.00	3.50	4.00	6.50	30.	90.	125.	1.50	5.00	8.50	20.	—	30.	40.	—	40.	50.	100.	80.	*
1962-D	2.00	2.50	3.00	3.50	4.00	11.	24.	125.	175.													
1963	2.00	2.50	3.00	3.50	4.00	10.	24.	65.	135.	1.50	5.00	8.50	20.	—	30.	80.	—	40.	125.	600.	80.	*
1963-D	2.00	2.50	3.00	3.50	4.00	9.00	22.	80.	200.													
1964	2.00	2.50	3.00	3.50	4.00	8.75	25.	70.	125.	*	5.00	8.50	20.	—	30.	80.	—	50.	45.	90.	85.	*
1964-D	2.00	2.50	3.00	3.50	4.00	4.50	30.	75.	270.													
1965	—	—	—	—	0.70	2.75	14.	27.	—													
1966	—	—	—	—	0.70	2.00	10.	40.	—													
1967	—	—	—	—	0.95	2.75	10.	50.	210.													
1968	—	—	—	—	0.95	3.00	15.	35.	—													
1968-D	—	—	—	—	0.95	4.25	7.00	20.	65.													
1968-S	*	*	*	*	*	*	*	*	*	0.75	—	8.00	10.	—	12.	—	—	15.	15.	—	20.	*
1969	—	—	—	—	1.25	10.	15.	50.	—													
1969-D	—	—	—	—	1.25	3.50	10.	40.	300.													
1969-S	*	*	*	*	*	*	*	*	*	0.75	—	8.00	10.	—	12.	—	—	15.	15.	—	20.	*
1970	—	—	—	—	0.55	2.00	12.	60.	—													
1970-D	—	—	—	—	0.55	3.50	11.	20.	30.													

—— = Insufficient pricing data   * = None issued

WASHINGTON QUARTER DOLLAR (CONTINUED)

	VF-20	EF-40	AU-50	MS-60	MS-63	MS-64	MS-65	MS-66	MS-67	PF-63	PF-64	PF-65	PF-66	PF-66DC	PF-67	PF-67C	PF-67DC	PF-68	PF-68C	PF-68DC	PF-69	PF-69DC
1970-S	*	*	*	*	*	*	*	*	*	0.75	*	8.00	10.	*	12.	*	*	15.	*	*	20.	*
1971	—	—	—	—	0.95	3.25	9.00	35.	—	*	*	*	*	*	*	*	*	*	*	*	20.	*
1971-D	—	—	—	—	0.95	2.00	2.25	25.	167.	*	*	*	*	*	*	*	*	*	*	*	*	*
1971-S	*	*	*	*	*	*	*	*	*	0.75	*	8.00	10.	—	12.	—	—	15.	—	—	20.	—
1972	—	—	—	—	0.65	2.00	7.00	35.	—	*	*	*	*	*	*	*	*	*	*	*	*	*
1972-D	—	—	—	—	0.65	3.50	9.75	25.	30.	*	*	*	*	*	*	*	*	*	*	*	*	*
1972-S	*	*	*	*	*	*	*	*	*	0.75	*	8.00	10.	—	12.	—	—	15.	—	—	20.	—
1973	—	—	—	—	0.65	3.50	10.	45.	—	*	*	*	*	*	*	*	*	*	*	*	*	*
1973-D	—	—	—	—	0.65	2.00	14.	20.	230.	*	*	*	*	*	*	*	*	*	*	*	*	*
1973-S	*	*	*	*	*	*	*	*	—	0.65	*	8.00	10.	—	12.	—	—	15.	—	—	20.	—
1974	—	—	—	—	0.65	3.50	10.	25.	—	*	*	*	*	*	*	*	*	*	*	*	*	*
1974-D	—	—	—	—	0.65	7.00	18.	30.	75.	*	*	*	*	*	*	*	*	*	*	*	*	*
1974-S	*	*	*	*	*	*	*	*	*	0.55	*	8.00	10.	—	12.	—	—	15.	—	—	20.	65.

	VF-20	EF-40	AU-50	MS-60	MS-63	MS-64	MS-65	MS-66	MS-67	PF-63	PF-64	PF-65	PF-66	PF-66DC	PF-67	PF-67C	PF-67DC	PF-68	PF-68C	PF-68DC	PF-69	PF-69DC
DUAL DATE, BICENTENNIAL REVERSE																						
1776-1976	—				0.75	2.00	10.	25.	37.	*	*	*	*	*	*	*	*	*	*	*	*	*

— = Insufficient pricing data   * = None issued

Dual date   Bicentennial reverse

WASHINGTON QUARTER DOLLAR (CONTINUED)

	VF-20	EF-40	AU-50	MS-60	MS-63	MS-64	MS-65	MS-66	MS-67	PF-63	PF-64	PF-65	PF-66	PF-66DC	PF-67	PF-67C	PF-67DC	PF-68	PF-68C	PF-68DC	PF-69	PF-69DC
1776-1976-D	—	—	—	—	0.75	3.50	12.	32.	168.	*	*	*	*	*	*	*	*	*	*	*	*	*
1776-1976-S	*	*	*	*	*	*	*	*	*	—	*	8.00	10.	—	12.	—	—	15.	—	—	20.	80.
1776-1976-S 40% silver	—	—	—	—	2.50	—	3.75	—	—	—	*	10.	12.	—	15.	—	—	18.	—	—	25.	125.
EAGLE REVERSE RESUMED																						
1977	—	—	—	—	0.55	5.00	10.	25.	118.	*	*	*	*	*	*	*	*	*	*	*	*	*
1977-D	—	—	—	—	0.55	3.00	6.00	26.	—	*	*	*	*	*	*	*	*	*	*	*	*	*
1977-S	*	*	*	*	*	*	*	*	*	0.70	*	7.00	8.00	9.00	10.	—	12.	12.	—	15.	18.	25.
1978	—	—	—	—	0.55	3.00	10.	28.	144.	*	*	*	*	*	*	*	*	*	*	*	*	*
1978-D	—	—	—	—	0.55	5.00	12.	40.	—	*	*	*	*	*	*	*	*	*	*	*	*	*
1978-S	*	*	*	*	*	*	*	*	*	0.70	*	7.00	8.00	9.00	10.	—	12.	12.	—	15.	18.	25.
1979	—	—	—	—	0.65	5.00	10.	30.	—	*	*	*	*	*	*	*	*	*	*	*	*	*
1979-D	—	—	—	—	0.75	3.00	7.00	25.	—	*	*	*	*	*	*	*	*	*	*	*	*	*
1979-S Filled S	*	*	*	*	*	*	*	*	*	0.75	*	7.00	8.00	9.00	10.	—	12.	12.	—	15.	18.	25.
1979-S Clear S	*	*	*	*	*	*	*	*	*	0.95	*	8.00	9.00	11.	12.	—	14.	15.	—	18.	25.	35.
1980-P	—	—	—	—	0.55	3.00	9.00	20.	—	*	*	*	*	*	*	*	*	*	*	*	*	*
1980-D	—	—	—	—	0.55	3.00	8.75	30.	—	*	*	*	*	*	*	*	*	*	*	*	*	*
1980-S	*	*	*	*	*	*	*	*	*	0.75	*	7.00	8.00	9.00	10.	—	12.	12.	—	15.	18.	25.
1981-P	—	—	—	—	0.55	6.00	10.	35.	—	*	*	*	*	*	*	*	*	*	*	*	*	*
1981-D	—	—	—	—	0.55	7.50	6.50	18.	25.	*	*	*	*	*	*	*	*	*	*	*	*	*
1981-S	*	*	*	*	*	*	*	*	*	0.75	*	7.00	8.00	9.00	10.	—	12.	12.	—	15.	18.	25.
1982-P	—	—	—	—	4.00	15.	30.	75.	—	*	*	*	*	*	*	*	*	*	*	*	*	*
1982-D	—	—	—	—	1.50	10.	15.	70.	—	*	*	*	*	*	*	*	*	*	*	*	*	*
1982-S	*	*	*	*	*	*	*	*	*	0.85	*	7.00	8.00	9.00	10.	—	12.	12.	—	15.	18.	25.
1983-P	—	—	—	—	8.00	15.	63.	475.	—	*	*	*	*	*	*	*	*	*	*	*	*	*

—— = Insufficient pricing data   * = None issued

	PF-69DC	PF-69	PF-68DC	PF-68C	PF-68	PF-67DC	PF-67C	PF-67	PF-66DC	PF-66	PF-65	PF-64	PF-63	MS-67	MS-66	MS-65	MS-64	MS-63	MS-60	AU-50	EF-40	VF-20
1983-D	*	*	*	*	*	*	*	*	*	*	*	*	*	—	118.	45.	25.	4.00	*	*	*	*
1983-S	25.	18.	20.	—	15.	15.	—	10.	10.	7.00	5.00	—	1.25	*	*	*	*	*	*	*	*	*
1984-P	*	*	*	*	*	*	*	*	*	*	*	*	*	—	100.	15.	11.	1.00	—	—	—	—
1984-D	*	*	*	*	*	*	*	*	*	*	*	*	*	—	57.	12.	8.00	1.50	—	—	—	—
1984-S	25.	18.	20.	—	15.	15.	—	10.	10.	7.00	5.00	—	0.75	*	*	*	*	*	*	*	*	*
1985-P	*	*	*	*	*	*	*	*	*	*	*	*	*	—	50.	20.	10.	1.50	—	—	—	—
1985-D	*	*	*	*	*	*	*	*	*	*	*	*	*	—	22.	10.	4.00	1.50	—	—	—	—
1985-S	25.	18.	20.	—	15.	15.	—	10.	10.	7.00	5.00	—	0.50	*	*	*	*	*	*	*	*	*
1986-P	*	*	*	*	*	*	*	*	*	*	*	*	*	975.	19.	4.00	2.00	4.00	—	—	—	—
1986-D	*	*	*	*	*	*	*	*	*	*	*	*	*	—	53.	12.	4.00	4.00	—	—	—	—
1986-S	25.	18.	20.	—	15.	15.	—	10.	10.	7.00	5.00	—	1.00	*	*	*	*	*	*	*	*	*
1987-P	*	*	*	*	*	*	*	*	*	*	*	*	*	—	—	12.	9.50	0.65	—	—	—	—
1987-D	*	*	*	*	*	*	*	*	*	*	*	*	*	350.	30.	8.25	3.00	0.65	—	—	—	—
1987-S	25.	18.	20.	—	15.	15.	—	10.	10.	7.00	5.00	—	0.65	*	*	*	*	*	*	*	*	*
1988-P	*	*	*	*	*	*	*	*	*	*	*	*	*	—	50.	20.	3.00	1.65	—	—	—	—
1988-D	*	*	*	*	*	*	*	*	*	*	*	*	*	500.	20.	15.	5.00	0.75	—	—	—	—
1988-S	25.	18.	20.	—	15.	15.	—	10.	10.	7.00	5.00	—	0.65	*	*	*	*	*	*	*	*	*
1989-P	*	*	*	*	*	*	*	*	*	*	*	*	*	—	100.	24.	3.00	0.85	—	—	—	—
1989-D	*	*	*	*	*	*	*	*	*	*	*	*	*	—	50.	4.25	2.00	0.85	—	—	—	—
1989-S	25.	18.	20.	—	15.	15.	—	10.	10.	7.00	5.00	—	0.65	*	*	*	*	*	*	*	*	*
1990-P	*	*	*	*	*	*	*	*	*	*	*	*	*	—	50.	18.	3.00	0.75	—	—	—	—
1990-D	*	*	*	*	*	*	*	*	*	*	*	*	*	—	38.	4.00	2.00	0.75	—	—	—	—
1990-S	25.	18.	20.	—	15.	15.	—	10.	10.	7.00	5.00	—	3.00	*	*	*	*	*	*	*	*	*
1991-P	*	*	*	*	*	*	*	*	*	*	*	*	*	—	150.	20.	7.00	0.75	—	—	—	—
1991-D	*	*	*	*	*	*	*	*	*	*	*	*	*	—	30.	15.	5.00	0.75	—	—	—	—

— = Insufficient pricing data   * = None issued

WASHINGTON QUARTER DOLLAR (CONTINUED)

	VF-20	EF-40	AU-50	MS-60	MS-63	MS-64	MS-65	MS-66	MS-67	PF-63	PF-64	PF-65	PF-66	PF-66DC	PF-67	PF-67C	PF-67DC	PF-68	PF-68C	PF-68DC	PF-69	PF-69DC
1991-S	—	—	*	*	*	*	*	*	*	2.00	—	5.00	7.00	10.	10.	*	15.	15.	*	20.	18.	25.
1992-P	—	—	—	—	0.75	13.	22.	—	—	*	*	*	*	*	*	*	*	*	*	*	*	*
1992-D	—	—	—	—	0.75	6.50	30.	375.	—	*	*	*	*	*	*	*	*	*	*	*	*	*
1992-S Clad	*	*	*	*	*	*	*	*	*	2.70	—	5.00	7.00	10.	10.	—	15.	15.	—	15.	18.	25.
1992-S Silver	*	*	*	*	*	*	*	*	*	—	—	7.00	10.	15.	14.	—	20.	18.	—	18.	25.	35.
1993-P	—	—	—	—	0.75	4.00	10.	—	—	*	*	*	*	*	*	*	*	*	*	*	*	*
1993-D	—	—	—	—	0.75	8.00	12.	—	—	*	*	*	*	*	*	*	*	*	*	*	*	*
1993-S Clad	*	*	*	*	*	*	*	*	*	4.00	—	5.00	7.00	10.	10.	—	15.	15.	—	15.	18.	25.
1993-S Silver	*	*	*	*	*	*	*	*	*	—	—	7.00	10.	15.	14.	—	20.	18.	—	18.	25.	35.
1994-P	—	—	—	—	0.65	10.	25.	—	—	*	*	*	*	*	*	*	*	*	*	*	*	*
1994-D	—	—	—	—	0.65	5.00	12.	—	—	*	*	*	*	*	*	*	*	*	*	*	*	*
1994-S Clad	*	*	*	*	*	*	*	*	*	3.00	—	5.00	7.00	10.	10.	—	15.	15.	—	15.	18.	25.
1994-S Silver	*	*	*	*	*	*	*	*	*	—	—	7.00	10.	15.	14.	—	20.	18.	—	18.	25.	35.
1995-P	—	—	—	—	0.75	8.00	25.	60.	85.	*	*	*	*	*	*	*	*	*	*	*	*	*
1995-D	—	—	—	—	0.75	8.00	20.	50.	435.	*	*	*	*	*	*	*	*	*	*	*	*	*
1995-S Clad	*	*	*	*	*	*	*	*	*	15.	—	5.00	7.00	10.	10.	—	15.	15.	—	15.	18.	30.
1995-S Silver	*	*	*	*	*	*	*	*	*	—	—	7.00	10.	15.	14.	—	20.	18.	—	18.	25.	35.
1996-P	—	—	—	—	0.55	7.00	15.	20.	85.	*	*	*	*	*	*	*	*	*	*	*	*	*
1996-D	—	—	—	—	0.55	7.00	15.	20.	85.	*	*	*	*	*	*	*	*	*	*	*	*	*
1996-S Clad	*	*	*	*	*	*	*	*	*	3.00	—	5.00	7.00	10.	10.	—	15.	15.	—	15.	18.	25.
1996-S Silver	*	*	*	*	*	*	*	*	*	—	—	7.00	10.	15.	14.	—	20.	18.	—	18.	25.	35.
1997-P	—	—	—	—	0.55	7.00	10.	235.	495.	*	*	*	*	*	*	*	*	*	*	*	*	*
1997-D	—	—	—	—	0.55	10.	20.	50.	250.	*	*	*	*	*	*	*	*	*	*	*	*	*
1997-S Clad	*	*	*	*	*	*	*	*	*	7.00	—	5.00	7.00	10.	10.	—	15.	15.	—	15.	18.	30.
1997-S Silver	*	*	*	*	*	*	*	*	*	—	—	7.00	10.	15.	14.	—	20.	18.	—	18.	25.	45.

—— = Insufficient pricing data   * = None issued

WASHINGTON QUARTER DOLLAR (CONTINUED)

	VF-20	EF-40	AU-50	MS-60	MS-63	MS-64	MS-65	MS-66	MS-67	PF-63	PF-64	PF-65	PF-66	PF-66DC	PF-67	PF-67C	PF-67DC	PF-68	PF-68C	PF-68DC	PF-69	PF-69DC
1998-P	—	—	—	—	0.40	7.25	13.	30.	—	*	*	*	*	*	*	*	*	*	*	*	*	*
1998-D	—	—	—	—	0.40	9.50	12.	15.	200.	*	*	*	*	*	*	*	*	*	*	*	*	*
1998-S Clad	*	*	*	*	*	*	*	*	*	7.00	—	5.00	7.00	10.	10.	—	15.	15.	15.	15.	18.	25.
1998-S Silver	*	*	*	*	*	*	*	*	*	*	*	7.00	10.	15.	14.	—	20.	18.	—	18.	25.	35.
1999-P Delaware	—	—	—	—	1.25	10.	15.	50.	300.	*	*	*	*	*	*	*	*	*	*	*	*	*
1999-D Delaware	—	—	—	—	1.25	15.	20.	75.	375.	*	*	*	*	*	*	*	*	*	*	*	*	*
1999-S Clad Delaware	*	*	*	*	*	*	*	*	*	—	—	6.00	7.00	8.00	8.00	—	10.	9.00	—	15.	10.	31.
1999-S Silver Delaware	*	*	*	*	*	*	*	*	*	—	—	8.00	9.00	10.	10.	—	15.	12.	—	25.	20.	31.
1999-P Pennsylvania	—	—	—	—	1.40	15.	20.	60.	400.	*	*	*	*	*	*	*	*	*	*	*	*	*
1999-D Pennsylvania	—	—	—	—	1.40	10.	15.	40.	470.	*	*	*	*	*	*	*	*	*	*	*	*	*
1999-S Clad Pennsylvania	*	*	*	*	*	*	*	*	*	—	—	6.00	7.00	8.00	8.00	—	10.	9.00	—	15.	10.	34.
1999-S Silver Pennsylvania	*	*	*	*	*	*	*	*	*	*	*	8.00	9.00	10.	10.	—	15.	12.	—	25.	20.	38.
1999-P New Jersey	—	—	—	—	0.75	14.	22.	65.	400.	*	*	*	*	*	*	*	*	*	*	*	*	*
1999-D New Jersey	—	—	—	—	1.25	12.	16.	65.	1000.	*	*	*	*	*	*	*	*	*	*	*	*	*
1999-S Clad New Jersey	*	*	*	*	*	*	*	*	*	—	—	6.00	7.00	8.00	8.00	—	10.	9.00	—	15.	10.	31.
1999-S Silver New Jersey	*	*	*	*	*	*	*	*	*	—	—	8.00	9.00	10.	10.	—	15.	12.	—	25.	20.	31.
1999-P Georgia	—	—	—	—	0.75	15.	35.	112.	1200.	*	*	*	*	*	*	*	*	*	*	*	*	*
1999-D Georgia	—	—	—	—	0.80	12.	35.	90.	860.	*	*	*	*	*	*	*	*	*	*	*	*	*
1999-S Clad Georgia	*	*	*	*	*	*	*	*	*	—	—	6.00	7.00	8.00	8.00	—	10.	9.00	—	15.	10.	52.
1999-S Silver Georgia	*	*	*	*	*	*	*	*	*	—	—	8.00	9.00	10.	10.	—	15.	12.	—	25.	20.	31.
1999-P Connecticut	—	—	—	—	0.60	12.	15.	70.	275.	*	*	*	*	*	*	*	*	*	*	*	*	*
1999-D Connecticut	—	—	—	—	0.60	10.	20.	35.	128.	*	*	*	*	*	*	*	*	*	*	*	*	*

—— = Insufficient pricing data   * = None issued

WASHINGTON QUARTER DOLLAR (CONTINUED)

	VF-20	EF-40	AU-50	MS-60	MS-63	MS-64	MS-65	MS-66	MS-67	PF-63	PF-64	PF-65	PF-66	PF-66DC	PF-67	PF-67C	PF-67DC	PF-68	PF-68C	PF-68DC	PF-69	PF-69DC
1999-S Clad Connecticut	*	*	*	*	*	*	*	*	*	—	—	6.00	7.00	8.00	8.00	—	10.	9.00	—	15.	10.	30.
1999-S Silver Connecticut	*	*	*	*	*	*	*	*	*	—	—	8.00	9.00	10.	10.	—	15.	12.	—	25.	20.	31.
2000-P Massachusetts	—	—	—	—	0.55	3.00	10.	24.	55.	*	*	*	*	*	*	*	*	*	*	*	*	*
2000-D Massachusetts	—	—	—	—	0.55	6.50	10.	25.	82.	*	*	*	*	*	*	*	*	*	*	*	*	*
2000-S Clad Massachusetts	*	*	*	*	*	*	*	*	*	—	—	6.00	7.00	8.00	8.00	—	10.	9.00	—	15.	10.	26.
2000-S Silver Massachusetts	*	*	*	*	*	*	*	*	*	—	—	8.00	9.00	10.	10.	—	15.	12.	—	25.	20.	30.
2000-P Maryland	—	—	—	—	0.55	5.25	15.	40.	100.	*	*	*	*	*	*	*	*	*	*	*	*	*
2000-D Maryland	—	—	—	—	0.55	7.00	10.	29.	158.	*	*	*	*	*	*	*	*	*	*	*	*	*
2000-S Clad Maryland	*	*	*	*	*	*	*	*	*	—	—	6.00	7.00	8.00	8.00	—	10.	9.00	—	15.	10.	27.
2000-S Silver Maryland	*	*	*	*	*	*	*	*	*	—	—	8.00	9.00	10.	10.	—	15.	12.	—	25.	20.	38.
2000-P South Carolina	—	—	—	—	0.55	7.00	10.	18.	50.	*	*	*	*	*	*	*	*	*	*	*	*	*
2000-D South Carolina	—	—	—	—	0.55	10.	20.	30.	80.	*	*	*	*	*	*	*	*	*	*	*	*	*
2000-S Clad South Carolina	*	*	*	*	*	*	*	*	*	—	—	6.00	7.00	8.00	8.00	—	10.	9.00	—	15.	10.	36.
2000-S Silver South Carolina	*	*	*	*	*	*	*	*	*	—	—	8.00	9.00	10.	10.	—	15.	12.	—	25.	20.	40.
2000-P New Hampshire	—	—	—	—	0.55	10.	16.	47.	95.	*	*	*	*	*	*	*	*	*	*	*	*	*
2000-D New Hampshire	—	—	—	—	0.55	10.	20.	50.	128.	*	*	*	*	*	*	*	*	*	*	*	*	*
2000-S Clad New Hampshire	*	*	*	*	*	*	*	*	*	—	—	6.00	7.00	8.00	8.00	—	10.	9.00	—	15.	10.	36.

——— = Insufficient pricing data   * = None issued

WASHINGTON QUARTER DOLLAR (CONTINUED)

	VF-20	EF-40	AU-50	MS-60	MS-63	MS-64	MS-65	MS-66	MS-67	PF-63	PF-64	PF-65	PF-66	PF-66DC	PF-67	PF-67C	PF-67DC	PF-68	PF-68C	PF-68DC	PF-69	PF-69DC
2000-S Silver New Hampshire	*	*	*	*	*	*	*	*	*	—	—	8.00	9.00	10.	10.	—	15.	12.	—	25.	20.	40.
2000-P Virginia	—	—	—	—	0.55	10.	15.	35.	75.	*	*	*	*	*	*	*	*	*	*	*	*	*
2000-D Virginia	—	—	—	—	0.55	10.	16.	40.	100.	*	*	*	*	*	*	*	*	*	*	*	*	*
2000-S Clad Virginia	*	*	*	*	*	*	*	*	*	—	—	6.00	7.00	8.00	8.00	—	10.	9.00	—	15.	10.	27.
2000-S Silver Virginia	*	*	*	*	*	*	*	*	*	—	—	8.00	9.00	10.	10.	—	15.	12.	—	25.	20.	34.
2001-P New York	—	—	—	—	0.50	10.	26.	35.	175.	*	*	*	*	*	*	*	*	*	*	*	*	*
2001-D New York	—	—	—	—	0.50	8.00	16.	25.	500.	*	*	*	*	*	*	*	*	*	*	*	*	*
2001-S Clad New York	*	*	*	*	*	*	*	*	*	—	—	6.00	7.00	8.00	8.00	—	10.	9.00	—	15.	10.	26.
2001-S Silver New York	*	*	*	*	*	*	*	*	*	—	—	8.00	9.00	10.	10.	—	15.	12.	—	25.	20.	53.
2001-P North Carolina	—	—	—	—	0.50	7.00	15.	25.	50.	*	*	*	*	*	*	*	*	*	*	*	*	*
2001-D North Carolina	—	—	—	—	0.50	10.	16.	25.	100.	*	*	*	*	*	*	*	*	*	*	*	*	*
2001-S Clad North Carolina	*	*	*	*	*	*	*	*	*	—	—	6.00	7.00	8.00	8.00	—	10.	9.00	—	15.	10.	35.
2001-S Silver North Carolina	*	*	*	*	*	*	*	*	*	—	—	8.00	9.00	10.	10.	—	15.	12.	—	25.	20.	34.
2001-P Rhode Island	—	—	—	—	0.50	7.00	18.	25.	100.	*	*	*	*	*	*	*	*	*	*	*	*	*
2001-D Rhode Island	—	—	—	—	0.50	8.00	16.	26.	85.	*	*	*	*	*	*	*	*	*	*	*	*	*
2001-S Clad Rhode Island	*	*	*	*	*	*	*	*	*	—	—	6.00	7.00	8.00	8.00	—	10.	9.00	—	15.	10.	23.
2001-S Silver Rhode Island	*	*	*	*	*	*	*	*	*	—	—	8.00	9.00	10.	10.	—	15.	12.	—	25.	20.	34.
2001-P Vermont	—	—	—	—	0.50	8.00	10.	20.	100.	*	*	*	*	*	*	*	*	*	*	*	*	*
2001-D Vermont	—	—	—	—	0.50	9.00	12.	25.	150.	*	*	*	*	*	*	*	*	*	*	*	*	*
2001-S Clad Vermont	*	*	*	*	*	*	*	*	*	—	—	6.00	7.00	8.00	8.00	—	10.	9.00	—	15.	10.	22.

—— = Insufficient pricing data   * = None issued

WASHINGTON QUARTER DOLLAR (CONTINUED)

	VF-20	EF-40	AU-50	MS-60	MS-63	MS-64	MS-65	MS-66	MS-67	PF-63	PF-64	PF-65	PF-66	PF-66DC	PF-67	PF-67C	PF-67DC	PF-68	PF-68C	PF-68DC	PF-69	PF-69DC
2001-S Silver Vermont	*	*	*	*	*	*	*	*	*	—	—	8.00	9.00	10.	10.	—	15.	12.	—	25.	20.	36.
2001-P Kentucky	—	—	—	—	0.50	8.00	10.	20.	*	*	*	*	*	*	*	*	*	*	*	*	*	*
2001-D Kentucky	—	—	—	—	0.50	9.00	12.	25.	*	*	*	*	*	*	*	*	*	*	*	*	*	*
2001-S Clad Kentucky	*	*	*	*	*	*	*	*	*	—	—	6.00	7.00	8.00	8.00	—	10.	9.00	—	15.	10.	23.
2001-S Silver Kentucky	*	*	*	*	*	*	*	*	*	—	—	8.00	9.00	10.	10.	—	15.	12.	—	25.	20.	33.
2002-P Tennessee	—	—	—	—	0.45	8.00	10.	20.	*	*	*	*	*	*	*	*	*	*	*	*	*	*
2002-D Tennessee	—	—	—	—	0.45	9.00	12.	25.	*	*	*	*	*	*	*	*	*	*	*	*	*	*
2002-S Clad Tennessee	*	*	*	*	*	*	*	*	*	—	—	6.00	7.00	8.00	8.00	—	10.	9.00	—	15.	10.	20.
2002-S Silver Tennessee	*	*	*	*	*	*	*	*	*	—	—	8.00	9.00	10.	10.	—	15.	12.	—	25.	20.	27.
2002-P Ohio	—	—	—	—	0.60	8.00	10.	20.	*	*	*	*	*	*	*	*	*	*	*	*	*	*
2002-D Ohio	—	—	—	—	0.50	9.00	12.	25.	*	*	*	*	*	*	*	*	*	*	*	*	*	*
2002-S Clad Ohio	*	*	*	*	*	*	*	*	*	—	—	6.00	7.00	8.00	8.00	—	10.	9.00	—	15.	10.	29.
2002-S Silver Ohio	*	*	*	*	*	*	*	*	*	—	—	8.00	9.00	10.	10.	—	15.	12.	—	25.	20.	32.
2002-P Louisiana	—	—	—	—	0.45	8.00	10.	20.	*	*	*	*	*	*	*	*	*	*	*	*	*	*
2002-D Louisiana	—	—	—	—	0.45	9.00	12.	25.	*	*	*	*	*	*	*	*	*	*	*	*	*	*
2002-S Clad Louisiana	*	*	*	*	*	*	*	*	*	—	—	6.00	7.00	8.00	8.00	—	10.	9.00	—	15.	10.	25.
2002-S Silver Louisiana	*	*	*	*	*	*	*	*	*	—	—	8.00	9.00	10.	10.	—	15.	12.	—	25.	20.	32.
2002-P Indiana	—	—	—	—	—	8.00	10.	20.	*	*	*	*	*	*	*	*	*	*	*	*	*	*
2002-D Indiana	—	—	—	—	—	9.00	12.	25.	*	*	*	*	*	*	*	*	*	*	*	*	*	*
2002-S Clad Indiana	*	*	*	*	*	*	*	*	*	—	—	6.00	7.00	8.00	8.00	—	10.	9.00	—	15.	10.	25.
2002-S Silver Indiana	*	*	*	*	*	*	*	*	*	—	—	8.00	9.00	10.	10.	—	15.	12.	—	25.	20.	32.
2002-P Mississippi	—	—	—	—	—	8.00	10.	20.	*	*	*	*	*	*	*	*	*	*	*	*	*	*
2002-D Mississippi	—	—	—	—	—	9.00	12.	25.	*	*	*	*	*	*	*	*	*	*	*	*	*	*
2002-S Clad Mississippi	*	*	*	*	*	*	*	*	*	—	—	6.00	7.00	8.00	8.00	—	10.	9.00	—	15.	10.	18.

—— = Insufficient pricing data   * = None issued

WASHINGTON QUARTER DOLLAR (CONTINUED)

	VF-20	EF-40	AU-50	MS-60	MS-63	MS-64	MS-65	MS-66	MS-67	PF-63	PF-64	PF-65	PF-66	PF-66DC	PF-67	PF-67C	PF-67DC	PF-68	PF-68C	PF-68DC	PF-69	PF-69DC
2002-S Silver Mississippi	*	*	*	*	*	*	*	*	*	—	—	8.00	9.00	10.	10.	—	15.	12.	—	25.	20.	34.
2003-P Illinois	—	—	—	—	—	8.00	10.	20.		—	—	—	—	—	—	—	—	—	—	—	—	—
2003-D Illinois	—	—	—	—	—	9.00	12.	25.		—	—	—	—	—	—	—	—	—	—	—	—	—
2003-S Clad Illinois	—	—	—	—	—	—	—	—		—	—	6.00	7.00	8.00	8.00	—	10.	9.00	—	15.	10.	18.
2003-S Silver Illinois	—	—	—	—	—	—	—	—		—	—	8.00	9.00	10.	10.	—	15.	12.	—	25.	20.	34.
2003-P Alabama	—	—	—	—	—	8.00	10.	20.		—	—	—	—	—	—	—	—	—	—	—	—	—
2003-D Alabama	—	—	—	—	—	9.00	12.	25.		—	—	—	—	—	—	—	—	—	—	—	—	—
2003-S Clad Alabama	—	—	—	—	—	—	—	—		—	—	6.00	7.00	8.00	8.00	—	10.	9.00	—	15.	10.	18.
2003-S Silver Alabama	—	—	—	—	—	—	—	—		—	—	8.00	9.00	10.	10.	—	15.	12.	—	25.	20.	34.
2003-P Maine	—	—	—	—	—	8.00	10.	20.		—	—	—	—	—	—	—	—	—	—	—	—	—
2003-D Maine	—	—	—	—	—	9.00	12.	25.		—	—	—	—	—	—	—	—	—	—	—	—	—
2003-S Clad Maine	—	—	—	—	—	—	—	—		—	—	6.00	7.00	8.00	8.00	—	10.	9.00	—	15.	10.	18.
2003-S Silver Maine	—	—	—	—	—	—	—	—		—	—	8.00	9.00	10.	10.	—	15.	12.	—	25.	20.	34.
2003-P Missouri	—	—	—	—	—	8.00	10.	20.		—	—	—	—	—	—	—	—	—	—	—	—	—
2003-D Missouri	—	—	—	—	—	9.00	12.	25.		—	—	—	—	—	—	—	—	—	—	—	—	—
2003-S Clad Missouri	—	—	—	—	—	—	—	—		—	—	6.00	7.00	8.00	8.00	—	10.	9.00	—	15.	10.	18.
2003-S Silver Missouri	—	—	—	—	—	—	—	—		—	—	8.00	9.00	10.	10.	—	15.	12.	—	25.	20.	34.
2003-P Arkansas	—	—	—	—	—	8.00	10.	20.		—	—	—	—	—	—	—	—	—	—	—	—	—
2003-D Arkansas	—	—	—	—	—	9.00	12.	25.		—	—	—	—	—	—	—	—	—	—	—	—	—
2003-S Clad Arkansas	—	—	—	—	—	—	—	—		—	—	6.00	7.00	8.00	8.00	—	10.	9.00	—	15.	10.	18.
2003-S Silver Arkansas	—	—	—	—	—	—	—	—		—	—	8.00	9.00	10.	10.	—	15.	12.	—	25.	20.	34.

—— = Insufficient pricing data   * = None issued

State Quarter designs

Common Obverse

1999

Delaware

Pennsylvania

New Jersey

Georgia

Connecticut

2000

Massachusetts

Maryland

South Carolina

New Hampshire

Virginia

2001

New York

North Carolina

Rhode Island

Vermont

Kentucky

2002

Tennessee

Ohio

Louisiana

Indiana

Mississippi

2003

Illinois

Alabama

Maine

Missouri

Arkansas

Values of U.S. coins — 163

Flowing Hair half dollar

Date of authorization: April 2, 1792
Dates of issue: 1794-1795
Designer: Robert Scot
Engravers: Robert Scot, John S. Gardner
Diameter: 32.50 mm/1.28 inches
Weight: 13.48 grams/0.43 ounce
Metallic content: 90% silver, 10% copper
Weight of pure silver: 12.13 grams/0.39 ounce
Edge: Lettered (FIFTY CENTS OR HALF A DOLLAR)
Mint mark: None

	AG-3	G-4	VG-8	F-12	VF-20	EF-40	EF-45	AU-50	MS-60
1794	1000.	1500.	3000.	4500.	8000.	14000.	20000.	33000.	65000.
1795 2 Leaves	300.	700.	850.	1250.	2300.	6000.	7000.	10000.	25000.
1795 3 Leaves	550.	975.	1750.	3250.	5250.	12000.	16500.	25000.	—

—— = Insufficient pricing data

Draped Bust half dollar

Small Eagle reverse

Heraldic Eagle reverse

Date of authorization: April 2, 1792
Dates of issue: 1796-1797, 1801-1807
Designers: Obverse: Gilbert Stuart-Robert Scot
Reverse:
(1796-1797): Scot-John Eckstein
(1801-1807): Robert Scot
Engraver: Robert Scot
Diameter: 32.50 mm/1.28 inches
Weight: 13.48 grams/0.43 ounce
Metallic content: 89.25% silver, 10.75% copper
Weight of pure silver: 12.03 grams/0.39 ounce
Edge: Lettered (FIFTY CENTS OR HALF A DOLLAR)
Mint mark: None

	AG-3	G-4	VG-8	F-12	VF-20	EF-40	EF-45	AU-50	MS-60
SMALL EAGLE									
1796 15 Stars	7750.	11500.	14000.	18750.	26000.	45000.	52500.	65000.	—
1796 16 Stars	8000.	14000.	17000.	22500.	32000.	50000.	55000.	70000.	105000.
1797 15 Stars	7500.	11000.	14500.	19500.	27500.	48000.	52500.	63500.	97500.
HERALDIC EAGLE									
1801	120.	225.	300.	500.	900.	2950.	4250.	8250.	27500.
1802	110.	225.	275.	450.	775.	3250.	5500.	12500.	35000.
1803 Small 3	75.	165.	210.	325.	525.	1200.	1700.	3250.	7150.
1803 Large 3	60.	150.	175.	235.	400.	825.	1200.	2500.	6000.
1805/4	105.	205.	300.	480.	635.	1725.	3750.	6500.	25000.
1805	65.	150.	175.	235.	365.	900.	1250.	2500.	6250.
1806/5	65.	150.	175.	275.	360.	850.	1100.	2500.	6000.
1806/Inverted 6	90.	190.	285.	450.	825.	1800.	2400.	3850.	8750.
1806 Knobbed 6, No Stem, VF-35 $57,500.									
	—	—	—	—	55000.	70000.	—	—	—
1806 Knobbed 6, Stems	65.	150.	175.	235.	350.	750.	1000.	2500.	5500.
1806 Pointed 6, Stems	65.	150.	175.	235.	350.	750.	1000.	2500.	5500.
1806 Pointed 6, No Stem	60.	125.	160.	235.	350.	750.	1000.	2500.	5500.
1807	60.	125.	160.	235.	350.	750.	1000.	2500.	5200.

—— = Insufficient pricing data   * = None issued

Capped Bust half dollar

Date of authorization: April 2, 1792
Dates of issue: 1807-1839
Designers: Obverse: John Reich
Reverse:
    (1807-1836): John Reich
    (1836-1839): Reich-Christian
    Gobrecht
Engraver: John Reich
Diameter: (1807-1836): 32.50 mm/1.28 inches
    (1836-1839): 30.61 mm/1.21 inches
Weight: (1807-1836): 13.48 grams/0.43 ounce
    (1836-1839): 13.37 grams/0.43 ounce
Metallic Content: (1807-1836): 89.25% silver, 10.75%
    copper
    (1836-1839): 90% silver, 10% copper
Weight of pure silver: (1807-1836): 12.03 grams/0.39 ounce
    (1836-1839): 12.03 grams/0.39 ounce
Edge: (1807-1836): Lettered (FIFTY CENTS OR
    HALF A DOLLAR)
    (1836-1839): Reeded
Mint mark: 1838-1839 only, obverse above date

	G-4	VG-8	F-12	VF-20	EF-40	AU-50	AU-58	MS-60	MS-62	MS-63	MS-64
1807 Small Stars	62.	95.	190.	345.	800.	2200.	2600.	3800.	5500.	10000.	—
1807 Large Stars	52.	85.	180.	300.	825.	2350.	2800.	4500.	7250.	12500.	25000.
1807 50/20C	48.	100.	155.	250.	475.	1750.	2150.	3750.	5000.	8500.	12500.
1807 Bearded Goddess	300.	465.	775.	1250.	2500.	7250.	—	—	—	—	—
1808/7	45.	55.	80.	160.	435.	975.	1400.	2250.	3750.	6250.	9500.
1808	45.	55.	65.	100.	245.	545.	825.	1450.	2600.	3900.	7000.
1809 Plain Edge	45.	55.	65.	95.	200.	525.	900.	1500.	2500.	3850.	9500.

—— = Insufficient pricing data   * = None issued

	G-4	VG-8	F-12	VF-20	EF-40	AU-50	AU-58	MS-60	MS-62	MS-63	MS-64
1809 X Edge	45.	55.	65.	110.	230.	650.	1000.	1800.	2900.	—	—
1809 IIII Edge	45.	55.	65.	115.	245.	650.	1050.	2000.	3350.	6000.	—
1810	45.	55.	65.	75.	165.	400.	575.	1300.	2100.	3500.	6500.
1811 Small 8	45.	55.	65.	80.	160.	385.	460.	900.	1250.	1850.	3500.
1811 Large 8	45.	55.	65.	80.	170.	500.	585.	1000.	1350.	2450.	—
1811/0	45.	55.	80.	145.	300.	585.	675.	1250.	3500.	7000.	17500.
1812/1 Small 8	45.	65.	80.	165.	365.	675.	975.	2300.	3550.	5850.	10750.
1812/1 Large 8	1550.	2500.	3750.	6750.	11000.	17000.	—	—	—	—	—
1812	45.	55.	65.	75.	150.	375.	440.	750.	1100.	2150.	4250.
1813	45.	55.	65.	85.	175.	450.	550.	1000.	1600.	2850.	5250.
1813 50C/UNI	45.	55.	80.	135.	270.	600.	950.	1900.	3500.	6750.	8500.
1814	45.	55.	65.	80.	185.	475.	600.	1050.	1750.	3250.	4900.
1814 Single Leaf	45.	55.	80.	120.	325.	750.	1250.	2000.	—	—	—
1814/3	50.	57.	92.	150.	375.	875.	1250.	2050.	3050.	5300.	—
1815/2	750.	1100.	1400.	1750.	3000.	4800.	6500.	9500.	14000.	24500.	48500.
1817/3	80.	125.	175.	365.	775.	1600.	2500.	4750.	8000.	18500.	—
1817/4	—	—	52500.	110000.	—	—	—	—	—	—	—
1817	45.	55.	65.	75.	170.	390.	450.	950.	2050.	2900.	5250.
1817 Single Leaf	45.	55.	80.	120.	240.	750.	1250.	2150.	—	—	—
1818/7	45.	55.	65.	75.	180.	750.	950.	1400.	3100.	6500.	—
1818	45.	55.	65.	90.	190.	425.	550.	850.	1100.	2100.	3800.
1819/8 Small 9	45.	55.	65.	90.	190.	425.	575.	1300.	1400.	2050.	3950.
1819/8 Large 9	45.	55.	65.	90.	150.	425.	575.	1300.	1525.	2500.	4200.
1819	45.	55.	65.	75.	135.	275.	450.	875.	1500.	2750.	4350.
1820/19 Curl 2	45.	55.	65.	140.	275.	625.	975.	1400.	2500.	4000.	6750.
1820/19 Square 2	45.	55.	70.	150.	350.	800.	1050.	1600.	2500.	4350.	10500.
1820 Large Date	45.	55.	65.	115.	250.	525.	600.	1100.	1650.	3250.	6000.
1820 Small Date	45.	55.	65.	125.	275.	585.	700.	1250.	2250.	4100.	—
1821	45.	55.	65.	75.	145.	525.	700.	950.	1250.	2250.	3750.
1822	45.	55.	65.	75.	135.	285.	350.	675.	1200.	2000.	3000.
1822/1	50.	55.	75.	135.	275.	635.	800.	1200.	1750.	2900.	4400.
1823	45.	55.	65.	75.	125.	300.	400.	675.	1000.	1850.	3150.
1823 Broken 3	45.	55.	80.	125.	415.	725.	1250.	1650.	2250.	3500.	—
1823 Patched 3	45.	55.	80.	100.	175.	500.	800.	1400.	1900.	3000.	4500.
1823 Ugly 3	45.	55.	65.	90.	200.	575.	900.	1450.	1950.	3100.	—
1824/1	45.	55.	65.	95.	210.	400.	550.	950.	1400.	2850.	5750.
1824/2/0	45.	55.	65.	75.	150.	550.	900.	1100.	2250.	5000.	—
1824/4	45.	55.	65.	75.	145.	325.	550.	825.	1200.	1950.	3500.
1824	45.	55.	65.	75.	105.	275.	345.	575.	950.	1500.	3000.
1825	45.	55.	65.	75.	100.	250.	325.	525.	850.	1550.	3100.
1826	45.	55.	65.	75.	100.	250.	325.	525.	850.	1500.	3100.
1827/6	45.	55.	65.	85.	200.	375.	490.	950.	1300.	2325.	5500.

—— = Insufficient pricing data   * = None issued

CAPPED BUST HALF DOLLAR (CONTINUED)

	G-4	VG-8	F-12	VF-20	EF-40	AU-50	AU-58	MS-60	MS-62	MS-63	MS-64
1827 Square 2	45.	55.	65.	75.	100.	250.	375.	600.	900.	1500.	3200.
1827 Curl 2	45.	55.	65.	75.	110.	250.	300.	525.	850.	1500.	3100.
1828	45.	55.	65.	75.	100.	200.	265.	500.	800.	1250.	2750.
1828 Small Letters	45.	55.	75.	100.	195.	625.	850.	1300.	1600.	2600.	3500.
1828 Large 8s	45.	55.	65.	75.	85.	235.	290.	500.	800.	1250.	2750.
1828 Small 8s	45.	55.	65.	75.	77.	230.	270.	500.	800.	1250.	2750.
1829/7	45.	55.	65.	75.	135.	350.	500.	1000.	1700.	3000.	6500.
1829	45.	55.	65.	75.	100.	250.	300.	500.	800.	1500.	3100.
1830 Large O	45.	55.	65.	75.	100.	250.	300.	500.	800.	1500.	3100.
1830 Small O	45.	55.	65.	75.	100.	250.	300.	500.	800.	1500.	3100.
1830 Large Letters	1500.	2100.	3000.	3850.	4500.	7750.	8500.	15000.	—	—	—
1831	45.	55.	65.	75.	100.	250.	300.	500.	800.	1500.	3100.
1832 Normal	45.	55.	65.	75.	100.	250.	300.	500.	800.	1500.	3100.
1832 Large Letters	45.	55.	65.	85.	135.	275.	325.	525.	950.	1750.	3100.
1833	45.	55.	65.	75.	100.	250.	300.	500.	800.	1500.	3100.
1834 All varieties	45.	55.	65.	75.	100.	250.	300.	500.	800.	1500.	3100.
1835	45.	55.	65.	75.	100.	250.	300.	500.	800.	1500.	3100.
1836	45.	55.	65.	75.	100.	250.	300.	500.	800.	1500.	3100.
1836/1336	45.	55.	65.	75.	100.	250.	300.	500.	825.	1500.	—
1836 50/00	50.	65.	75.	165.	250.	700.	825.	1600.	2250.	3950.	—

CAPPED BUST, REEDED EDGE HALF DOLLAR

50 CENTS reverse

HALF DOL. reverse

REEDED EDGE, 50 CENTS REVERSE

	G-4	VG-8	F-12	VF-20	EF-40	AU-50	AU-58	MS-60	MS-62	MS-63	MS-64
1836	625.	775.	900.	1250.	1800.	3400.	4750.	9000.	11500.	17500.	35000.
1837	32.	36.	45.	75.	120.	275.	350.	600.	975.	1650.	4000.

HALF DOL. REVERSE

	G-4	VG-8	F-12	VF-20	EF-40	AU-50	AU-58	MS-60	MS-62	MS-63	MS-64
1838	32.	36.	45.	75.	120.	290.	340.	625.	1075.	1500.	4250.
1838 O-Proofs only	—	—	—	—	42500.	80000.	—	115000.	165000.	300000.	—
1839	32.	36.	45.	85.	150.	350.	450.	950.	1550.	2500.	6000.
1839-O	135.	175.	250.	310.	585.	1125.	1550.	2800.	4000.	5600.	11500.

——— = Insufficient pricing data   * = None issued

Seated Liberty half dollar

Date of authorization: April 2, 1792
Dates of issue: 1839-1891
Designers: Obverse: Christian Gobrecht
Reverse: John Reich-Gobrecht
Engraver: Christian Gobrecht
Diameter: 30.61 mm/1.21 inches
Weight: (1839-1853): 13.37 grams/0.43 ounce
(1853-1873): 12.4 grams/0.40 ounce
(1873-1891): 12.50 grams/0.40 ounce
Metallic Content: 90% silver, 10% copper
Weight of pure silver: (1839-1853): 12.03 grams/0.39 ounce
(1853-1873): 11.20 grams/0.36 ounce
(1873-1891): 11.25 grams/0.36 ounce
Edge: Reeded
Mint mark: Reverse below eagle

Arrows at date, Rays on reverse

—— = Insufficient pricing data

SEATED LIBERTY HALF DOLLAR (CONTINUED)

	G-4	VG-8	F-12	VF-20	EF-40	AU-50	AU-58	MS-60	MS-62	MS-63	MS-64	MS-65	MS-66	PF-63	PF-64	PF-65	PF-66
NO DRAPERY																	
1839	40.	60.	125.	300.	675.	1500.	2750.	4000.	8000.	12500.	40000.	—	—	32000.	*	*	*
DRAPERY AT ELBOW																	
1839	21.	30.	48.	85.	135.	275.	385.	550.	1075.	2250.	3700.	—	—	*	*	*	*
1840 Small Letters	24.	35.	53.	75.	110.	250.	380.	585.	775.	1475.	2900.	—	—	*	*	*	*
1840 Medium Letters	105.	165.	225.	295.	525.	1100.	1400.	2750.	—	6000.	8600.	—	—	*	*	*	*
1840-O	21.	30.	50.	70.	105.	230.	360.	600.	1100.	2250.	—	—	—	*	*	*	*
1841	32.	43.	85.	150.	250.	425.	575.	1200.	1500.	2750.	4750.	—	—	*	25000.	*	*
1841-O	17.	27.	48.	88.	125.	235.	375.	800.	1150.	2400.	5600.	—	—	*	*	*	*
1842 Small Date	25.	39.	55.	70.	175.	400.	575.	875.	1300.	2350.	—	—	—	*	22500.	*	*
1842 Medium Date	20.	31.	49.	62.	90.	185.	260.	400.	1150.	1450.	3250.	—	—	*	*	*	*
1842-O Medium Date	17.	28.	40.	57.	120.	300.	450.	725.	1750.	4500.	—	—	—	*	*	*	*
1842-O Small Date	575.	800.	1350.	2000.	4150.	8500.	13000.	—	42500.	—	11000.	—	—	*	*	*	*
1843	17.	26.	43.	53.	73.	180.	235.	395.	650.	1150.	2450.	—	—	*	*	*	*
1843-O	17.	28.	47.	60.	90.	195.	360.	700.	950.	1900.	4000.	—	—	*	*	*	*
1844	17.	26.	40.	48.	70.	175.	240.	390.	650.	1200.	3250.	—	—	*	*	*	*
1844-O	17.	26.	40.	48.	82.	225.	350.	735.	1000.	2150.	3500.	—	—	*	*	*	*
1844-O Doubled Date	300.	650.	1100.	1550.	2100.	5750.	7500.	12000.	—	—	—	—	—	*	*	*	*
1845	23.	31.	55.	88.	180.	340.	525.	900.	1500.	3750.	6900.	—	—	*	*	*	*
1845-O	17.	26.	40.	58.	125.	255.	375.	725.	1075.	2050.	6300.	—	—	*	*	*	*
1845-O No Drapery	24.	35.	75.	100.	185.	325.	475.	975.	1500.	4000.	—	—	—	*	23000.	*	*
1846 Medium Date	17.	27.	40.	52.	88.	200.	275.	400.	860.	1450.	2850.	—	—	14000.	*	*	*
1846 Tall Date	19.	30.	43.	60.	120.	250.	315.	535.	900.	1700.	3250.	—	—	*	*	*	*
1846/Horizontal 6	125.	225.	275.	375.	550.	1200.	1950.	3500.	9300.	—	—	—	—	*	*	*	*
1846-O Medium Date	18.	25.	40.	53.	95.	250.	340.	750.	1450.	2200.	4500.	—	—	*	*	*	*
1846-O Tall Date	130.	290.	360.	475.	1100.	2000.	2600.	3950.	5350.	10000.	—	—	—	*	*	*	*

—— = Insufficient pricing data   * = None issued

SEATED LIBERTY HALF DOLLAR (CONTINUED)

	G-4	VG-8	F-12	VF-20	EF-40	AU-50	AU-58	MS-60	MS-62	MS-63	MS-64	MS-65	PF-63	PF-64	PF-65	PF-66
1847	17.	24.	40.	48.	80.	160.	220.	400.	675.	1150.	2100.	—	14500.	*	*	*
1847-O	19.	24.	40.	55.	125.	290.	450.	800.	1375.	2250.	—	—	*	*	*	*
1847/6	—	2000.	2850.	3600.	6750.	—	17500.	—	24000.	—	—	—	—	—	—	—
1848	34.	55.	75.	125.	215.	475.	575.	775.	1025.	1600.	2300.	—	*	*	37500.	—
1848-O	17.	29.	40.	48.	130.	325.	475.	810.	1100.	1850.	3650.	—	—	—	—	—
1849	28.	35.	48.	68.	140.	350.	485.	805.	1050.	1400.	2900.	—	—	26500.	—	—
1849 Doubled Date, bold	1400.	1800.	2750.	3750.	5150.	8500.	—	—	—	—	—	—	—	—	—	—
1849-O	19.	29.	43.	59.	115.	245.	350.	650.	—	1950.	4250.	—	*	*	*	*
1850	180.	255.	335.	415.	550.	825.	1025.	1650.	2700.	4650.	—	—	*	*	*	*
1850-O	18.	28.	42.	57.	110.	235.	310.	550.	900.	1600.	2450.	—	*	*	*	*
1851	250.	350.	500.	600.	725.	975.	1250.	1600.	2000.	3000.	—	—	*	*	*	*
1851-O	20.	30.	53.	85.	185.	385.	460.	675.	950.	1400.	2500.	—	*	*	*	*
1852	300.	450.	525.	700.	900.	1100.	1200.	1325.	1450.	1900.	3300.	—	12500.	*	*	*
1852-O	45.	90.	175.	350.	515.	1150.	1850.	3750.	5250.	7500.	13000.	—	40000.	—	—	—
1853-O (Beware Alterations)	125000.	190000.	—	—	—	—	—	—	—	—	—	—	—	—	—	—
ARROWS AND RAYS																
1853	18.	29.	44.	80.	225.	450.	625.	1275.	1800.	3550.	6250.	—	—	82500.	—	—
1853-O	20.	33.	55.	150.	250.	850.	1500.	2750.	3450.	5750.	12500.	—	*	*	*	*
RAYS REMOVED																
1854	16.	26.	40.	45.	100.	255.	375.	585.	750.	1450.	2750.	—	*	14500.	37500.	—
1854-O	16.	25.	40.	45.	90.	250.	325.	475.	775.	1450.	2500.	—	*	*	*	*
1855/1854	55.	75.	140.	250.	375.	700.	1100.	1800.	2250.	—	—	—	—	26500.	—	—
1855	18.	29.	41.	60.	110.	280.	325.	750.	1100.	1900.	3050.	—	*	*	*	*
1855-O	16.	26.	40.	45.	100.	270.	330.	675.	950.	1475.	2500.	—	*	*	29000.	*
1855-S	325.	485.	850.	1350.	3100.	6700.	8500.	14500.	—	—	—	—	*	*	*	*

——— = Insufficient pricing data   * = None issued

SEATED LIBERTY HALF DOLLAR (CONTINUED)

DRAPERY AT ELBOW	G-4	VG-8	F-12	VF-20	EF-40	AU-50	AU-58	MS-60	MS-62	MS-63	MS-64	MS-65	PF-63	PF-64	PF-65	PF-66
1856	16.	24.	40.	48.	75.	160.	200.	375.	500.	800.	—	—	—	8250.	15000.	*
1856-O	16.	26.	40.	48.	75.	165.	250.	405.	535.	775.	1900.	—	*	*	*	*
1856-S	42.	55.	100.	205.	375.	1300.	1950.	3500.	—	—	—	—	*	*	*	*
1857	16.	24.	40.	48.	75.	160.	210.	380.	550.	800.	1700.	—	—	*	*	*
1857-O	17.	28.	43.	58.	125.	225.	400.	725.	1200.	2600.	—	—	2500.	5750.	—	*
1857-S	60.	80.	140.	250.	525.	900.	1750.	3350.	—	6250.	10500.	—	*	*	*	*
1858	16.	24.	40.	48.	75.	160.	200.	375.	515.	750.	1700.	—	—	4500.	13000.	*
1858-O	16.	25.	40.	48.	75.	180.	260.	400.	600.	900.	2250.	—	*	*	*	*
1858-S	18.	29.	55.	90.	140.	340.	600.	1050.	1750.	3250.	6500.	—	*	*	*	*
1859	23.	31.	49.	68.	100.	210.	275.	395.	650.	925.	2850.	—	1150.	2000.	5850.	*
1859-O	16.	25.	40.	48.	75.	200.	265.	390.	525.	750.	—	—	*	*	*	*
1859-S	18.	29.	50.	85.	165.	290.	550.	925.	1900.	2900.	4600.	—	*	*	*	*
1860	18.	28.	45.	60.	110.	235.	350.	600.	950.	1200.	2200.	—	925.	1950.	5950.	*
1860-O	16.	28.	43.	56.	75.	180.	225.	380.	500.	740.	1750.	—	*	*	*	*
1860-S	18.	27.	44.	58.	110.	240.	400.	650.	1450.	2600.	—	—	*	*	*	*
1861	16.	24.	40.	48.	75.	160.	210.	375.	475.	750.	1725.	—	925.	2350.	6500.	*
1861-O	16.	27.	42.	55.	80.	215.	285.	400.	650.	800.	2050.	—	*	*	*	*
1861-O struck by CSA, obverse die crack	50.	75.	125.	175.	250.	385.	525.	925.	1600.	3000.	—	—	*	*	*	*
1861-S	17.	26.	40.	58.	130.	265.	450.	900.	1800.	3250.	5500.	—	*	*	*	*
1862	26.	40.	58.	90.	185.	310.	410.	525.	750.	1050.	2150.	—	925.	1850.	5550.	*
1862-S	16.	24.	40.	49.	85.	250.	340.	475.	1150.	2550.	5500.	—	*	*	*	*
1863	18.	30.	47.	63.	135.	265.	315.	460.	660.	950.	2150.	—	925.	1900.	5650.	*
1863-S	16.	28.	43.	50.	85.	245.	350.	510.	740.	2150.	4250.	—	*	*	*	*
1864	21.	32.	51.	75.	150.	275.	350.	500.	700.	1025.	2025.	—	925.	1800.	5350.	*
1864-S	16.	28.	42.	53.	85.	255.	375.	550.	1250.	2350.	3750.	—	*	*	*	*

——— = Insufficient pricing data   * = None issued

SEATED LIBERTY HALF DOLLAR (CONTINUED)

	G-4	VG-8	F-12	VF-20	EF-40	AU-50	AU-58	MS-60	MS-62	MS-63	MS-64	MS-65	PF-63	PF-64	PF-65	PF-66
1865 Doubled Date	40.	60.	90.	165.	235.	375.	450.	—	—	—	—	—	*	*	*	*
1865-S	16.	27.	42.	58.	105.	275.	545.	835.	1575.	2750.	5750.	—	—	—	—	—
1865	22.	33.	48.	70.	140.	285.	350.	515.	725.	1300.	2800.	—	950.	1900.	5250.	*
1866-S	70.	115.	215.	335.	825.	1850.	2650.	4650.	5750.	10000.	—	—	—	—	—	—
1866 Fantasy Du Pont specimen recovered																
MOTTO ABOVE EAGLE																
1866	17.	29.	43.	65.	95.	175.	235.	385.	600.	1000.	1750.	—	725.	1200.	3400.	*
1866-S	16.	25.	40.	63.	100.	265.	320.	475.	1050.	2350.	—	—	—	—	—	—
1867	24.	40.	57.	95.	145.	255.	300.	435.	615.	1050.	4000.	—	725.	1100.	3750.	*
1867-S	16.	25.	40.	48.	80.	170.	245.	500.	1000.	2400.	2800.	—	—	—	—	—
1868	40.	55.	80.	145.	265.	375.	450.	525.	650.	950.	2800.	—	725.	1175.	3400.	*
1868-S	17.	28.	40.	52.	110.	235.	410.	700.	1500.	2750.	—	—	—	—	—	—
1869	20.	31.	40.	51.	90.	175.	230.	365.	525.	950.	1800.	—	675.	1050.	3250.	*
1869-S	17.	26.	42.	54.	115.	400.	585.	975.	1700.	3450.	—	—	—	—	—	—
1870	21.	29.	40.	58.	105.	190.	230.	345.	550.	1000.	2500.	—	850.	1150.	3200.	*
1870-CC	450.	725.	1500.	3500.	12500.	20000.	—	—	—	—	—	—	—	—	—	—
1870-S	17.	30.	43.	63.	120.	265.	375.	650.	1500.	2750.	1750.	—	—	—	—	—
1871	17.	26.	40.	58.	73.	165.	215.	340.	550.	900.	1750.	—	700.	1250.	3150.	*
1871-CC	150.	250.	400.	675.	1500.	4000.	7500.	12500.	25000.	42500.	—	—	—	—	—	—
1871-S	16.	24.	40.	45.	80.	225.	365.	575.	975.	1750.	1900.	—	—	—	—	—
1872	16.	26.	40.	48.	70.	180.	220.	335.	500.	900.	1900.	—	775.	1150.	3200.	*
1872-CC	55.	100.	225.	350.	675.	1500.	2750.	5000.	—	3150.	7000.	—	—	—	—	—
1872-S	24.	35.	60.	90.	190.	350.	575.	1275.	1700.	—	—	—	—	—	—	—
1873 Closed 3	26.	43.	66.	88.	140.	300.	340.	410.	600.	1000.	1725.	—	700.	1750.	3500.	*
1873 Open 3	2400.	3000.	4200.	5900.	7750.	11500.	16000.	25000.	32500.	57500.	—	—	—	—	—	—
1873-CC	150.	225.	325.	650.	1400.	4250.	6500.	9500.	20000.	40000.	—	—	—	—	—	—

—— = Insufficient pricing data   * = None issued

SEATED LIBERTY HALF DOLLAR (CONTINUED)

	G-4	VG-8	F-12	VF-20	EF-40	AU-50	AU-58	MS-60	MS-62	MS-63	MS-64	MS-65	PF-63	PF-64	PF-65	PF-66
ARROWS AT DATE																
1873	18.	27.	40.	73.	190.	350.	490.	875.	1150.	2250.	4000.	—	1800.	2850.	8750.	*
1873-CC	110.	200.	350.	700.	1500.	2800.	4050.	6000.	—	15000.	25000.	—	*	*	*	*
1873-S	40.	65.	115.	190.	390.	850.	1250.	2000.	3500.	6250.	11000.	—	*	*	*	*
1874	18.	27.	40.	70.	190.	350.	525.	875.	1050.	2000.	3700.	—	1450.	2600.	8000.	*
1874-CC	400.	500.	600.	1000.	2500.	3500.	4400.	7000.	13500.	24500.	—	—	*	*	*	*
1874-S	32.	40.	73.	145.	290.	650.	900.	1600.	—	3400.	9000.	—	*	*	*	*
MOTTO ABOVE EAGLE																
1875	16.	24.	40.	45.	68.	160.	200.	335.	410.	540.	1250.	—	675.	1050.	3100.	*
1875-CC	19.	38.	60.	80.	170.	300.	400.	600.	675.	1200.	2900.	—	*	*	*	*
1875-S	16.	26.	47.	60.	90.	165.	205.	345.	465.	650.	1200.	—	*	*	*	*
1876	16.	24.	40.	45.	65.	160.	200.	335.	410.	550.	1350.	—	675.	1050.	3075.	*
1876-CC	17.	30.	60.	75.	135.	285.	375.	650.	975.	1450.	3000.	—	*	*	*	*
1876-S	16.	24.	40.	45.	65.	175.	230.	400.	575.	900.	1300.	—	*	*	*	*
1877	16.	24.	40.	45.	65.	160.	200.	335.	410.	550.	1375.	—	700.	1200.	3125.	*
1877-CC	18.	31.	52.	65.	130.	260.	350.	600.	700.	1225.	2150.	—	*	*	*	*
1877-S	16.	24.	40.	45.	65.	170.	210.	350.	415.	565.	1250.	—	*	*	*	*
1878	20.	36.	50.	60.	90.	235.	285.	435.	575.	800.	1750.	—	700.	1075.	3600.	*
1878-CC	265.	385.	550.	1250.	2500.	3500.	4500.	5750.	8500.	17500.	25000.	—	*	*	*	*
1878-S	12000.	15000.	17000.	18000.	22000.	28000.	35000.	45000.	55000.	100000.	175000.	—	*	*	*	*
1879	210.	225.	260.	290.	380.	465.	500.	535.	645.	800.	1350.	—	685.	1075.	2800.	*
1880	195.	215.	250.	285.	360.	460.	510.	550.	660.	750.	1375.	—	685.	1175.	2850.	*
1881	195.	215.	245.	280.	355.	455.	505.	555.	675.	850.	1425.	—	700.	1200.	3100.	*
1882	215.	245.	285.	330.	405.	490.	535.	565.	685.	875.	1485.	—	685.	1175.	2850.	*
1883	200.	220.	250.	310.	395.	475.	520.	565.	685.	900.	1425.	—	685.	1175.	2800.	*
1884	255.	265.	290.	330.	425.	515.	540.	570.	760.	925.	1425.	—	685.	1225.	3250.	*
1885	245.	255.	280.	325.	420.	505.	550.	725.	850.	975.	1485.	—	850.	1350.	2950.	*

—— = Insufficient pricing data   * = None issued

SEATED LIBERTY HALF DOLLAR (CONTINUED)

	G-4	VG-8	F-12	VF-20	EF-40	AU-50	AU-58	MS-60	MS-62	MS-63	MS-64	MS-65	PF-63	PF-64	PF-65	PF-66
1886	285.	350.	415.	440.	475.	575.	625.	765.	875.	925.	1400.	—	725.	1200.	2950.	—
1887	360.	410.	475.	525.	600.	700.	750.	850.	900.	1025.	1400.	—	685.	1200.	2850.	—
1888	195.	220.	245.	270.	390.	455.	490.	540.	660.	850.	1400.	—	700.	1350.	2900.	—
1889	195.	220.	245.	280.	400.	460.	495.	545.	665.	825.	1350.	—	685.	1175.	2950.	—
1890	200.	225.	250.	300.	410.	470.	505.	560.	685.	925.	1325.	—	685.	1150.	2750.	—
1891	40.	55.	85.	100.	140.	250.	285.	400.	575.	725.	1300.	—	685.	1175.	2750.	—

——— = Insufficient pricing data   * = None issued

Barber half dollar

Date of authorization: April 2, 1792
Dates of issue: 1892-1915
Designer/Engraver: Charles Barber
Diameter: 30.61 mm/1.21 inches
Weight: 12.50 grams/0.40 ounce
Metallic Content: 90% silver, 10% copper
Weight of pure silver: 11.25 grams/0.36 ounce
Edge: Reeded
Mint mark: Reverse below eagle

BARBER HALF DOLLAR (CONTINUED)

	G-4	VG-8	F-12	VF-20	EF-40	AU-50	AU-58	MS-60	MS-62	MS-63	MS-64	MS-65	PF-63	PF-64	PF-65	PF-66
1892	27.	37.	55.	90.	185.	280.	325.	380.	500.	675.	1175.	2800.	725.	1350.	3500.	*
1892-O	175.	230.	330.	350.	425.	450.	600.	875.	975.	1375.	2600.	4500.	*	*	*	*
1892-O Micro O	1750.	2500.	3250.	4000.	5500.	8000.	11500.	15000.	20000.	30000.	—	60000.	*	*	*	*
1892-S	150.	215.	265.	290.	400.	600.	700.	900.	1225.	1850.	2650.	5000.	*	*	*	*
1893	15.	23.	60.	85.	170.	320.	400.	515.	650.	1000.	1700.	3800.	725.	1350.	3500.	*
1893-O	25.	45.	80.	135.	285.	375.	475.	565.	625.	1000.	3900.	9150.	*	*	*	*
1893-S	120.	145.	215.	340.	425.	550.	850.	1175.	1550.	2550.	6000.	19750.	*	*	*	*
1894	20.	35.	80.	100.	225.	350.	400.	465.	575.	850.	1600.	3350.	725.	1350.	3500.	*
1894-O	15.	25.	65.	100.	235.	300.	400.	535.	600.	925.	2100.	5750.	*	*	*	*
1894-S	16.	23.	55.	75.	200.	350.	425.	475.	600.	1200.	3300.	6500.	*	*	*	*
1895	12.	17.	50.	85.	175.	310.	425.	570.	650.	975.	1900.	3150.	725.	1350.	3500.	*
1895-O	14.	25.	60.	100.	235.	375.	475.	600.	900.	1350.	3600.	6500.	*	*	*	*
1895-S	22.	40.	85.	125.	265.	400.	450.	535.	725.	1325.	2700.	6300.	*	*	*	*
1896	20.	25.	65.	100.	230.	325.	425.	550.	650.	950.	2900.	4000.	750.	1400.	3500.	*
1896-O	27.	38.	115.	150.	360.	665.	950.	1300.	1650.	3000.	7500.	10000.	*	*	*	*
1896-S	75.	105.	140.	215.	375.	575.	950.	1250.	1650.	2550.	7900.	11750.	775.	1400.	3600.	*
1897	11.	12.	38.	75.	135.	310.	350.	445.	550.	780.	1250.	2800.	*	*	*	*
1897-O	62.	125.	360.	725.	875.	1200.	1500.	1600.	2000.	2975.	4500.	6150.	725.	1400.	3500.	*
1897-S	135.	165.	275.	425.	700.	1025.	1250.	1350.	1850.	3000.	4750.	7000.	*	*	*	*
1898	10.	12.	30.	72.	140.	315.	350.	410.	550.	780.	1400.	2750.	725.	1400.	3500.	*
1898-O	22.	45.	125.	190.	400.	500.	700.	975.	1250.	2500.	4650.	6750.	*	*	*	*
1898-S	12.	22.	45.	85.	205.	365.	575.	850.	1150.	2300.	5000.	8000.	*	*	*	*
1899	11.	12.	30.	72.	135.	305.	350.	410.	500.	780.	1400.	3350.	725.	1500.	3750.	*
1899-O	11.	15.	55.	90.	225.	355.	425.	550.	650.	1050.	2250.	4950.	*	*	*	*
1899-S	14.	23.	50.	85.	220.	350.	475.	635.	800.	1600.	3500.	5500.	*	*	*	*
1900	10.	12.	28.	72.	135.	315.	350.	410.	470.	775.	1450.	3300.	725.	1400.	3600.	*
1900-O	10.	14.	40.	90.	250.	315.	525.	800.	1250.	2900.	6250.	10650.	*	*	*	*

—— = Insufficient pricing data   * = None issued

BARBER HALF DOLLAR (CONTINUED)

	G-4	VG-8	F-12	VF-20	EF-40	AU-50	AU-58	MS-60	MS-62	MS-63	MS-64	MS-65	PF-63	PF-64	PF-65	PF-66
1900-S	10.	14.	40.	95.	195.	320.	450.	625.	850.	1900.	4750.	8500.	*	*	*	*
1901	10.	12.	28.	72.	135.	315.	350.	410.	500.	750.	1600.	3500.	775.	1400.	3500.	*
1901-O	11.	19.	55.	115.	290.	475.	825.	1350.	1750.	3200.	5750.	15750.	*	*	*	*
1901-S	21.	40.	125.	225.	550.	900.	1150.	1600.	2500.	4100.	6250.	16500.	*	*	*	*
1902	10.	12.	28.	65.	135.	265.	300.	385.	450.	675.	1400.	3750.	750.	1400.	3500.	*
1902-O	10.	14.	40.	80.	195.	360.	550.	725.	1250.	2350.	6400.	8500.	*	*	*	*
1902-S	10.	16.	50.	90.	200.	375.	500.	635.	925.	1800.	5300.	7000.	*	*	*	*
1903	10.	13.	40.	80.	200.	325.	375.	460.	625.	1375.	1950.	7250.	775.	1400.	3750.	*
1903-O	10.	14.	45.	85.	200.	350.	475.	700.	800.	1350.	3750.	8250.	*	*	*	*
1903-S	10.	14.	45.	78.	215.	365.	525.	600.	750.	1625.	2100.	5250.	*	*	*	*
1904	10.	12.	30.	72.	130.	300.	340.	410.	525.	1100.	1800.	4250.	750.	1350.	3500.	*
1904-O	12.	20.	55.	115.	310.	500.	750.	1100.	1500.	2800.	4750.	7250.	*	*	*	*
1904-S	20.	40.	165.	375.	700.	1250.	1500.	1950.	2500.	4250.	7250.	20000.	*	*	*	*
1905	14.	20.	65.	90.	225.	325.	425.	550.	650.	1200.	1800.	3750.	775.	1400.	3500.	*
1905-O	15.	30.	95.	155.	260.	425.	525.	725.	1050.	1700.	3500.	5500.	*	*	*	*
1905-S	10.	12.	40.	80.	200.	350.	450.	625.	900.	1900.	3300.	8500.	*	*	*	*
1906	10.	12.	30.	70.	140.	310.	350.	410.	470.	775.	1200.	2750.	750.	1350.	3500.	*
1906-D	10.	12.	30.	72.	140.	300.	340.	410.	470.	725.	1500.	3650.	*	*	*	*
1906-O	10.	12.	35.	75.	165.	325.	425.	600.	725.	1100.	2400.	3900.	*	*	*	*
1906-S	10.	15.	45.	80.	195.	325.	525.	600.	725.	1100.	2100.	3750.	*	*	*	*
1907	10.	12.	30.	80.	140.	275.	360.	410.	500.	675.	2100.	2750.	775.	1400.	3500.	*
1907-D	10.	12.	30.	80.	140.	310.	350.	425.	525.	725.	1350.	2750.	*	*	*	*
1907-O	10.	12.	30.	72.	150.	310.	390.	510.	600.	825.	1300.	3300.	*	*	*	*
1907-S	10.	15.	75.	110.	325.	525.	700.	925.	1400.	3100.	4750.	8500.	*	*	*	*
1907-S/S	13.	20.	100.	200.	425.	600.	775.	1025.	1500.	2850.	5250.	—	*	*	*	*
1908	10.	12.	30.	72.	155.	310.	350.	425.	525.	750.	1400.	4250.	750.	1400.	3500.	*
1908-D	10.	12.	30.	72.	145.	310.	350.	425.	535.	675.	1200.	2800.	*	*	*	*

—— = Insufficient pricing data   * = None issued

BARBER HALF DOLLAR (CONTINUED)

	G-4	VG-8	F-12	VF-20	EF-40	AU-50	AU-58	MS-60	MS-62	MS-63	MS-64	MS-65	PF-63	PF-64	PF-65	PF-66
1908-O	10.	12.	30.	72.	145.	310.	375.	500.	585.	850.	1200.	3000.	*	*	*	*
1908-S	10.	14.	50.	80.	200.	340.	500.	750.	1250.	2100.	4000.	6500.				
1909	10.	12.	30.	72.	140.	265.	315.	390.	475.	675.	1200.	2750.	750.	1400.	3500.	*
1909-O	10.	12.	45.	88.	270.	500.	600.	750.	1000.	1550.	2200.	4050.	*	*	*	*
1909-S	10.	12.	30.	72.	180.	340.	435.	575.	700.	1200.	2350.	3900.	*	*	*	*
1910	12.	22.	75.	125.	280.	425.	500.	600.	725.	1150.	1500.	3500.	750.	1350.	3500.	*
1910-S	10.	12.	30.	72.	180.	340.	450.	625.	925.	1800.	2750.	4000.	*	*	*	*
1911	10.	12.	30.	70.	140.	310.	350.	425.	525.	750.	1200.	2750.	750.	1350.	3500.	*
1911-D	10.	14.	40.	85.	195.	265.	375.	550.	650.	850.	1200.	2800.	*	*	*	*
1911-S	10.	12.	33.	78.	165.	340.	450.	560.	700.	1275.	2100.	4300.	*	*	*	*
1912	10.	12.	30.	70.	145.	310.	360.	410.	500.	675.	1200.	4000.	750.	1400.	3600.	*
1912-D	10.	12.	30.	72.	140.	310.	360.	435.	525.	725.	1275.	2750.	*	*	*	*
1912-S	10.	12.	30.	72.	165.	325.	400.	525.	650.	1000.	2350.	3750.	*	*	*	*
1913	23.	36.	120.	190.	365.	700.	800.	950.	1175.	1650.	2100.	3250.	750.	1400.	3750.	*
1913-D	10.	12.	36.	72.	180.	300.	360.	455.	550.	875.	1400.	5250.	*	*	*	*
1913-S	10.	12.	45.	85.	200.	350.	450.	600.	775.	1175.	2100.	3450.	*	*	*	*
1914	35.	55.	190.	340.	500.	750.	850.	975.	1100.	1500.	3500.	8750.	775.	1450.	3750.	*
1914-S	10.	12.	35.	72.	180.	350.	435.	560.	675.	1050.	2150.	3800.	*	*	*	*
1915	25.	30.	100.	200.	375.	725.	850.	1025.	1250.	1875.	3000.	4400.	800.	1450.	3750.	*
1915-D	10.	12.	30.	72.	140.	265.	315.	390.	475.	675.	1175.	2750.	*	*	*	*
1915-S	10.	12.	30.	72.	145.	265.	315.	425.	500.	675.	1200.	2750.	*	*	*	*

———— = Insufficient pricing data   * = None issued

Walking Liberty half dollar

Date of authorization: April 2, 1792
Dates of issue: 1916-1947
Designer: Adolph Weinman
Engraver: Charles Barber
Diameter: 30.61 mm/1.21 inches
Weight: 12.50 grams/0.40 ounce
Metallic Content: 90% silver, 10% copper
Weight of pure silver: 11.25 grams/0.36 ounce
Edge: Reeded
Mint mark: (1916): Obverse below IN GOD WE TRUST
(1917): Obverse below IN GOD WE TRUST or reverse lower left

Obverse Mint mark

Reverse Mint mark

WALKING LIBERTY HALF DOLLAR (CONTINUED)

	VG-8	F-12	VF-20	EF-40	AU-50	MS-60	MS-62	MS-63	MS-64	MS-65	MS-66	PF-63	PF-64	PF-65	PF-66
1916	40.	60.	125.	200.	250.	300.	375.	450.	700.	1700.	2600.	*	*	*	*
1916-D	35.	50.	100.	150.	250.	350.	500.	600.	800.	2000.	4500.	*	*	*	*
1916-S	140.	175.	350.	500.	700.	1000.	1400.	2000.	2500.	5000.	11000.	*	*	*	*
1917	6.00	10.	20.	35.	65.	125.	150.	200.	350.	1000.	2500.	*	*	*	*
1917-D Obverse Mint Mark 25	25.	50.	100.	150.	250.	500.	650.	1000.	2500.	6000.	15000.				
1917-D Reverse Mint Mark 20	20.	30.	100.	250.	500.	800.	1200.	2000.	4500.	16000.	35000.	*	*	*	*
1917-S Obverse Mint Mark 35.	35.	60.	300.	700.	1200.	2000.	3000.	4500.	7000.	18000.	40000.				
1917-S Reverse Mint Mark 8.00	8.00	15.	30.	50.	150.	350.	1000.	2000.	3500.	10000.	18000.	*	*	*	*
1918	9.00	18.	50.	150.	250.	500.	700.	1000.	1500.	3500.	7500.	*	*	*	*
1918-D	10.	25.	65.	200.	400.	1000.	1500.	2500.	6000.	20000.	35000.	*	*	*	*
1918-S	7.00	18.	30.	60.	150.	500.	1000.	2000.	3500.	16000.	50000.	*	*	*	*
1919	25.	50.	200.	500.	700.	1200.	2000.	3500.	4000.	6000.	8500.	*	*	*	*
1919-D	20.	50.	200.	650.	1000.	4000.	7500.	12000.	20000.	100000.	—	*	*	*	*
1919-S	25.	40.	200.	800.	1800.	2800.	4000.	6000.	9000.	15000.	20000.	*	*	*	*
1920	8.00	14.	30.	60.	125.	350.	500.	700.	1400.	5500.	15000.	*	*	*	*
1920-D	14.	35.	150.	400.	800.	1200.	2500.	4000.	6000.	10000.	20000.	*	*	*	*
1920-S	9.00	15.	50.	250.	400.	800.	1700.	3000.	5000.	10000.	20000.	*	*	*	*
1921	175.	250.	700.	1500.	2500.	3500.	4000.	5000.	6000.	12000.	25000.	*	*	*	*
1921-D	250.	350.	800.	2000.	3000.	3500.	4500.	5500.	6500.	15000.	35000.	*	*	*	*
1921-S	40.	125.	700.	4500.	7500.	10000.	14000.	20000.	40000.	60000.	100000.	*	*	*	*
1923-S	14.	25.	75.	250.	700.	1400.	2500.	4000.	5000.	14000.	25000.	*	*	*	*
1927-S	9.00	13.	35.	100.	350.	800.	1200.	2000.	3000.	10000.	20000.	*	*	*	*
1928-S	7.00	12.	40.	110.	350.	800.	1200.	2000.	3500.	9000.	17000.	*	*	*	*

—— = Insufficient pricing data   * = None issued

WALKING LIBERTY HALF DOLLAR (CONTINUED)

	VG-8	F-12	VF-20	EF-40	AU-50	MS-60	MS-62	MS-63	MS-64	MS-65	MS-66	PF-63	PF-64	PF-65	PF-66
1929-D	10.	15.	25.	75.	200.	350.	450.	650.	1200.	2500.	5000.	*	*	*	*
1929-S	9.00	12.	15.	85.	200.	350.	500.	800.	1200.	2500.	5000.	*	*	*	*
1933-S	10.	12.	15.	50.	225.	600.	800.	1100.	1400.	3000.	4500.	*	*	*	*
1934	5.00	6.00	7.00	12.	30.	85.	90.	150.	150.	400.	500.	*	*	*	*
1934-D	7.00	8.00	10.	30.	85.	135.	160.	225.	400.	1000.	2500.	*	*	*	*
1934-S	5.00	6.00	7.00	9.00	100.	350.	500.	1000.	1500.	4000.	5000.	*	*	*	*
1935	5.00	6.00	7.00	25.	25.	45.	60.	75.	125.	400.	500.	*	*	*	*
1935-D	7.00	8.00	9.00	25.	60.	135.	175.	250.	350.	2000.	6500.	*	*	*	*
1935-S	5.00	6.00	7.00	25.	100.	300.	350.	450.	750.	2500.	3500.	*	*	*	*
1936	5.00	6.00	7.00	9.00	25.	40.	55.	75.	100.	200.	300.	2500.	4500.	6500.	9000.
1936-D	5.00	6.00	7.00	18.	50.	85.	100.	125.	200.	450.	850.	*	*	*	*
1936-S	5.00	6.00	7.00	20.	60.	135.	175.	225.	300.	700.	1500.	*	*	*	*
1937	5.00	6.00	7.00	9.00	25.	40.	50.	65.	100.	200.	350.	800.	1000.	2500.	3500.
1937-D	7.00	8.00	12.	30.	110.	225.	250.	300.	350.	600.	1000.	*	*	*	*
1937-S	5.00	6.00	8.00	20.	60.	175.	200.	225.	300.	550.	1000.	*	*	*	*
1938	7.00	8.00	9.00	12.	40.	75.	100.	150.	200.	350.	500.	700.	900.	1200.	1800.
1938-D	40.	45.	50.	100.	250.	400.	450.	500.	600.	1200.	2000.	*	*	*	*
1939	5.00	6.00	7.00	9.00	25.	45.	60.	75.	85.	150.	300.	600.	800.	1000.	1500.
1939-D	5.00	6.00	7.00	10.	25.	45.	60.	85.	125.	200.	350.	*	*	*	*
1939-S	6.00	7.00	9.00	15.	60.	125.	135.	160.	185.	250.	400.	*	*	*	*
1940	5.00	6.00	7.00	9.00	15.	30.	40.	60.	75.	175.	250.	600.	800.	1000.	1400.
1940-S	5.00	6.00	7.00	9.00	20.	45.	60.	75.	150.	500.	1500.	*	*	*	*
1941	5.00	6.00	7.00	9.00	12.	40.	50.	60.	75.	150.	250.	600.	700.	900.	1200.
1941-D	5.00	6.00	7.00	9.00	18.	40.	50.	65.	100.	250.	300.	*	*	*	*
1941-S	5.00	6.00	7.00	9.00	30.	75.	90.	125.	250.	1500.	4000.	*	*	*	*
1942	5.00	6.00	7.00	9.00	12.	40.	50.	60.	75.	140.	250.	600.	700.	900.	1200.
1942-D	5.00	6.00	7.00	9.00	18.	40.	60.	80.	100.	350.	450.	*	*	*	*

—— = Insufficient pricing data   * = None issued

WALKING LIBERTY HALF DOLLAR (CONTINUED)

	VG-8	F-12	VF-20	EF-40	AU-50	MS-60	MS-62	MS-63	MS-64	MS-65	MS-66	PF-63	PF-64	PF-65	PF-66
1942-D/S	—	—	75.	100.	250.	500.	800.	1200.	2500.	3500.	—	*	*	*	*
1942-S	5.00	6.00	7.00	9.00	18.	40.	50.	65.	100.	800.	3500.	*	*	*	*
1943	5.00	6.00	7.00	9.00	12.	40.	50.	60.	75.	135.	250.	*	*	*	*
1943-D	5.00	6.00	7.00	9.00	20.	50.	60.	75.	150.	400.	500.	*	*	*	*
1943-S	5.00	6.00	7.00	9.00	20.	40.	50.	65.	100.	500.	1500.	*	*	*	*
1944	5.00	6.00	7.00	9.00	12.	40.	50.	60.	75.	200.	450.	*	*	*	*
1944-D	5.00	6.00	7.00	9.00	18.	40.	50.	65.	85.	175.	350.	*	*	*	*
1944-S	5.00	6.00	7.00	9.00	18.	40.	50.	60.	85.	850.	3000.	*	*	*	*
1945	5.00	6.00	7.00	9.00	12.	40.	50.	60.	75.	175.	350.	*	*	*	*
1945-D	5.00	6.00	7.00	9.00	15.	40.	50.	60.	75.	175.	300.	*	*	*	*
1945-S	5.00	6.00	7.00	9.00	15.	40.	50.	60.	75.	250.	1200.	*	*	*	*
1946	5.00	6.00	7.00	9.00	12.	40.	50.	60.	75.	250.	900.	*	*	*	*
1946-D	6.00	7.00	10.	12.	20.	40.	50.	60.	75.	150.	250.	*	*	*	*
1946-S	5.00	6.00	7.00	9.00	18.	40.	50.	60.	75.	175.	600.	*	*	*	*
1947	5.00	6.00	7.00	9.00	18.	40.	50.	60.	75.	250.	650.	*	*	*	*
1947-D	5.00	6.00	7.00	9.00	22.	40.	50.	60.	75.	175.	1100.	*	*	*	*

—— = Insufficient pricing data   * = None issued

Franklin half dollar

Date of authorization: April 2, 1792
Dates of issue: 1948-1963
Designer: John Sinnock
Engraver: Gilroy Roberts
Diameter: 30.61 mm/1.21 inches
Weight: 12.50 grams/0.40 ounce
Metallic Content: 90% silver, 10% copper
Weight of pure silver: 11.25 grams/0.36 ounce
Edge: Reeded
Mint mark: Reverse above bell beam
NOTE: MS-64F and MS-65F refer to Full Bell Lines.

FRANKLIN HALF DOLLAR (CONTINUED)

Year	EF-40	AU-50	MS-60	MS-63	MS-64	MS-64F	MS-65	MS-65F	MS-66	MS-66F	PF-63	PF-64	PF-64C	PF-65	PF-65C	PF-66	PF-66C	PF-66DC	PF-67	PF-67C	PF-67DC	PF-68	PF-68C	PF-68DC
1948	6.00	8.00	16.	25.	35.	60.	85.	200.	825.	—	*	*	*	*	*	*	*	*	*	*	*	*	*	*
1948-D	5.00	7.00	12.	20.	30.	40.	160.	275.	2100.	2500.	*	*	*	*	*	*	*	*	*	*	*	*	*	*
1949	8.00	13.	35.	50.	60.	85.	175.	260.	950.	—	*	*	*	*	*	*	*	*	*	*	*	*	*	*
1949-D	12.	18.	35.	50.	100.	175.	1000.	1800.	—	—	*	*	*	*	*	*	*	*	*	*	*	*	*	*
1949-S	18.	30.	60.	75.	100.	225.	125.	—	250.	850.	*	*	*	*	*	*	*	*	*	*	*	*	*	*
1950	6.00	8.00	25.	35.	50.	90.	125.	275.	500.	800.	350.	425.	720.	525.	3000.	650.	8000.	—	1800.	*	*	*	*	*
1950-D	9.00	11.	25.	35.	50.	125.	550.	950.	—	7200.	*	*	*	*	*	*	*	*	*	*	*	*	*	*
1951	4.00	6.00	12.	20.	25.	75.	75.	300.	800.	—	200.	250.	850.	400.	2750.	500.	3500.	—	1000.	*	*	*	*	*
1951-D	9.00	15.	20.	35.	65.	90.	275.	525.	2100.	2500.	*	*	*	*	*	*	*	*	*	*	*	*	*	*
1951-S	9.00	11.	25.	35.	55.	150.	110.	750.	250.	—	*	*	*	*	*	*	*	*	*	*	*	*	*	*
1952	4.00	6.00	10.	20.	40.	50.	85.	450.	175.	400.	110.	175.	310.	200.	1000.	400.	1100.	—	1000.	1450.	600.	600.	*	*
1952-D	5.00	7.00	10.	20.	40.	50.	250.	800.	800.	3000.	*	*	*	*	*	*	*	*	*	*	*	*	*	*
1952-S	12.	25.	40.	50.	60.	325.	110.	1275.	425.	5300.	*	*	*	*	*	*	*	*	*	*	*	*	*	*
1953	7.00	10.	18.	22.	50.	120.	250.	900.	1300.	—	75.	190.	250.	255.	500.	275.	1100.	310.	—	2500.	14375.	2500.	2760.	—
1953-D	5.00	6.00	9.00	15.	25.	50.	160.	2100.	2100.	3350.	*	*	*	*	*	*	*	*	*	*	*	*	*	*
1953-S	9.00	13.	25.	25.	40.	1250.	15000.	550.	550.	—	*	*	*	*	*	*	*	*	*	*	*	*	*	*
1954	4.00	6.00	8.00	12.	35.	50.	85.	225.	400.	4150.	60.	75.	85.	120.	175.	140.	345.	700.	200.	900.	4250.	360.	*	*
1954-D	4.00	6.00	8.00	15.	25.	50.	150.	225.	700.	—	*	*	*	*	*	*	*	*	*	*	*	*	*	*
1954-S	4.00	6.00	8.00	15.	30.	100.	60.	500.	350.	—	*	*	*	*	*	*	*	*	*	*	*	*	*	*
1955	9.00	16.	18.	20.	40.	55.	55.	150.	450.	—	40.	50.	60.	60.	100.	75.	260.	950.	280.	450.	1850.	325.	500.	*
1956	4.00	6.00	8.00	15.	25.	40.	50.	100.	70.	1100.	15.	18.	40.	25.	60.	50.	70.	—	75.	100.	100.	100.	410.	*
1957	4.00	4.00	8.00	10.	25.	35.	50.	110.	120.	210.	18.	20.	25.	30.	50.	35.	60.	750.	65.	220.	1500.	85.	310.	2500.
1957-D	3.00	4.00	5.00	10.	20.	45.	60.	140.	110.	750.	*	*	*	*	*	*	*	*	*	*	*	*	*	*
1958	3.00	4.00	5.00	18.	25.	35.	35.	110.	70.	175.	20.	25.	30.	30.	55.	40.	85.	1250.	65.	150.	1800.	145.	1200.	—

——— = Insufficient pricing data   * = None issued

FRANKLIN HALF DOLLAR (CONTINUED)

	EF-40	AU-50	MS-60	MS-63	MS-64	MS-64F	MS-65	MS-65F	MS-66	MS-66F	PF-63	PF-64	PF-64C	PF-65	PF-65C	PF-66	PF-66C	PF-66DC	PF-67	PF-67C	PF-67DC	PF-68	PF-68C	PF-68DC
1958-D	3.00	4.00	5.00	10.	20.	35.	55.	85.	70.	120.	*	*	*	*	*	*	*	*	*	*	*	*	*	*
1959	3.00	4.00	5.00	13.	25.	40.	125.	350.	1250.	—	12.	20.	25.	25.	75.	70.	300.	—	85.	460.	*	110.	1500.	—
1959-D	3.00	4.00	5.00	12.	25.	40.	150.	275.	2650.	3350.	*	*	*	*	*	*	*	*	*	*	*	*	*	*
1960	3.00	4.00	5.00	13.	20.	40.	160.	475.	1000.	—	12.	15.	20.	25.	50.	30.	120.	175.	50.	150.	360.	75.	200.	865.
1960-D	3.00	4.00	5.00	10.	35.	75.	850.	1500.	—	—	*	*	*	*	*	*	*	*	*	*	*	*	*	*
1961	3.00	4.00	5.00	10.	30.	30.	240.	1250.	800.	—	12.	15.	20.	25.	45.	30.	100.	150.	70.	190.	300.	90.	270.	1035.
1961-D	3.00	4.00	5.00	12.	30.	60.	480.	900.	1500.	—	*	*	*	*	*	*	*	*	*	*	*	*	*	*
1962	3.00	4.00	5.00	12.	25.	125.	325.	1800.	900.	—	12.	15.	20.	25.	40.	30.	70.	250.	40.	135.	400.	65.	275.	800.
1962-D	3.00	4.00	5.00	12.	25.	58.	400.	975.	1000.	—	*	*	*	*	*	*	*	*	*	*	*	*	*	*
1963	3.00	4.00	5.00	15.	20.	80.	725.	250.	250.	—	15.	18.	25.	30.	40.	40.	100.	200.	75.	150.	210.	125.	200.	750.
1963-D	3.00	4.00	5.00	10.	25.	35.	80.	250.	400.	—	*	*	*	*	*	*	*	*	*	*	*	*	*	*

—— = Insufficient pricing data * = None issued

Kennedy half dollar

Date of authorization: Dec. 30, 1963; July 23, 1965; Oct. 18, 1973
Dates of issue: 1964-present
Designer: Obverse: Gilroy Roberts
Reverse: Frank Gasparro
Bicentennial Reverse: Seth G. Huntington
Engraver: Gilroy Roberts
Bicentennial Obverse: Frank Gasparro
Diameter: 30.61 mm/1.21 inches
Weight: (1964, 1992-present silver Proof only):
    12.50 grams/0.40 ounce
(1965-1970): 11.50 grams/0.37 ounce
(1971-present): 11.34 grams/0.36 ounce
(1976 Bicentennial Proof and
    Uncirculated): 11.50 grams/
    0.37 ounce
Metallic Content: (1964, 1992-present silver Proofs only):
    90% silver, 10% copper
(1965-1970): 80% silver, 20% copper
    bonded to a core of 21.5% silver,
    78.5% copper
(1971-present): 75% copper, 25% nickel
    bonded to pure copper core
(1976 Becentennial Proof and
    Uncirculated sets only): 80% silver,
    20% copper bonded to a core of
    21.5% silver, 78.5% copper
Weight of pure silver: (1964, 1992-present silver Proofs only)
    11.25 grams/0.36 ounce
(1965-1970): 4.60 grams/0.15 ounce
(1976 Bicentennial Proof and
    Uncirculated sets only):
    4.60 grams/0.15 ounce
Edge: Reeded

Mint mark: (1964): Reverse left near claw and laurel
(1968-present): Obverse below Kennedy

Bicentennial date, reverse

KENNEDY HALF DOLLAR (CONTINUED)

	MS-63	MS-64	MS-65	MS-66	MS-67	PF-63	PF-64	PF-65	PF-66	PF-67	PF-67C	PF-67DC	PF-68	PF-68C	PF-68DC	PF-69	PF-69C	PF-69DC	PF-70	PF-70C	PF-70DC
SILVER																					
1964	3.50	9.00	28.	150.	450.	5.50	6.00	12.	15.	20.	50.	155.	55.	100.	350.	90.	235.	1200.	*	*	*
1964-D	3.50	12.	25.	60.	750.																
40 PERCENT SILVER CLAD																					
1965	1.25	9.50	20.	50.	350.	*	*	*	*	*	*	*	*	*	*	*	*	*	*	*	*
1966	1.40	11.	15.	45.	225.	*	*	*	*	*	*	*	*	*	*	*	*	*	*	*	*
1967	1.50	9.50	25.	75.	150.	*	*	*	*	*	*	*	*	*	*	*	*	*	*	*	*
1968-D	1.50	9.00	25.	90.	325.	*	*	*	*	*	*	*	*	*	*	*	*	*	*	*	*
1968-S	*	*	*	*	*	2.75	2.75	7.00	10.	18.	25.	45.	25.	30.	110.	30.	55.	300.	*	*	*
1969-D	1.25	7.50	35.	170.	500.	*	*	*	*	*	*	*	*	*	*	*	*	*	*	*	*
1969-S	*	*	*	*	*	2.35	2.35	6.00	7.00	8.00	20.	50.	9.00	30.	100.	24.	40.	220.	*	90.	*
1970-D	10.	32.	45.	130.	750.	*	*	*	*	*	*	*	*	*	*	*	*	*	*	*	*
1970-S	*	*	*	*	*	6.00	6.00	8.00	12.	18.	25.	100.	20.	30.	200.	24.	90.	400.	60.	*	*
COPPER-NICKEL CLAD																					
1971	1.50	12.	15.	50.	95.	*	*	*	*	*	*	*	*	*	*	*	*	*	*	*	*
1971-D	1.25	5.00	16.	35.	120.	*	*	*	*	*	*	*	*	*	*	*	*	*	*	*	*
1971-S	*	*	*	*	*	2.00	2.00	9.00	12.	15.	20.	175.	35.	25.	235.	45.	60.	300.	60.	*	*
1972	1.50	9.00	25.	35.	170.	*	*	*	*	*	*	*	*	*	*	*	*	*	*	*	*
1972-D	1.50	6.00	15.	25.	85.	*	*	*	*	*	*	*	*	*	*	*	*	*	*	*	*
1972-S	*	*	*	*	*	2.00	2.00	10.	14.	18.	22.	30.	20.	25.	40.	50.	60.	80.	*	*	*
1973	1.50	6.00	15.	75.	140.	*	*	*	*	*	*	*	*	*	*	*	*	*	*	*	*
1973-D	1.25	5.50	15.	25.	80.	*	*	*	*	*	*	*	*	*	*	*	*	*	*	*	*
1973-S	*	*	*	*	*	2.00	2.00	10.	12.	15.	20.	25.	20.	25.	30.	30.	35.	40.	*	*	*
1974	1.00	4.75	22.	25.	85.	*	*	*	*	*	*	*	*	*	*	*	*	*	*	*	*

—— = Insufficient pricing data   * = None issued

	MS-63	MS-64	MS-65	MS-66	MS-67	PF-63	PF-64	PF-65	PF-66	PF-67	PF-67C	PF-67DC	PF-68	PF-68C	PF-68DC	PF-69	PF-69C	PF-69DC	PF-70	PF-70C	PF-70DC
1974-D	1.00	6.00	20.	60.	100.	*	*	*	*	*	*	*	*	*	*	*	*	*	*	*	*
1974-S	*	*	*	*	*	1.50	1.50	12.	15.	20.	25.	30.	30.	35.	40.	35.	60.	100.	*	*	*
DUAL DATE, BICENTENNIAL REVERSE																					
1776-1976	1.00	6.75	20.	35.	150.	*	*	*	*	*	*	*	*	*	*	*	*	*	*	*	*
1776-1976-D	1.00	10.	25.	45.	140.	*	*	*	*	*	*	*	*	*	*	*	*	*	*	*	*
1776-1976-S	1.00	6.00	7.00	21.	45.	*	*	*	*	*	*	*	*	*	*	*	*	*	*	*	*
1776-1976-S 40% silver	3.50	9.00	13.	35.	75.	—	5.00	8.00	10.	15.	20.	30.	25.	35.	45.	75.	95.	130.	—	—	—
1776-1976-S	*	*	*	*	*	—	1.00	7.00	9.00	12.	20.	30.	25.	35.	40.	70.	90.	125.	—	—	—
PRESIDENTIAL SEAL/EAGLE REVERSE RESUMED																					
1977	1.40	6.75	20.	35.	150.	*	*	*	*	*	*	*	*	*	*	*	*	*	*	*	*
1977-D	1.40	6.00	7.00	30.	130.	*	*	*	*	*	*	*	*	*	*	*	*	*	*	*	*
1977-S	*	*	*	*	*	2.00	2.00	8.00	10.	15.	18.	20.	18.	20.	25.	30.	35.	45.	35.	40.	*
1978	1.40	6.50	20.	35.	160.	*	*	*	*	*	*	*	*	*	*	*	*	*	*	*	*
1978-D	1.25	6.50	8.00	20.	95.	*	*	*	*	*	*	*	*	*	*	*	*	*	*	*	*
1978-S	*	*	*	*	*	2.00	2.00	8.00	10.	15.	18.	20.	18.	20.	25.	30.	35.	45.	*	*	*
1979	1.00	5.50	13.	40.	100.	*	*	*	*	*	*	*	*	*	*	*	*	*	*	*	*
1979-D	1.15	6.00	10.	30.	95.	*	*	*	*	*	*	*	*	*	*	*	*	*	*	*	*
1979-S Filled S	*	*	*	*	*	2.00	2.00	8.00	10.	15.	18.	20.	18.	20.	25.	30.	35.	48	*	*	*
1979-S Clear S	*	*	*	*	*	7.50	7.50	15.	16.	17.	18.	20.	18.	20.	25.	30.	45.	85.	*	*	105.
1980-P	1.00	5.00	11.	25.	52.	*	*	*	*	*	*	*	*	*	*	*	*	*	*	*	*
1980-D	1.25	4.75	7.00	50.	150.	*	*	*	*	*	*	*	*	*	*	*	*	*	*	*	*
1980-S	*	*	*	*	*	1.50	1.50	8.00	9.00	10.	12.	15.	12.	15.	17.	20.	25.	37.	*	*	275.
1981-P	1.50	5.00	10.	35.	50.	*	*	*	*	*	*	*	*	*	*	*	*	*	*	*	*
1981-D	1.50	4.50	11.	21.	150.	*	*	*	*	*	*	*	*	*	*	*	*	*	*	*	*

——— = Insufficient pricing data   * = None issued

KENNEDY HALF DOLLAR (CONTINUED)

	MS-63	MS-64	MS-65	MS-66	MS-67	PF-63	PF-64	PF-65	PF-66	PF-67	PF-67C	PF-67DC	PF-68	PF-68C	PF-68DC	PF-69	PF-69C	PF-69DC	PF-70	PF-70C	PF-70DC
1981-S	*	*	*	*	*	1.50	1.50	2.25	9.00	10.	12.	15.	12.	15.	17.	20.	25.	35.	—	—	245.
1981-S Filled S	*	*	*	*	*	—	—	—	—	—	—	—	—	—	—	—	—	—	—	—	—
1982-P	1.65	5.00	7.00	20.	40.	*	*	*	*	*	*	*	*	*	*	*	*	*	*	*	*
1982-P No FG	10.	14.	30.	60.	—	*	*	*	*	*	*	*	*	*	*	*	*	*	*	*	*
1982-D	1.65	5.00	7.00	45.	55.	*	*	*	*	*	*	*	*	*	*	*	*	*	*	*	*
1982-S	*	*	*	*	*	2.00	2.00	8.00	9.00	10.	12.	15.	12.	15.	17.	20.	25.	38.	—	—	460.
1983-P	1.35	4.00	21.	40.	200.	*	*	*	*	*	*	*	*	*	*	*	*	*	*	*	*
1983-D	1.35	5.00	7.00	50.	130.	*	*	*	*	*	*	*	*	*	*	*	*	*	*	*	*
1983-S	*	*	*	*	*	3.00	3.00	8.00	9.00	10.	12.	15.	12.	15.	17.	20.	25.	35.	—	—	520.
1984-P	1.45	5.00	10.	36.	120.	*	*	*	*	*	*	*	*	*	*	*	*	*	*	*	*
1984-D	1.45	4.00	7.00	40.	180.	*	*	*	*	*	*	*	*	*	*	*	*	*	*	*	*
1984-S	*	*	*	*	*	5.00	5.00	8.00	9.00	10.	12.	15.	12.	15.	17.	20.	25.	40.	—	—	275.
1985-P	1.50	5.00	10.	50.	65.	*	*	*	*	*	*	*	*	*	*	*	*	*	*	*	*
1985-D	1.50	5.00	12.	15.	25.	*	*	*	*	*	*	*	*	*	*	*	*	*	*	*	*
1985-S	*	*	*	*	*	4.00	4.00	8.00	9.00	10.	12.	15.	12.	15.	17.	20.	25.	35.	—	—	425.
1986-P	3.00	9.00	15.	50.	60.	*	*	*	*	*	*	*	*	*	*	*	*	*	*	*	*
1986-D	3.35	7.00	10.	28.	45.	*	*	*	*	*	*	*	*	*	*	*	*	*	*	*	*
1986-S	*	*	*	*	*	10.	10.	8.00	9.00	10.	12.	15.	12.	15.	17.	20.	25.	38.	—	—	275.
1987-P	4.00	9.00	15.	50.	75.	*	*	*	*	*	*	*	*	*	*	*	*	*	*	*	*
1987-D	4.00	9.00	10.	25.	75.	*	*	*	*	*	*	*	*	*	*	*	*	*	*	*	*
1987-S	*	*	*	*	*	3.00	3.00	8.00	9.00	10.	12.	15.	12.	15.	17.	20.	25.	35.	—	—	275.
1988-P	1.50	9.00	10.	36.	50.	*	*	*	*	*	*	*	*	*	*	*	*	*	*	*	*
1988-D	1.35	6.00	10.	25.	70.	*	*	*	*	*	*	*	*	*	*	*	*	*	*	*	*
1988-S	*	*	*	*	*	5.00	5.00	8.00	9.00	10.	12.	15.	12.	15.	17.	20.	25.	40.	—	—	—

—— = Insufficient pricing data   * = None issued

	MS-63	MS-64	MS-65	MS-66	MS-67	PF-63	PF-64	PF-65	PF-66	PF-67	PF-67C	PF-67DC	PF-68	PF-68C	PF-68DC	PF-69	PF-69C	PF-69DC	PF-70	PF-70C	PF-70DC
1989-P	1.50	9.00	20.	45.	90.	*	*	*	*	*	*	*	*	*	*	*	*	*	*	*	*
1989-D	1.25	9.50	10.	32.	120.	*	*	*	*	*	*	*	*	*	*	*	*	*	*	*	*
1989-S	*	*	*	*	*	5.00	5.00	8.00	9.00	10.	12.	15.	12.	15.	17.	20.	25.	35.	—	—	350.
1990-P	1.25	15.	18.	20.	55.	*	*	*	*	*	*	*	*	*	*	*	*	*	*	*	*
1990-D	2.00	4.00	15.	23.	75.	*	*	*	*	*	*	*	*	*	*	*	*	*	*	*	*
1990-S	*	*	*	*	*	5.50	5.50	8.00	9.00	10.	12.	15.	12.	15.	17.	20.	25.	35.	—	—	300.
1991-P	1.75	7.00	18.	25.	50.	*	*	*	*	*	*	*	*	*	*	*	*	*	*	*	*
1991-D	2.00	11.	14.	16.	75.	*	*	*	*	*	*	*	*	*	*	*	*	*	*	*	*
1991-S	*	*	*	*	*	10.	10.	8.00	9.00	10.	12.	15.	12.	15.	17.	20.	25.	35.	—	—	290.
1992-P	1.25	6.00	20.	40.	100.	*	*	*	*	*	*	*	*	*	*	*	*	*	*	*	*
1992-D	2.00	6.00	8.00	26.	50.	*	*	*	*	*	*	*	*	*	*	*	*	*	*	*	*
1992-S Clad	*	*	*	*	*	—	—	8.00	9.00	10.	12.	15.	12.	15.	17.	20.	25.	35.	—	—	—
1992-S Silver	*	*	*	*	*	—	—	10.	12.	15.	18.	20.	20.	25.	30.	40.	60.	90.	—	—	500.
1993-P	1.25	10.	15.	40.	50.	*	*	*	*	*	*	*	*	*	*	*	*	*	*	*	*
1993-D	1.25	9.00	12.	28.	80.	*	*	*	*	*	*	*	*	*	*	*	*	*	*	*	*
1993-S Clad	*	*	*	*	*	—	—	8.00	9.00	10.	11.	12.	12.	13.	15.	20.	25.	40.	—	—	—
1993-S Silver	*	*	*	*	*	—	—	10.	12.	15.	18.	25.	18.	20.	40.	50.	60.	90.	—	—	—
1994-P	1.25	6.00	10.	40.	95.	*	*	*	*	*	*	*	*	*	*	*	*	*	*	*	*
1994-D	1.25	6.00	10.	55.	75.	*	*	*	*	*	*	*	*	*	*	*	*	*	*	*	*
1994-S Clad	*	*	*	*	*	—	—	8.00	9.00	10.	12.	15.	12.	15.	15.	20.	25.	40.	—	—	95.
1994-S Silver	*	*	*	*	*	—	—	30.	35.	40.	45.	50.	50.	55.	60.	60.	65.	75.	—	—	225.
1995-P	1.25	8.00	10.	25.	35.	*	*	*	*	*	*	*	*	*	*	*	*	*	*	*	*
1995-D	1.25	6.00	9.00	35.	50.	*	*	*	*	*	*	*	*	*	*	*	*	*	*	*	*
1995-S Clad	*	*	*	*	*	—	—	8.00	10.	12.	15.	25.	20.	25.	30.	35.	40.	55.	—	—	75.

— = Insufficient pricing data   * = None issued

KENNEDY HALF DOLLAR (CONTINUED)

Date	PF-70DC	PF-70C	PF-70	PF-69DC	PF-69C	PF-69	PF-68DC	PF-68C	PF-68	PF-67DC	PF-67C	PF-67	PF-66	PF-65	PF-64	PF-63	MS-67	MS-66	MS-65	MS-64	MS-63
1995-S Silver	200.	—	—	150.	110.	100.	100.	95.	90.	90.	65.	80.	75.	70.	—	—	*	*	*	*	*
1996-P	*	*	*	*	*	*	*	*	*	*	*	*	*	*	*	*	65.	25.	12.	9.00	1.25
1996-D	*	*	*	*	*	*	*	*	*	*	*	*	*	*	*	*	36.	25.	9.00	6.00	1.25
1996-S Clad	170.	—	—	40.	35.	30.	25.	20.	18.	20.	18.	15.	12.	10.	—	—	*	*	*	*	*
1996-S Silver	200.	—	—	100.	85.	75.	70.	65.	60.	60.	55.	50.	45.	40.	—	—	*	*	*	*	*
1997-P	*	*	*	*	*	*	*	*	*	*	*	*	*	*	*	*	55.	30.	15.	9.00	1.25
1997-D	*	*	*	*	*	*	*	*	*	*	*	*	*	*	*	*	26.	15.	10.	6.00	1.25
1997-S Clad	—	—	—	50.	45.	40.	35.	30.	25.	25.	20.	15.	12.	10.	—	—	*	*	*	*	*
1997-S Silver	—	—	—	150.	95.	75.	50.	45.	100.	40.	30.	90.	80.	70.	—	—	*	*	*	*	*
1998-P	*	*	*	*	*	*	*	*	*	*	*	*	*	*	*	*	125.	50.	12.	4.00	1.50
1998-D	*	*	*	*	*	*	*	*	*	*	*	*	*	*	*	*	65.	50.	12.	4.00	1.25
1998-S Clad	—	—	—	35.	30.	25.	25.	20.	18.	20.	18.	15.	12.	10.	—	—	*	*	*	*	*
1998-S Silver	—	—	—	65.	55.	50.	50.	45.	40.	45.	40.	35.	30.	25.	—	—	*	*	*	*	*
1998-S Silver Matte Finish	—	—	900.	—	—	350.	—	—	325.	—	—	300.	275.	250.	240.	235.	*	*	*	*	*
1999-P	*	*	*	*	*	*	*	*	*	*	*	*	*	*	*	*	50.	40.	10.	4.00	1.50
1999-D	*	*	*	*	*	*	*	*	*	*	*	*	*	*	*	*	52.	23.	10.	4.00	1.25
1999-S Clad	110.	—	—	30.	25.	20.	20.	18.	15.	15.	15.	12.	10.	8.00	—	—	*	*	*	*	*
1999-S Silver	130.	—	—	60.	35.	30.	25.	20.	18.	18.	18.	15.	12.	10.	—	—	*	*	*	*	*
2000-P	*	*	*	*	*	*	*	*	*	*	*	*	*	*	*	*	75.	16.	10.	4.00	1.50
2000-D	*	*	*	*	*	*	*	*	*	*	*	*	*	*	*	*	65.	30.	6.00	4.00	1.25
2000-S Clad	110.	—	—	60.	30.	25.	20.	18.	15.	15.	12.	10.	9.00	8.00	—	—	*	*	*	*	*
2000-S Silver	130.	75.	—	60.	35.	30.	25.	20.	18.	18.	15.	12.	11.	10.	—	—	*	*	*	*	*
2001-P	*	*	*	*	*	*	*	*	*	*	*	*	*	*	*	*	80.	33.	10.	4.00	1.50

——— = Insufficient pricing data   * = None issued

KENNEDY HALF DOLLAR (CONTINUED)

	MS-63	MS-64	MS-65	MS-66	MS-67	PF-63	PF-64	PF-65	PF-66	PF-67	PF-67C	PF-67DC	PF-68	PF-68C	PF-68DC	PF-69	PF-69C	PF-69DC	PF-70	PF-70C	PF-70DC
2001-D	1.25	4.00	10.	30.	200.	*	*	*	*	*	*	*	*	*	*	*	*	*	*	*	*
2001-S Clad	*	*	*	*	*	—	—	8.00	9.00	10.	12.	15.	15.	18.	20.	18.	20.	25.	—	—	110.
2001-S Silver	*	*	10.	30.	50.	—	—	10.	11.	12.	15.	18.	18.	20.	25.	30.	35.	50.	—	—	130.
2002-P	1.50	4.00	10.	30.	75.	*	*	*	*	*	*	*	*	*	*	*	*	*	*	*	*
2002-D	1.25	4.00	10.	30.	*	*	*	*	*	*	*	*	*	*	*	*	*	*	*	*	*
2002-S Clad	*	*	*	*	*	—	—	8.00	9.00	10.	12.	15.	15.	18.	20.	18.	20.	25.	—	—	130.
2002-S Silver	—	—	—	—	—	—	—	10.	11.	12.	15.	25.	18.	20.	30.	30.	35.	50.	—	—	130.
2003-P	—	—	—	—	—	—	—	—	—	—	—	—	—	—	—	—	—	—	—	—	—
2003-D	—	—	—	—	—	—	—	—	—	—	—	—	—	—	—	—	—	—	—	—	—
2003-S Clad	—	—	—	—	—	—	—	8.00	9.00	10.	12.	15.	15.	18.	20.	18.	20.	25.	—	—	130.
2003-S Silver	—	—	—	—	—	—	—	10.	11.	12.	15.	25.	18.	20.	30.	30.	35.	50.	—	—	130.

—— = Insufficient pricing data   * = None issued

Flowing Hair dollar

Date of authorization: April 2, 1792
Dates of issue: 1794-1795
Designer/Engraver: Robert Scot
Diameter: 39.50 mm/1.56 inches
Weight: 26.96 grams/0.87 ounce
Metallic Content: 90% silver, 10% copper
Weight of pure silver: 24.26 grams/0.78 ounce
Edge: Lettered (HUNDRED CENTS ONE DOLLAR OR UNIT)
Mint mark: None

	AG-3	G-4	VG-8	F-12	VF-20	EF-40	EF-45	AU-50	AU-55	MS-60
1794	10000.	25000.	30000.	40000.	70000.	100000.	125000.	150000.	175000.	225000.
1795 2 leaves, Head of 1794	600.	1000.	1800.	2500.	4500.	7500.	8500.	12000.	15000.	35000.
1795 3 leaves, Head of 1795	500.	900.	1250.	2500.	3500.	7000.	8000.	11000.	14000.	28000.

Draped Bust dollar

Small Eagle

Heraldic Eagle

Date of authorization: April 2, 1792
Dates of issue: 1795-1803
Designers: Obverse: Gilbert Stuart-Robert Scot
Reverse: (1795-1798): Scot-John
Eckstein
(1798-1803): Robert Scot
Engraver: Robert Scot
Diameter: 39.50 mm/1.56 inches
Weight: 26.96 grams/0.87 ounce
Metallic Content: 89.25% silver, 10.75% copper
Weight of pure silver: 24.06 grams/0.77 ounce
Edge: Lettered (HUNDRED CENTS ONE DOLLAR
OR UNIT)
Mint mark: None

DRAPED BUST DOLLAR (CONTINUED)

	AG-3	G-4	VG-8	F-12	VF-20	EF-40	EF-45	AU-50	AU-55	MS-60
SMALL EAGLE										
1795	500.	1000.	1200.	2000.	3500.	6000.	6500.	8500.	12000.	25000.
1796 Small Date, Small Letters										
	500.	1000.	1200.	2000.	3500.	6000.	6500.	8500.	12000.	—
1796 Large Date, Small Letters										
	500.	1000.	1200.	2000.	3500.	6000.	6500.	9000.	17500.	—
1796 Small Date, Large Letters										
	500.	1000.	1200.	2000.	3500.	6000.	7000.	8500.	15000.	16000.
1797 Stars 9x7, Small Letters										
	700.	1200.	1900.	3000.	4500.	9500.	12500.	30000.	45000.	—
1797 Stars 9x7, Large Letters										
	500.	850.	1200.	2000.	3000.	5500.	6500.	8500.	12000.	—
1797 Stars 10x6	500.	850.	1200.	2000.	3000.	5500.	6500.	10000.	13500.	—
1798 13 Stars	500.	1000.	1100.	2250.	4000.	7000.	8000.	12000.	20000.	—
1798 15 Stars	700.	1500.	1800.	2500.	4000.	8500.	10000.	14000.	—	—
HERALDIC EAGLE										
1798	350.	600.	700.	1100.	2250.	3000.	4500.	5500.	6500.	15000.
1799	350.	600.	700.	1100.	2250.	3000.	4500.	5500.	6500.	15000.
1799/8	400.	850.	1000.	1250.	2500.	3500.	5000.	6000.	7000.	15000.
1799 Stars 8x5	400.	750.	800.	1200.	2500.	3200.	4500.	5500.	10000.	—
1800	350.	600.	700.	1100.	2250.	3000.	4500.	5500.	6500.	15000.
1800 AMERICAI	400.	750.	800.	1250.	2500.	3500.	5000.	6000.	7000.	—
1800 Dotted Date										
	400.	750.	800.	1250.	2500.	3500.	5000.	6000.	7000.	—
1801	350.	600.	700.	1100.	2250.	3000.	4500.	5500.	6500.	—
1801 Proof restrike, die crack links base of digits to first two stars.										
1802/1	400.	850.	1000.	1250.	2500.	3500.	5000.	6000.	8000.	9750.
1802	350.	750.	900.	1200.	2500.	3000.	4000.	5500.	6500.	15000.
1802 Proof restrike with old-style 180, 1820s style 2 in date PF-65 $175000.										
1803 Large 3	400.	650.	850.	1200.	2100.	3250.	4000.	6000.	7500.	—
1803 Small 3	350.	600.	750.	1100.	2000.	3000.	3800.	5500.	6500.	—
1803 Proof restrike with old-style digits PF-65 $135000.										

1804 Three varieties struck in 1834-5 and 1858; Class I Childs now PF-68 (PCGS) sold
for $4.14 million; Class I Eliasberg now PF-65 (PCGS) sold for $1.815 million;
Class III Flannagan now PF-58 (PCGS) sold for $1,207,500 July 31, 2003.

—— = Insufficient pricing data

Seated Liberty dollar

Date of authorization: Jan. 18, 1837
Dates of issue: 1840-1873
Designers: Obverse: Robert Hughes-Christian
Gobrecht-Thomas Sully
Reverse: John Reich-Christian
Gobrecht
Engraver: Christian Gobrecht
Diameter: 38.10 mm/1.5 inches
Weight: 26.73 grams/0.86 ounce
Metallic Content: 90% silver, 10% copper
Weight of pure silver: 24.06 grams/0.77 ounce
Edge: Reeded
Mint mark: Reverse below eagle

SEATED LIBERTY DOLLAR (CONTINUED)

	G-4	VG-8	F-12	VF-20	EF-40	AU-50	AU-55	MS-60	MS-62	MS-63	MS-64	PF-63	PF-64	PF-65	PF-66
1840	160.	200.	225.	275.	425.	750.	1250.	2400.	4000.	8250.	—	20500.	—	—	—
1841	125.	150.	170.	215.	325.	550.	750.	1725.	2300.	4500.	17750.	22000.	—	—	—
1842	125.	150.	170.	210.	300.	550.	725.	1000.	1600.	3000.	6750.	—	—	—	—
1843	125.	150.	170.	210.	300.	550.	800.	1950.	2650.	5300.	15000.	37500.	—	—	—
1844	160.	240.	290.	345.	475.	750.	1500.	3100.	3900.	8000.	—	—	—	130000.	—
1845	175.	215.	260.	300.	450.	785.	2500.	12000.	26000.	35000.	—	27500.	—	—	—
1846	125.	150.	170.	225.	400.	625.	775.	1450.	800.	4500.	8500.	26000.	—	—	*
1846-O	150.	195.	255.	290.	475.	1200.	1800.	4500.	10000.	22500.	47500.	*	*	*	—
1847	125.	150.	170.	200.	300.	550.	725.	1400.	2100.	3750.	8600.	13250.	24000.	—	—
1848	275.	305.	425.	550.	700.	1275.	1775.	4650.	5650.	10500.	—	—	—	40000.	—
1849	135.	170.	200.	250.	375.	525.	850.	1500.	2250.	4750.	9000.	—	—	55000.	—
1850	325.	450.	575.	750.	1100.	2025.	2600.	5500.	9500.	16500.	—	13000.	22500.	42500.	*
1850-O	175.	250.	300.	585.	1300.	2750.	5750.	13000.	19000.	27500.	—	—	*	*	*
1851 Original MS-60 $27500: MS-63 $40000: Restrike PF-62 $21500: PF-63 $25000: PF-64 $35000.
1852 AU-55 $15000: MS-60 $20000: MS-63 $32500: MS-65 $70000: Restrike PF-55 $20500: PF-63 $32500.
1853	160.	200.	275.	350.	510.	750.	1275.	2450.	3000.	6500.	8350.	—	—	—	—
1854	725.	950.	1250.	1800.	3550.	4500.	5300.	6150.	7200.	8900.	13500.	14000.	23500.	34000.	—
1855	625.	825.	1025.	1575.	2950.	3700.	4950.	8000.	15000.	27500.	—	—	19500.	32500.	—
1856	250.	325.	400.	700.	1275.	1700.	2350.	3950.	4750.	7050.	—	12500.	18000.	32000.	—
1857	245.	320.	385.	600.	1250.	1800.	1650.	2300.	3300.	5350.	10000.	5800.	9300.	—	—
1858 Proofs only	*	*	2900.	3500.	4250.	5000.	5250.	5500.	6500.	8000.	14000.	8000.	14000.	31500.	—
1859	225.	260.	325.	375.	525.	1175.	1750.	3150.	3600.	5000.	10000.	3000.	5750.	12000.	*
1859-O	125.	150.	170.	210.	300.	525.	600.	925.	1450.	2450.	—	*	*	*	*
1859-S	240.	315.	385.	535.	1075.	3400.	4650.	8000.	16500.	47500.	47500.	—	—	—	—
1860	165.	225.	285.	375.	475.	540.	725.	1400.	1950.	3200.	6250.	3100.	6250.	14000.	*
1860-O	125.	150.	170.	210.	300.	525.	600.	900.	1400.	2400.	5750.	*	*	*	*
1861	500.	635.	725.	825.	1250.	1800.	2300.	2850.	3500.	5350.	7150.	3350.	6250.	13000.	—

—— = Insufficient pricing data   * = None issued

SEATED LIBERTY DOLLAR (CONTINUED)

	G-4	VG-8	F-12	VF-20	EF-40	AU-50	AU-55	MS-60	MS-62	MS-63	MS-64	PF-63	PF-64	PF-65	PF-66
1862	475.	625.	675.	775.	1000.	1700.	2250.	3100.	4250.	5500.	12500.	3250.	6000.	14500.	—
1863	200.	260.	350.	480.	750.	1300.	1650.	2550.	3700.	4500.	9250.	3300.	5750.	12000.	—
1864	210.	235.	325.	470.	625.	1400.	1750.	2800.	4050.	6000.	10000.	3500.	5500.	11000.	—
1865	200.	225.	300.	385.	565.	1100.	1600.	2650.	3950.	5500.	8850.	2800.	5250.	11250.	—
1866	—	—	—	—	—	—	—	—	—	—	—	—	—	—	—
MOTTO ABOVE EAGLE															
1866	175.	200.	265.	300.	475.	900.	1200.	1750.	2450.	3900.	7200.	2850.	4750.	11500.	*
1867	175.	225.	280.	340.	510.	950.	1350.	2150.	2550.	4850.	7750.	2750.	4750.	9750.	*
1868	160.	185.	240.	335.	475.	925.	1250.	2000.	3250.	6500.	—	2600.	4750.	9800.	*
1869	160.	175.	220.	280.	355.	850.	1150.	1550.	2500.	4250.	7500.	2500.	4750.	10000.	*
1870	140.	150.	170.	210.	325.	525.	750.	1225.	1850.	3750.	7250.	2700.	4900.	10000.	*
1870-CC	260.	350.	445.	675.	1450.	2750.	4250.	10000.	17000.	29500.	—	*	*	*	*
1870-S	—	—	—	82500.	125000.	200000.	—	300000.	—	600000.	—	*	*	*	*
1871	125.	140.	170.	210.	285.	500.	700.	1150.	1550.	2500.	5950.	2550.	4750.	12000.	*
1871-CC	1650.	2450.	3650.	4500.	7500.	17500.	24000.	47500.	125000.	—	—	*	*	*	*
1872	125.	140.	170.	210.	285.	525.	725.	1175.	1625.	2600.	6250.	2600.	4750.	9750.	*
1872-CC	750.	1200.	2050.	2750.	4400.	8500.	13500.	30000.	40000.	62500.	—	*	*	*	*
1872-S	225.	290.	380.	585.	1200.	2500.	4750.	9750.	15000.	28500.	47500.	*	*	*	*
1873	140.	160.	225.	240.	300.	575.	800.	1200.	1700.	2700.	5300.	3150.	4750.	9500.	*
1873-CC	3250.	4650.	6750.	9250.	18000.	33500.	45000.	75000.	—	—	—	*	*	*	*
1873-S Unknown in any collection															

— = Insufficient pricing data   * = None issued

Trade dollar

Date of authorization: Feb. 12, 1873
Dates of issue: 1873-1885
Designer/Engraver: William Barber
Diameter: 38.10 mm/1.5 inches
Weight: 27.22 grams/0.88 ounce
Metallic Content: 90% silver, 10% copper
Weight of pure silver: 24.49 grams/0.79 ounce
Edge: Reeded
Mint mark: Reverse below eagle

―― = Insufficient pricing data   * = None issued

TRADE DOLLAR (CONTINUED)

	G-4	VG-8	F-12	VF-20	EF-40	AU-50	AU-55	MS-60	MS-62	MS-63	MS-64	MS-65	PF-63	PF-64	PF-65	PF-66
1873	70.	85.	100.	150.	250.	350.	450.	1000.	1250.	1600.	4000.	9000.	3500.	6000.	11000.	18000.
1873-CC	75.	100.	175.	300.	600.	1500.	2000.	5000.	12000.	—	—	—	*	*	*	*
1873-S	70.	80.	125.	150.	200.	350.	500.	1000.	2000.	3000.	8000.	13000.	*	*	*	*
1874	70.	80.	125.	150.	250.	350.	450.	650.	1000.	1800.	4000.	12500.	3500.	6500.	11000.	18000.
1874-CC	75.	90.	110.	200.	300.	500.	700.	1500.	3000.	6000.	9000.	18000.	*	*	*	*
1874-S	70.	80.	100.	150.	200.	350.	450.	700.	1000.	2000.	5000.	15000.	*	*	*	*
1875	90.	135.	300.	400.	600.	750.	1000.	1500.	2500.	3000.	4500.	13000.	4000.	9000.	13000.	18000.
1875-CC	75.	100.	125.	175.	250.	350.	500.	1000.	2500.	3300.	10000.	—	*	*	*	*
1875-S	70.	100.	150.	175.	200.	300.	400.	700.	1200.	1800.	3500.	8500.	*	*	*	*
1875-S/CC	135.	200.	300.	400.	800.	1400.	1800.	2700.	4000.	10000.	20000.	50000.	4000.	6000.	15000.	18000.
1876	70.	80.	100.	135.	175.	250.	300.	500.	1500.	2000.	20000.	10000.	*	*	*	*
1876-CC	75.	90.	110.	175.	400.	1200.	1800.	5000.	12000.	20000.	35000.	—	*	*	*	*
1876-S	70.	80.	100.	125.	150.	300.	400.	700.	1000.	1400.	4000.	9000.	4000.	6500.	15000.	18000.
1877	85.	90.	120.	150.	200.	300.	350.	700.	900.	1700.	6000.	15000.	*	*	*	*
1877-CC	85.	125.	200.	275.	500.	700.	1000.	1800.	5000.	7500.	25000.	—	*	*	*	*
1877-S	70.	90.	100.	125.	200.	350.	450.	800.	900.	1400.	3000.	8500.	*	*	*	*
1878 Proof	550.	700.	800.	900.	1000.	1200.	1500.	*	*	*	*	*	3500.	6500.	14000.	17000.
1878-CC	250.	350.	600.	1200.	2500.	3500.	5000.	8500.	12000.	20000.	35000.	—	*	*	*	*
1878-S	70.	80.	100.	125.	200.	300.	400.	500.	1200.	2000.	3000.	8000.	*	*	*	*
1879	550.	600.	700.	800.	1000.	1100.	1400.	*	*	*	*	*	3500.	5000.	11000.	15000.
1880	550.	600.	700.	800.	1000.	1100.	1400.	*	*	*	*	*	3500.	5000.	11000.	15000.
1881	550.	600.	700.	900.	1100.	1100.	1500.	*	*	*	*	*	3500.	5000.	12000.	15000.
1882	550.	600.	700.	900.	1100.	1200.	1500.	*	*	*	*	*	3500.	5000.	11000.	14000.
1883	550.	600.	700.	900.	1100.	1200.	1500.	*	*	*	*	*	3500.	6000.	11000.	15000.
1884	*	*	*	*	*	*	*	*	*	*	*	*	125000.	265000.	400000.	—
1885	*	*	*	*	*	*	*	*	*	*	*	*	325000.	450000.	900000.	1500000.

— = Insufficient pricing data   * = None issued

Morgan dollar

Date of authorization: Feb. 28, 1878
Dates of issue: 1878-1921
Designer/Engraver: George T. Morgan
Diameter: 38.10 mm/1.5 inches
Weight: 26.73 grams/0.86 ounce
Metallic Content: 90% silver, 10% copper
Weight of pure silver: 24.06 grams/0.77 ounce
Edge: Reeded
Mint mark: Reverse below eagle

Note: MS-63D, MS-64D, MS-65D refer to Deep Mirror Prooflike

MORGAN DOLLAR (CONTINUED)

	G-4	VG-8	F-12	VF-20	EF-40	AU-50	AU-58	MS-60	MS-62	MS-63	MS-63D	MS-64	MS-64D	MS-65	MS-65D	MS-66	PF-63	PF-64	PF-65	PF-66
1878 8 Tail Feathers	16.	18.	22.	24.	27.	38.	55.	125.	135.	150.	350.	300.	1900.	1350.	5400.	14000.	2000.	3500.	5500.	20000.
1878 7 Tail Feathers, Reverse of 1878	14.	18.	18.	20.	22.	33.	38.	55.	60.	75.	175.	240.	550.	1300.	6000.	10000.	3500.	5000.	15000.	25000.
1878 7 Tail Feathers, Reverse of 1879	14.	18.	20.	22.	24.	33.	40.	63.	125.	150.	625.	350.	2650.	2750.	8000.	—	—	—	—	—
1878 Strongly Doubled Tail Feathers	50.	85.	100.	150.	400.	800.	1200.	1700.	2300.	3000.	4500.	5000.	15000.	25000.	—	—	*	*	*	*
1878-CC	50.	85.	90.	100.	110.	125.	175.	225.	250.	275.	350.	450.	700.	1250.	4000.	16000.	*	*	*	*
1878-S	15.	18.	20.	22.	24.	33.	40.	48.	50.	60.	125.	90.	550.	250.	2150.	4000.	*	*	*	*
1878-S Long Nock	75.	100.	125.	250.	450.	750.	1000.	1500.	—	—	—	—	—	—	—	875.	*	*	*	*
1879	12.	14.	16.	18.	20.	22.	25.	30.	40.	55.	275.	125.	1450.	925.	6500.	5000.	2000.	3000.	8000.	11000.
1879-CC	50.	85.	100.	175.	600.	1100.	1400.	2000.	2500.	3500.	4500.	5500.	15000.	20000.	—	—	*	*	*	*
1879-CC Large CC/Small CC	50.	85.	100.	175.	600.	1100.	1400.	1700.	2300.	3500.	4500.	5000.	15000.	25000.	—	—	*	*	*	*
1879-O	11.	13.	15.	16.	18.	20.	35.	75.	100.	160.	1200.	425.	2750.	3250.	—	—	*	*	*	*
1879-S Reverse of 1878	12.	14.	16.	18.	20.	35.	45.	90.	175.	375.	3950.	1275.	7250.	6750.	18500.	—	*	*	*	*
1879-S	12.	14.	16.	18.	18.	22.	26.	32.	35.	40.	85.	55.	165.	95.	725.	250.	*	*	*	*
1880	12.	14.	16.	18.	20.	22.	24.	26.	35.	55.	265.	110.	950.	825.	3375.	7000.	2000.	3000.	5000.	15000.
1880/79-CC Reverse of 1878	50.	85.	110.	125.	200.	275.	325.	400.	450.	500.	700.	5000.	—	2500.	12500.	—	*	*	*	*
1880-CC	85.	100.	150.	175.	250.	350.	375.	400.	450.	500.	500.	600.	6000.	1000.	4000.	7500.	*	*	*	*
1880-O	11.	13.	15.	16.	18.	20.	30.	65.	150.	310.	1350.	1550.	1000.	17500.	60000.	3000.	*	*	*	*
1880-S	11.	13.	15.	16.	18.	20.	24.	30.	32.	38.	60.	100.	135.	90.	450.	—	*	*	*	*
1881	11.	13.	15.	16.	18.	20.	24.	35.	35.	55.	475.	100.	1400.	825.	12500.	325.	2000.	5500.	6500.	10000.
1881-CC	150.	225.	250.	275.	300.	350.	375.	400.	425.	450.	500.	500.	750.	750.	1800.	1400.	*	*	*	*
1881-O	11.	13.	15.	16.	18.	20.	24.	26.	30.	40.	175.	135.	850.	1675.	—	—	*	*	*	*

—— = Insufficient pricing data   * = None issued

MORGAN DOLLAR (CONTINUED)

	G-4	VG-8	F-12	VF-20	EF-40	AU-50	AU-58	MS-60	MS-62	MS-63	MS-63D	MS-64	MS-64D	MS-65	MS-65D	MS-66	PF-63	PF-64	PF-65	PF-66
1881-S	11.	13.	15.	16.	18.	19.	21.	28.	30.	36.	65.	48.	135.	95.	450.	245.	*	*	*	*
1882	11.	13.	15.	16.	18.	20.	23.	26.	30.	42.	300.	55.	525.	460.	4250.	1800.	2000.	3000.	5000.	9000.
1882-CC	50.	85.	100.	110.	135.	135.	140.	150.	160.	175.	250.	250.	350.	450.	1100.	1400.	*	*	*	*
1882-O	11.	13.	15.	16.	18.	20.	24.	26.	30.	40.	200.	60.	875.	725.	4500.	5750.	*	*	*	*
1882-O/S	11.	13.	15.	16.	20.	50.	90.	170.	375.	975.	—	2800.	—	—	—	—	*	*	*	*
1882-S	11.	13.	15.	16.	18.	19.	23.	30.	33.	40.	200.	52.	400.	95.	1150.	250.	*	*	*	*
1883	11.	13.	15.	16.	18.	19.	22.	27.	32.	40.	125.	55.	250.	160.	775.	400.	2000.	3000.	5000.	8000.
1883-CC	50.	85.	100.	110.	125.	135.	140.	150.	160.	175.	250.	225.	300.	350.	1000.	800.	*	*	*	*
1883-O	11.	13.	15.	16.	18.	19.	21.	25.	30.	36.	60.	50.	160.	110.	650.	335.	*	*	*	*
1883-S	11.	14.	15.	16.	35.	160.	425.	500.	600.	1500.	13500.	4750.	—	22500.	—	—	—	35000.	—	—
1884	11.	13.	15.	16.	18.	20.	22.	25.	30.	40.	200.	65.	750.	265.	2100.	1000.	2000.	3000.	5000.	9000.
1884-CC	50.	85.	100.	110.	125.	135.	140.	150.	160.	175.	250.	225.	300.	350.	1000.	800.	*	*	*	*
1884-O	11.	13.	15.	16.	18.	19.	21.	25.	30.	36.	60.	50.	135.	95.	1000.	300.	*	*	*	*
1884-S	11.	13.	16.	18.	40.	275.	1150.	3600.	8500.	22500.	1800.	400.	5500.	2200.	—	—	*	*	*	*
1885	11.	13.	15.	16.	18.	19.	21.	25.	30.	36.	85.	50.	135.	125.	950.	345.	2000.	3000.	6500.	10000.
1885-CC	250.	300.	325.	350.	375.	400.	410.	425.	435.	450.	500.	500.	750.	800.	1800.	1800.	*	*	*	*
1885-O	11.	13.	15.	16.	18.	19.	21.	25.	25.	36.	55.	50.	135.	95.	750.	—	*	*	*	*
1885-S	11.	14.	16.	18.	23.	55.	75.	185.	200.	250.	1800.	400.	5500.	2200.	—	5250.	*	*	*	*
1886	11.	13.	15.	16.	18.	19.	21.	25.	30.	36.	65.	50.	140.	95.	625.	500.	2000.	3000.	5000.	12000.
1886-O	11.	13.	15.	16.	80.	80.	110.	415.	1000.	2400.	8500.	9000.	45000.	27500.	—	—	*	*	*	*
1886-S	18.	30.	40.	48.	55.	75.	90.	235.	260.	375.	1275.	550.	3500.	3100.	16500.	6500.	*	*	*	*
1887/6	14.	17.	21.	28.	45.	100.	135.	275.	450.	750.	4000.	1100.	5750.	4250.	4250.	—	*	*	*	*
1887/6-O	14.	18.	22.	28.	55.	125.	175.	375.	1000.	2500.	12500.	12500.	—	27500.	—	—	*	*	*	*
1887-O	11.	13.	15.	16.	20.	21.	25.	48.	65.	110.	385.	325.	2200.	4950.	8500.	—	*	*	*	*
1887-S	12.	15.	16.	18.	20.	40.	50.	100.	125.	200.	725.	475.	2850.	3600.	—	11500.	*	*	*	*

—— = Insufficient pricing data * = None issued

MORGAN DOLLAR (CONTINUED)

	G-4	VG-8	F-12	VF-20	EF-40	AU-50	AU-58	MS-60	MS-62	MS-63	MS-63D	MS-64	MS-64D	MS-65	MS-65D	MS-66	PF-63	PF-64	PF-65	PF-66
1887	11.	13.	15.	16.	18.	19.	21.	25.	30.	36.	60.	50.	135.	95.	675.	300.	2400.	3000.	5000.	8500.
1888	11.	13.	15.	16.	18.	19.	23.	25.	30.	36.	200.	55.	325.	210.	1750.	650.	2000.	3000.	5000.	9000.
1888-O	11.	13.	15.	16.	18.	21.	25.	32.	35.	40.	200.	60.	400.	500.	1650.	3400.	*	*	*	*
1888-O "Hot Lips", VAM-4	—	—	40.	50.	115.	525.	—	—	—	—	—	—	—	—	—	—	*	*	*	*
1888-S	25.	—	—	50.	60.	95.	110.	240.	275.	335.	500.	575.	1850.	4000.	9500.	12500.	*	*	*	*
1889	11.	13.	15.	16.	18.	19.	23.	25.	30.	36.	185.	55.	650.	360.	2750.	2500.	2000.	3000.	6500.	8000.
1889-CC	250.	350.	500.	800.	1800.	4500.	6000.	9000.	13000.	20000.	25000.	50000.	65000.	—	250000.	—	*	*	*	*
1889-O	11.	13.	15.	16.	18.	30.	50.	125.	160.	300.	900.	725.	3250.	5250.	12500.	15000.	*	*	*	*
1889-S	20.	30.	36.	40.	52.	60.	75.	185.	210.	285.	850.	360.	2500.	1800.	7500.	5250.	*	*	*	*
1890	11.	13.	15.	16.	18.	19.	22.	27.	35.	50.	300.	135.	1400.	3250.	11500.	11500.	2000.	3000.	5000.	8000.
1890-CC	60.	85.	100.	110.	125.	150.	200.	325.	400.	550.	700.	1200.	2000.	6750.	10000.	20000.	*	*	*	*
1890-O	11.	13.	15.	16.	18.	25.	30.	45.	60.	85.	200.	180.	1450.	2100.	7000.	6250.	*	*	*	*
1890-S	11.	13.	15.	16.	18.	21.	25.	55.	75.	105.	425.	185.	1100.	1000.	8000.	3000.	*	*	*	*
1891	11.	13.	15.	16.	18.	23.	30.	55.	75.	140.	1350.	575.	—	7250.	—	13000.	2000.	3500.	5000.	9000.
1891-CC	60.	85.	100.	110.	125.	150.	200.	325.	400.	500.	600.	700.	3000.	3000.	25000.	9500.	*	*	*	*
1891-O	11.	13.	15.	16.	18.	32.	45.	130.	160.	275.	1850.	600.	4500.	8000.	20000.	—	*	*	*	*
1891-S	11.	13.	15.	16.	18.	25.	30.	60.	80.	125.	375.	250.	1250.	1550.	6500.	4000.	*	*	*	*
1892	13.	16.	18.	20.	30.	70.	90.	140.	250.	375.	1000.	625.	2750.	3850.	13500.	—	2000.	3000.	6500.	20000.
1892-CC	60.	85.	100.	110.	200.	300.	400.	700.	800.	1000.	1250.	1500.	4000.	7500.	30000.	25000.	*	*	*	*
1892-O	12.	15.	16.	17.	30.	60.	75.	125.	160.	250.	2900.	550.	6000.	6250.	—	—	*	*	*	*
1892-S	14.	18.	20.	45.	185.	1425.	3100.	14000.	28000.	45000.	75000.	75000.	100000.	120000.	135000.	—	*	*	*	*
1893	50.	65.	90.	110.	175.	225.	300.	450.	550.	1050.	—	1275.	—	6500.	—	—	2000.	3000.	6000.	18000.
1893-CC	100.	150.	200.	350.	1000.	1300.	1800.	2500.	3000.	4500.	15000.	8500.	35000.	50000.	90000.	—	*	*	*	*
1893-O	55.	75.	110.	145.		625.	750.	1600.	3000.	6250.	10000.	14500.	45000.	—	—	—	*	*	*	*

—— = Insufficient pricing data   * = None issued

MORGAN DOLLAR (CONTINUED)

	G-4	VG-8	F-12	VF-20	EF-40	AU-50	AU-58	MS-60	MS-62	MS-63	MS-63D	MS-64	MS-64D	MS-65	MS-65D	MS-66	PF-63	PF-64	PF-65	PF-66
1893-S	1200.	1500.	2000.	3000.	7500.	20000.	30000.	50000.	65000.	85000.	———	225000.	———	325000.	———	———	*	*	*	*
1894	15.	370.	410.	525.	600.	725.	950.	1200.	1750.	3500.	———	5250.	———	20000.	———	37500.	2500.	3000.	5000.	10000.
1894-O	15.	21.	26.	38.	55.	160.	350.	625.	1475.	3150.	———	6750.	———	45000.	———	———	*	*	*	*
1894-S	22.	30.	40.	60.	110.	300.	340.	460.	550.	800.	3000.	1525.	8500.	5400.	11000.	11000.	*	*	*	*
1895 Proof only	10000.	15000.	18000.	20000.	23000.	25000.	27000.	*	*	*	*	*	*	*	*	*	30000.	35000.	40000.	60000.
1895-O	80.	95.	125.	175.	275.	1000.	2050.	11000.	18000.	33500.	———	80000.	200000.	200000.	———	———	*	*	*	*
1895-S	110.	155.	200.	240.	480.	800.	900.	625.	1200.	3600.	5500.	5750.	9500.	19500.	45000.	775.	*	*	*	*
1896	11.	13.	15.	16.	18.	20.	23.	55.	30.	36.	85.	75.	175.	175.	1250.	———	*	*	*	*
1896-O	11.	13.	15.	16.	20.	185.	225.	850.	3000.	7250.	13500.	40000.	40000.	150000.	———	———	*	*	*	*
1896-S	16.	18.	28.	50.	175.	450.	575.	850.	1375.	1600.	6750.	2850.	11500.	13500.	20000.	———	*	*	*	*
1897	11.	13.	15.	16.	18.	20.	23.	28.	30.	36.	135.	55.	325.	325.	———	1500.	*	*	*	*
1897-O	11.	13.	15.	16.	25.	110.	185.	625.	1850.	4500.	15000.	14250.	25000.	43500.	2750.	57500.	*	*	*	*
1897-S	11.	13.	15.	16.	18.	25.	32.	55.	36.	95.	225.	300.	300.	575.	1750.	1700.	*	*	*	*
1898	11.	13.	15.	16.	18.	20.	23.	28.	30.	36.	150.	55.	250.	225.	1750.	———	2000.	3000.	5000.	10000.
1898-O	11.	13.	15.	16.	18.	20.	23.	28.	30.	36.	95.	55.	250.	475.	475.	325.	*	*	*	*
1898-S	11.	13.	18.	20.	28.	68.	95.	240.	260.	325.	675.	525.	2400.	2250.	10500.	———	*	*	*	*
1899	19.	28.	37.	45.	55.	72.	80.	100.	115.	140.	300.	210.	600.	625.	2250.	2000.	2000.	3500.	5000.	10000.
1899-O	11.	13.	15.	16.	18.	20.	23.	28.	36.	36.	125.	55.	325.	125.	750.	400.	*	*	*	*
1899-S	12.	15.	18.	23.	36.	95.	125.	285.	300.	325.	600.	500.	1300.	2000.	2000.	3000.	*	*	*	*
1900	11.	13.	15.	16.	18.	20.	28.	40.	42.	36.	1500.	55.	4500.	200.	9500.	900.	2000.	3000.	5000.	9000.
1900-O	16.	21.	26.	36.	48.	125.	150.	225.	350.	500.	450.	800.	625.	130.	3000.	725.	*	*	*	*
1900-O/CC	16.	21.	26.	36.	36.	125.	150.	225.	350.	500.	6000.	800.	9000.	1700.	6000.	6000.	*	*	*	*
1900-S	14.	15.	17.	21.	36.	95.	125.	225.	240.	275.	1750.	350.	3750.	1450.	8000.	4500.	*	*	*	*
1901	16.	20.	22.	30.	60.	350.	950.	1875.	4500.	15000.	———	50000.	———	———	———	———	2500.	3500.	5500.	10000.

——— = Insufficient pricing data   * = None issued

	G-4	VG-8	F-12	VF-20	EF-40	AU-50	AU-58	MS-60	MS-62	MS-63	MS-63D	MS-64	MS-64D	MS-65	MS-65D	MS-66	PF-63	PF-64	PF-65	PF-66
1901 "Shifted Eagle", VAM-3	—	—	60.	140.	300.	600.	1500.	2500.	—	—	—	—	—	—	—	—	*	*	*	*
1901-O	11.	13.	15.	16.	18.	21.	24.	30.	32.	36.	290.	55.	775.	175.	—	—	*	*	*	*
1901-S	12.	15.	20.	30.	48.	175.	210.	325.	400.	550.	2800.	825.	5500.	4000.	5500.	10500.	*	*	*	*
1902	12.	16.	18.	20.	22.	24.	28.	40.	55.	95.	2000.	125.	3000.	450.	16000.	1450.	2000.	3000.	6500.	10000.
1902-O	11.	13.	15.	18.	20.	22.	24.	28.	30.	36.	325.	50.	550.	150.	3750.	750.	*	*	*	*
1902-S	18.	27.	42.	90.	110.	135.	175.	275.	300.	350.	3000.	550.	2500.	3100.	—	7500.	*	*	*	*
1903	17.	24.	33.	35.	40.	46.	50.	55.	57.	350.	3000.	72.	—	250.	—	725.	2000.	3000.	5000.	9000.
1903-O	125.	200.	225.	250.	300.	350.	375.	400.	425.	450.	1250.	475.	1200.	550.	10000.	900.	*	*	*	*
1903-S	18.	24.	33.	100.	285.	1150.	1500.	2750.	3200.	4250.	9000.	5000.	—	7150.	—	10500.	*	*	*	*
1904	12.	16.	17.	18.	20.	30.	40.	80.	125.	235.	5000.	550.	—	4250.	—	10500.	2000.	3000.	5500.	15000.
1904-O	11.	13.	15.	16.	18.	20.	23.	28.	36.	36.	90.	50.	175.	100.	575.	385.	*	*	*	*
1904-S	14.	17.	24.	80.	200.	500.	600.	1000.	1400.	2000.	5000.	3000.	6500.	7000.	20000.	20000.	*	*	*	*
1921	9.00	10.	11.	12.	13.	14.	15.	16.	20.	25.	475.	36.	2000.	150.	10000.	1000.	3500.	5000.	10000.	30000.
1921-D	9.00	10.	11.	12.	13.	15.	20.	40.	42.	50.	1650.	125.	4500.	300.	—	1325.	*	*	*	*
1921-S	9.00	10.	11.	12.	14.	15.	18.	28.	40.	70.	3250.	135.	12500.	1650.	—	10000.	*	*	*	*

—— = Insufficient pricing data   * = None issued

Peace dollar

Date of authorization: Feb. 28, 1878
Dates of issue: 1921-1935
Designer: Anthony deFrancisci
Engraver: George T. Morgan
Diameter: 38.10 mm/1.5 inches
Weight: 26.73 grams/0.86 ounce
Metallic Content: 90% silver, 10% copper
Weight of pure silver: 24.06grams/0.77 ounce
Edge: Reeded
Mint mark: Reverse at lower tip of eagle's wing

PEACE DOLLAR (CONTINUED)

	VG-8	F-12	VF-20	EF-40	AU-50	AU-58	MS-60	MS-62	MS-63	MS-64	MS-65	MS-66
1921	50.	55.	60.	65.	110.	125.	175.	200.	300.	600.	2500.	7500.
1922	10.	11.	12.	13.	14.	15.	18.	20.	28.	40.	110.	650.
1922-D	10.	11.	12.	13.	14.	15.	25.	30.	48.	75.	450.	2100.
1922-S	10.	11.	12.	13.	14.	16.	24.	35.	80.	275.	2250.	7500.
1923	10.	11.	12.	13.	14.	15.	18.	20.	28.	40.	110.	625.
1923-D	10.	11.	12.	13.	18.	25.	55.	75.	135.	250.	1050.	6750.
1923-S	10.	11.	12.	13.	14.	17.	28.	35.	70.	225.	7500.	14000.
1924	10.	11.	12.	13.	14.	15.	18.	20.	30.	50.	110.	650.
1924-S	11.	13.	17.	25.	50.	75.	200.	250.	425.	1050.	7500.	35000.
1925	10.	11.	12.	13.	14.	15.	18.	20.	30.	45.	110.	625.
1925-S	10.	11.	12.	13.	30.	40.	65.	90.	150.	575.	17500.	25000.
1926	10.	12.	13.	14.	15.	20.	32.	40.	60.	95.	350.	2300.
1926-D	10.	12.	14.	16.	26.	35.	60.	80.	135.	250.	600.	2200.
1926-S	10.	11.	12.	13.	14.	20.	35.	45.	80.	210.	850.	4000.
1927	18.	20.	25.	28.	45.	50.	65.	90.	135.	260.	2000.	15000.
1927-D	17.	18.	20.	25.	75.	95.	150.	185.	300.	600.	5000.	16000.
1927-S	17.	18.	20.	25.	68.	80.	135.	175.	300.	700.	9500.	12500.
1928	175.	225.	250.	275.	300.	325.	350.	375.	400.	700.	4000.	12000.
1928-S	18.	19.	20.	24.	42.	55.	140.	200.	360.	1600.	20000.	28000.
1934	17.	18.	19.	20.	36.	55.	95.	110.	160.	275.	975.	3750.
1934-D	17.	18.	19.	20.	40.	55.	95.	110.	260.	550.	2000.	5000.
1934-S	17.	20.	55.	150.	500.	800.	1600.	2000.	2800.	4500.	6500.	16000.
1935	17.	18.	19.	20.	30.	40.	65.	75.	95.	175.	625.	2000.
1935-S	17.	18.	19.	24.	72.	95.	175.	200.	325.	500.	1200.	2750.

———— = Insufficient pricing data   * = None issued

Eisenhower dollar

Date of authorization: Dec. 31, 1970
Dates of issue: 1971-1978
Designers: Frank Gasparro
(Bicentennial Reverse): Dennis R. Williams
Engraver: Frank Gasparro
Diameter: 38.10 mm/1.5 inches
Weight: (1971-1978): 22.68 grams/0.73 ounce
(1971-1976 Bicentennial Proof and Uncirculated sets only): 24.59 grams/0.79 ounce
Metallic Content: (1971-1978): 75% copper, 25% nickel bonded to a core of pure copper
(1971-1976 Bicentennial Proof and Uncirculated sets only): 80% silver, 20% copper, bonded to a core of 21.5% silver, 78.5% copper
Weight of pure silver: (1971-1976 Bicentennial Proof and Uncirculated sets only): 9.84 grams/0.32 ounce
Edge: Reeded
Mint mark: Obverse above date

EISENHOWER DOLLAR (CONTINUED)

	MS-63	MS-64	MS-65	MS-66	MS-67	PF-64	PF-65	PF-65C	PF-65DC	PF-66	PF-66C	PF-66DC	PF-67	PF-67C	PF-67DC	PF-68	PF-68C	PF-68DC	PF-69DC
MOON LANDING REVERSE																			
1971	14.	60.	300.	650.	—	*	*	*	*	*	*	*	*	*	*	*	*	*	*
1971-D	8.00	17.	75.	170.	350.	*	*	*	*	*	*	*	*	*	*	*	*	*	*
1971-S 40% silver	8.50	20.	30.	60.	525.	12.	20.	22.	25.	30.	35.	40.	40.	45.	50.	45.	50.	55.	75.
1972	10.	20.	150.	—	—	*	*	*	*	*	*	*	*	*	*	*	*	*	*
1972 High Relief Earth	20.	45.	385.	—	—	*	*	*	*	*	*	*	*	*	*	*	*	*	*
1972-D	8.00	17.	75.	435.	650.	*	*	*	*	*	*	*	*	*	*	*	*	*	*
1972-S 40% silver	6.00	8.00	28.	45.	65.	15.	25.	30.	35.	45.	50.	55.	55.	60.	65.	60.	65.	70.	85.
1973	10.	28.	120.	735.	—	*	*	*	*	*	*	*	*	*	*	*	*	*	*
1973-D	10.	17.	80.	275.	—	*	*	*	*	*	*	*	*	*	*	*	*	*	*
1973-S copper-nickel clad (Proof Only)	*	*	*	*	*	10.	14.	17.	25.	20.	25.	30.	35.	40.	45.	45.	47.	50.	165.
1973-S 40% silver	10.	12.	27.	45.	80.	22.	25.	27.	30.	27.	30.	35.	30.	32.	38.	32.	35.	40.	100.
1974	8.00	28.	100.	200.	350.	*	*	*	*	*	*	*	*	*	*	*	*	*	*
1974-D	10.	18.	60.	250.	400.	*	*	*	*	*	*	*	*	*	*	*	*	*	*
1974-S copper-nickel clad (Proof Only)	*	*	*	*	*	8.00	9.00	10.	12.	10.	12.	15.	20.	22.	25.	30.	35.	50.	155.
1974-S 40% silver	8.00	10.	17.	40.	80.	7.00	8.00	9.00	10.	10.	12.	15.	20.	22.	25.	25.	30.	35.	85.
DUAL DATE, BICENTENNIAL REVERSE																			
1776-1976 Bold Reverse Letters	10.	30.	245.	—	—	*	*	*	*	*	*	*	*	*	*	*	*	*	*
1776-1976 Thin Reverse Letters	6.00	25.	85.	240.	—	*	*	*	*	*	*	*	*	*	*	*	*	*	*
1776-1976-D Bold Reverse Letters	9.00	20.	150.	475.	—	*	*	*	*	*	*	*	*	*	*	*	*	*	*
1776-1976-D Thin Reverse Letters	7.00	25.	35.	125.	1525.	*	*	*	*	*	*	*	*	*	*	*	*	*	*

——— = Insufficient pricing data   * = None Issued

EISENHOWER DOLLAR (CONTINUED)

	MS-63	MS-64	MS-65	MS-66	MS-67	PF-64	PF-65	PF-65C	PF-65DC	PF-66	PF-66C	PF-66DC	PF-67	PF-67C	PF-67DC	PF-68	PF-68C	PF-68DC	PF-69DC
1776-1976-S Bold Reverse Letters, copper-nickel clad (Proof Only)	*	*	*	*	*	9.00	12.	15.	20.	15.	20.	25.	25.	30.	35.	30.	35.	40.	300.
1776-1976-S Thin Reverse Letters, copper-nickel clad (Proof Only)	*	*	*	*	*	7.00	8.00	9.00	10.	10.	12.	15.	20.	22.	25.	25.	30.	35.	200.
1776-1976-S 40% silver	10.	20.	25.	40.	85.	15.	17.	20.	27.	21.	25.	35.	25.	30.	40.	30.	35.	50.	200.
MOON LANDING REVERSE																			
1977	9.50	20.	70.	300.	—	*	*	*	*	*	*	*	*	*	*	*	*	*	*
1977-D	10.	16.	50.	230.	—	*	*	*	*	*	*	*	*	*	*	*	*	*	*
1977-S copper-nickel clad (Proof Only)	*	*	*	*	*	8.00	10.	12.	15.	15.	17.	20.	15.	18.	25.	22.	25.	30.	75.
1978	6.00	25.	60.	290.	4350.	*	*	*	*	*	*	*	*	*	*	*	*	*	*
1978-D	6.00	15.	90.	320.	—	*	*	*	*	*	*	*	*	*	*	*	*	*	*
1978-S copper-nickel clad (Proof Only)	*	*	*	*	*	9.00	10.	12.	15.	15.	17.	20.	15.	18.	25.	22.	25.	30.	70.

Bicentennial date, reverse

— = Insufficient pricing data   * = None issued

Anthony dollar

Date of authorization: Oct. 10, 1978
Dates of issue: 1979-1981, 1999
Designer/Engraver: Frank Gasparro
Diameter: 26.50 mm/1.05 inches
Weight: 8.10 grams/0.26 ounce
Metallic Content: 75% copper, 25% nickel bonded to a core of pure copper
Edge: Reeded
Mint mark: Obverse left of bust

	MS-65	MS-66	MS-67	PF-65DC	PF-66DC	PF-67DC	PF-68DC	PF-69DC	PF-70DC
1979-P Near Date	100.	190.	—	*	*	*	*	*	*
1979-P	12.	27.	35.	*	*	*	*	*	*
1979-D	16.	30.	50.	*	*	*	*	*	*
1979-S	8.00	38.	—	10.	15.	20.	25.	85.	325.
1979-S Clear S	*	*	*	90.	110.	160.	170.	225.	835.
1980-P	12.	60.	—	*	*	*	*	*	*
1980-D	12.	43.	70.	*	*	*	*	*	*
1980-S	25.	60.	265.	10.	15.	20.	25.	35.	350.
1981	75.	140.	—	*	*	*	*	*	*
1981-D	30.	55.	475.	*	*	*	*	*	*
1981-S Filled S	42.	225.	525.	10.	15.	20.	25.	40.	425.
1981-S Clear S	*	*	*	125.	150.	175.	200.	325.	1700.
1999-P	5.00	7.00	16.	10.	20.	30.	40.	50.	175.
1999-D	5.00	11.	18.	*	*	*	*	*	*

—— = Insufficient pricing data   * = None issued

Sacagawea dollar

Date of authorization:	Dec. 1, 1997
Dates of issue:	2000-present
Designer/Engraver:	Obverse: Glenna Goodacre
	Reverse: Thomas Rogers
Diameter:	26.50 mm/1.05 inches
Weight:	8.1 grams/0.20 ounce
Metallic Content:	77% copper, 12% zinc, 7% manganese, 4% nickel, bonded to a core of pure copper
Edge:	Plain
Mint mark:	Obverse below date

	MS-64	MS-65	MS-66	MS-67	MS-68	PF-66DC	PF-67DC	PF-68DC	PF-69DC
2000	2.00	5.00	10.	20.	75.	*	*	*	*
2000-D	3.00	12.	15.	25.	235.	*	*	*	*
2000-S	*	*	*	*	*	10.	15.	20.	40.
2001	2.00	4.00	6.00	17.	60.	*	*	*	*
2001-D	2.00	7.00	15.	170.	—	*	*	*	*
2001-S	*	*	*	*	*	10.	15.	20.	40.
2002	2.00	5.00	8.00	36.	100.	*	*	*	*
2002-D	2.00	5.00	9.00	60.	—	*	*	*	*
2002-S	*	*	*	*	*	10.	15.	20.	40.
2003	2.00	5.00	8.00	36.	100.	—	—	—	—
2003-D	2.00	5.00	9.00	60.	—	—	—	—	—
2003-S	—	—	—	—	—	10.	15.	20.	40.

—— = Insufficient pricing data   * = None issued

Coronet gold dollars

Enlarged to show detail

Date of authorization: Jan. 18, 1837
Dates of issue: 1849-1954
Designer/Engraver: James B. Longacre
Diameter: 13.00 mm/0.51 inch
Weight: 1.67 grams/0.05
Metallic Content: 90% gold, 10% copper and silver
Weight of pure gold: 1.50 grams/0.05 ounce
Edge: Reeded
Mint mark: Reverse below wreath

	VF-20	EF-40	AU-50	AU-55	AU-58	MS-60	MS-62	MS-63	MS-64	MS-65
1849 Open Wreath, L, Small Head	140.	180.	205.	250.	300.	360.	775.	1500.	3000.	6750.
1849 Open Wreath, No L, Small Head	150.	215.	285.	375.	500.	600.	1250.	1950.	3150.	7000.
1849 Open Wreath, Large Head	140.	165.	200.	250.	300.	360.	600.	1450.	2250.	5750.
1849 Closed Wreath	140.	165.	190.	250.	300.	360.	600.	1450.	2000.	5750.
1849-C Closed Wreath	1100.	1400.	2500.	4500.	6000.	10000.	15000.	20000.	—	—
1849-C Open Wreath	—	—	—	—	—	—	—	—	—	—
1849-D	1100.	1400.	2000.	3000.	4000.	5000.	10000.	15000.	25000.	50000.
1849-O	165.	225.	325.	525.	700.	1100.	1900.	3250.	6500.	15750.
1850	155.	175.	185.	250.	300.	350.	550.	1200.	3000.	8250.
1850-C	1100.	1400.	2500.	5500.	7500.	10000.	18000.	30000.	—	—
1850-D	1100.	1400.	3000.	6000.	8000.	11000.	20000.	30000.	—	—
1850-O	290.	400.	800.	1450.	2000.	3750.	4500.	7000.	16500.	30000.
1851	145.	175.	185.	220.	250.	300.	500.	950.	1850.	5250.
1851-C	1100.	1400.	1800.	2200.	2500.	3000.	5000.	7000.	15500.	30000.
1851-D	1100.	1400.	2000.	2700.	3500.	6000.	10000.	15000.	20000.	41000.
1851-O	160.	225.	300.	400.	500.	700.	1200.	2500.	5850.	16500.
1852	140.	175.	185.	220.	250.	300.	475.	950.	1350.	4750.
1852-C	1100.	1400.	1800.	2500.	3000.	5000.	8000.	12000.	25000.	35000.
1852-D	1100.	1500.	2500.	4000.	5000.	9000.	18000.	—	—	—
1852-O	170.	235.	430.	950.	1100.	1500.	2400.	4400.	11500.	26500.

——— = Insufficient pricing data   * = None issued

	VF-20	EF-40	AU-50	AU-55	AU-58	MS-60	MS-62	MS-63	MS-64	MS-65
1853	130.	175.	185.	220.	250.	275.	425.	925.	1200.	4500.
1853-C	1100.	1400.	2000.	2500.	3500.	6000.	10000.	15000.	30000.	—
1853-D	1100.	1400.	2500.	4500.	6000.	10000.	20000.	35000.	—	—
1853-O	160.	190.	275.	415.	500.	700.	1275.	2950.	6500.	14000.
1854	140.	175.	175.	220.	250.	300.	475.	950.	1400.	6750.
1854-D	1200.	2500.	6000.	8500.	10000.	12000.	20000.	—	—	—
1854-S	350.	490.	650.	1100.	1500.	2300.	3350.	6750.	15000.	25500.

—— = Insufficient pricing data   * = None issued

Indian Head gold dollar

Date of authorization: Jan. 18, 1837
Dates of issue: 1854-1889
Designer/Engraver: James B. Longacre
Diameter: 14.86 mm/0.59 inch
Weight: 1.67 grams/0.05 ounce
Metallic Content: 90% gold, 10% copper and silver
Weight of pure gold: 1.50 grams/0.95 ounce
Edge: Reeded
Mint mark: Reverse below wreath

Small Head   Large Head

	VF-20	EF-40	AU-50	AU-55	AU-58	MS-60	MS-62	MS-63	MS-64	MS-65
SMALL HEAD										
1854	325.	400.	675.	1100.	1500.	2500.	6250.	13500.	20000.	42500.
1855	325.	405.	625.	1100.	1500.	2500.	6500.	14000.	20000.	42500.
1855-C	1600.	3500.	7000.	12500.	15000.	25000.	—	—	—	—
1855-D	3500.	6500.	18000.	25000.	30000.	40000.	60000.	—	—	—
1855-O	400.	700.	1200.	2200.	3500.	5500.	12500.	25000.	40000.	—
1856-S	675.	1050.	1750.	2900.	4000.	6500.	15000.	—	—	—
LARGE HEAD										
1856 Upright 5	140.	175.	300.	350.	400.	650.	800.	1200.	1800.	4750.
1856 Slant 5	130.	150.	185.	200.	225.	265.	395.	1050.	1475.	3450.
1856-D	4000.	6000.	8500.	12000.	18000.	35000.	—	—	—	—
1857	130.	145.	180.	200.	225.	260.	425.	900.	1475.	3450.
1857-C	1100.	1800.	4000.	7000.	10000.	15000.	—	—	—	—
1857-D	1100.	2500.	4500.	6500.	8000.	12000.	18000.	—	—	—
1857-S	450.	575.	1100.	1850.	2500.	5500.	8750.	22000.	—	—
1858	130.	160.	185.	205.	225.	270.	550.	975.	1800.	4250.

—— = Insufficient pricing data   * = None issued

INDIAN HEAD GOLD DOLLAR (CONTINUED)

	VF-20	EF-40	AU-50	AU-55	AU-58	MS-60	MS-62	MS-63	MS-64	MS-65
1858-D	1100.	1500.	3000.	5000.	7000.	10000.	20000.	30000.	45000.	75000.
1858-S	340.	450.	1150.	1600.	2000.	5250.	8850.	—	—	—
1859	140.	155.	180.	210.	225.	270.	515.	925.	1600.	3600.
1859-C	1100.	1800.	4000.	8500.	12000.	17000.	30000.	40000.	60000.	125000.
1859-D	1100.	1800.	3000.	5500.	7500.	11000.	20000.	30000.	—	—
1859-S	250.	450.	1350.	2100.	3000.	5850.	9750.	19000.	—	—
1860	145.	165.	180.	235.	300.	435.	585.	1250.	2250.	4400.
1860-D	3000.	4000.	7500.	12000.	18000.	25000.	—	—	—	—
1860-S	300.	450.	625.	950.	1400.	2350.	3750.	7250.	14750.	27500.
1861	130.	145.	160.	210.	225.	255.	535.	900.	1300.	3500.
1861-D	7000.	10000.	20000.	25000.	30000.	35000.	50000.	75000.	100000.	125000.
1862	130.	145.	160.	205.	225.	250.	400.	900.	1150.	2600.
1863	425.	1000.	2150.	2750.	3500.	4000.	5000.	8000.	12000.	18000.
1864	315.	335.	525.	675.	800.	1050.	1600.	2350.	3650.	7600.
1865	375.	425.	575.	775.	1000.	1550.	2400.	3300.	4500.	8750.
1866	315.	375.	415.	550.	700.	800.	1100.	2000.	2525.	5500.
1867	380.	400.	575.	675.	750.	875.	1075.	2050.	2625.	6000.
1868	250.	300.	390.	545.	600.	775.	1000.	1950.	2425.	5950.
1869	325.	370.	525.	650.	700.	775.	1200.	2300.	3050.	6250.
1870	240.	285.	375.	435.	500.	575.	975.	1775.	2225.	4500.
1870-S	400.	675.	1100.	1450.	1800.	2750.	4250.	7750.	14500.	32500.
1871	240.	280.	355.	425.	500.	550.	950.	1750.	2175.	4050.
1872	250.	325.	390.	475.	600.	900.	1625.	2500.	3600.	5750.
1873 Closed 3	375.	700.	1000.	1250.	1400.	1750.	2750.	5250.	10000.	22500.
1873 Open 3	130.	140.	160.	185.	225.	275.	535.	900.	1100.	2000.
1874	130.	140.	160.	185.	225.	250.	450.	900.	950.	1875.
1875	2200.	3450.	4100.	4750.	5000.	5250.	6500.	8250.	13000.	28000.
1876	230.	275.	375.	455.	475.	535.	710.	1000.	2025.	4100.
1877	180.	250.	360.	440.	500.	550.	660.	900.	1925.	4250.
1878	190.	270.	350.	455.	500.	590.	625.	900.	1975.	3250.
1879	170.	215.	275.	300.	375.	485.	645.	900.	1450.	2950.
1880	140.	170.	190.	205.	250.	350.	485.	900.	1275.	2100.
1881	140.	170.	190.	205.	250.	350.	485.	900.	1075.	2400.
1882	145.	180.	205.	220.	250.	350.	485.	900.	1100.	2100.
1883	140.	170.	190.	205.	250.	350.	485.	900.	1000.	2100.
1884	140.	170.	190.	205.	250.	350.	485.	900.	1100.	2400.
1885	140.	170.	190.	205.	250.	350.	485.	900.	1025.	2100.
1886	140.	170.	200.	225.	250.	365.	485.	900.	1600.	2600.
1887	140.	170.	190.	200.	250.	350.	475.	900.	1000.	2150.
1888	140.	170.	190.	200.	250.	350.	475.	900.	1000.	2000.
1889	140.	170.	190.	200.	250.	325.	475.	900.	1000.	1675.

—— = Insufficient pricing data   * = None issued

Capped Bust $2.50 quarter eagle

No Stars obverse

With Stars obverse

Date of authorization: April 2, 1792
Dates of issue: 1796-1807
Designer/Engraver: Robert Scot
Diameter: 20.00 mm/0.79 inch
Weight: 4.37 grams/0.14 ounce
Metallic Content: 91.67% gold, 8.33% copper and silver
Weight of pure gold: 4.01 grams/0.13 ounce
Edge: Reeded
Mint mark: None

	F-12	VF-20	EF-40	EF-45	AU-50	AU-55	AU-58	MS-60
1796 No Stars	20000.	35000.	50000.	60000.	75000.	90000.	125000.	175000.
1796 Stars	15000.	25000.	40000.	50000.	60000.	75000.	100000.	125000.
1797	15000.	20000.	30000.	40000.	50000.	60000.	85000.	125000.
1798	6000.	8000.	12000.	18000.	30000.	35000.	40000.	60000.
1802/1	5000.	7500.	9000.	10000.	12000.	15000.	18000.	25000.
1804 13 Stars	30000.	40000.	75000.	100000.	135000.	175000.	225000.	—
1804 14 Stars	5000.	7500.	9000.	10000.	12000.	15000.	18000.	25000.
1805	5000.	7500.	9000.	10000.	12000.	15000.	18000.	25000.
1806/4	5000.	7500.	9000.	10000.	12000.	15000.	18000.	25000.
1806/5	7500.	15500.	20000.	30000.	40000.	55000.	—	—
1807	5000.	7000.	8500.	9500.	11000.	14000.	17000.	25000.

—— = Insufficient pricing data

Capped Draped Bust
$2.50 quarter eagle

Date of authorization: April 2, 1792
Dates of issue: 1808
Designer/Engraver: John Reich
Diameter: 20.00 mm/0.79 inch
Weight: 4.37 grams/0.14 ounce
Metallic Content: 91.67% gold, 8.33% copper and silver
Weight of pure gold: 4.01 grams/0.13 ounce
Edge: Reeded
Mint mark: None

	F-12	VF-20	EF-40	EF-45	AU-50	AU-55	AU-58	MS-60
1808	25000.	35000.	40000.	50000.	60000.	65000.	75000.	90000.

Capped Head $2.50 quarter eagle

Date of authorization:	April 2, 1792
Dates of issue:	1821-1834
Designers:	Obverse: John Reich-Robert Scot
	Reverse: John Reich
Engravers:	Obverse: Robert Scot
	Reverse: John Reich
Diameter:	(1821-1827): 18.50 mm/0.73 inch
	(1829-1834): 18.20 mm/0.72 inch
Weight:	4.37 grams/0.14 ounce
Metallic Content:	91.67% gold, 8.33% copper and silver
Weight of pure gold:	4.01 grams/0.13 ounce
Edge:	Reeded
Mint mark:	None

	F-12	VF-20	EF-40	EF-45	AU-50	AU-55	AU-58	MS-60	MS-62	MS-63
1821	6000.	7500.	9000.	10000.	12000.	14000.	16000.	25000.	35000.	45000.
1824/1	6000.	7500.	9000.	10000.	12000.	14000.	16000.	20000.	25000.	35000.
1825	6000.	7500.	9000.	10000.	12000.	14000.	16000.	20000.	25000.	35000.
1826	6000.	7500.	9500.	11000.	13000.	18500.	25000.	37500.	—	—
1827	6500.	8000.	10000.	12000.	14000.	14000.	16000.	20000.	30000.	40000.
REDUCED DIAMETER										
1829	5000.	6500.	7500.	8500.	10000.	11000.	12000.	14000.	20000.	25000.
1830	5000.	6500.	7500.	8500.	10000.	11000.	12000.	14000.	20000.	25000.
1831	5000.	6500.	7500.	8500.	10000.	11000.	12000.	14000.	20000.	25000.
1832	5000.	6500.	7500.	8500.	10000.	11000.	12000.	14000.	20000.	25000.
1833	5000.	6500.	7500.	8500.	10000.	11000.	12000.	15000.	25000.	35000.
1834 No Motto										
	10000.	14000.	18000.	25000.	30000.	33000.	35000.	40000.	—	—

—— = Insufficient pricing data

Classic Head $2.50 quarter eagle

Date of authorization: June 28, 1834, Jan. 18, 1837
Dates of issue: 1834-1839
Designers: Obverse: William Kneass
Reverse: John Reich-William Kneass
Engraver: William Kneass
Diameter: 18.20 mm/0.72 inch
Weight: 4.18 grams/0.13 ounce
Metallic Content: (1834-1836): 89.92% gold,
10.08% copper and silver
(1837-1839): 90% gold,
10% copper and silver
Weight of pure gold: (1834-1836): 3.758 grams/0.12 ounce
(1837-1839): 3.762 grams/0.12 ounce
Edge: Reeded
Mint mark: 1838-1839 only, obverse above

	F-12	VF-20	EF-40	EF-45	AU-50	AU-55	AU-58	MS-60	MS-62	MS-63
1834 Motto	250.	300.	450.	525.	625.	900.	1325.	1750.	2950.	5250.
1835	250.	300.	475.	550.	650.	950.	1350.	2200.	4250.	8750.
1836	250.	300.	450.	525.	600.	925.	1325.	1950.	3100.	5500.
1837	250.	300.	475.	575.	725.	1100.	1550.	2750.	4400.	10000.
1838	250.	300.	450.	550.	700.	1000.	1450.	2150.	3850.	6750.
1838-C	800.	1500.	2500.	3500.	6000.	10000.	15000.	25000.	30000.	40000.
1839/8	275.	325.	650.	850.	1750.	3100.	4250.	6000.	—	—
1839-C	800.	1200.	2000.	2500.	3600.	7500.	10750.	25000.	30000.	50000.
1839-D	800.	1200.	2600.	3850.	5500.	9250.	13500.	25000.	35000.	47500.
1839-O	350.	450.	875.	1100.	1500.	2600.	3600.	5250.	11500.	22000.

—— = Insufficient pricing data

Coronet $2.50 quarter eagle

Date of authorization: Jan. 18, 1837
Dates of issue: 1840-1907
Designers: Obverse: Christian Gobrecht
Reverse: Christian Gobrecht-John
Reich-William Kneass
Engraver: Christian Gobrecht
Diameter: 18.20 mm/0.72 inch
Weight: 4.18 grams/0.13 ounce
Metallic Content: 90% gold, 10% copper
Weight of pure gold: 3.76 grams/0.12 ounce
Edge: Reeded
Mint mark: Reverse below eagle

	F-12	VF-20	EF-40	EF-45	AU-50	AU-55	AU-58	MS-60	MS-62	MS-63
1840	160.	290.	775.	1500.	3350.	4150.	4850.	7000.	—	—
1840-C	700.	1200.	1800.	2500.	4500.	7500.	10000.	13500.	27500.	—
1840-D	1500.	3000.	9000.	12000.	15000.	25000.	35000.	—	—	—
1840-O	190.	330.	725.	1150.	1900.	3000.	5750.	9500.	17000.	—
1841 Proof only	—	—	50000.	—	75000.	—	—	100000.	—	175000.
1841-C	600.	1000.	1800.	2500.	3500.	6500.	12000.	18000.	45000.	—
1841-D	1000.	1800.	3500.	5000.	10000.	15000.	18500.	28000.	60000.	—
1842	330.	800.	3100.	3800.	7000.	15000.	—	—	—	—
1842-C	900.	1500.	3000.	4500.	8500.	12500.	16500.	25000.	—	—
1842-D	1000.	1800.	3000.	6500.	10500.	17500.	25000.	—	—	—
1842-O	250.	525.	1250.	1750.	2950.	6000.	9500.	15000.	—	—
1843	145.	160.	230.	265.	400.	700.	1000.	1800.	2750.	3650.
1843-C Large Date										
	800.	1200.	1800.	2500.	3500.	6000.	7000.	9000.	17500.	22500.
1843-C Small Date										
	1500.	2500.	5000.	6000.	9000.	12500.	17000.	25000.	50000.	—
1843-D	800.	1200.	1800.	2500.	3000.	4500.	6500.	10000.	25000.	—
1843-O Large Date										
	225.	325.	500.	1050.	2300.	4600.	6250.	9000.	13500.	28500.
1843-O Small Date										
	155.	190.	265.	325.	425.	800.	1200.	2400.	3000.	6000.
1844	275.	490.	900.	1225.	2250.	3950.	—	—	—	—
1844-C	800.	1200.	2000.	3000.	6500.	10000.	13500.	21500.	—	—
1844-D	800.	1200.	1800.	2500.	3000.	4000.	5500.	9000.	16000.	30000.
1845	150.	220.	300.	330.	475.	750.	825.	1500.	2600.	4150.
1845-D	800.	1200.	1800.	2500.	3000.	5500.	8500.	15000.	—	—

—— = Insufficient pricing data

	F-12	VF-20	EF-40	EF-45	AU-50	AU-55	AU-58	MS-60	MS-62	MS-63
1845-O	550.	1150.	2400.	3050.	5750.	9000.	12500.	18000.	—	—
1846	215.	365.	525.	600.	1150.	2100.	2950.	6250.	—	—
1846-C	1000.	1500.	2500.	4500.	10000.	12500.	15000.	20000.	30000.	45000.
1846-D	800.	1200.	1800.	2500.	3000.	5500.	7500.	12000.	—	—
1846-O	160.	280.	480.	575.	1050.	1950.	3750.	5850.	17500.	—
1847	140.	235.	420.	525.	975.	1600.	2500.	4250.	6500.	11000.
1847-C	800.	1200.	1800.	2500.	3000.	4000.	5000.	7500.	11000.	18500.
1847-D	800.	1200.	1800.	2500.	3000.	5000.	8000.	12000.	20000.	—
1847-O	150.	275.	445.	590.	1050.	2200.	3000.	4650.	11500.	—
1848	300.	525.	950.	1200.	1750.	2750.	3850.	6250.	9000.	17250.
1848 CAL.	8000.	10000.	18000.	25000.	30000.	35000.	40000.	50000.	55000.	60000.
1848-C	800.	1200.	1800.	2500.	3000.	6000.	9000.	15000.	30000.	—
1848-D	800.	1200.	1800.	2500.	3500.	5000.	8000.	12000.	20000.	—
1849	145.	255.	450.	565.	1000.	1600.	2500.	3100.	4950.	—
1849-C	800.	1200.	2000.	3000.	5000.	10000.	15000.	25000.	60000.	—
1849-D	800.	1200.	1800.	2500.	3500.	7500.	10000.	17500.	35000.	—
1850	135.	160.	195.	225.	305.	600.	850.	1250.	2200.	3350.
1850-C	800.	1200.	1800.	2500.	3500.	7500.	12000.	18500.	—	—
1850-D	800.	1200.	1800.	2500.	3500.	7000.	11000.	15000.	—	—
1850-O	160.	250.	350.	475.	1500.	2250.	3000.	4750.	7000.	14000.
1851	135.	150.	180.	190.	215.	265.	315.	370.	775.	1850.
1851-C	800.	1200.	1800.	2500.	5000.	7500.	11000.	14000.	30000.	—
1851-D	800.	1200.	1800.	2500.	3500.	7000.	9000.	14000.	—	—
1851-O	145.	165.	400.	675.	1000.	2500.	3500.	5500.	9750.	15500.
1852	135.	160.	190.	200.	240.	275.	325.	375.	750.	1850.
1852-C	800.	1200.	1800.	2500.	5000.	9000.	12500.	20000.	—	—
1852-D	1000.	1500.	3000.	4000.	8000.	12000.	15000.	25000.	45000.	—
1852-O	145.	185.	300.	400.	975.	1400.	2600.	5250.	10500.	15000.
1853	135.	150.	170.	180.	205.	255.	305.	365.	775.	1800.
1853-D	1200.	2000.	3000.	4000.	6000.	9000.	12000.	20000.	—	—
1854	135.	150.	170.	180.	205.	255.	305.	380.	750.	2100.
1854-C	800.	1200.	2500.	4000.	6000.	9000.	12000.	20000.	40000.	—
1854-D	2500.	3500.	7000.	8000.	15000.	20000.	25000.	40000.	70000.	—
1854-O	150.	200.	250.	285.	425.	735.	1025.	1650.	2650.	—
1854-S	—	—	—	—	—	—	—	—	—	—
1855	135.	150.	180.	190.	215.	265.	325.	385.	850.	2450.
1855-C	1200.	2000.	3500.	4500.	7500.	15000.	20000.	35000.	—	—
1855-D	2500.	4000.	8000.	12000.	20000.	30000.	—	—	—	—
1856	125.	150.	180.	190.	205.	250.	305.	355.	750.	2250.
1856-C	800.	1200.	2500.	3500.	5000.	9000.	12000.	15000.	25000.	—
1856-D	5000.	6500.	11000.	15000.	25000.	35000.	42500.	55000.	—	—
1856-O	175.	350.	675.	875.	1350.	2950.	4250.	7500.	—	—
1856-S	150.	205.	415.	650.	1275.	2000.	3250.	5850.	8250.	12500.
1857	135.	150.	185.	195.	205.	255.	305.	360.	900.	2500.
1857-D	800.	1500.	2500.	3500.	4000.	7500.	14000.	17500.	27500.	—
1857-O	155.	180.	350.	525.	1175.	2150.	3250.	5400.	7950.	16000.
1857-S	150.	180.	375.	500.	1000.	2500.	4750.	8250.	10500.	—

—— = Insufficient pricing data

	F-12	VF-20	EF-40	EF-45	AU-50	AU-55	AU-58	MS-60	MS-62	MS-63
1858	135.	155.	220.	260.	350.	575.	800.	1400.	2400.	3250.
1858-C	800.	1200.	1800.	2500.	3500.	4500.	6500.	10000.	25000.	—
1859 Reverse of 1858										
	185.	225.	400.	475.	875.	1250.	2000.	3700.	6250.	12500.
1859 Reverse of 1859-1907										
	135.	155.	270.	350.	500.	625.	800.	1250.	2300.	3400.
1859-D	1200.	2000.	3500.	4500.	6000.	9000.	12500.	25500.	—	—
1859-S	225.	500.	825.	1200.	2700.	3675.	4500.	8500.	11000.	16500.
1860 Reverse of 1858										
	1600.	1900.	2375.	2950.	3850.	4750.	6500.	10500.	—	—
1860 Small Letters & Arrowhead, Reverse of 1859-1907										
	135.	155.	255.	345.	475.	575.	775.	1100.	1850.	3050.
1860-C	800.	1200.	2000.	3000.	4000.	8000.	14000.	25000.	—	60000.
1860-S	195.	300.	700.	875.	1225.	2150.	2850.	4200.	7500.	15000.
1861 Reverse of 1858										
	600.	1000.	1450.	1650.	2250.	2750.	3250.	5000.	8000.	12750.
1861 Reverse of 1859-1907										
	135.	150.	185.	195.	205.	240.	290.	345.	625.	975.
1861-S	210.	425.	950.	1750.	3500.	5250.	—	—	—	—
1862	140.	170.	255.	350.	500.	600.	900.	1500.	2750.	4200.
1862/1	600.	1000.	2200.	2750.	3500.	4500.	7250.	12000.	—	—
1862-S	485.	950.	2000.	2850.	4250.	8500.	9750.	19500.	—	—
1863-S	400.	650.	1700.	2900.	4450.	9500.	12500.	19000.	—	—
1863 Proofs Only PF-60 $17000 PF-63(PCGS) $30800 PF-64 $47500.										
1864	2750.	5500.	14000.	21000.	27500.	—	—	—	—	—
1865	2200.	4500.	9250.	15500.	22000.	—	35000.	—	—	—
1865-S	180.	285.	625.	1250.	1600.	2350.	3250.	5750.	—	—
1866	650.	1350.	3500.	4400.	7000.	9750.	11500.	16500.	27500.	—
1866-S	195.	325.	950.	1350.	1950.	3600.	4500.	9750.	—	25500.
1867	200.	385.	575.	825.	1400.	1800.	2650.	3600.	4850.	8750.
1867-S	190.	270.	600.	850.	1650.	2250.	3150.	4950.	—	14000.
1868	160.	205.	345.	425.	615.	925.	1500.	2800.	—	10000.
1868-S	160.	190.	475.	650.	1100.	1850.	3250.	5750.	7500.	13500.
1869	165.	210.	375.	515.	700.	1400.	2100.	3500.	6400.	10500.
1869-S	175.	235.	450.	575.	1350.	1850.	3000.	5500.	—	14000.
1870	155.	195.	350.	475.	650.	1150.	2250.	3250.	5250.	10250.
1870-S	160.	200.	425.	500.	1000.	1650.	2750.	5150.	9000.	—
1871	160.	200.	300.	390.	500.	1000.	1250.	2250.	2700.	4250.
1871-S	155.	175.	340.	400.	525.	925.	1200.	2350.	2850.	4650.
1872	250.	425.	650.	800.	1250.	2600.	3500.	6000.	—	—
1872-S	165.	225.	490.	550.	1225.	1750.	2850.	5000.	7250.	12000.
1873 Closed 3	140.	165.	185.	200.	250.	350.	450.	625.	1100.	2200.
1873	135.	150.	175.	180.	190.	240.	290.	345.	675.	925.
1873-S	170.	220.	475.	525.	1100.	1400.	1750.	2500.	4250.	9000.
1874	180.	230.	365.	405.	725.	1150.	1300.	2650.	4200.	7850.
1875	2500.	3500.	4650.	5500.	7500.	9650.	14500.	19000.	—	—
1875-S	145.	190.	350.	400.	625.	1000.	1900.	4050.	5900.	10500.
1876	170.	320.	535.	650.	1100.	1950.	2750.	3550.	4250.	10500.

—— = Insufficient pricing data

	F-12	VF-20	EF-40	EF-45	AU-50	AU-55	AU-58	MS-60	MS-62	MS-63
1876-S	145.	215.	525.	650.	1075.	2025.	2350.	3900.	5100.	11500.
1877	305.	385.	540.	625.	875.	1275.	2200.	2750.	3650.	7750.
1877-S	140.	155.	175.	185.	220.	280.	325.	750.	1850.	2600.
1878	135.	150.	165.	170.	180.	210.	255.	325.	550.	800.
1878-S	135.	150.	170.	180.	200.	235.	280.	385.	900.	2400.
1879	135.	150.	165.	170.	185.	220.	270.	345.	550.	1475.
1879-S	140.	170.	225.	425.	850.	1200.	1600.	2200.	2700.	5800.
1880	155.	225.	290.	350.	475.	675.	1150.	1300.	1800.	3500.
1881	725.	1650.	2450.	2900.	4250.	5250.	6500.	10500.	22500.	—
1882	180.	220.	255.	280.	390.	425.	575.	725.	1500.	2750.
1883	180.	245.	475.	550.	800.	1100.	1600.	1900.	3250.	6250.
1884	180.	230.	385.	410.	525.	725.	600.	1700.	2000.	3100.
1885	400.	750.	1500.	1750.	2250.	2650.	3250.	4200.	5750.	7250.
1886	165.	210.	275.	315.	450.	625.	850.	1275.	1650.	3000.
1887	165.	190.	220.	245.	350.	400.	600.	1050.	1500.	2850.
1888	165.	180.	195.	210.	255.	280.	350.	500.	575.	875.
1889	165.	180.	195.	205.	220.	250.	325.	435.	550.	875.
1890	165.	180.	195.	205.	230.	265.	350.	530.	750.	900.
1891	165.	180.	190.	200.	210.	240.	300.	425.	625.	1000.
1892	165.	205.	275.	310.	485.	560.	700.	950.	1250.	2600.
1893	145.	160.	185.	195.	205.	230.	290.	400.	565.	850.
1894	155.	180.	270.	295.	375.	425.	500.	635.	1100.	1750.
1895	135.	145.	190.	200.	230.	255.	350.	450.	525.	1000.
1896	135.	145.	165.	170.	180.	190.	230.	325.	450.	800.
1897	135.	150.	170.	175.	185.	200.	230.	310.	450.	735.
1898	135.	145.	165.	170.	180.	190.	230.	300.	450.	735.
1899	135.	145.	165.	175.	190.	205.	235.	320.	450.	735.
1900	135.	160.	225.	265.	300.	325.	350.	400.	500.	700.
1901	130.	140.	165.	170.	180.	190.	225.	290.	425.	700.
1902	130.	140.	165.	170.	180.	190.	225.	290.	425.	700.
1903	130.	140.	165.	170.	180.	190.	225.	290.	400.	650.
1904	130.	140.	165.	170.	180.	190.	225.	290.	400.	675.
1905	130.	140.	165.	170.	180.	190.	225.	290.	400.	650.
1906	130.	140.	165.	170.	180.	190.	225.	290.	400.	650.
1907	130.	140.	165.	170.	180.	190.	225.	290.	400.	650.

—— = Insufficient pricing data

Indian Head $2.50 quarter eagle

Date of authorization: Jan. 18, 1837
Dates of issue: 1908-1929
Designer: Bela Lyon Pratt
Engraver: Charles Barber
Diameter: 17.78 mm/0.70 inch
Weight: 4.18 grams/0.13 ounce
Metallic Content: 90% gold, 10% copper
Weight of pure gold: 3.76 grams/0.12 ounce
Edge: Reeded
Mint mark: Reverse lower left

	EF-40	AU-50	AU-55	MS-60	MS-62	MS-63	MS-64	MS-65	MS-66
1908	175.	190.	200.	300.	500.	1200.	1700.	4250.	6500.
1909	175.	190.	200.	300.	575.	1600.	2300.	4500.	7000.
1910	175.	190.	200.	275.	500.	1650.	2150.	7000.	9000.
1911	175.	190.	200.	275.	500.	1200.	2000.	5300.	—
1911-D	1200.	1500.	2500.	3500.	7500.	12500.	22000.	55000.	—
1912	175.	190.	200.	300.	550.	2100.	2350.	7400.	9000.
1913	175.	190.	200.	300.	525.	1400.	2500.	5850.	8000.
1914	185.	210.	250.	500.	1400.	4000.	6250.	11500.	—
1914-D	185.	200.	225.	300.	650.	2000.	5000.	16000.	—
1915	175.	190.	200.	250.	405.	1250.	2000.	5000.	—
1925-D	175.	190.	200.	250.	405.	1000.	1500.	3800.	6000.
1926	175.	190.	200.	250.	405.	1000.	1500.	3700.	6000.
1927	175.	190.	200.	250.	405.	1000.	1500.	3800.	6000.
1928	175.	190.	200.	250.	405.	1000.	1500.	3800.	6500.
1929	175.	190.	200.	250.	405.	1000.	1600.	5000.	—

Indian Head $3 gold

Date of authorization: Feb. 21, 1853
Dates of issue: 1854-1889
Designer/Engraver: James B. Longacre
Diameter: 20.63 mm/0.81 inch
Weight: 5.02 grams/0.16 ounce
Metallic Content: (1854-1873): 90% gold, 10% copper
and silver
(1873-1889): 90% gold, 10% copper
Weight of pure gold: 4.51 grams/0.15 ounce
Edge: Reeded
Mint mark: Reverse below wreath

	F-12	VF-20	EF-40	AU-50	AU-55	MS-60	MS-62	MS-63	MS-64	MS-65
1854	550.	750.	950.	1400.	1500.	3000.	4000.	6000.	9000.	18000.
1854-D	6500.	10000.	18000.	35000.	50000.	90000.	135000.	—	—	—
1854-O	750.	2000.	3000.	8000.	10000.	25000.	—	—	—	—
1855	600.	700.	1000.	2000.	2500.	3500.	5000.	7000.	12000.	30000.
1855-S	800.	1200.	3000.	7000.	9000.	25000.	—	—	—	—
1856	600.	700.	900.	1500.	1800.	2500.	4500.	7500.	12000.	28000.
1856-S	650.	800.	1200.	2500.	4500.	10000.	18000.	25000.	45000.	—
1857	550.	650.	900.	1400.	1800.	3000.	5000.	11000.	20000.	35000.
1857-S	800.	1200.	4500.	6500.	8000.	17000.	—	—	—	—
1858	700.	1000.	1500.	3000.	4000.	7500.	10000.	18000.	—	—
1859	550.	700.	900.	1400.	1800.	2500.	5000.	6500.	10000.	22000.
1860	550.	650.	900.	1400.	1800.	2500.	4500.	6500.	10000.	25000.
1860-S	700.	1000.	2000.	6000.	10000.	—	—	—	—	—
1861	600.	700.	1000.	1500.	2000.	3200.	6000.	10000.	16000.	25000.
1862	600.	700.	1000.	1500.	2000.	3200.	6000.	10000.	17000.	26000.
1863	600.	700.	1000.	1500.	2000.	3200.	6000.	10000.	18000.	25000.
1864	700.	1000.	1200.	1700.	2500.	3500.	6000.	10000.	18000.	28000.
1865	1000.	1400.	2500.	5000.	6000.	11000.	16500.	22500.	30000.	40000.
1866	650.	800.	1000.	1500.	2000.	3200.	6000.	10000.	16000.	25000.
1867	650.	800.	1000.	1700.	2200.	3300.	6000.	11000.	16000.	28000.
1868	650.	800.	1000.	1400.	1800.	3000.	5000.	9000.	15500.	23000.
1869	650.	800.	1000.	1600.	2000.	4000.	6000.	11000.	20000.	30000.
1870	700.	1000.	1500.	2200.	2500.	4500.	6000.	12000.	22000.	40000.
1870-S unique										
1871	650.	800.	1250.	1800.	2200.	3500.	6000.	10000.	16500.	30000.
1872	700.	900.	1100.	1800.	2200.	3500.	6000.	10000.	17000.	25000.

—— = Insufficient pricing data

	F-12	VF-20	EF-40	AU-50	AU-55	MS-60	MS-62	MS-63	MS-64	MS-65
1873 Open 3 Proof Only	—	—	—	11000.	15000.	17000.	20000.	25000.	40000.	90000.
1873 Closed 3 originals	2500.	3500.	4500.	8500.	12000.	25000.	—	—	55000.	—
1874	550.	650.	900.	1400.	1800.	2200.	3000.	5500.	6500.	15500.
1875 Proof Only	—	—	—	—	45000.	40000.	50000.	67500.	100000.	215000.
1876 Proof Only	—	—	10000.	14000.	17000.	17500.	20000.	24500.	39000.	67500.
1877	850.	1200.	3000.	7500.	9000.	16000.	22000.	40000.	—	—
1878	550.	650.	900.	1400.	1800.	2500.	4000.	5000.	6000.	12000.
1879	600.	700.	1000.	1400.	1800.	2500.	4500.	5500.	7500.	15000.
1880	600.	750.	1400.	2200.	2600.	3000.	4500.	6000.	8500.	15000.
1881	800.	1200.	2200.	4000.	5000.	6500.	8500.	12000.	22500.	40000.
1882	650.	800.	1100.	1700.	2100.	3000.	4500.	6500.	8500.	19000.
1883	650.	800.	1200.	2000.	2500.	3600.	5000.	7000.	8500.	19000.
1884	800.	1100.	1500.	2100.	2500.	3500.	5000.	7000.	8500.	21000.
1885	800.	1100.	1500.	2100.	2500.	3600.	5000.	7000.	9000.	22000.
1886	700.	1100.	1600.	2100.	2600.	4000.	5500.	8000.	10000.	20000.
1887	550.	650.	900.	1600.	2000.	2400.	3500.	6000.	7500.	15000.
1888	550.	650.	900.	1400.	1700.	2200.	3500.	6000.	7500.	15000.
1889	550.	650.	900.	1400.	1700.	2200.	3500.	6000.	7500.	15000.

—— = Insufficient pricing data

Capped Bust $5 half eagle

Small Eagle   Heraldic Eagle

Date of authorization: April 2, 1792
Dates of issue: 1795-1807
Designer/Engraver: Robert Scot
Diameter: 25.00 mm/0.99 inch
Weight: 8.75 grams/0.28 ounce
Metallic Content: 91.67% gold, 8.33% copper and silver
Weight of pure gold: 8.02 grams/0.26 ounce
Edge: Reeded
Mint mark: None

	F-12	VF-20	EF-40	AU-50	AU-58	MS-60	MS-62	MS-63
SMALL EAGLE								
1795	8500.	14000.	18000.	25000.	30000.	40000.	75000.	140000.
1796/5	9000.	15000.	20000.	30000.	40000.	60000.	—	—
1797 15 Stars	12000.	16000.	35000.	60000.	100000.			
1797 16 Stars	10000.	15000.	30000.	50000.	85000.	120000.	150000.	225000.
1798	—	—	250000.	—	—	—	—	—

	F-12	VF-20	EF-40	AU-50	AU-58	MS-60	MS-62	MS-63	MS-64
HERALDIC EAGLE									
1795	8000.	14000.	20000.	40000.	70000.	100000.	125000.	—	—
1797/5	8000.	14000.	20000.	60000.				—	—
1797 16 Stars	—	—	—	—	—	—	—	—	—
1798 Small 8	2200.	3000.	5500.	12000.	20000.	25000.	—	—	—
1798 Large 8, 13 Stars	2000.	3000.	5000.	8000.	15000.	18000.	25000.	60000.	100000.
1798 Large 8, 14 Stars	2500.	3500.	7500.	18500.	—	—	—	—	—
1799 Small Stars	2000.	2500.	4000.	8000.	15000.	20000.	35000.	—	—
1799 Large Stars	2500.	3000.	5000.	10000.	20000.	25000.	50000.	—	—
1800	2000.	2500.	3500.	5500.	6500.	8000.	12000.	20000.	45000.
1802/1	2000.	2500.	3500.	5500.	6500.	8000.	9000.	14250.	27500.
1803/2	2000.	2500.	3500.	5500.	6500.	8000.	10500.	14750.	32500.
1804 Small 8	2000.	2500.	3500.	5500.	6500.	8000.	10000.	18250.	40500.
1804 Small 8/Large 8	2000.	2500.	3500.	5500.	6500.	8500.	12000.	24000.	55000.
1805	2000.	2500.	3500.	5500.	6500.	8000.	10000.	14750.	32500.
1806 Pointed 6, 8X5 Stars	2000.	2500.	3500.	5500.	8000.	10000.	15000.	25500.	37500.
1806 Round 6, 7X6 Stars	2000.	2500.	3500.	5500.	6500.	8000.	9000.	13500.	25000.
1807	2000.	2500.	3500.	5500.	6500.	8000.	10000.	16000.	35000.

—— = Insufficient pricing data

Capped Draped Bust $5 half eagle

Date of authorization: April 2, 1792
Dates of issue: 1807–1812
Designer/Engraver: John Reich
Diameter: 25.00 mm/0.99 inch
Weight: 8.75 grams/0.28 ounce
Metallic Content: 91.67% gold, 8.33% copper and silver
Weight of pure gold: 8.02 grams/0.26 ounce
Edge: Reeded
Mint mark: None

	F-12	VF-20	EF-40	AU-50	AU-58	MS-60	MS-62	MS-63	MS-64
1807	2000.	2500.	3500.	5000.	6500.	7500.	10000.	15000.	25000.
1808/7	2000.	3500.	4000.	6500.	10000.	14000.	15000.	30000.	50000.
1808	2000.	2500.	3500.	5000.	6500.	7500.	10000.	20000.	35000.
1809/8	2000.	2500.	3500.	5000.	6500.	7500.	10000.	20000.	30000.
1810 Small Date, Small 5	10000.	25000.	35000.	50000.	—	—	—	—	—
1810 Small Date, Tall 5	2000.	2500.	3500.	5000.	6500.	7500.	10000.	21000.	40000.
1810 Large Date, Small 5	—	—	—	—	—	—	—	—	—
1810 Large Date, Large 5	2000.	2500.	3500.	5000.	6500.	7500.	10000.	18000.	25000.
1811 Small 5	2000.	2500.	3500.	5000.	6500.	7500.	10000.	20000.	30000.
1811 Tall 5	2000.	2500.	3500.	5000.	6500.	7500.	15000.	25000.	50000.
1812	2000.	2500.	3500.	5000.	6500.	7500.	10000.	18000.	25000.

—— = Insufficient pricing data

Capped Head $5 half eagle

Date of authorization: April 2, 1792
Dates of issue: 1813-1834
Designer/Engraver: John Reich
Diameter: 25.00 mm/0.99 inch
Weight: 8.75 grams/0.28 ounce
Metallic Content: 91.67% gold, 8.33% copper and silver
Weight of pure gold: 8.02 grams/0.26 ounce
Edge: Reeded
Mint mark: None

	F-12	VF-20	EF-40	AU-50	AU-58	MS-60	MS-62	MS-63	MS-64
1813	2500.	3000.	4000.	5000.	6500.	8000.	12000.	17500.	26000.
1814/3	2500.	3000.	4000.	5000.	8000.	10000.	20000.	30000.	60000.
1815	—	—	75000.	100000.	150000.	155000.	—	—	—
1818	2500.	3000.	4000.	5000.	7500.	8500.	18000.	27500.	—
1818 STATESOF	3000.	3500.	4500.	8500.	12000.	15000.	25000.	50000.	—
1818 5D/50	—	—	—	12000.	18000.	25000.	35000.	50000.	75000.
1819 Wide Date	—	—	25000.	55000.	—	—	—	—	—
1819 Close Date	—	15000.	22500.	50000.	—	—	—	—	—
1819 5D/50	—	18000.	25000.	40000.	—	—	—	100000.	—
1820 Curved Base 2, Small Letters	2500.	3000.	5000.	7000.	—	—	—	—	—
1820 Curved Base 2, Large Letters	2500.	3000.	5000.	7500.	—	—	—	35000.	—
1820 Square Base 2, Large Letters	2500.	3000.	4000.	6000.	9000.	10000.	18000.	25000.	40000.
1821	10000.	18000.	25000.	30000.	50000.	65000.	85000.	125000.	—
1822 3 known, 2 in Smithsonian Institution, Last sale 1982, $687,500, VF-30									
1823	2500.	3500.	5000.	7500.	14000.	18000.	25000.	30000.	—
1824	5000.	11000.	15000.	25000.	30000.	35000.	45000.	60000.	75000.
1825/1	5000.	10000.	12000.	20000.	30000.	35000.	45000.	60000.	110000.
1825/4	—	—	265000.	—	—	—	—	—	—
1826	4000.	8000.	10000.	15000.	25000.	30000.	—	—	—
1827	—	—	—	—	30000.	35000.	45000.	60000.	90000.
1828/7	—	—	—	40000.	85000.	125000.	200000.	—	—
1828	—	—	—	35000.	60000.	75000.	—	—	—
1829 Large Planchet	—	—	—	—	—	—	—	—	300000.
SMALL PLANCHET									
1829	—	—	85000.	175000.	—	—	—	—	475000.

—— = Insufficient pricing data

	F-12	VF-20	EF-40	AU-50	AU-58	MS-60	MS-62	MS-63	MS-64
1830 Small 5D	9000.	12000.	15000.	18000.	25000.	30000.	40000.	55000.	90000.
1830 Large 5D	10000.	14000.	18000.	20000.	30000.	35000.	45000.	60000.	100000.
1831 Small 5D	9000.	12000.	15000.	18000.	25000.	30000.	—	—	—
1831 Large 5D	9000.	12000.	15000.	18000.	25000.	30000.	40000.	55000.	90000.
1832 Curl Base 2, 12 Stars	—	100000.	150000.	—	—	—	—	400000.	—
1832 Square Base 2, 13 Stars	9000.	12000.	15000.	18000.	25000.	30000.	40000.	55000.	
1833 Large Date	9000.	12000.	15000.	18000.	25000.	30000.	40000.	55000.	85000.
1833 Small Date	10000.	14000.	16000.	20000.	30000.	35000.	45000.	60000.	90000.
1834 Plain 4	9000.	12000.	15000.	18000.	25000.	30000.	40000.	55000.	90000.
1834 Crosslet 4	10000.	14000.	16000.	20000.	30000.	35000.	45000.	60000.	—

Classic Head $5 half eagle

Date of authorization:	April 2, 1792
Dates of issue:	1834-1838
Designer:	Obverse: William Kneass
	Reverse: John Reich-William Kneass
Engraver:	William Kneass
Diameter:	22.50 mm/0.89 inch
Weight:	8.36 grams/0.27 ounce
Metallic Content:	(1834-1836): 89.92% gold, 10.8% copper and silver
	(1837-1838): 90% gold, 10% copper and silver
Weight of pure gold:	(1834-1836): 7.516 grams/0.24 ounce
	(1837-1838): 7.523 grams/0.24 ounce
Edge:	Reeded
Mint mark:	1838 only, obverse above date

	F-12	VF-20	EF-40	EF-45	AU-50	AU-55	AU-58	MS-60	MS-62	MS-63
1834 Plain 4	240.	300.	450.	525.	750.	1250.	1800.	2700.	3800.	7250.
1834 Crosslet 4	850.	1500.	3100.	4250.	5750.	8250.	11250.	16500.	31500.	45000.
1835	240.	295.	475.	550.	675.	1350.	1850.	2650.	4750.	9750.
1836	240.	295.	450.	525.	675.	1300.	1800.	2600.	3900.	7500.
1837	260.	310.	470.	585.	775.	1500.	2300.	3600.	—	15000.
1838	250.	305.	435.	525.	700.	1290.	2100.	3450.	4750.	10750.
1838-C	1500.	2500.	4000.	7000.	14000.	20000.	26000.	40000.	75000.	—
1838-D	1200.	2000.	4000.	5000.	7000.	12500.	17500.	25000.	35000.	45000.

—— = Insufficient pricing data

Coronet $5 half eagle

Date of authorization: Jan. 18, 1837
Dates of issue: 1839-1908
Designer: Obverse: Christian Gobrecht
Reverse: John Reich-William Kneass-
Christian Gobrecht
Engraver: Christian Gobrecht
Diameter: (1839-1840): 22.50 mm/0.89 inch
(1840-1908): 21.54 mm/0.85 inch
Weight: 8.36 grams/0.27 ounce
Metallic Content: (1839-1849): 89.92% gold,
10.8% copper and silver
(1849-1908): 90% gold, 10% copper
Weight of pure gold: 7.52 grams/0.24 ounce
Edge: Reeded
Mint mark: Reverse below eagle

	F-12	VF-20	EF-40	EF-45	AU-50	AU-55	AU-58	MS-60	MS-62	MS-63	MS-64
NO MOTTO											
1839	210.	270.	460.	775.	1150.	1600.	2200.	3600.	9500.	20000.	—
1839-C	1000.	1800.	3000.	4500.	7000.	12000.	16000.	25000.	35000.	—	—
1839-D	900.	1500.	2500.	4000.	6000.	10000.	14000.	20000.	30000.	—	—
1840 Broad Mill											
	215.	245.	850.	1200.	2300.	3750.	5450.	8250.	—	25000.	—
1840 Narrow Mill											
	190.	210.	375.	585.	1350.	2200.	2800.	3850.	6250.	13000.	—
1840-C	800.	1200.	3000.	4500.	8000.	14000.	20000.	30000.	—	—	—
1840-D	800.	1200.	2000.	4000.	7000.	10000.	12000.	18000.	30000.	—	—
1840-O Broad Mill											
	325.	600.	1300.	1750.	2900.	—	—	—	—	—	—
1840-O Narrow Mill											
	235.	425.	975.	1275.	1700.	3000.	4400.	6750.	—	—	—
1841	245.	415.	975.	1250.	1600.	2350.	3725.	5750.	8000.	12500.	—
1841-C	800.	1200.	1800.	2500.	3500.	7500.	14000.	22000.	34000.	—	—
1841-D	800.	1200.	2000.	3000.	5000.	7500.	10000.	14000.	20000.	34000.	—
1842 Small Letters											
	180.	350.	1050.	1950.	3750.	6750.	—	—	—	—	—
1842 Large Letters											
	400.	825.	2000.	2800.	4250.	7850.	8750.	10000.	—	—	—

—— = Insufficient pricing data

	F-12	VF-20	EF-40	EF-45	AU-50	AU-55	AU-58	MS-60	MS-62	MS-63	MS-64
1842-C Large Date											
	800.	1200.	1800.	2500.	3500.	6500.	12000.	20000.	28000.	40000.	—
1842-C Small Date											
	5000.	10000.	25000.	40000.	55000.	80000.	105000.	140000.	230000.	—	—
1842-D Large Date, Large Letters											
	2000.	2500.	6000.		9000.	15000.	25000.	35000.	50000.	—	—
1842-D Small Date, Small Letters											
	800.	1200.	1800.	2500.	3000.	5000.	8500.	16000.	26000.	—	—
1842-O	375.	900.	3500.	5750.	12500.	—	—	—	—	42500.	—
1843	165.	185.	200.	235.	300.	525.	900.	1500.	3750.	9500.	19000.
1843-C	800.	1200.	1800.	2500.	5000.	7500.	12000.	18000.	28000.	40000.	65000.
1843-D	800.	1200.	1800.	2500.	5000.	5000.	6500.	12000.	30000.	—	—
1843-O Small Letters											
	365.	725.	1800.	2100.	3000.	6000.	12000.	30000.	40000.	—	—
1843-O Large Letters											
	180.	260.	1200.	1550.	2350.	4550.	8000.	12000.	17500.	—	—
1844	165.	190.	235.	275.	365.	500.	875.	1800.	4250.	8750.	26000.
1844-C	1000.	1500.	3000.	5000.	7500.	12000.	15000.	25000.	30000.	40000.	—
1844-D	800.	1200.	1800.	2500.	3000.	5000.	8000.	12000.	20000.	35000.	—
1844-O	165.	255.	375.	500.	775.	1500.	2650.	5000.	7250.	14500.	35000.
1845	165.	195.	220.	255.	300.	545.	1000.	1800.	5750.	12000.	—
1845-D	535.	800.	1200.	1525.	2300.	4750.	7000.	12250.	19000.	26000.	—
1845-O	255.	400.	825.	1600.	3500.	6750.	9750.	14500.	19000.	27500.	—
1846 Small Date											
	165.	200.	230.	315.	700.	1600.	2200.	3250.	—	—	—
1846	165.	195.	225.	300.	350.	575.	1000.	2300.	4800.	12250.	—
1846-C	1000.	1500.	3000.	5000.	7500.	12000.	16000.	25000.	40000.	80000.	—
1846-D	800.	1200.	1800.	2500.	4000.	5000.	7500.	14000.	25000.	—	—
1846-D/D	800.	1200.	1800.	2500.	3500.	4500.	6000.	12000.	20000.	30000.	50000.
1846-O	235.	375.	1000.	1500.	4000.	6750.	8625.	12000.	17500.	25000.	—
1847	165.	215.	245.	265.	325.	400.	775.	1400.	3900.	8500.	24000.
1847/7	190.	220.	265.	350.	550.	1200.	1650.	2400.	4750.	10000.	—
1847-C	800.	1200.	1800.	2500.	3500.	6000.	10000.	15000.	23000.	32500.	—
1847-D	800.	1200.	1800.	2500.	3000.	4500.	6000.	8000.	14000.	18000.	—
1847-O	600.	2500.	7000.	8750.	12500.	—	—	—	—	—	—
1848	165.	225.	270.	300.	425.	675.	900.	1450.	2500.	11000.	—
1848-C	800.	1200.	1800.	2500.	3000.	7500.	12000.	20000.	40000.	65000.	—
1848-D	800.	1200.	1800.	2500.	3000.	6000.	9000.	15000.	25000.	—	—
1849	165.	190.	225.	365.	745.	1275.	1900.	2900.	6250.	16000.	—
1849-C	800.	1200.	1800.	2500.	3000.	6000.	9000.	15000.	25000.	35000.	—
1849-D	800.	1200.	1800.	2500.	3500.	7000.	10000.	18000.	30000.	—	—
1850	210.	275.	675.	800.	1050.	1700.	2450.	3750.	7500.	17000.	—
1850-C	800.	1200.	1800.	2500.	3000.	6000.	9000.	15000.	25000.	30000.	55000.
1850-D	800.	1200.	1800.	2500.	5000.	9000.	15000.	30000.	40000.	—	—
1851	165.	215.	235.	265.	360.	500.	1000.	2600.	4500.	10500.	—
1851-C	800.	1200.	1800.	2500.	3500.	7000.	10000.	18000.	30000.	70000.	85000.
1851-D	800.	1200.	1800.	2500.	4000.	7500.	10000.	15000.	25000.	35000.	—
1851-O	290.	575.	1250.	2500.	3800.	6750.	9500.	14000.	—	—	—
1852	165.	215.	245.	275.	325.	440.	675.	1250.	3500.	10000.	25000.

—— = Insufficient pricing data

	F-12	VF-20	EF-40	EF-45	AU-50	AU-55	AU-58	MS-60	MS-62	MS-63	MS-64
1852-C	800.	1200.	1800.	2500.	3000.	4500.	6000.	8000.	18000.	30000.	40000.
1852-D	800.	1200.	1800.	2500.	3500.	5000.	8000.	15000.	25000.	35000.	—
1853	165.	215.	245.	275.	360.	450.	725.	1350.	3050.	9000.	18500.
1853-C	800.	1200.	1800.	2500.	3000.	4500.	6000.	8000.	20000.	35000.	—
1853-D	800.	1200.	1800.	2500.	3000.	4000.	5000.	7000.	18000.	25000.	—
1854	165.	215.	255.	355.	600.	1125.	1400.	2100.	4000.	11000.	25000.
1854-C	800.	1200.	1800.	2500.	4000.	7000.	10000.	15000.	30000.	45000.	60000.
1854-D	800.	1200.	1800.	2500.	3000.	5000.	7000.	10000.	20000.	30000.	—
1854-O	240.	300.	525.	825.	1450.	2200.	4000.	8000.	16000.	25000.	—
1854-S AU-55 $210000.											
1855	165.	215.	250.	275.	365.	625.	950.	1650.	4200.	8250.	—
1855-C	800.	1200.	2000.	3000.	4000.	6000.	12000.	18000.	25000.	40000.	—
1855-D	800.	1200.	1800.	2500.	3500.	6000.	12000.	20000.	30000.	45000.	—
1855-O	380.	700.	2000.	3000.	4750.	6000.	11625.	21000.	—	—	—
1855-S	215.	385.	1200.	1800.	3050.	5500.	7250.	14500.	—	—	—
1856	165.	215.	245.	275.	325.	575.	950.	2200.	5250.	13500.	22500.
1856-C	800.	1200.	1800.	2500.	3500.	7000.	12000.	20000.	—	—	—
1856-D	800.	1200.	1800.	2500.	3500.	6000.	9000.	15000.	25000.	45000.	—
1856-O	400.	650.	1650.	2250.	5250.	7350.	11750.	15000.	—	—	—
1856-S	200.	300.	725.	875.	1200.	2250.	3250.	6250.	—	36500.	—
1857	165.	215.	245.	260.	400.	450.	800.	1500.	4600.	9000.	—
1857-C	800.	1200.	1800.	2500.	3500.	5000.	8000.	12000.	25000.	35000.	79000.
1857-D	800.	1200.	1800.	2500.	3500.	7000.	11000.	15000.	25000.	—	—
1857-O	355.	675.	1400.	1850.	4250.	7500.	10500.	15000.	—	50000.	—
1857-S	205.	300.	700.	850.	1350.	2600.	4000.	12000.	—	—	—
1858	195.	245.	550.	600.	700.	1650.	2450.	3750.	6000.	13400.	24000.
1858-C	800.	1200.	1800.	2500.	3500.	6000.	10000.	15000.	25000.	50000.	—
1858-D	800.	1200.	1800.	2500.	3500.	6000.	10000.	15000.	25000.	—	—
1858-S	475.	875.	2500.	3300.	7250.	—	—	—	—	—	—
1859	200.	320.	600.	675.	800.	1700.	2850.	6500.	8000.	—	—
1859-C	800.	1200.	1800.	2500.	4000.	7000.	10000.	20000.	35000.	55000.	—
1859-D	800.	1200.	1800.	2500.	3500.	6000.	8000.	15000.	30000.	50000.	—
1859-S	600.	1650.	4000.	4750.	6000.	11500.	15000.	—	—	—	—
1860	190.	250.	575.	700.	1100.	1750.	2500.	3750.	7000.	15000.	—
1860-C	800.	1500.	2500.	3000.	4000.	8500.	11000.	15000.	25000.	35000.	—
1860-D	800.	1500.	2500.	3000.	4000.	9000.	14000.	20000.	30000.	50000.	—
1860-S	550.	1100.	2000.	2900.	6500.	10000.	16500.	—	—	—	—
1861	165.	215.	250.	275.	360.	435.	750.	1250.	3600.	7500.	12500.
1861-C	1200.	2000.	5000.	7000.	9000.	15000.	22500.	37500.	75000.	115000.	—
1861-D	3000.	5000.	8000.	12000.	20000.	27500.	35000.	50000.	—	—	—
1861-S	525.	1200.	4100.	5000.	8000.	—	17500.	—	—	—	—
1862	455.	850.	1600.	1850.	3500.	—	—	—	—	—	—
1862-S	1300.	3000.	5600.	10000.	15000.	—	—	—	—	—	—
1863	450.	1175.	3500.	4750.	7750.	—	—	—	—	—	—
1863-S	625.	1450.	4250.	6500.	13500.	—	—	—	—	—	—
1864	360.	675.	1750.	2000.	3750.	7000.	10250.	15500.	—	—	—
1864-S	2900.	8000.	14250.	—	45000.	—	—	—	—	—	—
1865	500.	1400.	3750.	6000.	12500.	—	—	—	—	—	—

—— = Insufficient pricing data

	F-12	VF-20	EF-40	EF-45	AU-50	AU-55	AU-58	MS-60	MS-62	MS-63	MS-64
1865-S	525.	1475.	2500.	3500.	5850.	9000.	12500.	21000.	—	—	—
1866-S	775.	1600.	3750.	6500.	13750.	—	—	—	—	—	—
MOTTO ON REVERSE											
1866	375.	850.	1450.	1950.	3400.	5500.	—	—	—	—	—
1866-S	600.	900.	2850.	5250.	9250.	—	—	—	—	—	—
1867	275.	400.	1375.	1850.	3150.	4900.	—	—	—	—	—
1867-S	750.	1425.	2950.	5750.	14250.	—	—	—	—	—	—
1868	265.	500.	925.	2100.	3250.	5750.	8000.	12000.	—	—	—
1868-S	280.	375.	1475.	1600.	3600.	6250.	11000.	18000.	—	—	—
1869	425.	900.	1650.	2000.	4150.	—	—	—	—	—	36000.
1869-S	365.	525.	1800.	2900.	—	8250.	—	—	—	—	—
1870	350.	700.	1750.	2000.	3350.	5650.	—	—	—	—	—
1870-CC	1850.	4500.	14500.	19500.	27500.	32000.	—	75000.	—	—	—
1870-S	500.	1050.	2500.	4750.	14000.	—	—	—	—	—	—
1871	385.	725.	1500.	2000.	3375.	6250.	8500.	12000.	—	—	—
1871-CC	650.	1200.	3500.	8850.	15000.	—	—	—	—	—	—
1871-S	270.	355.	1150.	1800.	4150.	8500.	11500.	17000.	—	—	—
1872	400.	675.	1150.	1800.	2850.	4500.	7500.	12250.	15000.	21500.	—
1872-CC	575.	1100.	5250.	11500.	25000.	—	—	—	—	—	—
1872-S	275.	500.	775.	1000.	3250.	7000.	12250.	21000.	—	—	—
1873 Closed 3											
	150.	165.	190.	260.	500.	600.	875.	1275.	4500.	9250.	—
1873 Open 3	150.	165.	185.	225.	300.	350.	450.	665.	1800.	6250.	—
1873-CC	1250.	2750.	11500.	19500.	32500.	—	—	—	60000.	—	—
1873-S	340.	675.	975.	1600.	4000.	6500.	12000.	21000.	—	—	—
1874	315.	500.	1125.	1300.	2500.	4200.	5500.	—	—	—	—
1874-CC	500.	800.	2450.	4350.	11500.	16500.	23500.	34000.	—	—	—
1874-S	425.	800.	1725.	3600.	5000.	—	—	—	—	—	—
1875-CC	800.	1600.	3600.	5500.	12250.	22500.	—	—	—	—	—
1875-S	500.	775.	2400.	3900.	6800.	9500.	16250.	27500.	—	—	—
1875 EF-40 $47500 EF-45 $57500 AU-50 $75000 PF-63 $50000 PF-64 $100000.											
1876	445.	825.	1950.	2350.	3550.	6250.	8750.	12500.	16000.	22500.	30000.
1876-CC	550.	1350.	4350.	5200.	12500.	16000.	—	—	—	—	—
1876-S	800.	1350.	3850.	7500.	—	—	—	—	—	—	—
1877	420.	825.	1750.	2250.	3500.	5000.	—	—	—	—	—
1877-CC	465.	1000.	3600.	4250.	8250.	11000.	—	—	—	—	—
1877-S	175.	275.	575.	975.	1850.	5100.	—	—	—	—	—
1878	150.	165.	170.	180.	230.	250.	325.	450.	750.	2250.	5000.
1878-CC	2000.	4000.	12000.	14000.	22000.	—	—	—	—	—	—
1878-S	150.	165.	175.	190.	240.	535.	750.	1075.	2000.	5000.	8500.
1879	150.	165.	170.	175.	200.	240.	300.	400.	600.	1700.	3600.
1879-CC	350.	500.	1600.	2000.	3200.	6000.	—	—	—	—	—
1879-S	150.	165.	170.	180.	210.	270.	550.	1050.	1850.	4250.	7500.
1880	150.	165.	170.	175.	200.	215.	225.	245.	350.	1300.	2300.
1880-CC	270.	375.	725.	775.	1450.	4500.	7125.	11500.	—	—	—
1880-S	150.	165.	170.	175.	200.	215.	235.	260.	340.	1100.	2150.
1881	150.	165.	170.	175.	200.	215.	225.	240.	335.	825.	2000.

—— = Insufficient pricing data

CORONET $5 HALF EAGLE (CONTINUED)

	F-12	VF-20	EF-40	EF-45	AU-50	AU-55	AU-58	MS-60	MS-62	MS-63	MS-64
1881/0	250.	315.	600.	675.	800.	1000.	1150.	1350.	3100.	7000.	13000.
1881-CC	330.	450.	1600.	3750.	6500.	9250.	13250.	20000.	—	—	—
1881-S	150.	165.	170.	175.	200.	215.	230.	255.	395.	1175.	2400.
1882	150.	165.	170.	175.	200.	215.	225.	240.	345.	925.	2000.
1882-CC	250.	300.	450.	550.	725.	1850.	3750.	6750.	—	—	—
1882-S	150.	165.	170.	175.	200.	215.	235.	265.	350.	1025.	2050.
1883	150.	165.	170.	175.	200.	215.	250.	300.	575.	1700.	4850.
1883-CC	290.	385.	900.	1550.	3150.	7000.	11250.	18500.	—	—	—
1883-S	150.	165.	200.	210.	235.	330.	550.	925.	1550.	3750.	—
1884	150.	165.	175.	185.	220.	325.	575.	950.	1600.	3900.	—
1884-CC	315.	500.	950.	1800.	2550.	4500.	9500.	17500.	—	—	—
1884-S	150.	170.	180.	190.	220.	240.	275.	325.	650.	1950.	6000.
1885	150.	165.	170.	175.	200.	215.	225.	245.	500.	1200.	2100.
1885-S	150.	165.	170.	175.	200.	215.	225.	240.	335.	775.	2000.
1886	150.	165.	170.	175.	200.	225.	240.	270.	575.	1200.	3750.
1886-S	150.	165.	170.	175.	200.	225.	235.	250.	345.	775.	2050.
1887-S	150.	165.	170.	175.	200.	215.	225.	240.	400.	925.	—

1887 Proof Only - PF-50 $17000;PF-58 $18000; PF-60 $25000; PF-62 $32500;
PF-63(PCGS) $58000; PF-64 $72500; PF-65 $150000.

	F-12	VF-20	EF-40	EF-45	AU-50	AU-55	AU-58	MS-60	MS-62	MS-63	MS-64
1888	150.	165.	200.	225.	280.	350.	425.	550.	1400.	2750.	—
1888-S	155.	175.	230.	240.	330.	750.	875.	1100.	2500.	—	—
1889	165.	250.	330.	415.	525.	675.	775.	950.	2400.	5000.	—
1890	215.	325.	485.	565.	675.	900.	1150.	1600.	4200.	11500.	—
1890-CC	185.	245.	320.	350.	450.	600.	750.	1000.	2200.	4500.	12000.
1891	150.	165.	190.	200.	225.	275.	350.	500.	900.	1900.	5250.
1891-CC	175.	240.	290.	330.	380.	435.	525.	700.	1325.	3350.	8750.
1892	150.	165.	170.	175.	200.	215.	225.	240.	350.	1275.	3500.
1892-CC	180.	240.	315.	375.	450.	875.	1150.	1550.	3250.	7750.	—
1892-O	360.	460.	750.	825.	1200.	1700.	2100.	2800.	6300.	12500.	—
1892-S	150.	165.	180.	190.	230.	430.	525.	675.	1200.	3750.	—
1893	150.	165.	170.	175.	200.	215.	225.	245.	335.	650.	1950.
1893-CC	185.	245.	325.	385.	550.	775.	1075.	1575.	3800.	8000.	13500.
1893-O	150.	185.	215.	240.	275.	450.	675.	1075.	2300.	6100.	—
1893-S	150.	165.	175.	185.	200.	275.	300.	350.	525.	1250.	4650.
1894	150.	165.	170.	175.	200.	215.	225.	240.	335.	700.	3500.
1894-O	150.	175.	260.	280.	350.	750.	1000.	1450.	2650.	5500.	—
1894-S	165.	200.	325.	360.	600.	1000.	1525.	2400.	3250.	9750.	—
1895	150.	165.	170.	175.	200.	215.	225.	240.	335.	700.	1300.
1895-S	150.	195.	280.	290.	500.	1000.	1750.	3000.	4000.	—	—
1896	150.	165.	175.	185.	200.	225.	275.	350.	515.	1650.	3750.
1896-S	150.	190.	285.	315.	400.	700.	975.	1450.	2950.	—	—
1897	150.	165.	170.	175.	200.	215.	225.	240.	335.	775.	1650.
1897-S	150.	170.	225.	240.	275.	360.	550.	875.	1500.	6900.	11500.
1898	150.	165.	170.	175.	200.	215.	225.	240.	345.	750.	2100.
1898-S	150.	165.	170.	175.	200.	215.	230.	250.	390.	1175.	5750.
1899	150.	165.	170.	175.	200.	215.	225.	240.	335.	575.	1200.
1899-S	150.	170.	170.	170.	200.	215.	225.	240.	350.	800.	2800.
1900	150.	165.	170.	175.	200.	215.	225.	240.	335.	550.	1250.

—— = Insufficient pricing data

	F-12	VF-20	EF-40	EF-45	AU-50	AU-55	AU-58	MS-60	MS-62	MS-63	MS-64
1900-S	150.	170.	190.	200.	230.	250.	300.	375.	500.	1150.	2300.
1901	150.	165.	170.	175.	200.	215.	225.	240.	335.	650.	1700.
1901-S	150.	165.	170.	175.	200.	215.	225.	240.	335.	550.	900.
1901/0-S	150.	170.	210.	220.	265.	310.	330.	360.	475.	775.	2550.
1902	150.	165.	170.	175.	200.	215.	225.	240.	350.	775.	1875.
1902-S	150.	165.	170.	175.	200.	215.	225.	240.	340.	675.	1000.
1903	150.	165.	170.	175.	200.	215.	225.	240.	350.	800.	1750.
1903-S	150.	165.	170.	175.	200.	215.	225.	240.	340.	575.	1000.
1904	150.	165.	170.	175.	200.	215.	225.	240.	335.	675.	1700.
1904-S	150.	165.	185.	195.	270.	475.	700.	1050.	1850.	3500.	15000.
1905	150.	165.	170.	175.	200.	215.	230.	250.	345.	1050.	2000.
1905-S	150.	165.	170.	180.	225.	325.	425.	600.	1150.	2600.	5500.
1906	150.	165.	170.	175.	200.	215.	225.	240.	350.	1100.	1700.
1906-D	150.	165.	170.	175.	200.	215.	225.	240.	335.	650.	1600.
1906-S	150.	165.	170.	170.	200.	215.	255.	320.	490.	1500.	2600.
1907	150.	165.	170.	175.	200.	215.	225.	240.	335.	575.	1300.
1907-D	150.	165.	170.	175.	200.	215.	225.	240.	335.	600.	1400.
1908	150.	165.	170.	175.	200.	215.	225.	240.	325.	575.	950.

Indian Head $5 half eagle

Date of authorization: Jan. 18, 1837
Dates of issue: 1908-1929
Designer: Bela Lyon Pratt
Engraver: Charles Barber
Diameter: 21.54 mm/0.85 inch
Weight: 8.36 grams/0.27 ounce
Metallic Content: 90% gold, 10% copper
Weight of pure gold: 7.52 grams/0.24 ounce
Edge: Reeded
Mint mark: Reverse lower left

	EF-40	AU-50	AU-55	MS-60	MS-62	MS-63	MS-64	MS-65
1908	200.	240.	265.	345.	600.	1200.	3500.	11250.
1908-D	200.	240.	265.	340.	625.	1250.	3300.	25000.
1908-S	400.	475.	725.	1150.	1650.	3225.	5000.	15500.
1909	200.	240.	265.	365.	650.	1200.	3450.	13500.
1909-D	200.	240.	265.	340.	560.	1025.	3000.	13000.
1909-O	1250.	2000.	4600.	10000.	17000.	40000.	—	
1909-S	250.	300.	385.	1250.	2450.	7300.	17250.	41500.
1910	200.	240.	265.	350.	625.	1450.	3600.	17500.
1910-D	205.	265.	275.	420.	675.	2000.	11500.	—
1910-S	220.	300.	485.	1100.	3950.	6500.	21000.	—
1911	200.	240.	265.	340.	650.	1200.	3300.	13000.
1911-D	450.	625.	1025.	3000.	6750.	18000.	48500.	—
1911-S	225.	265.	300.	485.	750.	2800.	20000.	—
1912	200.	245.	265.	340.	610.	1125.	3600.	13500.
1912-S	275.	325.	525.	1550.	4100.	9000.	22500.	—
1913	200.	250.	265.	340.	650.	1200.	3300.	13500.
1913-S	250.	385.	600.	1400.	3250.	12500.	27500.	—
1914	200.	250.	265.	365.	625.	1500.	3300.	13500.
1914-D	205.	255.	270.	365.	675.	2600.	4800.	34500.
1914-S	275.	325.	525.	1450.	2800.	9500.	34000.	—
1915	210.	250.	265.	335.	625.	1200.	3600.	12500.
1915-S	375.	465.	675.	1850.	4600.	12500.	32000.	—
1916-S	275.	300.	350.	550.	1125.	2850.	7250.	20000.
1929	4500.	5000.	5250.	6000.	6750.	8500.	10500.	28500.

—— = Insufficient pricing data

Capped Bust $10 eagle

Small Eagle reverse

Heraldic Eagle reverse

Date of authorization: April 2, 1792
Dates of issue: 1795-1804
Designer/Engraver: Robert Scot
Diameter: 33.00 mm/1.30 inches
Weight: 17.50 grams/0.56 ounce
Metallic Content: 91.67% gold, 8.33% copper and silver
Weight of pure gold: 16.04 grams/0.52 ounce
Edge: Reeded
Mint mark: None

	F-12	VF-20	EF-40	EF-45	AU-50	AU-55	MS-60	MS-62	MS-63	MS-64
SMALL EAGLE										
1795 13 Leaves	10000.	15000.	20000.	25000.	30000.	35000.	50000.	60000.	125000.	200000.
1795 9 Leaves	25000.	40000.	50000.	60000.	75000.	100000.	175000.	—	—	—
1796	10000.	15000.	20000.	25000.	35000.	45000.	75000.	125000.	200000.	—
1797	12000.	18000.	30000.	40000.	60000.	80000.				
CAPPED BUST, HERALDIC EAGLE										
1797	4000.	6000.	8000.	10000.	12000.	15000.	30000.	40000.	—	—
1798/7 9 X 4 Stars	8000.	14000.	25000.	30000.	35000.	50000.	85000.	135000.	—	—

—— = Insufficient pricing data

	F-12	VF-20	EF-40	EF-45	AU-50	AU-55	MS-60	MS-62	MS-63	MS-64
1798/7 7 X 6 Stars										
	25000.	40000.	60000.	75000.	110000.	150000.	225000.	—	—	—
1799	4000.	6000.	8000.	10000.	12000.	13000.	18000.	25000.	30000.	45000.
1800	4000.	6000.	8000.	10000.	12000.	14000.	20000.	30000.	50000.	
1801	4000.	6000.	8000.	10000.	12000.	13000.	18000.	25000.	35000.	50000.
1803 Small Stars										
	4000.	6000.	8000.	10000.	12000.	13000.	20000.	25000.	45000.	65000.
1803 Large Stars										
	4000.	6000.	8000.	10000.	12000.	13000.	18000.	30000.	50000.	75000.
1803 14 Reverse Stars										
	7500.	9000.	12000.	14000.	16000.	18000.	30000.	40000.	—	—
1804	5000.	6500.	10000.	14000.	18000.	20000.	30000.	60000.	—	—

Coronet $10 eagle

Date of authorization:	Jan. 18, 1837
Dates of issue:	1838-1907
Designers:	Obverse: Christian Gobrecht
	Reverse: John Reich-William Kneass-Christian Gobrecht
Engraver:	Christian Gobrecht
Diameter:	27.00 mm/1.07 inches
Weight:	16.72 grams/.54 ounce
Metallic Content:	(1838-1873)90% gold,10% copper and silver
	(1873-1907): 90% gold, 10% copper
Weight of pure gold:	15.05 grams/0.48 ounce
Edge:	Reeded
Mint mark:	Reverse below eagle

	F-12	VF-20	EF-40	EF-45	AU-50	AU-55	AU-58	MS-60	MS-62	MS-63
NO MOTTO										
1838	600.	1150.	2900.	4025.	6250.	11000.	16000.	27500.	55000.	—
1839 Old Portrait										
	535.	900.	1850.	3000.	4950.	9250.	12750.	25000.	—	47500.
1839 New Portrait										
	850.	1750.	3200.	4500.	6750.	11500.	20000.	—	—	—
1840	305.	360.	575.	850.	1600.	3000.	5250.	10500.	—	—

—— = Insufficient pricing data

	F-12	VF-20	EF-40	EF-45	AU-50	AU-55	AU-58	MS-60	MS-62	MS-63
1841	300.	325.	550.	700.	1375.	2450.	4000.	8500.	20000.	—
1841-O	1250.	2200.	4500.	5750.	11500.	19500.	—	—	—	—
1842 Small Date	270.	330.	400.	700.	2050.	3150.	4675.	9750.		
1842 Large Date	280.	340.	450.	700.	1250.	3000.	4500.	8750.	12750.	20000.
1842-O	285.	375.	625.	1000.	2450.	6250.	11500.	26500.	—	—
1843 Doubled Date	295.	425.	575.	750.	3050.	—	—	—	—	—
1843	280.	330.	400.	625.	1700.	5450.	—	—	—	—
1843-O	275.	320.	375.	600.	1375.	3500.	6750.	12500.	18000.	—
1844	575.	1500.	2700.	3400.	6000.	—	12000.	18000.	—	—
1844-O	265.	330.	440.	775.	1650.	3250.	6500.	17000.	38500.	—
1845	400.	525.	750.	1300.	2000.	3150.	5500.	12500.	21500.	—
1845-O	280.	360.	700.	1250.	2250.	7500.	10500.	19000.	40000.	70000.
1846	450.	575.	1025.	2500.	5250.	10500.	—	—	—	—
1846-O	290.	425.	700.	2400.	4800.	—	—	—	27500.	—
1846/5-O	320.	625.	1050.	1550.	3100.	7000.	12500.	—	—	50000.
1847	245.	290.	340.	390.	525.	825.	1500.	3500.	7000.	17500.
1847-O	265.	300.	375.	450.	575.	1100.	2000.	4500.	9000.	18250.
1848	270.	320.	400.	500.	775.	1300.	2300.	5300.	10000.	27500.
1848-O	320.	500.	1100.	1750.	3500.	8000.	10750.	15000.	23500.	37500.
1849	255.	290.	350.	450.	600.	900.	1600.	3550.	5900.	13250.
1849/1848	450.	700.	975.	1300.	1800.	3500.	—	—	—	—
1849-O	385.	750.	1700.	2900.	5500.	7500.	—	20000.	—	—
1850 Large Date	255.	290.	370.	435.	650.	950.	1700.	3950.	7500.	15000.
1850 Small Date	320.	375.	925.	1450.	2350.	4050.	5500.	9500.	—	—
1850-O	295.	425.	1000.	1600.	2550.	6000.	—	—	—	—
1851	255.	290.	395.	525.	925.	1400.	2250.	4650.	—	25500.
1851-O	250.	290.	500.	700.	1150.	2950.	3775.	6250.	—	30000.
1852	255.	290.	335.	440.	600.	1100.	1850.	4050.	7000.	—
1852-O	370.	685.	1125.	2250.	3500.	8500.	11250.	18000.	37500.	—
1853	255.	290.	335.	415.	560.	850.	1450.	3750.	6250.	—
1853/2	420.	600.	800.	950.	1650.	3650.	—	—	—	—
1853-O	290.	320.	415.	575.	1000.	2500.	5250.	—	—	—
1854	295.	315.	385.	515.	775.	1400.	2475.	5700.	16500.	—
1854-O Small Date	270.	350.	675.	900.	1400.	3000.	—	—	—	—
1854-O Large Date	365.	500.	800.	1100.	1800.	3700.	4900.	8500.	19500.	41500.
1854-S	275.	305.	425.	560.	1275.	1900.	4100.	10750.	—	—
1855	260.	290.	360.	430.	575.	1100.	1950.	4500.	9500.	24000.
1855-O	315.	575.	1300.	2450.	5250.	8250.	12500.	—	—	—
1855-S	750.	1150.	2350.	3000.	6000.	8250.	—	—	—	—
1856	270.	290.	350.	430.	575.	1100.	2000.	4650.	6150.	13500.
1856-O	415.	625.	975.	2150.	3750.	6750.	10500.	—	—	—
1856-S	250.	290.	525.	675.	1100.	2600.	4150.	8750.	—	—
1857	290.	525.	925.	1250.	2200.	3500.	5500.	—	—	—
1857 overdate	600.	1400.	2850.	3750.	7500.	—	—	—	—	—
1857-O	600.	1100.	1850.	2300.	3200.	5750.	9500.	20000.	—	—

—— = Insufficient pricing data

CORONET $10 EAGLE (CONTINUED)

	F-12	VF-20	EF-40	EF-45	AU-50	AU-55	AU-58	MS-60	MS-62	MS-63
1857-S	315.	415.	1100.	1400.	2200.	4500.	8750.	—	—	—
1858	—	4750.	8000.	10250.	13500.	—	—	—	—	—
1858-O	270.	330.	625.	775.	1650.	3250.	4825.	9500.	19000.	—
1858-S	800.	1600.	3250.	3500.	5750.	15000.	30000.	—	—	—
1859	285.	365.	700.	900.	1250.	2750.	4500.	10000.	—	—
1859-O	1800.	3750.	7700.	12500.	17000.	—	—	—	—	—
1859-S	1100.	1650.	4100.	8000.	14750.	—	—	—	—	—
1860	260.	415.	650.	1050.	1500.	2800.	3550.	8000.	—	30000.
1860-O	375.	550.	1050.	1300.	1950.	4000.	7500.	—	32500.	—
1860-S	1850.	3400.	5500.	8250.	15750.	—	—	—	—	—
1861	250.	300.	355.	440.	525.	875.	1625.	3900.	7000.	15500.
1861-S	625.	1650.	2600.	3925.	7000.	10500.	—	—	—	—
1862	255.	600.	975.	1450.	2100.	2750.		—	20000.	—
1862-S	650.	1750.	2800.	3500.	6500.	—	—	—	—	—
1863	—	3650.	7500.	11000.	17000.	23000.	30500.	40000.	55000.	75000.
1863-S	675.	1725.	3600.	5000.	9750.	—	17500.	27500.	—	—
1864	725.	1600.	2750.	3800.	6250.	—	12000.	19000.	—	—
1864-S	2750.	5250.	12500.	17000.	26000.	—	—	—	—	—
1865	700.	1750.	3450.	4000.	6350.	—	—	—	—	—
1865-S	2250.	6750.	12000.	—	—	—	—	—	—	—
1865-S Inverted 865/186										
	1100.	2300.	6250.		8750.	14000.	—	—	—	75000.
1866-S	1350.	2400.	3400.		4100.	10250.	16500.	27500.	—	—
MOTTO ON REVERSE										
1866	515.	850.	1700.	2550.	3950.	8250.	16500.	—	—	—
1866-S	575.	1550.	3375.	4100.	7250.	—	—	—	—	—
1867	600.	1475.	2550.	3450.	5000.	7250.	14500.	—	—	—
1867-S	1100.	2150.	4750.	6950.	10250.	16500.	30000.	—	—	—
1868	440.	475.	725.	1200.	1900.	3400.	6220.	17500.	—	—
1868-S	600.	1300.	2250.	2800.	4250.		—	—	—	—
1869	750.	1300.	2600.	3200.	6750.	12500.	15000.	24500.	—	—
1869-S	825.	1700.	2650.	3350.	7000.	14000.	16750.	27500.	—	—
1870	435.	725.	1100.	1375.	2675.	6250.	12500.	—	—	—
1870-CC	5000.	12000.	27000.	35000.	50000.	—	—	—	—	—
1870-S	675.	1250.	2650.	3500.	7250.	14500.	25000.	—	—	—
1871	—	1200.	1925.	2750.	4500.	10000.	15000.	22500.	—	—
1871-CC	1350.	2100.	4950.	8500.	19000.	—	—	—	—	—
1871-S	625.	1100.	1800.	2150.	5500.	12500.	20000.	—	—	—
1872	1300.	2100.	3450.	5500.	10500.	—	—	17500.	22500.	—
1872-CC	1600.	3450.	10750.	12000.	—	—	—	—	—	—
1872-S	400.	585.	950.	1125.	1750.	5000.	10000.	—	—	—
1873	—	4500.	9500.	11250.	15000.	17500.	22500.	—	—	—
1873-CC	2000.	6750.	12750.	18500.	29000.	—	—	—	—	—
1873-S	585.	950.	2300.	3250.	4750.	6000.	10000.	—	—	—
1874	240.	265.	280.	290.	350.	425.	725.	1850.	5200.	10000.
1874-CC	560.	875.	2400.	5000.	8750.	—	—	—	—	—
1874-S	600.	1200.	3500.	4250.	7350.	11750.	20000.	—	—	—
1875	—	42000.	60000.	80000.	90000.	—	—	—	—	—

—— = Insufficient pricing data

	F-12	VF-20	EF-40	EF-45	AU-50	AU-55	AU-58	MS-60	MS-62	MS-63
1875-CC	2000.	4500.	10000.	15000.	—	—	—	—	—	—
1876	—	3100.	6000.	12000.	17500.	—	—	—	—	—
1876-CC	1650.	3150.	6250.	9500.	22500.	29000.	40000.	—	—	—
1876-S	625.	1100.	1950.	2750.	5600.	—	—	—	—	—
1877	—	1950.	3400.	5500.	9000.	10750.	14500.	—	—	—
1877-CC	1550.	2500.	5000.	7000.	12000.	—	—	—	—	—
1877-S	325.	475.	700.	1200.	2200.	3200.	5500.	—	—	—
1878	230.	250.	290.	300.	325.	450.	600.	1050.	2350.	4750.
1878-CC	2550.	4300.	9000.	14000.	20000.	—	—	—	—	—
1878-S	300.	400.	600.	1150.	1975.	3150.	5500.	12500.	—	—
1879	210.	225.	250.	260.	340.	425.	495.	775.	1450.	3250.
1879/8	290.	350.	400.	500.	750.	850.	925.	1200.	1900.	—
1879-CC	5000.	10000.	15000.	20000.	25000.	30000.	35000.	—	—	—
1879-O	2050.	2400.	3800.	5500.	9000.	14750.	25000.	—	—	—
1879-S	210.	225.	250.	260.	275.	650.	800.	1200.	3500.	—
1880	210.	225.	250.	260.	275.	280.	285.	300.	700.	2250.
1880-CC	340.	450.	725.	1000.	1500.	3900.	5750.	12500.	—	—
1880-O	265.	385.	750.	900.	1300.	2100.	3500.	9000.	—	—
1880-S	210.	230.	250.	300.	350.	375.	400.	465.	1300.	3500.
1881	210.	225.	250.	260.	275.	280.	285.	300.	490.	900.
1881-CC	315.	360.	475.	625.	900.	1200.	2500.	7000.	12000.	—
1881-O	250.	375.	650.	825.	1225.	2050.	3200.	7750.	—	—
1881-S	210.	225.	250.	260.	275.	280.	285.	400.	825.	6000.
1882	210.	225.	250.	260.	275.	280.	285.	300.	485.	900.
1882-CC	475.	650.	1100.	1850.	2800.	6750.	12500.	—	—	—
1882-O	260.	350.	525.	750.	1025.	2000.	3250.	8250.	—	—
1882-S	210.	225.	250.	260.	275.	280.	350.	450.	1550.	5000.
1883	210.	225.	250.	260.	275.	280.	285.	310.	650.	1750.
1883-CC	340.	425.	650.	1150.	2250.	4500.	6000.	11500.	—	—
1883-O	1350.	3550.	7000.	—	10250.	13000.	22500.	—	—	—
1883-S	210.	230.	350.	365.	400.	550.	710.	1350.	4500.	15000.
1884	210.	225.	250.	260.	275.	375.	460.	800.	1750.	4250.
1884-CC	395.	600.	900.	1350.	2200.	4100.	5300.	10000.	—	—
1884-S	210.	225.	250.	260.	275.	375.	430.	650.	1650.	—
1885	210.	225.	250.	260.	275.	280.	290.	410.	675.	3750.
1885-S	210.	225.	250.	260.	275.	280.	285.	375.	1500.	4200.
1886	210.	225.	250.	260.	275.	280.	290.	400.	600.	2500.
1886-S	210.	225.	250.	260.	275.	280.	285.	315.	455.	1000.
1887	210.	275.	250.	260.	330.	475.	545.	825.	2050.	4250.
1887-S	210.	225.	250.	260.	275.	280.	285.	305.	625.	2500.
1888	210.	275.	250.	260.	325.	515.	585.	825.	4850.	—
1888-O	210.	225.	250.	260.	275.	400.	430.	550.	1850.	6000.
1888-S	210.	225.	250.	260.	275.	280.	285.	300.	1100.	2950.
1889	275.	355.	500.	580.	900.	1750.	2100.	3150.	—	—
1889-S	210.	225.	250.	260.	275.	280.	285.	300.	460.	1750.
1890	210.	225.	250.	260.	330.	500.	575.	875.	2650.	4650.
1890-CC	310.	350.	475.	510.	725.	950.	1250.	2400.	6000.	15000.
1891	210.	225.	250.	260.	275.	280.	285.	300.	650.	2700.

—— = Insufficient pricing data

	F-12	VF-20	EF-40	EF-45	AU-50	AU-55	AU-58	MS-60	MS-62	MS-63
1891-CC	275.	335.	385.	415.	475.	525.	565.	725.	1400.	5000.
1892	210.	225.	250.	260.	275.	280.	285.	300.	430.	1400.
1892-CC	295.	325.	400.	475.	625.	1200.	2000.	3500.	5000.	9500.
1892-O	210.	225.	250.	260.	275.	290.	350.	400.	2350.	—
1892-S	210.	225.	250.	260.	275.	280.	285.	385.	825.	2350.
1893	210.	225.	250.	260.	275.	280.	285.	300.	395.	775.
1893-CC	325.	400.	600.	800.	1450.	2600.	4000.	7800.	—	—
1893-O	210.	225.	290.	300.	325.	410.	450.	600.	2450.	5250.
1893-S	210.	225.	250.	260.	275.	325.	385.	525.	1400.	3975.
1894	210.	225.	250.	260.	275.	280.	285.	300.	420.	800.
1894-O	210.	225.	250.	310.	375.	550.	640.	1000.	2350.	5000.
1894-S	250.	295.	415.	500.	875.	—	—	3250.	—	—
1895	210.	225.	250.	260.	275.	280.	285.	300.	425.	875.
1895-O	210.	225.	250.	260.	275.	360.	385.	485.	1300.	3650.
1895-S	255.	305.	365.	400.	775.	1250.	1500.	2500.	5000.	—
1896	210.	225.	250.	260.	275.	280.	285.	300.	525.	1750.
1896-S	210.	225.	325.	350.	500.	600.	1025.	2750.	—	10000.
1897	210.	225.	250.	260.	275.	280.	285.	300.	420.	750.
1897-O	210.	225.	295.	305.	355.	375.	455.	775.	1300.	2150.
1897-S	210.	230.	300.	315.	370.	400.	490.	850.	1800.	3400.
1898	210.	225.	250.	260.	275.	280.	285.	300.	430.	900.
1898-S	210.	225.	250.	260.	275.	280.	285.	400.	635.	2750.
1899	210.	225.	250.	260.	275.	280.	285.	300.	415.	700.
1899-O	210.	230.	250.	260.	275.	385.	410.	500.	1150.	3600.
1899-S	210.	225.	250.	260.	275.	280.	285.	300.	600.	2250.
1900	210.	225.	250.	260.	275.	280.	285.	300.	415.	750.
1900-S	210.	230.	295.	325.	375.	525.	615.	975.	2100.	3900.
1901	210.	225.	250.	260.	275.	280.	285.	300.	415.	675.
1901-O	210.	225.	250.	260.	275.	350.	365.	410.	900.	2400.
1901-S	210.	225.	250.	260.	275.	280.	285.	300.	410.	675.
1902	210.	225.	250.	260.	275.	280.	285.	300.	575.	1500.
1902-S	210.	225.	250.	260.	275.	280.	285.	300.	415.	675.
1903	210.	225.	250.	260.	275.	280.	285.	300.	445.	1600.
1903-O	210.	225.	250.	260.	275.	280.	285.	375.	650.	2350.
1903-S	210.	225.	250.	260.	275.	280.	285.	300.	455.	1000.
1904	210.	225.	250.	260.	275.	280.	285.	300.	420.	1600.
1904-O	210.	225.	250.	260.	275.	280.	285.	385.	800.	2300.
1905	210.	225.	250.	260.	275.	280.	285.	300.	415.	1200.
1905-S	210.	225.	250.	260.	330.	450.	625.	1250.	3900.	4750.
1906	210.	225.	250.	260.	275.	280.	285.	300.	420.	950.
1906-D	210.	225.	250.	260.	275.	280.	285.	300.	470.	1000.
1906-O	210.	230.	250.	260.	350.	390.	425.	575.	950.	2500.
1906-S	210.	225.	250.	260.	275.	295.	375.	485.	1100.	3500.
1907	210.	225.	250.	260.	275.	280.	285.	300.	410.	800.
1907-D	210.	225.	250.	260.	275.	280.	285.	300.	455.	1200.
1907-S	210.	225.	250.	260.	275.	280.	400.	675.	1175.	2650.

—— = Insufficient pricing data

Indian Head $10 eagle

Date of authorization: Jan. 18, 1837
Dates of issue: 1907-1933
Designer: Augustus Saint-Gaudens
Engraver: Charles Barber
Diameter: 27.00 mm/1.07 inches
Weight: 16.72 grams/0.54 ounce
Metallic Content: 90% gold, 10% copper
Weight of pure gold: 15.05 grams/0.48 ounce
Edge: Starred
Mint mark: Reverse left of TEN DOLLARS

	EF-40	AU-50	AU-55	MS-60	MS-62	MS-63	MS-64	MS-65
NO MOTTO ON REVERSE								
1907 Wire Rim, Periods	5000.	6500.	7750.	10000.	12500.	17500.	30000.	47500.
1907 Rolled Rim, Periods	15000.	21000.	25000.	32500.	37000.	46000.	62500.	105000.
1907 No Periods	385.	405.	450.	575.	900.	2100.	3400.	6850.
1908	415.	500.	525.	850.	1150.	3500.	5800.	14000.
1908-D	400.	440.	475.	825.	1400.	5500.	10000.	40000.
MOTTO ON REVERSE								
1908	380.	390.	435.	500.	600.	1500.	2500.	5300.
1908-D	405.	415.	485.	725.	1150.	4500.	9500.	25000.
1908-S	415.	440.	700.	1950.	3100.	6200.	10000.	22500.
1909	380.	390.	435.	510.	650.	2125.	3250.	8500.
1909-D	390.	400.	535.	790.	1300.	3000.	11000.	45000.
1909-S	395.	405.	480.	650.	1150.	3400.	5100.	12750.
1910	375.	385.	410.	485.	580.	1100.	2300.	5250.
1910-D	370.	380.	405.	480.	575.	875.	1900.	5850.
1910-S	395.	405.	500.	775.	1300.	4500.	16500.	50000.
1911	365.	375.	400.	475.	570.	1100.	2150.	5850.
1911-D	650.	875.	1450.	4050.	7750.	12500.	37500.	65000.
1911-S	475.	600.	650.	1000.	1825.	4200.	6500.	12500.
1912	375.	385.	405.	490.	595.	1100.	2800.	7150.
1912-S	390.	425.	525.	950.	1350.	4100.	7500.	37000.
1913	365.	375.	400.	475.	570.	1100.	2350.	5250.
1913-S	650.	900.	1750.	4150.	10000.	17500.	50000.	—
1914	370.	380.	415.	495.	600.	1650.	2600.	8000.
1914-D	365.	375.	405.	495.	625.	1650.	3200.	11500.

——— = Insufficient pricing data

	EF-40	AU-50	AU-55	MS-60	MS-62	MS-63	MS-64	MS-65
1914-S	385.	425.	480.	725.	1750.	4400.	14000.	45000.
1915	375.	385.	410.	485.	565.	1300.	2400.	5850.
1915-S	550.	800.	1250.	2750.	6600.	9500.	31500.	65000.
1916-S	415.	430.	450.	700.	1550.	3400.	7500.	15500.
1920-S	7000.	9100.	11250.	15000.	19000.	37500.	65000.	—
1926	365.	375.	390.	460.	525.	900.	1200.	3500.
1930-S	—	5500.	6250.	7500.	8250.	11500.	16500.	30000.
1932	345.	355.	375.	435.	475.	800.	1100.	2750.
1933	—	—	—	65000.	80000.	107500.	150000.	325000.

Coronet $20 double eagle

Date of authorization:	March 3, 1849
Dates of issue:	1850-1907
Designer/Engraver:	James B. Longacre
Diameter:	34.29 mm/1.35 inches
Weight:	33.44 grams/1.07 ounce
Metallic Content:	(1850-1873): 90% gold, 10% copper and silver
	(1873-1907): 90% gold, 10% copper
Weight of pure gold:	30.09 grams/0.97 ounce
Edge:	Reeded
Mint mark:	Reverse below eagle

	VF-20	EF-40	EF-45	AU-50	AU-55	AU-58	MS-60	MS-62	MS-63

NO MOTTO ON REVERSE

1849 One Specimen, Smithsonian collection

	VF-20	EF-40	EF-45	AU-50	AU-55	AU-58	MS-60	MS-62	MS-63
1850	700.	1000.	1250.	2250.	3325.	4350.	6000.	17500.	35000.
1850-O	800.	1450.	2750.	5750.	10500.	17500.	30000.	—	—
1851	675.	750.	800.	875.	1250.	2100.	3750.	8250.	17500.
1851-O	700.	790.	1025.	1650.	4750.	8000.	15000.	25000.	40000.
1852	625.	700.	645.	800.	1250.	1800.	2700.	6250.	14000.
1852-O	725.	775.	925.	1625.	4500.	7750.	13500.	20000.	32500.

—— = Insufficient pricing data

	VF-20	EF-40	EF-45	AU-50	AU-55	AU-58	MS-60	MS-62	MS-63
1853	625.	625.	725.	925.	1500.	2250.	4750.	11500.	26000.
1853/2	725.	1150.	1675.	3375.	5500.	15000.	35000.	—	—
1853-O	685.	1050.	1425.	2600.	4500.	10000.	25000.	—	—
1854	625.	675.	750.	925.	1500.	2500.	4750.	12250.	—
1854-O	25000.	50000.	75000.	125000.	175000.	285000.	—	—	—
1854-S	700.	900.	1200.	1550.	2250.	3250.	5000.	8000.	12500.
1855	625.	675.	825.	1125.	2100.	3750.	7000.	15000.	30000.
1855-O	2450.	5000.	10000.	18500.	28500.	40000.	60000.	—	—
1855-S	750.	925.	1525.	1450.	2500.	4000.	6750.	—	20000.
1856	625.	675.	750.	925.	2200.	4150.	8000.	14500.	31500.
1856-O	27500.	42500.	62500.	90000.	175000.	—	—	225000.	350000.
1856-S	650.	750.	975.	1275.	2600.	3500.	4250.	7500.	10000.
1857	625.	675.	725.	850.	1475.	2325.	3500.	10000.	27500.
1857-O	1000.	1750.	2500.	4000.	7500.	17000.	25000.	—	—
1857-S	700.	825.	950.	1200.	1750.	2150.	2750.	4750.	6500.
1858	725.	775.	825.	1325.	2750.	3500.	5000.	17500.	35000.
1858-O	1150.	1775.	2500.	4500.	8000.	—	—	—	—
1858-S	650.	1050.	1400.	1825.	2750.	5250.	9750.	15000.	—
1859	1000.	2000.	2525.	3800.	7000.	10500.	—	—	—
1859-O	3000.	6250.	9500.	15500.	22500.	40000.	60000.	—	—
1859-S	675.	800.	1225.	1700.	2650.	4200.	5500.	11000.	—
1860	625.	650.	675.	750.	1150.	1925.	3500.	8750.	17500.
1860-O	3500.	7500.	12500.	16500.	22500.	26000.	40000.	—	—
1860-S	950.	1550.	1775.	2000.	4000.	5000.	7000.	12500.	—
1861	625.	650.	675.	750.	1025.	1850.	2400.	5500.	9250.
1861-O	1650.	3150.	4500.	7150.	15000.	28500.	37500.	—	—
1861-S	750.	1000.	1575.	2150.	3750.	5500.	9250.	—	27500.
1861-S Paquet Reverse	8000.	20000.	25000.	30000.	40000.	50000.	—	—	—
1861 Paquet Reverse MS-67 (NGC - Norweb specimen) sold for $660,000									
1862	775.	1450.	2275.	3250.	5500.	7250.	10000.	15000.	32500.
1862-S	750.	1450.	1825.	2200.	4000.	7250.	12500.	—	—
1863	650.	1000.	1500.	2250.	4000.	7500.	13000.	17500.	37500.
1863-S	675.	1100.	1475.	1875.	2750.	4500.	7500.	15000.	28000.
1864	625.	800.	1000.	1575.	3600.	5750.	10000.	—	—
1864-S	700.	1000.	1500.	2000.	3500.	5000.	7500.	15000.	32500.
1865	625.	690.	750.	875.	1475.	2825.	5500.	13500.	29500.
1865-S	625.	725.	850.	1200.	2000.	2750.	3500.	4750.	7500.
1866-S	1600.	2750.	4500.	12500.	20000.	—	—	—	—
MOTTO ON REVERSE									
1866	520.	620.	920.	1300.	2250.	3500.	6500.	20000.	32000.
1866-S	500.	620.	750.	2100.	5250.	10000.	16500.	—	—
1867	495.	565.	590.	705.	1200.	1450.	2150.	6000.	19000.
1867-S	495.	630.	750.	1500.	3600.	8000.	16000.	—	—
1868	565.	950.	1150.	1625.	3250.	5000.	9000.	—	32500.
1868-S	495.	610.	660.	1250.	2500.	5000.	11000.	30000.	—
1869	545.	660.	775.	1000.	2500.	3250.	5500.	12500.	20000.
1869-S	495.	530.	700.	950.	2000.	3000.	5000.	15000.	28000.

—— = Insufficient pricing data

CORONET $20 DOUBLE EAGLE (CONTINUED)

	VF-20	EF-40	EF-45	AU-50	AU-55	AU-58	MS-60	MS-62	MS-63
1870	565.	700.	1100.	1500.	2250.	4500.	9000.	—	—
1870-CC	80000.	110000.	150000.	—	—	—	—	—	—
1870-S	495.	545.	580.	705.	1150.	2500.	5500.	—	25000.
1871	565.	670.	825.	1400.	2250.	3000.	4500.	10000.	21000.
1871-CC	3100.	5500.	7000.	15000.	22500.	32500.	40000.	—	—
1871-S	495.	530.	545.	645.	1100.	2000.	4500.	12000.	20000.
1872	505.	520.	545.	635.	1150.	1850.	3250.	12000.	21000.
1872-CC	1600.	2100.	2900.	5000.	9750.	16250.	25000.	—	—
1872-S	485.	520.	525.	600.	1100.	1600.	3000.	12000.	24000.
1873 Closed 3	545.	635.	685.	800.	1200.	1700.	3000.	9000.	—
1873 Open 3	485.	520.	525.	550.	600.	700.	1000.	3500.	10500.
1873-CC	1500.	2500.	3000.	5000.	10000.	15000.	31500.	42500.	—
1873-S Closed 3	485.	535.	540.	560.	800.	1150.	1600.	6500.	21500.
1873-S Open 3	535.	580.	660.	950.	2250.	3500.	6000.	—	—
1874	495.	535.	540.	560.	670.	925.	1500.	9000.	18500.
1874-CC	900.	1150.	1450.	2100.	2750.	5250.	8000.	—	—
1874-S	485.	520.	525.	550.	670.	950.	1600.	9000.	22000.
1875	495.	520.	525.	550.	620.	700.	1000.	4500.	11500.
1875-CC	900.	1050.	1150.	1350.	1400.	2000.	2750.	9000.	20000.
1875-S	485.	520.	525.	550.	625.	750.	1000.	5000.	17500.
1876	485.	520.	525.	550.	600.	700.	1000.	4250.	11500.
1876-CC	900.	1100.	1200.	1400.	2250.	3000.	5750.	12000.	35000.
1876-S	485.	520.	525.	550.	620.	700.	1000.	4000.	11500.
TWENTY DOLLARS REVERSE									
1877	480.	500.	525.	560.	605.	640.	700.	2000.	4750.
1877-CC	1050.	1250.	1375.	1750.	2500.	7500.	16000.	30000.	46500.
1877-S	470.	485.	515.	555.	605.	630.	675.	1825.	10250.
1878	485.	495.	515.	545.	575.	600.	645.	1600.	5000.
1878-CC	1600.	2500.	3000.	4000.	9250.	11500.	20000.	—	—
1878-S	485.	505.	555.	570.	640.	750.	935.	3650.	20000.
1879	490.	510.	535.	555.	625.	750.	1000.	5000.	14000.
1879-CC	1650.	2300.	2750.	4750.	9750.	14500.	22500.	—	—
1879-O	3100.	4150.	5600.	9000.	15000.	25000.	40000.	—	90000.
1879-S	485.	505.	540.	560.	620.	800.	1100.	11875.	19500.
1880	500.	545.	580.	665.	900.	1650.	2900.	5500.	18500.
1880-S	490.	515.	545.	570.	615.	740.	950.	2975.	14375.
1881	3600.	7000.	8500.	11500.	16000.	—	—	—	—
1881-S	485.	505.	525.	540.	565.	700.	925.	2200.	13750.
1882	8500.	16000.	24000.	29500.	42500.	—	—	—	—
1882-CC	975.	1150.	1400.	1600.	2500.	4000.	6500.	11500.	25000.
1882-S	480.	495.	515.	535.	555.	630.	750.	1700.	11875.
1883-CC	950.	1075.	1175.	1325.	1800.	2500.	5000.	7250.	22000.
1883-S	475.	485.	505.	535.	550.	590.	650.	1200.	5625.
1883 Proofs Only - PF-60 $30000 PF-63 $44000 PF-64 $75000 PF-65 $195000.									
1884-CC	900.	1050.	1100.	1250.	1575.	2000.	2500.	6500.	20000.
1884-S	470.	480.	495.	535.	550.	575.	610.	1300.	4750.
1884 Proofs Only - PF-60 $35000 PF-63 $48500 PF-64 $85000.									

—— = Insufficient pricing data

	VF-20	EF-40	EF-45	AU-50	AU-55	AU-58	MS-60	MS-62	MS-63
1885	—	6250.	7250.	10500.	15000.	21250.	34000.	40000.	—
1885-CC	1700.	2400.	3000.	5000.	6000.	7500.	10750.	25000.	45000.
1885-S	475.	485.	505.	535.	550.	595.	665.	1125.	4750.
1886	5750.	12000.	15500.	19250.	25000.	30000.	40000.	47500.	67500.
1887-S	490.	500.	520.	555.	570.	600.	650.	2200.	9000.
1887 Proofs Only - PF-60 $16500 PF-63 $29500 PF-64 $55000.									
1888	485.	510.	530.	550.	620.	650.	700.	1100.	4900.
1888-S	475.	490.	500.	505.	535.	575.	650.	975.	3750.
1889	460.	505.	525.	575.	630.	675.	725.	1200.	8750.
1889-CC	1100.	1250.	1400.	1800.	1900.	2250.	4000.	8000.	15500.
1889-S	460.	500.	515.	530.	545.	585.	650.	1075.	4250.
1890	460.	505.	525.	550.	580.	600.	635.	1400.	4500.
1890-CC	900.	1000.	1100.	1250.	1400.	1800.	2500.	7750.	15750.
1890-S	460.	505.	520.	535.	550.	580.	625.	800.	6000.
1891	2950.	4000.	5000.	7750.	11750.	—	—	—	—
1891-CC	2800.	4400.	5000.	7000.	8000.	9000.	12500.	27500.	—
1891-S	435.	450.	465.	500.	520.	550.	600.	750.	2700.
1892	900.	1350.	1550.	2000.	3050.	3750.	4900.	9500.	19000.
1892-CC	1000.	1200.	1400.	1650.	1800.	2000.	3500.	8000.	21000.
1892-S	435.	450.	465.	520.	535.	550.	580.	650.	2700.
1893	450.	480.	500.	530.	545.	560.	590.	775.	2000.
1893-CC	1200.	1450.	1600.	1750.	1850.	2250.	3500.	8500.	10000.
1893-S	435.	450.	465.	510.	525.	545.	575.	725.	2700.
1894	435.	450.	465.	505.	520.	540.	565.	595.	1375.
1894-S	435.	450.	465.	525.	540.	555.	580.	700.	1750.
1895	435.	450.	465.	495.	510.	525.	550.	560.	1100.
1895-S	435.	450.	465.	510.	525.	540.	570.	675.	1700.
1896	435.	450.	465.	505.	515.	530.	550.	585.	1200.
1896-S	435.	450.	465.	510.	535.	560.	600.	800.	1725.
1897	435.	450.	465.	500.	515.	530.	550.	600.	1100.
1897-S	435.	450.	465.	510.	525.	540.	565.	640.	1200.
1898	450.	475.	500.	525.	555.	610.	700.	1650.	5850.
1898-S	435.	450.	465.	495.	500.	515.	540.	625.	1100.
1899	435.	450.	465.	495.	500.	515.	540.	585.	1000.
1899-S	435.	450.	465.	505.	520.	540.	575.	625.	1475.
1900	435.	450.	465.	490.	500.	515.	540.	550.	675.
1900-S	435.	450.	465.	505.	535.	555.	590.	625.	1975.
1901	450.	470.	480.	490.	520.	540.	570.	595.	725.
1901-S	435.	450.	465.	515.	530.	550.	575.	800.	2700.
1902	460.	505.	540.	665.	735.	800.	900.	1400.	7500.
1902-S	435.	450.	465.	510.	525.	535.	555.	600.	2625.
1903	450.	480.	485.	490.	500.	515.	540.	550.	675.
1903-S	435.	450.	465.	510.	525.	540.	565.	595.	1250.
1904	435.	450.	465.	490.	510.	515.	540.	550.	675.
1904-S	435.	450.	465.	490.	510.	515.	540.	565.	675.
1905	460.	535.	560.	615.	825.	925.	1100.	5000.	15000.
1905-S	435.	450.	465.	525.	540.	555.	585.	645.	2625.

—— = Insufficient pricing data

	VF-20	EF-40	EF-45	AU-50	AU-55	AU-58	MS-60	MS-62	MS-63
1906	460.	520.	525.	560.	600.	655.	750.	975.	3750.
1906-D	435.	450.	465.	505.	545.	580.	630.	645.	2000.
1906-S	435.	450.	465.	495.	510.	525.	550.	700.	1650.
1907	435.	450.	465.	490.	500.	515.	540.	555.	750.
1907-D	435.	450.	465.	500.	515.	530.	550.	670.	1250.
1907-S	435.	450.	465.	490.	510.	530.	555.	610.	1600.

Saint-Gaudens $20 double eagle

Date of authorization: March 3, 1849
Dates of issue: 1907-1933
Designer: Augustus Saint-Gaudens
Engraver: Charles Barber
Diameter: 34.29 mm/1.35 inches
Weight: 33.47 grams/1.07 ounce
Metallic Content: 90% gold, 10% copper
Weight of pure gold: 30.09 grams/0.97 ounce
Edge: Lettered (E PLURIBUS UNUM, with stars dividing words)
Mint mark: Obverse above date

	EF-40	AU-50	AU-55	AU-58	MS-60	MS-61	MS-62	MS-63	MS-64	MS-65	MS-66
NO MOTTO ON REVERSE											
1907 High Relief, Roman Numerals, Wire Rim											
	4000.	5500.	6500.	7500.	9400.	9750.	11500.	15000.	20000.	32500.	45000.
1907 High Relief, Roman Numerals, Flat Rim											
	4000.	5500.	6500.	7500.	9400.	9750.	11500.	15000.	20000.	32500.	45000.
1907	475.	500.	510.	525.	550.	575.	625.	800.	1350.	2750.	5500.
1907 Extremely High Relief Proofs Only Norweb Specimen sold for $1.21 million											
1908	450.	475.	485.	500.	525.	535.	550.	575.	750.	1200.	2000.
1908-D	475.	500.	510.	525.	550.	575.	625.	750.	1600.	11750.	—
MOTTO ON REVERSE											
1908	450.	475.	485.	500.	525.	575.	700.	1050.	4300.	18000.	—
1908-D	475.	485.	485.	490.	525.	575.	675.	750.	1600.	4800.	—
1908-S	900.	1400.	2500.	3200.	4000.	5300.	7900.	10750.	18500.	47500.	—

—— = Insufficient pricing data   * = None issued

	EF-40	AU-50	AU-55	AU-58	MS-60	MS-61	MS-62	MS-63	MS-64	MS-65	MS-66
1909/8	480.	640.	850.	1025.	1250.	1700.	2450.	5250.	13750.	30000.	—
1909	460.	475.	545.	555.	625.	840.	1075.	3200.	6500.	52500.	—
1909-D	490.	675.	800.	1045.	1375.	1500.	2000.	4150.	6650.	37500.	—
1909-S	450.	475.	485.	500.	525.	540.	550.	600.	1200.	5250.	—
1910	450.	475.	485.	500.	525.	540.	560.	600.	1275.	6750.	—
1910-D	450.	475.	485.	500.	525.	540.	550.	575.	900.	3250.	5500.
1910-S	450.	475.	485.	500.	525.	540.	600.	700.	2100.	8750.	—
1911	450.	475.	505.	515.	540.	600.	720.	1400.	3400.	12500.	—
1911-D	450.	475.	485.	500.	525.	540.	550.	575.	650.	1275.	2750.
1911-S	450.	475.	485.	500.	525.	550.	645.	750.	1100.	5500.	—
1912	450.	475.	505.	530.	540.	600.	695.	1100.	3375.	15000.	—
1913	450.	475.	485.	500.	535.	655.	800.	1875.	4700.	32500.	—
1913-D	450.	475.	485.	500.	525.	580.	620.	750.	1200.	5600.	—
1913-S	475.	510.	580.	775.	1100.	1400.	1900.	3200.	6750.	40000.	—
1914	450.	475.	505.	515.	540.	625.	750.	1375.	3100.	14000.	—
1914-D	450.	475.	485.	500.	525.	540.	560.	575.	1075.	3000.	—
1914-S	450.	475.	485.	500.	525.	540.	560.	575.	725.	2250.	4500.
1915	450.	485.	505.	510.	535.	650.	770.	1400.	3250.	14000.	—
1915-S	450.	475.	485.	500.	525.	540.	560.	600.	700.	2000.	4500.
1916-S	450.	475.	485.	500.	525.	540.	560.	725.	1100.	2200.	4500.
1920	450.	475.	485.	500.	525.	550.	645.	800.	4000.	30000.	—
1920-S	8000.	13000.	17000.	21000.	26500.	28750.	35000.	50000.	75000.	—	—
1921	10000.	15500.	21500.	28000.	38000.	42500.	50000.	80000.	125000.	225000.	—
1922	450.	475.	485.	500.	525.	540.	550.	575.	650.	4100.	—
1922-S	500.	600.	675.	700.	775.	850.	1000.	2200.	5500.	30000.	—
1923	450.	475.	485.	500.	525.	540.	550.	575.	700.	6500.	—
1923-D	450.	475.	485.	500.	525.	540.	550.	575.	800.	1250.	2400.
1924	450.	475.	485.	500.	525.	540.	550.	·575.	600.	1100.	—
1924-D	825.	1200.	1450.	1750.	2200.	2425.	2750.	5700.	9500.	50000.	—
1924-S	—	1050.	1400.	1675.	2050.	2250.	2600.	5800.	12500.	35000.	—
1925	450.	475.	485.	500.	525.	540.	550.	575.	625.	·1150.	—
1925-D	—	1350.	1800.	2125.	2800.	3250.	4500.	7250.	16000.	52500.	—
1925-S	1025.	1650.	2200.	3500.	5500.	6350.	7750.	15000.	32500.	67500.	—
1926	450.	475.	485.	500.	525.	540.	550.	600.	875.	1200.	—
1926-D	—	2650.	4500.	5500.	7000.	9450.	12500.	24500.	40000.	75000.	—
1926-S	800.	1150.	1475.	1575.	1750.	1875.	2100.	3400.	5600.	36000.	—
1927	450.	475.	485.	500.	525.	540.	550.	575.	600.	1100.	—
1927-D	—	—	—	—	—	—	—300000.	400000.	650000.	—	
1927-S	3725.	6250.	7000.	9000.	12000.	15750.	22000.	27500.	40000.	105000.	—
1928	450.	475.	485.	500.	525.	540.	550.	575.	625.	1150.	—
1929	—	7000.	7500.	8000.	8750.	9200.	10000.	13500.	20500.	37500.	—
1930-S	—	14000.	15500.	17250.	19500.	21500.	25000.	36000.	43000.	80000.	—
1931	—	12750.	14000.	14750.	16000.	17500.	20000.	24000.	35000.	47500.	—
1931-D	—	10500.	11500.	11900.	12500.	14000.	16500.	19000.	28000.	57500.	—
1932	—	—	10000.	11000.	12000.	13500.	17000.	22000.	27000.	40000.	—

1933 Farouk/Fenton speciman sold for $7.59 million at the Sotheby's/Stack's
one coin-one lot sale on July 30, 2002.

—— = Insufficient pricing data

Commemorative coins 1892-1954

	EF-40	AU-50	MS-60	MS-63	MS-64	MS-65	MS-66
WORLD'S COLUMBIAN EXPO							
1893 Isabella quarter dollar	400.	500.	600.	700.	1200.	3000.	4500.
1892 silver half dollar	18.	20.	30.	85.	200.	800.	2000.
1893 silver half dollar	15.	18.	30.	85.	225.	900.	2300.
LAFAYETTE MONUMENT							
1900 silver dollar	250.	400.	650.	1500.	3500.	10000.	18000.
LOUISIANA PURCHASE							
1903 Jefferson gold dollar	325.	400.	500.	800.	2000.	3500.	4800.
1903 McKinley gold dollar	300.	350.	450.	750.	1900.	3600.	5000.
LEWIS & CLARK EXPEDITION							
1904 gold dollar	450.	600.	900.	2000.	5000.	10000.	15000.
1905 gold dollar	450.	600.	1000.	2800.	7000.	20000.	30000.
PANAMA-PACIFIC EXPO							
1915-S silver half dollar	175.	350.	400.	700.	1300.	2500.	4000.
1915-S gold dollar	300.	375.	450.	750.	1400.	3500.	5000.
1915-S gold $2.50	1100.	1300.	1700.	3500.	5000.	6500.	8000.
1915-S gold $50 Round	24000.	26000.	30000.	45000.	60000.	125000.	185000.
1915-S gold $50 Octagonal	22000.	24000.	27000.	40000.	55000.	110000.	175000.
MCKINLEY MEMORIAL							
1916 gold dollar	275.	300.	400.	750.	1250.	3000.	5000.
1917 gold dollar	310.	400.	550.	1200.	2500.	4500.	6000.
ILLINOIS CENTENNIAL							
1918 silver half dollar	75.	85.	110.	135.	200.	500.	1000.
MAINE CENTENNIAL							
1920 silver half dollar	75.	100.	125.	175.	300.	550.	1200.
PILGRIM TERCENTENARY							
1920 silver half dollar	50.	60.	75.	100.	175.	600.	1600.
1921 silver half dollar	100.	125.	150.	200.	300.	700.	2000.
MISSOURI CENTENNIAL							
1921 silver half dollar, No 2*4	225.	275.	500.	900.	1700.	6000.	11000.
1921 silver half dollar, 2*4	300.	450.	600.	1000.	2000.	6500.	15000.
ALABAMA CENTENNIAL							
1921 silver half dollar, 2x2	125.	200.	300.	550.	1000.	2800.	6000.
1921 silver half dollar, No 2x2	75.	125.	220.	475.	750.	2200.	7500.
GRANT MEMORIAL							
1922 silver half dollar, No Star	65.	85.	100.	175.	300.	1000.	2000.
1922 silver half dollar, Star	500.	700.	1500.	1700.	2500.	8000.	18000.
1922 gold dollar, Star	1200.	1400.	1600.	2100.	3500.	4000.	5000.
1922 gold dollar, No Star	1100.	1300.	1500.	2000.	3500.	4000.	5000.
MONROE DOCTRINE CENTENNIAL							
1923-S silver half dollar	30.	40.	50.	200.	500.	3500.	6500.
HUGUENOT-WALLOON TERCENTENARY							
1924 silver half dollar	85.	100.	125.	200.	250.	550.	1500.
LEXINGTON-CONCORD SESQUICENTENNIAL							
1925 silver half dollar	50.	75.	100.	125.	200.	700.	2000.
STONE MOUNTAIN MEMORIAL							
1925 silver half dollar	40.	50.	65.	75.	100.	250.	700.
CALIFORNIA DIAMOND JUBILEE							
1925-S silver half dollar	90.	125.	150.	200.	350.	1200.	2000.
FORT VANCOUVER CENTENNIAL							
1925 silver half dollar	200.	250.	300.	400.	650.	1700.	2500.
AMERICAN INDEPENDENCE SESQUICENTENNIAL							
1926 silver half dollar	50.	65.	85.	175.	600.	6000.	20000.
1926 gold $2.50	275.	300.	350.	650.	1200.	4500.	21000.

	EF-40	AU-50	MS-60	MS-63	MS-64	MS-65	MS-66
OREGON TRAIL MEMORIAL							
1926 silver half dollar	80.	100.	110.	125.	175.	300.	500.
1926-S silver half dollar	80.	100.	110.	125.	175.	250.	500.
1928 silver half dollar	150.	175.	200.	225.	250.	325.	450.
1933-D silver half dollar	225.	250.	275.	300.	350.	550.	900.
1934-D silver half dollar	125.	150.	175.	200.	225.	350.	900.
1936 silver half dollar	110.	125.	150.	175.	200.	250.	350.
1936-S silver half dollar	125.	150.	175.	200.	225.	325.	400.
1937-D silver half dollar	125.	150.	175.	200.	225.	275.	350.
1938 silver half dollar PDS set	500.	550.	600.	700.	750.	850.	1000.
1939 silver half dollar PDS set	1000.	1200.	1300.	1400.	1500.	2100.	2600.
VERMONT-BENNINGTON SESQUICENTENNIAL							
1927 silver half dollar	150.	175.	200.	225.	300.	1000.	2300.
HAWAII DISCOVERY SESQUICENTENNIAL							
1928 silver half dollar	1000.	1300.	1600.	2100.	3000.	5500.	10000.
MARYLAND TERCENTENARY							
1934 silver half dollar	110.	125.	150.	175.	200.	375.	1000.
TEXAS INDEPENDENCE CENTENNIAL							
1934 silver half dollar	80.	100.	120.	135.	150.	200.	250.
1935 silver half dollar PDS set	250.	300.	350.	375.	450.	600.	800.
1936 silver half dollar PDS set	250.	300.	350.	375.	450.	600.	800.
1937 silver half dollar PDS set	250.	300.	350.	375.	450.	600.	800.
1938 silver half dollar PDS set	300.	600.	700.	850.	1000.	1500.	2000.
DANIEL BOONE BICENTENNIAL							
1934 silver half dollar	70.	85.	100.	125.	150.	200.	400.
1935 silver half dollar PDS set, Small 1934	500.	600.	700.	900.	1200.	2000.	4000.
1935 silver half dollar PDS set	200.	225.	275.	300.	350.	600.	1400.
1936 silver half dollar PDS set	200.	225.	275.	300.	350.	600.	1400.
1937 silver half dollar PDS set	250.	600.	650.	750.	900.	1200.	2100.
1938 silver half dollar PDS set	650.	800.	900.	1100.	1300.	1700.	3500.
CONNECTICUT TERCENTENARY							
1935 silver half dollar	175.	200.	250.	300.	400.	600.	1100.
ARKANSAS CENTENNIAL							
1935 silver half dollar PDS set	200.	225.	250.	300.	350.	850.	4000.
1936 silver half dollar PDS set	200.	225.	250.	300.	350.	1000.	3500.
1936 silver half dollar single	60.	75.	100.	125.	150.	250.	1000.
1937 silver half dollar PDS set	200.	225.	250.	325.	350.	1100.	7000.
1938 silver half dollar PDS set	225.	275.	400.	450.	550.	2000.	8500.
1939 silver half dollar PDS set	300.	600.	700.	1000.	1200.	3500.	11000.
ARKANSAS-ROBINSON							
1936 silver half dollar	100.	120.	125.	150.	200.	400.	1200.
HUDSON, NY, SESQUICENTENNIAL							
1935 silver half dollar	400.	450.	550.	600.	800.	1500.	3000.
CALIFORNIA-PACIFIC EXPO (SAN DIEGO)							
1935-S silver half dollar	55.	65.	100.	110.	100.	125.	200.
1936-D silver half dollar	55.	65.	120.	130.	140.	175.	250.
OLD SPANISH TRAIL							
1935 silver half dollar	750.	800.	850.	900.	1000.	1200.	1500.
PROVIDENCE, RI, TERCENTENARY							
1936 silver half dollar single	75.	85.	100.	110.	125.	250.	700.
1936 silver half dollar PDS set	200.	225.	250.	300.	350.	800.	3500.
CLEVELAND CENTENNIAL AND GREAT LAKES EXPO							
1936 silver half dollar	60.	70.	80.	90.	110.	225.	750.
WISCONSIN TERRITORIAL CENTENNIAL							
1936 silver half dollar	150.	160.	175.	200.	250.	300.	400.

	EF-40	AU-50	MS-60	MS-63	MS-64	MS-65	MS-66
CINCINNATI MUSIC CENTER							
1936 silver half dollar PDS set	650.	700.	750.	800.	1000.	3000.	7500.
1936 silver half dollar single	200.	225.	250.	275.	350.	700.	2000.
LONG ISLAND TERCENTENARY							
1936 silver half dollar	65.	70.	80.	100.	150.	450.	1300.
YORK COUNTY, MAINE, TERCENTENARY							
1936 silver half dollar	150.	160.	175.	200.	225.	250.	300.
BRIDGEPORT, CT, CENTENNIAL							
1936 silver half dollar	100.	110.	125.	150.	200.	300.	700.
LYNCHBURG, VA, SESQUICENTENNIAL							
1936 silver half dollar	150.	160.	175.	200.	250.	325.	900.
ALBANY, NY, CHARTER 250TH ANNIVERSARY							
1936 silver half dollar	200.	225.	250.	275.	300.	400.	800.
ELGIN, IL, PIONEER MEMORIAL							
1936 silver half dollar	160.	170.	180.	200.	225.	250.	600.
SAN FRANCISCO - OAKLAND BAY BRIDGE							
1936-S silver half dollar	90.	110.	125.	150.	200.	300.	600.
COLUMBIA, SC, SESQUICENTENNIAL							
1936 silver half dollar 150th PDS set	500.	525.	550.	600.	650.	850.	1200.
1936 silver half dollar 150th single	165.	175.	200.	225.	250.	300.	400.
DELAWARE TERCENTENARY							
1936 silver half dollar	185.	225.	250.	275.	300.	400.	750.
BATTLE OF GETTYSBURG 75TH ANNIVERSARY							
1936 silver half dollar	250.	300.	325.	400.	450.	700.	1100.
NORFOLK, VA, BICENTENNIAL & TERCENTENARY							
1936 silver half dollar	300.	375.	400.	425.	450.	500.	600.
ROANOKE COLONIZATION 350TH ANNIVERSARY							
1937 silver half dollar	160.	200.	225.	250.	300.	350.	450.
BATTLE OF ANTIETAM 75TH ANNIVERSARY							
1937 silver half dollar	400.	425.	450.	500.	600.	750.	1000.
NEW ROCHELLE, NY, 250TH ANNIVERSARY							
1938 silver half dollar	250.	275.	300.	325.	350.	400.	700.
IOWA STATEHOOD CENTENNIAL							
1946 silver half dollar	70.	80.	100.	110.	125.	150.	200.
BOOKER T. WASHINGTON MEMORIAL							
1946 silver half dollar PDS set	35.	45.	50.	85.	100.	150.	650.
1946 silver half dollar single	14.	17.	20.	30.	50.	75.	250.
1947 silver half dollar PDS set	35.	55.	80.	100.	125.	300.	2000.
1948 silver half dollar PDS set	50.	90.	150.	150.	175.	200.	1300.
1949 silver half dollar PDS set	125.	175.	250.	275.	300.	375.	850.
1950 silver half dollar PDS set	50.	80.	125.	150.	175.	225.	1600.
1951 silver half dollar PDS set	55.	85.	120.	150.	175.	225.	1000.
BOOKER T. WASHINGTON - GEORGE WASHINGTON CARVER							
1951 silver half dollar PDS set	40.	60.	90.	125.	150.	600.	2400.
1951 silver half dollar single	15.	20.	35.	50.	75.	100.	800.
1952 silver half dollar PDS set	40.	60.	90.	125.	185.	425.	1800.
1953 silver half dollar PDS set	40.	60.	90.	125.	185.	600.	2400.
1954 silver half dollar PDS set	40.	60.	90.	110.	150.	500.	2400.

Commemorative coins 1982-2002

	MS-65	MS-69	MS-70	PF-65	PF-69DC
WASHINGTON'S BIRTH 250TH ANNIVERSARY					
1982-D silver half dollar	7.25	—		*	*
1982-S silver half dollar	*	*	*	7.00	20.
GAMES OF THE XXIII OLYMPIAD, LOS ANGELES					
1983-P silver dollar	12.	30.	—	*	*
1983-D silver dollar	12.	30.	—	*	*
1983-S silver dollar	12.	30.	—	14.	30.
1984-P silver dollar	15.	35.	—	*	*
1984-D silver dollar	24.	45.	—	*	*
1984-S silver dollar	25.	45.	—	14.	30.
1984-P gold $10 eagle	*	*	*	300.	—
1984-D gold $10 eagle	*	*	*	300.	—
1984-S gold $10 eagle	*	*	*	225.	—
1984-W gold $10 eagle	225.	—	—	225.	—
STATUE OF LIBERTY - ELLIS ISLAND CENTENNIAL					
1986-D clad half dollar	7.00	55.		*	*
1986-S clad half dollar	*	*	*	7.50	20.
1986-P silver dollar	18.	38.	—	*	*
1986-S silver dollar	*	*	*	18.	36.
1986-W gold half eagle	125.	140.	—	130.	140.
CONSTITUTION BICENTENNIAL					
1987-P silver dollar	14.	35.	215.	*	*
1987-S silver dollar	*	*	*	14.	35.
1987-W gold half eagle	125.	135.	—	125.	135.
GAMES OF THE XXIV OLYMPIAD, CALGARY, SEOUL					
1988-D silver dollar	14.	35.	—	*	*
1988-S silver dollar	*	*	*	14.	35.
1988-W gold half eagle	125.	—	—	125.	135.
BICENTENNIAL OF CONGRESS					
1989-D clad half dollar	8.00	50.	—	*	*
1989-S clad half dollar	*	*	*	7.50	30.
1989-D silver dollar	18.	40.	—	*	*
1989-S silver dollar	*	*	*	19.	40.
1989-W gold half eagle	125.	145.	250.	125.	135.
EISENHOWER BIRTH CENTENNIAL					
1990-W silver dollar	20.	45.	300.	*	*
1990-P silver dollar	*	*	*	22.	42.
MOUNT RUSHMORE 50TH ANNIVERSARY					
1991-D clad half dollar	15.	50.	—	*	*
1991-S clad half dollar	*	*	*	15.	25.
1991-P silver dollar	32.	—	300.	*	*
1991-S silver dollar	*	*	*	45.	60.
1991-W gold half eagle	170.	—	—	165.	—
KOREAN WAR 38TH ANNIVERSARY					
1991-D silver dollar	16.	36.	300.	*	*
1991-P silver dollar	*	*	*	18.	40.
UNITED SERVICE ORGANIZATIONS 50TH ANNIVERSARY					
1991-D silver dollar	18.	40.	300.	*	*
1991-S silver dollar	*	*	*	18.	40.
GAMES OF THE XXV OLYMPIAD, ALBERTVILLE, BARCELONA					
1992-P clad half dollar	7.50	50.	300.	*	*
1992-S clad half dollar	*	*	*	9.00	25.
1992-D silver dollar	27.	48.	—	*	*
1992-S silver dollar	*	*	*	29.	50.

——— = Insufficient pricing data   * = None issued

	MS-65	MS-69	MS-70	PF-65	PF-69DC
1992-W gold half eagle	170.	—	300.	140.	150.
WHITE HOUSE BICENTENNIAL					
1992-D silver dollar	42.	56.	350.	*	*
1992-W silver dollar	*	*	*	42.	60.
COLUMBUS DISCOVERY QUINCENTENNIAL					
1992-D clad half dollar	14.	40.	—	*	*
1992-S clad half dollar	*	*	*	13.	25.
1992-P silver dollar	*	*	*	43.	63.
1992-D silver dollar	32.	—	300.	*	*
1992-W gold half eagle	190.	—	—	165.	—
BILL OF RIGHTS - JAMES MADISON					
1993-W silver half dollar	16.	45.	—	*	*
1993-S silver half dollar	*	*	*	16.	40.
1993-D silver dollar	22.	40.	—	*	*
1993-S silver dollar	*	*	*	23.	40.
1993-W gold half eagle	210.	—	—	175.	—
WORLD WAR II 50TH ANNIVERSARY, DUAL DATES 1991-1995					
(1993)-P WWII clad half dollar	20.	—	—	20.	—
(1993)-D silver dollar	30.	—	—	*	*
(1993)-W silver dollar	*	*	*	36.	—
(1993)-W WWII gold half eagle	200.	—	—	180.	—
SOCCER WORLD CUP					
1994-D clad half dollar	11.	40.	300.	*	*
1994-P clad half dollar	*	*	*	12.	25.
1994-D silver dollar	30.	50.	—	*	*
1994-S silver dollar	*	*	*	32.	60.
1994-W gold half eagle	185.	—	—	155.	165.
THOMAS JEFFERSON 250TH ANNIVERSARY 1743-1993					
(1994)-P silver dollar	31.	50.	300.	*	*
(1994)-S silver dollar	*	*	*	32.	60.
WOMEN IN MILITARY SERVICE MEMORIAL					
1994-W silver dollar	36.	45.	300.	*	*
1994-P silver dollar	*	*	*	30.	50.
VIETNAM VETERANS' MEMORIAL					
1994-W silver dollar	64.	—	—	*	*
1994-P silver dollar	*	*	*	80.	—
PRISONER OF WAR MUSEUM					
1994-W silver dollar	75.	90.	400.	*	*
1994-P silver dollar	*	*	*	47.	—
UNITED STATES CAPITOL BICENTENNIAL					
1994-D silver dollar	26.	36.	325.	*	*
1994-S silver dollar	*	*	*	27.	50.
CIVIL WAR BATTLEFIELDS					
1995-S clad half dollar	34.	—	200.	34.	70.
1995-P silver dollar	45.	—	—	*	*
1995-S silver dollar	*	*	*	58.	—
1995-W gold half eagle	400.	—	—	325.	—
SPECIAL OLYMPICS WORLD GAMES					
1995-W silver dollar	26.	36.	—	*	*
1995-P silver dollar	*	*	*	23.	40.
GAMES OF THE XXVI OLYMPIAD, ATLANTA					
1995-S Basketball clad half dollar	24.	40.	200.	18.	38.
1995-S Baseball clad half dollar	24.	45.	200.	18.	38.
1996-S Swimming clad half dollar	100.	125.	—	25.	38.

—— = Insufficient pricing data   * = None issued

	MS-65	MS-69	MS-70	PF-65	PF-69DC
1996-S Soccer clad half dollar	50.	—	—	90.	100.
1995-D Gymnastics silver dollar	68.	75.	400.	*	*
1995-P Gymnastics silver dollar	*	*	*	32.	50.
1995-D Cycling silver dollar	100.	—	—	*	*
1995-P Cycling silver dollar	*	*	*	40.	—
1995-D Track & Field silver dollar	70.	—	—	*	*
1995-P Track & Field silver dollar	*	*	*	32.	—
1995-D Paralympic, blind runner silver dollar	95.	100.	—	*	*
1995-P Paralympic, blind runner silver dollar	*	*	*	38.	—
1996-D Tennis silver dollar	185.	—	—	*	*
1996-P Tennis silver dollar	*	*	*	60.	—
1996-D Rowing silver dollar	225.	—	—	*	*
1996-P Rowing silver dollar	*	*	*	50.	—
1996-D High Jump silver dollar	265.	—	—	*	*
1996-P High Jump silver dollar	*	*	*	45.	55.
1996-D Paralympic, wheelchair athlete silver dollar	265.	—	485.	*	*
1996-P Paralympic, wheelchair athlete silver dollar	*	*	*	58.	—
1995-W Torch Runner gold half eagle	250.	—	—	180.	—
1995-W Atlanta Stadium gold half eagle	315.	—	—	265.	—
1996-W Olympic Flame brazier gold half eagle	350.	—	—	275.	—
1996-W Flagbearer gold half eagle	350.	—	—	325.	—

NATIONAL COMMUNITY SERVICE

	MS-65	MS-69	MS-70	PF-65	PF-69DC
1996-S silver dollar	225.	—	—	75.	—

SMITHSONIAN INSTITUTION 150TH ANNIVERSARY

	MS-65	MS-69	MS-70	PF-65	PF-69DC
1996-D silver dollar	100.	—	—	*	*
1996-P silver dollar	*	*	*	48.	—
1996-W gold half eagle	450.	—	—	300.	—

U.S. BOTANIC GARDEN

	MS-65	MS-69	MS-70	PF-65	PF-69DC
1997-P silver dollar	40.	55.	—	45.	60.

U.S. BOTANIC GARDEN COINAGE AND CURRENCY SET

1997-P Unc. dollar, 1997-P Matte Finish Jefferson 5-cent coin & Series 1995 $1 FRN

	MS-65	MS-69	MS-70	PF-65	PF-69DC
	230.			*	*

FRANKLIN DELANO ROOSEVELT

	MS-65	MS-69	MS-70	PF-65	PF-69DC
1997-W gold half eagle	275.	—	—	265.	—

NATIONAL LAW ENFORCEMENT OFFICERS MEMORIAL

	MS-65	MS-69	MS-70	PF-65	PF-69DC
1997-P silver dollar	125.	—	—	120.	135.

JACKIE ROBINSON

	MS-65	MS-69	MS-70	PF-65	PF-69DC
1997-S silver dollar	68.	—	—	45.	—
1997-W gold half eagle	1200.	—	—	365.	—

BLACK REVOLUTIONARY WAR PATRIOTS

	MS-65	MS-69	MS-70	PF-65	PF-69DC
1998-S silver dollar	100.	—	—	80.	—

ROBERT F. KENNEDY

	MS-65	MS-69	MS-70	PF-65	PF-69DC
1998-S silver dollar	35.	80.	—	45.	—

GEORGE WASHINGTON

	MS-65	MS-69	MS-70	PF-65	PF-69DC
1999-W gold half eagle	280.	—	—	275.	—

YELLOWSTONE NATIONAL PARK

	MS-65	MS-69	MS-70	PF-65	PF-69DC
1999-P silver dollar	45.	—	—	45.	—

DOLLEY MADISON

	MS-65	MS-69	MS-70	PF-65	PF-69DC
1999-P silver dollar	45.	60.	350.	45.	60.

LIBRARY OF CONGRESS BICENTENNIAL

	MS-65	MS-69	MS-70	PF-65	PF-69DC
2000-W silver dollar	40.	—	300.	45.	58.
2000-W bimetallic $10 eagle	1000.	—	—	550.	—

LEIF ERICSON MILLENNIUM SILVER DOLLAR

	MS-65	MS-69	MS-70	PF-65	PF-69DC
2000-P silver dollar	68.	—	350.	55.	—

—— = Insufficient pricing data   * = None issued

	MS-65	MS-69	MS-70	PF-65	PF-69DC
AMERICAN BUFFALO					
2001-D silver dollar	175.	200.	335.	*	*
2001-P silver dollar	*	*	*	175.	200.
CAPITOL VISITOR CENTER					
2001-P half dollar	14.	30.	50.	20.	38.
2001-P silver dollar	50.	—	—	50.	60.
2001-W $5 eagle	600.	750.	1200.	300.	—
U.S. MILITARY ACADEMY BICENTENNIAL					
2002-W silver dollar	40.	100.	175.	45.	100.
SALT LAKE CITY OLYMPIC GAMES					
2002-P silver dollar	40.	100.	300.	45.	100.
2002-W $5 half eagle	225.	—	—	250.	

—— = Insufficient pricing data   * = None issued

Proof Sets

Year	Price	Range	Year	Price	Range
1936	5000.	8000.	1970-S Level 7 (Small Date)	90.	110.
1937	2800.	3500.	1971-S	7.00	10.
1938	1200.	1500.	1972-S	6.00	9.00
1939	1200.	1500.	1973-S	12.	15.
1940	1000.	1250.	1974-S	11.	14.
1941	850.	1200.	1975-S	15.	20.
1942 5-piece	850.	1200.	1976-S	10.	14.
1942 6-piece	950.	1300.	1976-S Bicentennial 3-piece	20.	30.
1950	500.	600.	1977-S	10.	14.
1951	500.	600.	1978-S	10.	14.
1952	250.	325.	1979-S Filled S	12.	15.
1953	250.	325.	1979-S Clear S	120.	160.
1954	160.	200.	1980-S	12.	15.
1955 Flat	125.	175.	1981-S Filled S	10.	14.
1956	65.	90.	1981-S Clear S	325.	400.
1957	25.	40.	1982-S	6.00	9.00
1958	60.	85.	1983-S	8.00	12.
1959	30.	45.	1983-S Prestige	70.	85.
1960	20.	30.	1984-S	12.	15.
1960 Small Date cent	35.	50.	1984-S Prestige	20.	25.
1961	10.	15.	1985-S	7.00	11.
1962	10.	15.	1986-S	20.	30.
1963	15.	20.	1986-S Prestige	30.	40.
1964	12.	18.	1987-S	6.00	9.00
1968-S	8.00	12.	1987-S Prestige	20.	25.
1969-S	8.00	12.	1988-S	12.	15.
1970-S	14.	18.	1988-S Prestige	30.	35.

Proof Sets

Year	Price	Range	Year	Price	Range
1989-S	12.	16.	1996-S	15.	20.
1989-S Prestige	35.	45.	1996-S Prestige	250.	300.
1990-S	18.	24.	1996-S Silver	50.	60.
1990-S No S Lincoln cent	3000.	3500.	1996-S Silver Premier	50.	60.
1990-S Prestige	28.	35.	1997-S	50.	65.
1991-S	20.	25.	1997-S Prestige	140.	180.
1991-S Prestige	75.	90.	1997-S Silver	80.	90.
1992-S	12.	16.	1997-S Silver Premier	80.	90.
1992-S Prestige	35.	45.	1998-S	33.	40.
1992-S Silver	15.	20.	1998-S Silver	35.	40.
1992-S Silver Premier	16.	20.	1998-S Silver Premier	35.	42.
1993-S	16.	20.	1999-S (9 coin set)	80.	100.
1993-S Prestige	45.	55.	1999-S Quarters (5 coin set)	45.	55.
1993-S Silver	35.	45.	1999-S Silver	165.	200.
1993-S Silver Premier	35.	45.	2000-S (10 coin set)	20.	25.
1994-S	23.	30.	2000-S Silver	32.	40.
1994-S Prestige	50.	65.	2000-S Quarters	18.	23.
1994-S Silver	35.	45.	2001-S	55.	70.
1994-S Silver Premier	40.	50.	2001-S Silver	75.	95.
1995-S	55.	70.	2001-S Quarters	30.	40.
1995-S Prestige	120.	135.	2002-S	24.	30.
1995-S Silver	90.	110.	2002-S Silver	60.	75.
1995-S Silver Premier	100.	125.	2002-S Quarters	16.	20.

—— = Insufficient pricing data   * = None issued

Uncirculated Mint sets

Year	Price	Range	Year	Price	Range
1947 Double set	1000.	1250.	1975	11.	15.
1948 Double set	450.	600.	1976-S 3-piece 40% silver	17.	20.
1949 Double set	700.	900.	1976	12.	17.
1950 No Sets Issued	*	*	1977	9.00	11.
1951 Double set	625.	750.	1978	10.	12.
1952 Double set	575.	750.	1979	7.00	10.
1953 Double set	425.	475.	1980	7.00	10.
1954 Double set	250.	300.	1981	17.	23.
1955 Double set	140.	200.	1984	7.00	10.
1956 Double set	125.	160.	1985	8.00	11.
1957 Double set	200.	250.	1986	25.	35.
1958 Double set	135.	165.	1987	8.00	12.
1959 Single set	30.	40.	1988	9.00	14.
1960	20.	25.	1989	9.00	14.
1961	35.	40.	1990	8.00	12.
1962	15.	20.	1991	13.	18.
1963	12.	15.	1992	7.00	11.
1964	10.	15.	1993	11.	14.
1965 Special Mint Sets	10.	13.	1994	12.	15.
1966 Special Mint Sets	11.	14.	1995	20.	27.
1967 Special Mint Sets	15.	18.	1996	22.	28.
1968 (PD&S)	5.00	7.00	1997	23.	30.
1969 (PD&S)	7.00	9.00	1998	19.	33.
1970 (PD&S)	18.	25.	1999	28.	32.
1971 (PD&S)	5.00	7.00	2000	15.	20.
1972 (PD&S)	5.00	7.00	2001	20.	30.
1973 (PD&S)	24.	29.	2002	15.	20.
1974 (PD&S)	9.00	12.			

—— = Insufficient pricing data   * = None issued

American Eagle silver bullion

Date of authorization:	Dec. 17, 1985
Dates of issue:	1986-present
Designers:	Obverse: Adolph A. Weinman
	Reverse: John Mercanti
Engravers:	Obverse: Edgar Steever
	Reverse: John Mercanti
Diameter:	40.10 mm/1.58 inches
Weight:	31.10 grams/1.00 ounce
Metallic Content:	100% silver (.999 fine)
Weight of pure gold:	31.10 grams/1.00 ounce
Edge:	Reeded
Mint mark:	Proofs only, reverse left of eagle's tail

	MS-65	PF-65		MS-65	PF-65
1986	20.	35.	1995-W	*	2400.
1987	12.	35.	1996	30.	50.
1988	12.	60.	1997	12.	80.
1989	12.	35.	1998	12.	35.
1990	12.	35.	1999	12.	60.
1991	12.	50.	2000	12.	35.
1992	12.	40.	2001	12.	30.
1993	12.	125.	2002	10.	30.
1994	12.	120.	2003	10.	30.
1995	12.	90.			

* = None issued

American Eagle platinum bullion

Date of authorization: Sept. 30, 1996
Dates of issue: 1997-present
Designers/Engravers: Obverse: John Mercanti
Reverse: Thomas D. Rogers Sr.
Diameter: $100: 32.70 mm/1.29 inches
$50: 27.00 mm/1.07 inches
$25: 22.00 mm/0.87 inch
$10: 16.50 mm/0.65 inch
Weight: $100: 31.10 grams/1.00 ounce
$50: 15.55 grams/0.50 ounce
$25: 7.78 grams/0.25 ounce
$10: 3.11 grams/0.10 ounce
Metallic Content: 100% platinum (.9995 fine)
Weight of pure platinum: $100: 1.00 ounce
$50: 0.50 ounce
$25: 0.25 ounce
$10: 0.10 ounce
Edge: Reeded
Mint mark: Proofs only, left, between rays

	$10 platinum	$25 platinum	$50 platinum	$100 platinum	platinum set
1997 Unc.	100.	250.	400.	800.	1200.
1997 Proof	100.	250.	450.	800.	1600.
1998 Unc.	100.	225.	400.	800.	1200.
1998 Proof	100.	250.	450.	800.	1325.
1999 Unc.	100.	225.	400.	800.	1200.
1999 Proof	110.	250.	450.	800.	1600.
2000 Unc.	100.	250.	400.	800.	1250.
2000 Proof	125.	275.	450.	800.	1625.
2001 Unc.	100.	250.	400.	800.	1200.
2001 Proof	175.	300.	475.	800.	1600.
2002 Unc.	*	*	*	*	*
2002 Proof	*	*	*	*	*

——— = Insufficient pricing data

American Eagle gold bullion

Date of authorization: Dec. 17, 1985
Dates of issue: 1986-present
Designers: Obverse: Augustus Saint-Gaudens
Reverse: Miley Busiek
Engravers: Obverse: Matthew Peloso
Reverse: Sheri Winter
Diameter: $50: 32.70 mm/1.29 inches
$25: 27.00 mm/1.07 inches
$10: 22.00 mm/0.87 inch
$5: 16.50 mm/0.65 inch
Weight: $50: 33.93 grams/1.09 ounce
$25: 16.97 grams/0.55 ounce
$10: 8.48 grams/0.27 ounce
$5: 3.39 grams/0.11 ounce
Metallic Content: 91.67% gold, 5.33% copper, 3% silver
Weight of pure gold: $50: 1.00 ounce
$25: 0.50 ounce
$10: 0.25 ounce
$5: 0.10 ounce
Edge: Reeded
Mint mark: Proofs only, obverse below date

	$5 gold	$10 gold	$25 gold	$50 gold	gold set
1986 Unc.	50.	125.	250.	385.	810.
1986 Proof ($50 gold - W)	*	*	*	600.	*
1987 Unc.	50.	125.	275.	385.	835.
1987 Proof (gold $25 - P, $50 - W)	*	*	*	600.	600.
1988 Unc.	200.	135.	325.	385.	1045.
1988 Proof (gold $5, $10, $25 - P, $50 - W)	75.	165.	325.	600.	1165.
1989 Unc.	80.	135.	425.	385.	1025.
1989 Proof (gold $5, $10, $25 - P, $50 - W)	80.	165.	325.	600.	1170.
1990 Unc.	60.	125.	350.	385.	920.
1990 Proof (gold $5, $10, $25 - P, $50 - W)	70.	165.	325.	600.	1160.
1991 Unc.	110.	250.	650.	385.	1395.
1991 Proof (gold $5, $10, $25 - P, $50 - W)	75.	165.	325.	600.	1165.

* = None issued

	$5 gold	$10 gold	$25 gold	$50 gold	gold set
1992 Unc.	60.	125.	250.	385.	820.
1992 Proof (gold $5, $10, $25 - P, $50 - W)	90.	165.	325.	600.	1180.
1993 Unc.	60.	125.	225.	385.	795.
1993 Proof (gold $5, $10, $25 - P, $50 - W)	75.	165.	325.	600.	1165.
1994 Unc.	60.	125.	225.	385.	795.
1994 Proof (gold $5, $10, $25 - P, $50 - W)	75.	165.	325.	600.	1165.
1995 Unc.	60.	125.	225.	385.	795.
1995 Proof (gold $5, $10, $25, $50 - W, 10th Anniversary set)					
	70.00	165.	325.	600.	1160.
1996 Unc.	60.	125.	250.	385.	820.
1996 Proof (gold $5, $10, $25, $50 - W)	90.	165.	325.	600.	1180.
1997 Unc.	55.	125.	200.	385.	765.
1997 Proof (gold $5, $10, $25, $50 - W)	110.	165.	325.	600.	1200.
1998 Unc.	55.	125.	200.	385.	765.
1998 Proof (gold $5, $10, $25, $50 - W)	70.	165.	325.	600.	1160.
1999 Unc.	55.	125.	200.	385.	765.
1999 Proof (gold $5, $10, $25, $50 - W)	70.	165.	325.	600.	1160.
2000 Unc.	55.	125.	200.	385.	765.
2000 Proof (gold $5, $10, $25, $50 - W)	90.	165.	325.	600.	1180.
2001 Unc.	55.	125.	250.	385.	815.
2001 Proof (gold $5, $10, $25, $50 - W)	90.	165.	325.	600.	1180.
2002 Unc.	*	*	*	*	*
2002 Proof (gold $5, $10, $25, $50 - W)	*	*	*	*	*

—— = Insufficient pricing data   * = None issued

U.S Type Coin Trend Values

	G-4	VG-8	F-12	VF-20	EF-40	AU-50	MS-60	MS-63	MS-64	MS-65
HALF CENTS										
Flowing Hair 1793	2000.	3000.	4500.	6000.	18500.	24000.	35000.	55000.	115000.	—
Liberty Cap 1794-1797	300.	450.	700.	1100.	2750.	5000.	8500.	16500.	37500.	82500.
Draped Bust 1800-1808	50.00	60.00	80.00	125.	250.	400.	1000.	2650.	4000.	20000.
Classic Head 1809-1835	35.00	40.00	55.00	70.00	80.00	160.	300.	450.	725.	7500.
Coronet 1849-1857	35.00	45.00	60.00	75.00	100.	150.	300.	400.	1000.	4000.
CENTS - (LARGE)										
Flowing Hair, Chain 1793	5000.	7500.	10000.	16000.	25000.	45000.	100000.	110000.	160000.	—
Flowing Hair, Wreath 1793	2000.	2500.	4000.	6000.	10000.	16000.	20000.	42500.	77500.	185000.
Liberty Cap 1793-1796	400.	500.	700.	1400.	3000.	5000.	7500.	6500.	12500.	62500.
Draped Bust 1796-1807	75.00	100.	200.	300.	1000.	2000.	2100.	5750.	11500.	60000.
Classic Head 1808-1814	60.00	125.	300.	600.	1100.	2000.	3800.	10000.	15000.	55000.
Coronet 1816-1839	16.00	22.00	30.00	70.00	150.	225.	350.	600.	1000.	7500.
Coronet 1839-1857	15.00	20.00	25.00	35.00	75.00	150.	250.	350.	500.	2500.
CENTS - (SMALL)										
Flying Eagle 1856-1858	20.00	*23.00	30.00	45.00	125.	160.	250.	800.	1650.	3600.
Indian copper-nickel 1859	13.00	15.00	18.00	42.00	105.	170.	200.	500.	1500.	3500.
Indian copper-nickel, Shield 1860-64	7.50	10.00	12.00	15.00	25.00	55.00	65.00	150.	275.	900.
Indian Bronze 1864-1909	1.50	2.00	2.25	2.50	8.00	17.00	22.50	40.00	65.00	500.
TWO CENTS										
1864-1873	10.00	12.00	20.00	25.00	35.00	65.00	85.00	145.	225.	975.
THREE CENT NICKEL										
1865-1889	10.00	12.00	15.00	18.00	23.00	45.00	80.00	120.	230.	665.
THREE CENT SILVER										
1851-1853 One Outline of Star	17.50	22.00	25.00	30.00	58.00	125.	145.	250.	380.	875.
1854-1858 Three Outlines of Star	17.50	22.00	25.00	40.00	85.00	165.	260.	550.	1425.	3375.
1859-1873 Two Outlines of Star	15.00	20.00	24.00	35.00	60.00	125.	160.	275.	435.	875.

U.S Type Coin Trend Values (continued)

	G-4	VG-8	F-12	VF-20	EF-40	AU-50	MS-60	MS-63	MS-64	MS-65
NICKEL FIVE CENT										
Shield, With Rays 1866-1867	20.00	23.00	27.00	42.00	110.	160.	245.	390.	725.	2375.
Shield, No Rays 1867-1883	15.00	18.00	20.00	25.00	35.00	60.00	90.00	170.	260.	625.
Liberty Head, No CENTS 1883	4.00	5.50	6.00	6.50	8.00	12.00	25.00	50.00	70.00	235.
Liberty Head, With CENTS 1883-1912	1.05	2.50	5.00	8.00	25.00	45.00	60.00	110.	180.	525.
Indian Head, Bison on Mound 1913	6.50	6.75	7.50		15.00	20.00	30.00	45.00	65.00	125.
Indian Head, Bison on Plain 1913-38	0.75	0.85	0.95	1.50	2.10	6.50	10.00	20.00	25.00	50.00
HALF DIMES										
Flowing Hair 1794-1795	1000.	1200.	1700.	2500.	4000.	6500.	10000.	15000.	10750.	27000.
Draped Bust, Small Eagle 1796-1797	1000.	1400.	2000.	3500.	6000.	9000.	15000.	20000.	32500.	75000.
Draped Bust, Heraldic Eagle 1800-05	700.	1000.	1800.	2500.	4000.	7500.	12000.	25000.	13000.	26500.
Capped Bust 1829-1837	20.00	27.50	32.50	60.00	100.	200.	275.	700.	1400.	2500.
Seated Liberty, No Stars 1837-1838	24.00	33.00	48.00	90.00	180.	340.	575.	825.	1350.	2650.
Seated Liberty, No Drapery 1838-1840	10.00	12.00	14.00	22.50	60.00	125.	240.	400.	650.	1750.
Seated Liberty, Drapery 1840-1859	10.00	11.00	12.00	18.00	40.00	77.00	120.	225.	475.	950.
Seated Liberty, Arrows 1853-1855	9.00	10.00	12.00	15.00	45.00	95.00	160.	285.	575.	1725.
Seated Liberty, Legend 1860-1873	9.00	10.00	12.00	13.50	29.00	60.00	105.	150.	300.	900.
DIMES										
Draped Bust, Small Eagle 1796-1797	1200.	2000.	2500.	3500.	5000.	7000.	11000.	20000.	22500.	45000.
Draped Bust, Heraldic Eagle 1798-1807	500.	750.	1000.	1400.	2000.	3000.	5000.	10000.	12000.	24000.
Capped Bust, Large Planchet 1809-27	20.00	25.00	35.00	85.00	260.	490.	850.	1750.	3350.	7850.
Capped Bust, Small Planchet 1828-37	18.00	20.00	25.00	52.50	175.	300.	600.	1200.	2075.	5750.
Seated Liberty, No Stars 1837-1838	27.50	35.00	70.00	250.	475.	675.	1000.	1850.	3750.	5750.
Seated Liberty, No Drapery 1838-1840	12.00	15.00	18.00	27.50	52.50	135.	270.	675.	1000.	3400.
Seated Liberty, Drapery 1840-1860	10.00	11.00	13.50	15.00	35.00	100.	225.	600.	975.	2250.
Seated Liberty, Arrows 1853-1855	10.00	11.50	12.50	16.00	38.00	120.	275.	650.	1150.	2500.
Seated Liberty, Legend 1860-1891	10.00	10.50	13.00	14.00	20.00	65.00	120.	195.	360.	1050.
Seated Liberty, Arrows 1873-1874	10.50	14.00	20.00	40.00	135.	235.	425.	925.	1700.	3750.

U.S Type Coin Trend Values (continued)

	G-4	VG-8	F-12	VF-20	EF-40	AU-50	MS-60	MS-63	MS-64	MS-65
Barber 1892-1916	2.50	3.00	4.00	7.50	20.00	60.00	85.00	140.	235.	625.
Winged Liberty Head 1916-1945	0.60	0.75	0.85	1.00	1.25	2.00	5.00	9.00	12.50	20.00
TWENTY-CENT PIECE										
Seated Liberty 1875-1878	42.00	48.00	85.00	125.	200.	300.	550.	1200.	2000.	4500.
QUARTERS										
Draped Bust, Small Eagle 1796	6000.	8000.	12000.	18000.	25000.	30000.	50000.	60000.	75000.	125000.
Draped Bust, Heraldic Eagle 1804-07	250.	350.	600.	1000.	1200.	2500.	7000.	12000.	25000.	50000.
Capped Bust, Open Collar Strike 1815-28	48.00	60.00	90.00	250.	640.	950.	1950.	3775.	5500.	15000.
Capped Bust, Close Collar Strike 1831-38	45.00	52.50	60.00	90.00	225.	525.	775.	2150.	4150.	11750.
Seated Liberty, No Motto 1840-65	14.00	18.00	25.00	30.00	50.00	110.	280.	525.	975.	3500.
Seated Liberty, Arrows & Rays 1853	14.00	18.00	25.00	37.00	125.	275.	750.	2025.	4850.	14750.
Seated Liberty, Arrows 1854-55	14.00	16.00	25.00	30.00	75.00	200.	450.	1150.	2100.	7000.
Seated Liberty, Motto 1866-91	14.00	16.00	22.00	28.50	50.00	110.	225.	405.	700.	1525.
Seated Liberty, Arrows 1873-74	16.00	18.50	27.50	55.00	185.	375.	675.	1450.	1925.	3250.
Barber 1892-1916	5.00	8.00	19.00	30.00	65.00	110.	160.	260.	450.	1150.
Standing Liberty, Bared Breast 1916-17	15.00	18.00	27.00	65.00	75.00	165.	225.	250.	600.	900.
Standing Liberty, Mailed Breast 1917-30	3.00	3.75	4.50	12.50	30.00	65.00	100.	165.	250.	435.
HALF DOLLARS										
Flowing Hair 1794-1795	700.	850.	1250.	2300.	6000.	10000.	25000.	47500.	90000.	——
Draped Bust, Small Eagle 1796-1797	11000.	14000.	18750.	26000.	45000.	63500.	97500.	135000.	175000.	——
Draped Bust, Heraldic Eagle 1801-07	125.	160.	235.	350.	750.	2500.	5200.	14000.	19500.	42500.
Capped Bust, Lettered Edge 1807-36	45.00	55.00	65.00	75.00	77.00	200.	500.	1250.	2750.	6250.
Capped Bust, Reeded Edge 1836-39	32.00	36.00	45.00	75.00	120.	275.	600.	1650.	4000.	15000.
Seated Liberty, No Motto 1839-66	15.50	24.00	44.00	48.00	70.00	160.	375.	740.	1700.	4500.
Seated Liberty, Arrows & Rays 1853	18.00	29.00	44.00	80.00	225.	450.	1275.	3550.	6250.	21000.
Seated Liberty, Arrows 1854-55	16.00	25.00	40.00	45.00	90.00	250.	475.	1450.	2500.	7600.

—— = Insufficient pricing data

U.S Type Coin Trend Values (continued)

	G-4	VG-8	F-12	VF-20	EF-40	AU-50	MS-60	MS-63	MS-64	MS-65
Seated Liberty, Motto 1866-91	16.00	24.00	40.00	45.00	65.00	160.	335.	540.	1200.	3000.
Seated Liberty, Arrows 1873-74	18.00	27.00	40.00	70.00	190.	350.	875.	2000.	3700.	14500.
Barber 1892-1915	10.00	12.00	28.00	65.00	130.	265.	380.	675.	1175.	2750.
Walking Liberty 1916-1947	4.00	5.00	6.00	7.00	9.00	12.00	30.00	60.00	75.00	135.
DOLLARS										
Flowing Hair 1794-1795	900.	1250.	2500.	3500.	7000.	11000.	28000.	60000.	100000.	225000.
Draped Bust, Small Eagle 1795-1798	850.	1100.	2000.	3000.	5500.	8500.	25000.	60000.	90000.	150000.
Draped Bust, Heraldic Eagle 1798-1803	600.	700.	1100.	2000.	3000.	5500.	15000.	35000.	37500.	80000.
Gobrecht 1836	4500.	5500.	6500.	7500.	8500.	12000.				60000.
Seated Liberty, No Motto 1840-66	125.	150.	170.	200.	300.	525.	900.	2400.	5750.	16000.
Seated Liberty, Motto 1866-73	125.	140.	170.	210.	285.	500.	1150.	2500.	5300.	24500.
Morgan 1878-1921	9.00	10.00	11.00	12.00	13.00	14.00	16.00	25.00	36.00	90.00
Peace 1921-1935	8.00	8.50	11.00	12.00	13.00	14.00	18.00	28.00	40.00	110.
Trade 1873-1885	40.00	55.00	100.	125.	150.	250.	500.	1400.	3000.	8000.

U.S Gold Type Coin Trend Values

	F-12	VF-20	EF-40	AU-50	MS-60	MS-63	MS-64	MS-65
GOLD DOLLARS								
Coronet 1849-1854	120.	130.	165.	175.	275.	925.	1200.	4500.
Indian Head Small Head 1854-1856	225.	325.	400.	625.	2500.	13500.	20000.	42500.
Indian Head Large Head 1856-1889	115.	130.	140.	160.	250.	900.	950.	1675.
QUARTER EAGLES								
Capped Bust, No Stars 1796	20000.	35000.	50000.	75000.	175000.	250000.	——	——
Capped Bust 1796-1807	5000.	7000.	8500.	11000.	25000.	50000.	——	——

—— = Insufficient pricing data

U.S Gold Type Coin Trend Values (continued)

	F-12	VF-20	EF-40	AU-50	MS-60	MS-63	MS-64	MS-65
Capped Draped Bust 1808	25000.	35000.	40000.	60000.	90000.			
Capped Head 1821-1834	5000.	6500.	7500.	10000.	14000.	25000.	40000.	57500.
Classic Head 1834-1839	250.	300.	450.	600.	1750.	5250.	11000.	28500.
Coronet 1840-1907	125.	140.	165.	180.	290.	650.	775.	1350.
Indian Head 1908-1929	130.	140.	175.	190.	250.	1000.	1500.	3700.
THREE DOLLARS								
Indian Head 1854-1889	550.	650.	900.	1400.	2200.	5000.	6000.	12000.
FOUR DOLLAR (STELLA)								
Flowing Hair – 1879-1880 (Proof Only)	16000.	18000.	20000.	30000.	47500.	65000.	87500.	110000.
Coiled Hair – 1879-1880 (Proof Only)	—	—	—	—	100000.	150000.	250000.	400000.
HALF EAGLES								
Capped Bust, Small Eagle 1795-1798	8500.	14000.	18000.	25000.	40000.	140000.	—	—
Capped Bust, Heraldic Eagle 1795-1807	2000.	2500.	3500.	5500.	8000.	13500.	25000.	90000.
Capped Draped Bust 1807-1812	2000.	2500.	3500.	5000.	7500.	15000.	26000.	85000.
Capped Head 1813-1834	2500.	3000.	4000.	5000.	8000.	17500.	26000.	80000.
Classic Head 1834-1838	240.	295.	435.	675.	2600.	7250.	17500.	62500.
Coronet, No Motto 1839-1866	165.	185.	200.	300.	1250.	7500.	12500.	42000.
Coronet, Motto 1866-1908	150.	165.	170.	200.	240.	550.	900.	2750.
Indian Head 1908-1929	160.	180.	200.	240.	335.	1025.	3000.	11250.
EAGLES								
Capped Bust, Small Eagle 1795-1797	10000.	15000.	20000.	30000.	50000.	125000.	200000.	—
Capped Bust, Heraldic Eagle 1797-1804	4000.	6000.	8000.	12000.	18000.	30000.	45000.	150000.
Coronet, No Motto 1838-1866	245.	290.	335.	525.	3500.	13250.	28000.	75000.
Coronet, Motto 1866-1907	210.	225.	250.	275.	300.	675.	1150.	2750.
Indian Head, No Motto 1907-1908	350.	370.	385.	405.	575.	2100.	3400.	6850.
Indian Head, 1908-1933	310.	325.	345.	355.	435.	800.	1100.	2750.

—— = Insufficient pricing data

U.S Gold Type Coin Trend Values (continued)

	F-12	VF-20	EF-40	AU-50	MS-60	MS-63	MS-64	MS-65
DOUBLE EAGLES								
Coronet, No Motto 1849-1866	490.	625.	625.	750.	2400.	6500.	9250.	22500.
Coronet, TWENTY D. 1866-1876	450.	485.	520.	550.	1000.	10500.	21000.	65000.
Coronet, TWENTY DOLLARS 1877-1907	400.	435.	450.	490.	540.	675.	1150.	2500.
Saint-Gaudens, Roman Numerals, High Relief 1907	2400.	2900.	4000.	5500.	9400.	15000.	20000.	32500.
Saint-Gaudens, Arabic Numerals, No Motto 1907-08	460.	480.	450.	475.	525.	575.	750.	1200.
Saint-Gaudens, Motto 1908-1933	390.	425.	450.	475.	525.	575.	600.	1100.

———— = Insufficient pricing data

Mintage figures

The mintage figures that follow are based on years of study by various numismatists, including *Coin World* staff members. The figures were compiled from official Mint Reports, data from the National Archives, conversations with other experts and in some cases, an educated guess. In many instances, the figures given are based on the best information available to researchers today. Before 1950, the generally accepted source of mintage figures was the *Annual Report of the Director of the Mint*. Since the Mint Report for many years was simply a bookkeeper's record of how many coins were issued in a given year, the figures given often had no relation to the actual number of coins struck with each date. Particularly for many 18th century and early 19th century coins, mintage figures here reflect the number of coins struck during the year, no matter the date on the coin.

Mintage figures should not be mistaken for survival figures. For example, 12,000 1895 Morgan dollars were recorded as having been struck, but none are known today; it is likely that all were melted before any entered circulation, if any were struck at all (some researchers doubt the coins were dated 1895). Similarly, some coins' survival rates may suggest higher mintages than are recorded.

The mintage figures in this book differ from those in other works, particularly for coins struck since 1965. A coinage shortage in the mid-1960s led Mint officials to suspend the use of Mint marks from 1965 to 1967. Three facilities—the Philadelphia and Denver Mints and the San Francisco Assay Office—struck coins but their separate products are indistinguishable from each other. For that reason, price guides traditionally have combined mintages despite the confusion this may cause future collectors. For example, many collectors refer to the 40 percent silver Kennedy half dollars without Mint marks, struck between 1965 and 1970, as "Philadelphia" strikes. However, not a single 40 percent silver half dollar was ever struck at the Philadelphia Mint then.

This book also clarifies mintage figures, particularly for coins struck at the former San Francisco Assay Office and West Point Bullion Depository (both received Mint status in 1988) since the mid-1970s. Like most Philadelphia coins struck until 1979 to 1980, none have Mint marks. For various reasons, in most price guides and other numismatic works, mintages for coins struck at the West Point and San Francisco facilities have been added to the Philadelphia mintages, since no Mint marks were used on any of the coins.

This book differs. Separate mintage figures are given for all coins by striking facility; we have not combined mintage figures just because the coins have no Mint marks. To indicate those coins that do not have Mint marks, the Mint mark letter is enclosed in parentheses (a coin indicated by a P has a P Mint mark, as in 2001-P; one indicated by (P) does not have a Mint mark but was struck at the Philadelphia Mint, as in 2001(P), for example).

Since the Mint has changed its bookkeeping practices several times, some mintage figures for circulation coins include the pieces struck for assay purposes and those business strikes struck for Uncirculated Mint sets, while other figures may not include those pieces.

In years before 1860, when Proof mintages were small and were not recorded, a delta (Δ) marks those issues that are known or are thought to exist. In many instances from 1860 to 1922 the figures shown are approximate, the result of incomplete records, restrikes and the melting of unsold Proofs. Where a delta is followed by an R in parentheses [Δ(R)], the original Proof mintage is unknown, but original specimens are believed to exist, and restrikes are known.

Since 1950, Proof coins have been available from the Mint in sets only (designated by ⟨§⟩ in the Notes column). Therefore, Proof mintages since 1950 listed here represent the official tally of Proof sets sold, distributed across the coins included in the set. Proof coins sold as part of a special set, such as a Prestige Proof set, are also included.

Where |——| appears under a mintage column, no coins of that date/Mint were issued.

Some final comments about "mintages" for commemorative coins struck since 1982, recent Proof coins, various sets issued by the U.S. Mint and Proof American Eagles: The figures presented here and in other chapters are sales figures, not mintages. More importantly, these figures are subject to change even years after a program has officially closed. "Final" sales figures can change when buyers return coins or sets to the Mint after a program has closed. Collectors should understand that these figures, as reported here, represent figures at a specific point in time, and may change in the future.

Liberty Cap, Left half cent

DATE	NOTE	BUSINESS	PROOF
1793		35,334	——

Liberty Cap, Right half cent

1794		81,600	——
1795		139,690	——
1796		1,390	——
1797		127,840	——

Draped Bust half cent

1800		202,908	——
1802		20,266	——
1803		92,000	——
1804		1,055,312	——
1805		814,464	——
1806		356,000	——
1807		476,000	——
1808		400,000	——

Classic Head half cent

1809		1,154,572	——
1810		215,000	——
1811	‹1›	63,140	——
1825		63,000	Δ
1826		234,000	Δ
1828		606,000	Δ
1829		487,000	Δ
1831		2,200	Δ (R)
1832	‹2›	154,000	Δ
1833	‹2›	120,000	Δ
1834	‹2›	141,000	Δ
1835	‹2›	398,000	Δ
1836		——	Δ (R)

Coronet half cent

1840 (P)		——	Δ (R)
1841 (P)		——	Δ (R)
1842 (P)		——	Δ (R)
1843 (P)		——	Δ (R)
1844 (P)		——	Δ (R)
1845 (P)		——	Δ (R)
1846 (P)		——	Δ (R)
1847 (P)		——	Δ (R)
1848 (P)		——	Δ (R)
1849 (P)		43,364	Δ (R)
1850 (P)		39,812	Δ
1851 (P)		147,672	Δ
1852 (P)		——	Δ (R)
1853 (P)		129,694	——
1854 (P)		55,358	Δ
1855 (P)		56,500	Δ
1856 (P)		40,430	Δ (R)
1857 (P)		35,180	Δ (R)

Flowing Hair, Chain cent

| 1793 | | 36,103 | —— |

Flowing Hair, Wreath cent

| 1793 | | 63,353 | —— |

Liberty Cap cent

| 1793 | | 11,056 | —— |
| 1794 | | 918,521 | —— |

DATE	NOTE	BUSINESS	PROOF
1795		538,500	——
1796		109,825	——

Draped Bust cent

1796		363,375	——
1797		897,510	——
1798		1,841,745	——
1799		42,540	——
1800		2,822,175	——
1801		1,362,837	——
1802		3,435,100	——
1803		3,131,691	——
1804	‹1›	96,500	——
1805		941,116	——
1806		348,000	——
1807		829,221	——

Classic Head cent

1808		1,007,000	——
1809		222,867	——
1810		1,458,500	——
1811		218,025	——
1812		1,075,500	——
1813		418,000	——
1814		357,830	——

Coronet cent

1816		2,820,982	——
1817		3,948,400	Δ
1818		3,167,000	Δ
1819		2,671,000	Δ
1820		4,407,550	Δ
1821		389,000	Δ
1822		2,072,339	Δ
1823	‹1, 3›	68,061	Δ
1824		1,193,939	——
1825		1,461,100	Δ
1826		1,517,425	Δ
1827		2,357,732	Δ
1828		2,260,624	Δ
1829		1,414,500	Δ
1830		1,711,500	Δ
1831		3,539,260	Δ
1832		2,362,000	Δ
1833		2,739,000	Δ
1834		1,855,100	Δ
1835		3,878,400	Δ
1836		2,111,000	Δ
1837		5,558,300	Δ
1838 (P)		6,370,200	Δ
1839 (P)		3,128,661	Δ
1840 (P)		2,462,700	Δ
1841 (P)		1,597,367	Δ
1842 (P)		2,383,390	Δ
1843 (P)		2,425,342	Δ
1844 (P)		2,398,752	Δ
1845 (P)		3,894,804	Δ
1846 (P)		4,120,800	Δ
1847 (P)		6,183,669	Δ
1848 (P)		6,415,799	Δ
1849 (P)		4,178,500	Δ

DATE	NOTE	BUSINESS	PROOF
1850 (P)		4,426,844	Δ
1851 (P)		9,889,707	——
1852 (P)		5,063,094	Δ
1853 (P)		6,641,131	——
1854 (P)		4,236,156	Δ
1855 (P)		1,574,829	Δ
1856 (P)	‹4›	2,690,463	Δ
1857 (P)		333,456	Δ

Flying Eagle cent

DATE	NOTE	BUSINESS	PROOF
1857 (P)		17,450,000	Δ
1858 (P)		24,600,000	Δ

Indian Head cent

DATE	NOTE	BUSINESS	PROOF
1859 (P)		36,400,000	Δ
1860 (P)		20,566,000	1,000
1861 (P)		10,100,000	1,000
1862 (P)		28,075,000	550
1863 (P)		49,840,000	460
1864 (P)			
C-N	‹5›	13,740,000	300
bronze	‹5›	39,233,714	170
1865 (P)		35,429,286	500
1866 (P)		9,826,500	725
1867 (P)		9,821,000	625
1868 (P)		10,266,500	600
1869 (P)		6,420,000	600
1870 (P)		5,275,000	1,000
1871 (P)		3,929,500	960
1872 (P)		4,042,000	950
1873 (P)	‹6›	11,676,500	1,100
1874 (P)		14,187,500	700
1875 (P)		13,528,000	700
1876 (P)		7,944,000	1,150
1877 (P)	‹7›	852,500	510
1878 (P)		5,797,500	2,350
1879 (P)		16,228,000	3,200
1880 (P)		38,961,000	3,955
1881 (P)		39,208,000	3,575
1882 (P)		38,578,000	3,100
1883 (P)		45,591,500	6,609
1884 (P)		23,257,800	3,942
1885 (P)		11,761,594	3,790
1886 (P)		17,650,000	4,290
1887 (P)		45,223,523	2,960
1888 (P)		37,489,832	4,582
1889 (P)		48,866,025	3,336
1890 (P)		——	2,740
1891 (P)		——	2,350
1892 (P)		37,647,087	2,745
1893 (P)		46,640,000	2,195
1894 (P)		16,749,500	2,632
1895 (P)		38,341,574	2,062
1896 (P)		39,055,431	1,862
1897 (P)		50,464,392	1,938
1898 (P)		49,821,284	1,795
1899 (P)		53,598,000	2,031
1900 (P)		66,821,284	2,262
1901 (P)		79,609,158	1,985
1902 (P)		87,374,704	2,018
1903 (P)		85,092,703	1,790

DATE	NOTE	BUSINESS	PROOF
1904 (P)		61,326,198	1,817
1905 (P)		80,717,011	2,152
1906 (P)		96,020,530	1,725
1907 (P)		108,137,143	1,475
1908 (P)		32,326,367	1,620
1908-S		1,115,000	——
1909 (P)		14,368,470	2,175
1909-S		309,000	——

Lincoln cent

DATE	NOTE	BUSINESS	PROOF
1909 (P)			
VDB		27,994,580	420
No VDB		72,700,420	2,198
1909-S			
VDB		484,000	——
No VDB		1,825,000	——
1910 (P)		146,798,813	2,405
1910-S		6,045,000	——
1911 (P)		101,176,054	1,733
1911-D		12,672,000	——
1911-S		4,026,000	——
1912 (P)		68,150,915	2,145
1912-D		10,411,000	——
1912-S		4,431,000	——
1913 (P)		76,529,504	2,848
1913-D		15,804,000	——
1913-S		6,101,000	——
1914 (P)		75,237,067	1,365
1914-D		1,193,000	——
1914-S		4,137,000	——
1915 (P)		29,090,970	1,150
1915-D		22,050,000	——
1915-S		4,833,000	——
1916 (P)		131,832,627	1,050
1916-D		35,956,000	——
1916-S		22,510,000	——
1917 (P)		196,429,785	Δ
1917-D		55,120,000	——
1917-S		32,620,000	——
1918 (P)		288,104,634	——
1918-D		47,830,000	——
1918-S		34,680,000	——
1919 (P)		392,021,000	——
1919-D		57,154,000	——
1919-S		139,760,000	——
1920 (P)		310,165,000	——
1920-D		49,280,000	——
1920-S		46,220,000	——
1921 (P)		39,157,000	——
1921-S		15,274,000	——
1922-D	‹8›	7,160,000	——
1923 (P)		74,723,000	——
1923-S		8,700,000	——
1924 (P)		75,178,000	——
1924-D		2,520,000	——
1924-S		11,696,000	——
1925 (P)		139,949,000	——
1925-D		22,580,000	——
1925-S		26,380,000	——
1926 (P)		157,088,000	——

DATE	NOTE	BUSINESS	PROOF
1926-D		28,020,000	——
1926-S		4,550,000	——
1927 (P)		144,440,000	——
1927-D		27,170,000	——
1927-S		14,276,000	——
1928 (P)		134,116,000	——
1928-D		31,170,000	——
1928-S		17,266,000	——
1929 (P)		185,262,000	——
1929-D		41,730,000	——
1929-S		50,148,000	——
1930 (P)		157,415,000	——
1930-D		40,100,000	——
1930-S		24,286,000	——
1931 (P)		19,396,000	——
1931-D		4,480,000	——
1931-S		866,000	——
1932 (P)		9,062,000	——
1932-D		10,500,000	——
1933 (P)		14,360,000	——
1933-D		6,200,000	——
1934 (P)		219,080,000	——
1934-D		28,446,000	——
1935 (P)		245,388,000	——
1935-D		47,000,000	——
1935-S		38,702,000	——
1936 (P)		309,632,000	5,569
1936-D		40,620,000	——
1936-S		29,130,000	——
1937 (P)		309,170,000	9,320
1937-D		50,430,000	——
1937-S		34,500,000	——
1938 (P)		156,682,000	14,734
1938-D		20,010,000	——
1938-S		15,180,000	——
1939 (P)		316,466,000	13,520
1939-D		15,160,000	——
1939-S		52,070,000	——
1940 (P)		586,810,000	15,872
1940-D		81,390,000	——
1940-S		112,940,000	——
1941 (P)		887,018,000	21,100
1941-D		128,700,000	——
1941-S		92,360,000	——
1942 (P)		657,796,000	32,600
1942-D		206,698,000	——
1942-S		85,590,000	——
1943 (P)	‹9›	684,628,670	——
1943-D	‹9›	217,660,000	——
1943-S	‹9›	191,550,000	——
1944 (P)		1,435,400,000	——
1944-D		430,578,000	——
1944-S		282,760,000	——
1945 (P)		1,040,515,000	——
1945-D		226,268,000	——
1945-S		181,770,000	——
1946 (P)		991,655,000	——
1946-D		315,690,000	——
1946-S		198,100,000	——
1947 (P)		190,555,000	——

DATE	NOTE	BUSINESS	PROOF
1947-D		194,750,000	——
1947-S		99,000,000	——
1948 (P)		317,570,000	——
1948-D		172,637,500	——
1948-S		81,735,000	——
1949 (P)		217,775,000	——
1949-D		153,132,500	——
1949-S		64,290,000	——
1950 (P)	‹§›	272,635,000	51,386
1950-D		334,950,000	——
1950-S		118,505,000	——
1951 (P)	‹§›	294,576,000	57,500
1951-D		625,355,000	——
1951-S		136,010,000	——
1952 (P)	‹§›	186,765,000	81,980
1952-D		746,130,000	——
1952-S		137,800,004	——
1953 (P)	‹§›	256,755,000	128,800
1953-D		700,515,000	——
1953-S		181,835,000	——
1954 (P)	‹§›	71,640,050	233,300
1954-D		251,552,500	——
1954-S		96,190,000	——
1955 (P)	‹§›	330,580,000	378,200
1955-D		563,257,500	——
1955-S		44,610,000	——
1956 (P)	‹§›	420,745,000	669,384
1956-D		1,098,210,100	——
1957 (P)	‹§›	282,540,000	1,247,952
1957-D		1,051,342,000	——
1958 (P)	‹§›	252,525,000	875,652
1958-D		800,953,300	——
1959 (P)	‹§›	609,715,000	1,149,291
1959-D		1,279,760,000	——
1960 (P)	‹§, 10›	586,405,000	1,691,602
1960-D		1,580,884,000	——
1961 (P)	‹§›	753,345,000	3,028,244
1961-D		1,753,266,700	——
1962 (P)	‹§›	606,045,000	3,218,019
1962-D		1,793,148,400	——
1963 (P)	‹§›	754,110,000	3,075,645
1963-D		1,774,020,400	——
1964 (P)	‹§, 11›	2,648,575,000	3,950,762
1964-D	‹11›	3,799,071,500	——
1965 (P)	‹11›	301,470,000	——
1965 (D)	‹11›	973,364,900	——
1965 (S)	‹11›	220,030,000	——
1966 (P)	‹11›	811,100,000	——
1966 (D)	‹11›	991,431,200	——
1966 (S)	‹11›	383,355,000	——
1967 (P)	‹11›	907,575,000	——
1967 (D)	‹11›	1,327,377,100	——
1967 (S)	‹11›	813,715,000	——
1968 (P)		1,707,880,970	——
1968-D		2,886,269,600	——
1968-S	‹§›	258,270,001	3,041,506
1969 (P)		1,136,910,000	——
1969-D		4,002,832,200	——
1969-S	‹§›	544,375,000	2,934,631
1970 (P)		1,898,315,000	——

DATE	NOTE	BUSINESS	PROOF
1970-D		2,891,438,900	——
1970-S	‹§›	690,560,004	2,632,810
1971 (P)		1,919,490,000	——
1971-D		2,911,045,600	——
1971-S	‹§›	525,130,054	3,220,733
1972 (P)		2,933,255,000	——
1972-D		2,655,071,400	——
1972-S	‹§›	380,200,104	3,260,996
1973 (P)		3,728,245,000	——
1973-D		3,549,576,588	——
1973-S	‹§›	319,937,634	2,760,339
1974 (P)		4,232,140,523	——
1974-D		4,235,098,000	——
1974-S	‹§›	409,421,878	2,612,568
1975 (P)		3,874,182,000	——
1975-D		4,505,275,300	——
1975-S	‹§›	——	2,845,450
1975 (W)		1,577,294,142	——
1976 (P)		3,133,580,000	——
1976-D		4,221,592,455	——
1976-S		——	4,123,056
1976 (W)		1,540,695,000	——
1977 (P)		3,074,575,000	——
1977-D		4,194,062,300	——
1977-S	‹§›	——	3,236,798
1977 (W)		1,395,355,000	——
1978 (P)		3,735,655,000	——
1978-D		4,280,233,400	——
1978 (S)		291,700,000	——
1978-S	‹§›	——	3,120,285
1978 (W)		1,531,250,000	——
1979 (P)		3,560,940,000	——
1979-D		4,139,357,254	——
1979 (S)		751,725,000	——
1979-S	‹§›	——	3,677,175
1979 (W)		1,705,850,000	——
1980 (P)		6,230,115,000	——
1980-D		5,140,098,660	——
1980 (S)		1,184,590,000	——
1980-S	‹§›	——	3,554,806
1980 (W)		1,576,200,000	——
1981 (P)		6,611,305,000	——
1981-D		5,373,235,677	——
1981 (S)		880,440,000	——
1981-S	‹§›	——	4,063,083
1981 (W)		1,882,400,000	——
1982 (P)	‹12›	7,135,275,000	——
1982-D	‹12›	6,012,979,368	——
1982 (S)	‹12›	1,587,245,000	——
1982-S	‹§›	——	3,857,479
1982 (W)	‹12›	1,990,005,000	——
1983 (P)		5,567,190,000	——
1983-D		6,467,199,428	——
1983 (S)		180,765,000	——
1983-S	‹§›	——	3,279,126
1983 (W)		2,004,400,000	——
1984 (P)		6,114,864,000	——
1984-D		5,569,238,906	——
1984-S	‹§›	——	3,065,110
1984 (W)		2,036,215,000	——

DATE	NOTE	BUSINESS	PROOF
1985 (P)		4,951,904,887	——
1985-D		5,287,399,926	——
1985-S	‹§›	——	3,362,821
1985 (W)		696,585,000	——
1986 (P)		4,490,995,493	——
1986-D		4,442,866,698	——
1986-S	‹§›	——	3,010,497
1986 (W)		400,000	——
1987 (P)		4,682,466,931	——
1987-D		4,879,389,514	——
1987-S	‹§›	——	3,792,233
1988 (P)		6,092,810,000	——
1988-D		5,253,740,443	——
1988-S	‹§›	——	3,262,948
1989 (P)		7,261,535,000	——
1989-D		5,345,467,711	——
1989-S	‹§›	——	3,220,914
1990 (P)		6,851,765,000	——
1990-D		4,922,894,553	——
1990-S	‹§›	——	3,299,559
1991 (P)		5,165,940,000	——
1991-D		4,158,442,076	——
1991-S	‹§›	——	2,867,787
1992 (P)		4,648,905,000	——
1992-D		4,448,673,300	——
1992-S	‹§›	——	4,176,544
1993 (P)		5,684,705,000	——
1993-D		6,426,650,571	——
1993-S	‹§›	——	3,360,876
1994 (P)		6,500,850,000	——
1994-D		7,131,765,000	——
1994-S	‹§›	——	3,222,140
1995 (P)		6,411,440,000	——
1995-D		7,128,560,000	——
1995-S	‹§›	——	2,791,067
1996 (P)		6,612,465,000	——
1996-D		6,510,795,000	——
1996-S	‹§›	——	2,920,158
1997 (P)		4,622,800,000	——
1997-D		4,576,555,000	——
1997-S	‹§›	——	2,796,194
1998 (P)		5,032,200,000	——
1998-D		5,225,200,000	——
1998-S	‹§›	——	2,965,503
1999 (P)		5,237,600,000	——
1999-D		6,360,065,000	——
1999-S	‹§, 123›	——	3,362,464
2000 (P)		5,503,200,000	——
2000-D		8,774,220,000	——
2000-S	‹§, 123›	——	4,062,402
2001 (P)		4,959,600,000	——
2001-D		5,374,990,000	——
2001-S	‹§, 123›	——	2,618,086
2002 (P)		3,260,800,000	——
2002-D		4,028,055,000	——
2002-S	‹§›	——	3,210,674

Two cents

DATE	NOTE	BUSINESS	PROOF
1864 (P)	‹13›	19,847,500	100
1865 (P)		13,640,000	500

DATE	NOTE	BUSINESS	PROOF
1866 (P)		3,177,000	725
1867 (P)		2,938,750	625
1868 (P)		2,803,750	600
1869 (P)		1,546,500	600
1870 (P)		861,250	1,000
1871 (P)		721,250	960
1872 (P)		65,000	950
1873 (P)	‹6, 14›	—	1,100

Copper-nickel 3 cents

DATE	NOTE	BUSINESS	PROOF
1865 (P)		11,382,000	400
1866 (P)		4,801,000	725
1867 (P)		3,915,000	625
1868 (P)		3,252,000	600
1869 (P)		1,604,000	600
1870 (P)		1,335,000	1,000
1871 (P)		604,000	960
1872 (P)		862,000	950
1873 (P)	‹6›	1,173,000	1,100
1874 (P)		790,000	700
1875 (P)		228,000	700
1876 (P)		162,000	1,150
1877 (P)	‹7›	—	510
1878 (P)		—	2,350
1879 (P)		38,000	3,200
1880 (P)		21,000	3,955
1881 (P)		1,077,000	3,575
1882 (P)		22,200	3,100
1883 (P)		4,000	6,609
1884 (P)		1,700	3,942
1885 (P)		1,000	3,790
1886 (P)		—	4,290
1887 (P)	‹15›	5,001	2,960
1888 (P)		36,501	4,582
1889 (P)		18,125	3,336

Silver 3 cents

DATE	NOTE	BUSINESS	PROOF
1851 (P)		5,447,400	Δ
1851-O		720,000	Δ
1852 (P)		18,663,500	—
1853 (P)	‹16›	11,400,000	—
1854 (P)		671,000	Δ
1855 (P)		139,000	Δ
1856 (P)		1,458,000	Δ
1857 (P)		1,042,000	Δ
1858 (P)		1,604,000	Δ
1859 (P)		365,000	Δ
1860 (P)		286,000	1,000
1861 (P)		497,000	1,000
1862 (P)		343,000	550
1863 (P)	‹17›	21,000	460
1864 (P)	‹18›	12,000	470
1865 (P)		8,000	500
1866 (P)		22,000	725
1867 (P)		4,000	625
1868 (P)		3,500	600
1869 (P)		4,500	600
1870 (P)		3,000	1,000
1871 (P)		3,400	960
1872 (P)		1,000	950
1873 (P)	‹6›	—	600

Shield 5 cents

DATE	NOTE	BUSINESS	PROOF
1866 (P)		14,742,500	125
1867 (P)	‹19›	30,909,500	625
1868 (P)		28,817,000	600
1869 (P)		16,395,000	600
1870 (P)		4,806,000	1,000
1871 (P)		561,000	960
1872 (P)		6,036,000	950
1873 (P)	‹6›	4,550,000	1,100
1874 (P)		3,538,000	700
1875 (P)		2,097,000	700
1876 (P)		2,530,000	1,150
1877 (P)	‹7›	—	510
1878 (P)		—	2,350
1879 (P)		25,900	3,200
1880 (P)		16,000	3,955
1881 (P)		68,800	3,575
1882 (P)		11,473,500	3,100
1883 (P)		1,451,500	5,419

Liberty Head 5 cents

DATE	NOTE	BUSINESS	PROOF
1883 (P)			
No CENTS		5,474,300	5,219
CENTS		16,026,200	6,783
1884 (P)		11,270,000	3,942
1885 (P)		1,472,700	3,790
1886 (P)		3,326,000	4,290
1887 (P)		15,260,692	2,960
1888 (P)		10,715,901	4,582
1889 (P)		15,878,025	3,336
1890 (P)		16,256,532	2,740
1891 (P)		16,832,000	2,350
1892 (P)		11,696,897	2,745
1893 (P)		13,368,000	2,195
1894 (P)		5,410,500	2,632
1895 (P)		9,977,822	2,062
1896 (P)		8,841,058	1,862
1897 (P)		20,426,797	1,938
1898 (P)		12,530,292	1,795
1899 (P)		26,027,000	2,031
1900 (P)		27,253,733	2,262
1901 (P)		26,478,228	1,985
1902 (P)		31,487,561	2,018
1903 (P)		28,004,935	1,790
1904 (P)		21,401,350	1,817
1905 (P)		29,825,124	2,152
1906 (P)		38,612,000	1,725
1907 (P)		39,213,325	1,475
1908 (P)		22,684,557	1,620
1909 (P)		11,585,763	4,763
1910 (P)		30,166,948	2,405
1911 (P)		39,557,639	1,733
1912 (P)		26,234,569	2,145
1912-D		8,474,000	—
1912-S		238,000	—
1913 (P)	‹20›	—	—

Indian Head 5 cents

DATE	NOTE	BUSINESS	PROOF
1913 (P)			
Mound		30,992,000	1,520
Plain		29,857,186	1,514

DATE	NOTE	BUSINESS	PROOF
1913-D			
Mound		5,337,000	——
Plain		4,156,000	——
1913-S			
Mound		2,105,000	——
Plain		1,209,000	——
1914 (P)		20,664,463	1,275
1914-D		3,912,000	——
1914-S		3,470,000	——
1915 (P)		20,986,220	1,050
1915-D		7,569,500	——
1915-S		1,505,000	——
1916 (P)		63,497,466	600
1916-D		13,333,000	——
1916-S		11,860,000	——
1917 (P)		51,424,029	Δ
1917-D		9,910,800	——
1917-S		4,193,000	——
1918 (P)		32,086,314	——
1918-D		8,362,000	——
1918-S		4,882,000	——
1919 (P)		60,868,000	——
1919-D		8,006,000	——
1919-S		7,521,000	——
1920 (P)		63,093,000	——
1920-D		9,418,000	——
1920-S		9,689,000	——
1921 (P)		10,663,000	——
1921-S		1,557,000	——
1923 (P)		35,715,000	——
1923-S		6,142,000	——
1924 (P)		21,620,000	——
1924-D		5,258,000	——
1924-S		1,437,000	——
1925 (P)		35,565,100	——
1925-D		4,450,000	——
1925-S		6,256,000	——
1926 (P)		44,693,000	——
1926-D		5,638,000	——
1926-S		970,000	——
1927 (P)		37,981,000	——
1927-D		5,730,000	——
1927-S		3,430,000	——
1928 (P)		23,411,000	——
1928-D		6,436,000	——
1928-S		6,936,000	——
1929 (P)		36,446,000	——
1929-D		8,370,000	——
1929-S		7,754,000	——
1930 (P)		22,849,000	——
1930-S		5,435,000	——
1931-S		1,200,000	——
1934 (P)		20,213,003	——
1934-D		7,480,000	——
1935 (P)		58,264,000	——
1935-D		12,092,000	——
1935-S		10,300,000	——
1936 (P)		118,997,000	4,420
1936-D		24,814,000	——
1936-S		14,930,000	——

DATE	NOTE	BUSINESS	PROOF
1937 (P)		79,480,000	5,769
1937-D		17,826,000	——
1937-S		5,635,000	——
1938-D		7,020,000	——
Jefferson 5 cents			
1938 (P)		19,496,000	19,365
1938-D		5,376,000	——
1938-S		4,105,000	——
1939 (P)		120,615,000	12,535
1939-D		3,514,000	——
1939-S		6,630,000	——
1940 (P)		176,485,000	14,158
1940-D		43,540,000	——
1940-S		39,690,000	——
1941 (P)		203,265,000	18,720
1941-D		53,432,000	——
1941-S		43,445,000	——
1942 (P)	‹21›	49,789,000	29,600
1942-P	‹21›	57,873,000	27,600
1942-D	‹21›	13,938,000	——
1942-S	‹21›	32,900,000	——
1943-P	‹21›	271,165,000	——
1943-D	‹21›	15,294,000	——
1943-S	‹21›	104,060,000	——
1944-P	‹21, 22›	119,150,000	——
1944-D	‹21›	32,309,000	——
1944-S	‹21›	21,640,000	——
1945-P	‹21›	119,408,100	——
1945-D	‹21›	37,158,000	——
1945-S	‹21›	58,939,000	——
1946 (P)		161,116,000	——
1946-D		45,292,200	——
1946-S		13,560,000	——
1947 (P)		95,000,000	——
1947-D		37,822,000	——
1947-S		24,720,000	——
1948 (P)		89,348,000	——
1948-D		44,734,000	——
1948-S		11,300,000	——
1949 (P)		60,652,000	——
1949-D		36,498,000	——
1949-S		9,716,000	——
1950 (P)	‹§›	9,796,000	51,386
1950-D		2,630,030	——
1951 (P)	‹§›	28,552,000	57,500
1951-D		20,460,000	——
1951-S		7,776,000	——
1952 (P)	‹§›	63,988,000	81,980
1952-D		30,638,000	——
1952-S		20,572,000	——
1953 (P)	‹§›	46,644,000	128,800
1953-D		59,878,600	——
1953-S		19,210,900	——
1954 (P)	‹§›	47,684,050	233,300
1954-D		117,136,560	——
1954-S		29,384,000	——
1955 (P)	‹§›	7,888,000	378,200
1955-D		74,464,100	——
1956 (P)	‹§›	35,216,000	669,384

DATE	NOTE	BUSINESS	PROOF	DATE	NOTE	BUSINESS	PROOF
1956-D		67,222,640	——	1979-S	‹§›	——	3,677,175
1957 (P)	‹§›	38,408,000	1,247,952	1980-P	‹25›	593,004,000	——
1957-D		136,828,900	——	1980-D		502,323,448	——
1958 (P)	‹§›	17,088,000	875,652	1980-S	‹§›	——	3,554,806
1958-D		168,249,120	——	1981-P		657,504,000	——
1959 (P)	‹§›	27,248,000	1,149,291	1981-D		364,801,843	——
1959-D		160,738,240	——	1981-S	‹§›	——	4,063,083
1960 (P)	‹§›	55,416,000	1,691,602	1982-P		292,355,000	——
1960-D		192,582,180	——	1982-D		373,726,544	——
1961 (P)	‹§›	73,640,000	3,028,244	1982-S	‹§›	——	3,857,479
1961-D		229,342,760	——	1983-P		561,615,000	——
1962 (P)	‹§›	97,384,000	3,218,019	1983-D		536,726,276	——
1962-D		280,195,720	——	1983-S	‹§›	——	3,279,126
1963 (P)	‹§›	175,776,000	3,075,645	1984-P		746,769,000	——
1963-D		276,829,460	——	1984-D		517,675,146	——
1964 (P)	‹§, 11›	1,024,672,000	3,950,762	1984-S	‹§›	——	3,065,110
1964-D	‹11›	1,787,297,160	——	1985-P		647,114,962	——
1965 (P)	‹11›	12,440,000	——	1985-D		459,747,446	——
1965 (D)	‹11›	82,291,380	——	1985-S	‹§›	——	3,362,821
1965 (S)	‹11›	39,040,000	——	1986-P		536,883,493	——
1966 (P)	‹11, 23›	——	Δ	1986-D		361,819,144	——
1966 (D)	‹11›	103,546,700	——	1986-S	‹§›	——	3,010,497
1966 (S)	‹11›	50,400,000	——	1987-P		371,499,481	——
1967 (P)	‹11›	——	——	1987-D		410,590,604	——
1967 (D)	‹11›	75,993,800	——	1987-S	‹§›	——	3,792,233
1967 (S)	‹11›	31,332,000	——	1988-P		771,360,000	——
1968 (P)		—	——	1988-D		663,771,652	——
1968-D		91,227,880	——	1988-S	‹§›	——	3,262,948
1968-S	‹§›	100,396,004	3,041,506	1989-P		898,812,000	——
1969 (P)		202,807,500	——	1989-D		570,842,474	——
1969-D		202,807,500	——	1989-S	‹§›	——	3,220,914
1969-S	‹§›	120,165,000	2,934,631	1990-P		661,636,000	——
1970-D		515,485,380	——	1990-D		663,938,503	——
1970-S	‹§›	238,832,004	2,632,810	1990-S	‹§›	——	3,299,559
1971 (P)		106,884,000	——	1991-P		614,104,000	——
1971-D		316,144,800	——	1991-D		436,496,678	——
1971-S	‹24›	——	3,220,733	1991-S	‹§›	——	2,867,787
1972 (P)		202,036,000	——	1992-P		399,552,000	——
1972-D		351,694,600	——	1992-D		450,565,113	——
1972-S	‹§›	——	3,260,996	1992-S	‹§›	——	4,176,544
1973 (P)		384,396,000	——	1993-P		412,076,000	——
1973-D		261,405,400	——	1993-D		406,084,135	——
1973-S	‹§›	——	2,760,339	1993-S	‹§›	——	3,360,876
1974 (P)		601,752,000	——	1994-P	‹116›	722,160,000	——
1974-D		277,373,000	——	1994-D		715,762,110	——
1974-S	‹§›	——	2,612,568	1994-S	‹§›	——	3,222,140
1975 (P)		181,772,000	——	1995-P		774,156,000	——
1975-D		401,875,300	——	1995-D		888,112,000	——
1975-S	‹§›	——	2,845,450	1995-S	‹§›	——	2,791,067
1976 (P)		367,124,000	——	1996-P		829,332,000	——
1976-D		563,964,147	——	1996-D		817,736,000	——
1976-S		——	——	1996-S	‹§›	——	2,920,158
1977 (P)		585,376,000	——	1997-P		470,972,000	——
1977-D		297,313,422	——	1997-D		466,640,000	——
1977-S	‹§›	——	3,236,798	1997-S	‹§›	——	2,796,194
1978 (P)		391,308,000	——	1998-P		688,292,000	——
1978-D		313,092,780	——	1998-D		635,380,000	——
1978-S	‹§›	——	3,120,285	1998-S	‹§›	——	2,965,503
1979 (P)		463,188,000	——	1999-P		1,212,000,000	——
1979-D		325,867,672	——	1999-D		1,066,720,000	——

DATE	NOTE	BUSINESS	PROOF
1999-S	‹§, 123›	—	3,362,464
2000-P		846,240,000	—
2000-D		1,509,520,000	—
2000-S	‹§, 123›	—	4,062,402
2001-P		675,704,000	—
2001-D		627,680,000	—
2001-S	‹§, 123›	—	2,618,086
2002-P		539,280,000	—
2002-D		691,200,000	—
2002-S	‹§›	—	3,210,674

Flowing Hair half dime

DATE	NOTE	BUSINESS	PROOF
1794		7,756	—
1795		78,660	—

Draped Bust half dime

DATE	NOTE	BUSINESS	PROOF
1796		10,230	—
1797		44,527	—
1800		40,000	—
1801		33,910	—
1802		13,010	—
1803		37,850	—
1805		15,600	—

Capped Bust half dime

DATE	NOTE	BUSINESS	PROOF
1829		1,230,000	Δ
1830		1,240,000	Δ
1831		1,242,700	Δ
1832		965,000	Δ
1833		1,370,000	Δ
1834		1,480,000	Δ
1835		2,760,000	Δ
1836		1,900,000	Δ
1837		871,000	Δ

Seated Liberty half dime

DATE	NOTE	BUSINESS	PROOF
1837		1,405,000	—
1838 (P)		2,255,000	Δ
1838-O	‹26›	115,000	—
1839 (P)		1,069,150	Δ
1839-O		981,550	—
1840 (P)		1,344,085	Δ
1840-O		935,000	—
1841 (P)		1,150,000	Δ
1841-O		815,000	—
1842 (P)		815,000	Δ
1842-O		350,000	—
1843 (P)		1,165,000	Δ
1844 (P)		430,000	Δ
1844-O		220,000	—
1845 (P)		1,564,000	Δ
1846 (P)		27,000	Δ
1847 (P)		1,274,000	Δ
1848 (P)		668,000	Δ
1848-O		600,000	—
1849 (P)		1,309,000	Δ
1849-O		140,000	—
1850 (P)		955,000	Δ
1850-O		690,000	—
1851 (P)		781,000	Δ
1851-O		860,000	—
1852 (P)		1,000,500	Δ

DATE	NOTE	BUSINESS	PROOF
1852-O		260,000	—
1853 (P)			
No Arrows	‹16›	135,000	—
Arrows	‹16›	13,210,020	Δ
1853-O			
No Arrows	‹16›	160,000	—
Arrows	‹16›	2,200,000	—
1854 (P)		5,740,000	Δ
1854-O		1,560,000	—
1855 (P)		1,750,000	Δ
1855-O		600,000	—
1856 (P)		4,880,000	Δ
1856-O		1,100,000	—
1857 (P)		7,280,000	Δ
1857-O		1,380,000	—
1858 (P)		3,500,000	Δ
1858-O		1,660,000	—
1859 (P)		340,000	Δ
1859-O		560,000	—
1860 (P)	‹28›	798,000	1,000
1860-O	‹28, 29›	1,060,000	Δ
1861 (P)		3,360,000	1,000
1862 (P)		1,492,000	550
1863 (P)		18,000	460
1863-S		100,000	—
1864 (P)	‹18›	48,000	470
1864-S		90,000	—
1865 (P)		13,000	500
1865-S		120,000	—
1866 (P)		10,000	725
1866-S		120,000	—
1867 (P)		8,000	625
1867-S		120,000	—
1868 (P)		88,600	600
1868-S		280,000	—
1869 (P)		208,000	600
1869-S		230,000	—
1870 (P)		535,600	1,000
1871 (P)		1,873,000	960
1871-S		161,000	—
1872 (P)		2,947,000	950
1872-S		837,000	—
1873 (P)	‹6›	712,000	600
1873-S	‹6›	324,000	—

Draped Bust dime

DATE	NOTE	BUSINESS	PROOF
1796		22,135	—
1797		25,261	—
1798		27,550	—
1800		21,760	—
1801		34,640	—
1802		10,975	—
1803		33,040	—
1804		8,265	—
1805		120,780	—
1807		165,000	—

Capped Bust dime

DATE	NOTE	BUSINESS	PROOF
1809		51,065	—
1811		65,180	—
1814		421,500	—

DATE	NOTE	BUSINESS	PROOF
1820		942,587	Δ
1821		1,186,512	Δ
1822		100,000	Δ
1823	‹3›	440,000	Δ
1824		100,000	Δ
1825		410,000	Δ
1827		1,215,000	Δ
1828		125,000	Δ
1829		770,000	Δ
1830		510,000	Δ
1831		771,350	Δ
1832		522,500	Δ
1833		485,000	Δ
1834		635,000	Δ
1835		1,410,000	Δ
1836		1,190,000	Δ
1837		359,500	Δ

Seated Liberty dime

DATE	NOTE	BUSINESS	PROOF
1837		682,500	——
1838 (P)		1,992,500	Δ
1838-O	‹26›	406,034	——
1839 (P)		1,053,115	Δ
1839-O		1,323,000	——
1840 (P)		1,358,580	Δ
1840-O		1,175,000	——
1841 (P)		1,622,500	Δ
1841-O		2,007,500	——
1842 (P)		1,887,500	Δ
1842-O		2,020,000	——
1843 (P)		1,370,000	Δ
1843-O		50,000	——
1844 (P)		72,500	Δ
1845 (P)		1,755,000	Δ
1845-O		230,000	——
1846 (P)		31,300	Δ
1847 (P)		245,000	Δ
1848 (P)		451,500	Δ
1849 (P)		839,000	Δ
1849-O		300,000	——
1850 (P)		1,931,500	Δ
1850-O		510,000	——
1851 (P)		1,026,500	Δ
1851-O		400,000	——
1852 (P)		1,535,500	Δ
1852-O		430,000	——
1853 (P)			
No Arrows	‹16›	95,000	——
With Arrows	‹16›	12,078,010	Δ
1853-O		1,100,000	——
1854 (P)		4,470,000	Δ
1854-O		1,770,000	——
1855 (P)		2,075,000	Δ
1856 (P)		5,780,000	Δ
1856-O		1,180,000	——
1856-S		70,000	——
1857 (P)		5,580,000	Δ
1857-O		1,540,000	——
1858 (P)		1,540,000	——
1858-O		290,000	Δ

DATE	NOTE	BUSINESS	PROOF
1858-S		60,000	——
1859 (P)		430,000	Δ
1859-O		480,000	——
1859-S		60,000	——
1860 (P)	‹28›	606,000	1,000
1860-O	‹28›	40,000	——
1860-S	‹28›	140,000	——
1861 (P)		1,883,000	1,000
1861-S		172,500	——
1862 (P)		847,000	550
1862-S		180,750	——
1863 (P)		14,000	460
1863-S		157,500	——
1864 (P)	‹18›	11,000	470
1864-S		230,000	——
1865 (P)		10,000	500
1865-S		175,000	——
1866 (P)		8,000	725
1866-S		135,000	——
1867 (P)		6,000	625
1867-S		140,000	——
1868 (P)		464,000	600
1868-S		260,000	——
1869 (P)		256,000	600
1869-S		450,000	——
1870 (P)		470,500	1,000
1870-S		50,000	——
1871 (P)		906,750	960
1871-CC		20,100	——
1871-S		320,000	——
1872 (P)		2,395,500	950
1872-CC		35,480	——
1872-S		190,000	——
1873 (P)			
No Arrows	‹6›	1,568,000	600
With Arrows	‹6›	2,377,700	800
1873-CC			
No Arrows	‹6, 30›	12,400	——
With Arrows	‹6›	18,791	——
1873-S			
With Arrows	‹6›	455,000	——
1874 (P)		2,940,000	700
1874-CC		10,817	——
1874-S		240,000	——
1875 (P)		10,350,000	700
1875-CC		4,645,000	——
1875-S		9,070,000	——
1876 (P)		11,460,000	1,150
1876-CC		8,270,000	——
1876-S		10,420,000	——
1877 (P)		7,310,000	510
1877-CC		7,700,000	——
1877-S		2,340,000	——
1878 (P)		1,678,000	800
1878-CC		200,000	——
1879 (P)		14,000	1,100
1880 (P)		36,000	1,355
1881 (P)		24,000	975
1882 (P)		3,910,000	1,100
1883 (P)		7,674,673	1,039

DATE	NOTE	BUSINESS	PROOF
1884 (P)		3,365,505	875
1884-S		564,969	——
1885 (P)		2,532,497	930
1885-S		43,690	——
1886 (P)		6,376,684	886
1886-S		206,524	——
1887 (P)		11,283,229	710
1887-S		4,454,450	——
1888 (P)		5,495,655	832
1888-S		1,720,000	——
1889 (P)		7,380,000	711
1889-S		972,678	——
1890 (P)		9,910,951	590
1890-S		1,423,076	——
1891 (P)		15,310,000	600
1891-O		4,540,000	——
1891-S		3,196,116	——

Barber dime

1892 (P)		12,120,000	1,245
1892-O		3,841,700	——
1892-S		990,710	——
1893 (P)		3,340,000	792
1893-O		1,760,000	——
1893-S		2,491,401	——
1894 (P)		1,330,000	972
1894-O		720,000	——
1894-S	‹31›	——	——
1895 (P)		690,000	880
1895-O		440,000	——
1895-S		1,120,000	——
1896 (P)		2,000,000	762
1896-O		610,000	——
1896-S		575,056	——
1897 (P)		10,868,533	731
1897-O		666,000	——
1897-S		1,342,844	——
1898 (P)		16,320,000	735
1898-O		2,130,000	——
1898-S		1,702,507	——
1899 (P)		19,580,000	846
1899-O		2,650,000	——
1899-S		1,867,493	——
1900 (P)		17,600,000	912
1900-O		2,010,000	——
1900-S		5,168,270	——
1901 (P)		18,859,665	813
1901-O		5,620,000	——
1901-S		593,022	——
1902 (P)		21,380,000	777
1902-O		4,500,000	——
1902-S		2,070,000	——
1903 (P)		19,500,000	755
1903-O		8,180,000	——
1903-S		613,300	——
1904 (P)		14,600,357	670
1904-S		800,000	——
1905 (P)		14,551,623	727
1905-O		3,400,000	——
1905-S		6,855,199	——

DATE	NOTE	BUSINESS	PROOF
1906 (P)		19,957,731	675
1906-D	‹32›	4,060,000	Δ
1906-O		2,610,000	——
1906-S		3,136,640	——
1907 (P)		22,220,000	575
1907-D		4,080,000	——
1907-O		5,058,000	——
1907-S		3,178,470	——
1908 (P)		10,600,000	545
1908-D		7,490,000	——
1908-O		1,789,000	——
1908-S		3,220,000	——
1909 (P)		10,240,000	650
1909-D		954,000	——
1909-O		2,287,000	——
1909-S		1,000,000	——
1910 (P)		11,520,000	551
1910-D		3,490,000	——
1910-S		1,240,000	——
1911 (P)		18,870,000	543
1911-D		11,209,000	——
1911-S		3,520,000	——
1912 (P)		19,350,000	700
1912-D		11,760,000	——
1912-S		3,420,000	——
1913 (P)		19,760,000	622
1913-S		510,000	——
1914 (P)		17,360,230	——
1914-D		11,908,000	425
1914-S		2,100,000	——
1915 (P)		5,620,000	450
1915-S		960,000	——
1916 (P)		18,490,000	Δ
1916-S		5,820,000	——

Winged Liberty Head dime

1916 (P)		22,180,080	——
1916-D		264,000	——
1916-S		10,450,000	——
1917 (P)		55,230,000	——
1917-D		9,402,000	——
1917-S		27,330,000	——
1918 (P)		26,680,000	——
1918-D		22,674,800	——
1918-S		19,300,000	——
1919 (P)		35,740,000	——
1919-D		9,939,000	——
1919-S		8,850,000	——
1920 (P)		59,030,000	——
1920-D		19,171,000	——
1920-S		13,820,000	——
1921 (P)		1,230,000	——
1921-D		1,080,000	——
1923 (P)	‹22›	50,130,000	——
1923-S		6,440,000	——
1924 (P)		24,010,000	——
1924-D		6,810,000	——
1924-S		7,120,000	——
1925 (P)		25,610,000	——
1925-D		5,117,000	——

DATE	NOTE	BUSINESS	PROOF
1925-S		5,850,000	——
1926 (P)		32,160,000	——
1926-D		6,828,000	——
1926-S		1,520,000	——
1927 (P)		28,080,000	——
1927-D		4,812,000	——
1927-S		4,770,000	——
1928 (P)		19,480,000	——
1928-D		4,161,000	——
1928-S		7,400,000	——
1929 (P)		25,970,000	——
1929-D		5,034,000	——
1929-S		4,730,000	——
1930 (P)	‹22›	6,770,000	——
1930-S		1,843,000	——
1931 (P)		3,150,000	——
1931-D		1,260,000	——
1931-S		1,800,000	——
1934 (P)		24,080,000	——
1934-D		6,772,000	——
1935 (P)		58,830,000	——
1935-D		10,477,000	——
1935-S		15,840,000	——
1936 (P)		87,500,000	4,130
1936-D		16,132,000	——
1936-S		9,210,000	——
1937 (P)		56,860,000	5,756
1937-D		14,146,000	——
1937-S		9,740,000	——
1938 (P)		22,190,000	8,728
1938-D		5,537,000	——
1938-S		8,090,000	——
1939 (P)		67,740,000	9,321
1939-D		24,394,000	——
1939-S		10,540,000	——
1940 (P)		65,350,000	11,827
1940-D		21,198,000	——
1940-S		21,560,000	——
1941 (P)		175,090,000	16,557
1941-D		45,634,000	——
1941-S		43,090,000	——
1942 (P)		205,410,000	22,329
1942-D		60,740,000	——
1942-S		49,300,000	——
1943 (P)		191,710,000	——
1943-D		71,949,000	——
1943-S		60,400,000	——
1944 (P)		231,410,000	——
1944-D		62,224,000	——
1944-S		49,490,000	——
1945 (P)		159,130,000	——
1945-D		40,245,000	——
1945-S		41,920,000	——

Roosevelt dime

DATE	NOTE	BUSINESS	PROOF
1946 (P)		255,250,000	——
1946-D		61,043,500	——
1946-S		27,900,000	——
1947 (P)		121,520,000	——
1947-D		46,835,000	——

DATE	NOTE	BUSINESS	PROOF
1947-S		34,840,000	——
1948 (P)		74,950,000	——
1948-D		52,841,000	——
1948-S		35,520,000	——
1949 (P)		30,940,000	——
1949-D		26,034,000	——
1949-S		13,510,000	——
1950 (P)	‹§›	50,130,114	51,386
1950-D		46,803,000	——
1950-S		20,440,000	——
1951 (P)	‹§›	102,880,102	57,500
1951-D		56,529,000	——
1951 S		31,630,000	——
1952 (P)	‹§›	99,040,093	81,980
1952-D		122,100,000	——
1952-S		44,419,500	——
1953 (P)	‹§›	53,490,120	128,800
1953-D		136,433,000	——
1953-S		39,180,000	——
1954 (P)	‹§›	114,010,203	233,300
1954-D		106,397,000	——
1954-S		22,860,000	——
1955 (P)	‹§›	12,450,181	378,200
1955-D		13,959,000	——
1955-S		18,510,000	——
1956 (P)	‹§›	108,640,000	669,384
1956-D		108,015,100	——
1957 (P)	‹§›	160,160,000	1,247,952
1957-D		113,354,330	——
1958 (P)	‹§›	31,910,000	875,652
1958-D		136,564,600	——
1959 (P)	‹§›	85,780,000	1,149,291
1959-D		164,919,790	——
1960 (P)	‹§›	70,390,000	1,691,602
1960-D		200,160,400	——
1961 (P)	‹§›	93,730,000	3,028,244
1961-D		209,146,550	——
1962 (P)	‹§›	72,450,000	3,218,019
1962-D		334,948,380	——
1963 (P)	‹§›	123,650,000	3,075,645
1963-D		421,476,530	——
1964 (P)	‹§, 11›	929,360,000	3,950,762
1964-D	‹11›	1,357,517,180	——
1965 (P)	‹11›	845,130,000	——
1965 (D)	‹11›	757,472,820	——
1965 (S)	‹11›	47,177,750	——
1966 (P)	‹11›	622,550,000	——
1966 (D)	‹11›	683,771,010	——
1966 (S)	‹11›	74,151,947	——
1967 (P)	‹11›	1,030,110,000	——
1967 (D)	‹11›	1,156,277,320	——
1967 (S)	‹11›	57,620,000	——
1968 (P)		424,470,400	——
1968-D		480,748,280	——
1968-S	‹§, 33›	——	3,041,506
1969 (P)		145,790,000	——
1969-D		563,323,870	——
1969-S	‹§›	——	2,934,631
1970 (P)		345,570,000	——
1970-D		754,942,100	——

DATE	NOTE	BUSINESS	PROOF
1970-S	‹§, 34›	——	2,632,810
1971 (P)		162,690,000	——
1971-D		377,914,240	——
1971-S	‹§›	——	3,220,733
1972 (P)		431,540,000	——
1972-D		330,290,000	——
1972-S	‹§›	——	3,260,996
1973 (P)		315,670,000	——
1973-D		455,032,426	——
1973-S	‹§›	——	2,760,339
1974 (P)		470,248,000	——
1974-D		571,083,000	——
1974-S	‹§›	——	2,612,568
1975 (P)		513,682,000	——
1975-D		313,705,300	——
1975 (S)		71,991,900	——
1976-P		568,760,000	——
1976-D		695,222,774	——
1976-S		——	——
1977 (P)		796,930,000	——
1977-D		376,607,228	——
1977-S	‹§›	——	3,236,798
1978 (P)		663,980,000	——
1978-D		282,847,540	——
1978-S	‹§›	——	3,120,285
1979 (P)		315,440,000	——
1979-D		390,921,184	——
1979-S	‹§›	——	3,677,175
1980-P	‹25›	735,170,000	——
1980-D		719,354,321	——
1980-S	‹§›	——	3,554,806
1981-P		676,650,000	——
1981-D		712,284,143	——
1981-S	‹§›	——	4,063,083
1982-P	‹35›	519,475,000	——
1982-D		542,713,584	——
1982-S	‹§›	——	3,857,479
1983-P		647,025,000	——
1983-D		730,129,224	——
1983-S	‹§›	——	3,279,126
1984-P		856,669,000	——
1984-D		704,803,976	——
1984-S	‹§›	——	3,065,110
1985-P		705,200,962	——
1985-D		587,979,970	——
1985-S	‹§›	——	3,362,821
1986-P		682,649,693	——
1986-D		473,326,974	——
1986-S	‹§›	——	3,010,497
1987-P		762,709,481	——
1987-D		653,203,402	——
1987-S	‹§›	——	3,792,233
1988-P		1,030,550,000	——
1988-D		962,385,488	——
1988-S	‹§›	——	3,262,948
1989-P		1,298,400,000	——
1989-D		896,535,597	——
1989-S	‹§›	——	3,220,914
1990-P		1,034,340,000	——
1990-D		839,995,824	——
1990-S	‹§›	——	3,299,559
1991-P		927,220,000	——
1991-D		601,241,114	——
1991-S	‹§›	——	2,867,787
1992-P		593,500,000	——
1992-D		616,273,932	——
1992-S	‹§›		
Clad		——	2,858,903
90% silver		——	1,317,641
1993-P		766,180,000	——
1993-D		750,110,166	——
1993-S	‹§›		
Clad		——	2,569,882
90% silver		——	790,994
1994-P		1,189,000,000	——
1994-D		1,303,268,110	——
1994-S	‹§›		
Clad		——	2,443,590
90% silver		——	778,550
1995-P		1,125,500,000	——
1995-D		1,274,890,000	——
1995-S	‹§›		
Clad		——	2,124,790
90% silver		——	666,277
1996-P		1,421,630,000	——
1996-D		1,400,300,000	——
1996-S	‹§›		
Clad		——	2,145,077
90% silver		——	775,081
1996-W	‹118›		U
1996-W	‹118›	1,450,440	——
1997-P		991,640,000	——
1997-D		979,810,000	——
1997-S	‹§›		
Clad		——	2,055,000
90% silver		——	741,194
1998-P		1,163,000,000	——
1998-D		1,172,300,000	——
1998-S	‹§›		
Clad		——	2,086,507
90% silver		——	878,996
1999-P		2,164,000,000	——
1999-D		1,397,750,000	——
1999-S	‹§›		
Clad	‹123›	——	2,557,899
90% silver		——	804,565
2000-P		1,842,500,000	——
2000-D		1,818,700,000	——
2000-S	‹§›		
Clad	‹123›	——	3,096,981
90% silver		——	965,421
2001-P		1,369,590,000	——
2001-D		1,412,800,000	——
2001-S	‹§›		
Clad	‹123›	——	2,300,944
90% silver		——	317,142
2002-P		1,187,500,000	——
2002-D		1,379,500,000	——

DATE	NOTE	BUSINESS	PROOF
2002-S	‹§›		
Clad		—	2,321,848
90% silver		—	888,826

Twenty cents

DATE	NOTE	BUSINESS	PROOF
1875 (P)		38,500	1,200
1875-CC		133,290	—
1875-S	‹36›	1,155,000	Δ
1876 (P)		14,750	1,150
1876-CC	‹37›	10,000	—
1877 (P)		—	510
1878 (P)		—	600

Draped Bust quarter dollar

DATE	NOTE	BUSINESS	PROOF
1796		6,146	—
1804		6,738	—
1805		121,394	—
1806		286,424	—
1807		140,343	—

Capped Bust quarter dollar

DATE	NOTE	BUSINESS	PROOF
1815		89,235	—
1818		361,174	Δ
1819		144,000	—
1820		127,444	Δ
1821		216,851	Δ
1822		64,080	Δ
1823	‹3›	17,800	Δ
1824		24,000	Δ
1825		148,000	Δ
1827	‹38›	—	Δ (R)
1828		102,000	Δ
1831		398,000	Δ
1832		320,000	Δ
1833		156,000	Δ
1834		286,000	Δ
1835		1,952,000	Δ
1836		472,000	Δ
1837		252,400	Δ
1838 (P)		366,000	Δ

Seated Liberty quarter dollar

DATE	NOTE	BUSINESS	PROOF
1838 (P)		466,000	—
1839 (P)		491,146	Δ
1840 (P)		188,127	Δ
1840-O		425,200	—
1841 (P)		120,000	Δ
1841-O		452,000	—
1842 (P)		88,000	Δ
1842-O		769,000	—
1843 (P)		645,600	—
1843-O		968,000	—
1844 (P)		421,200	Δ
1844-O		740,000	—
1845 (P)		922,000	Δ
1846 (P)		510,000	Δ
1847 (P)		734,000	Δ
1847-O		368,000	—
1848 (P)		146,000	Δ
1849 (P)		340,000	Δ
1849-O		16,000	—
1850 (P)		190,800	Δ

DATE	NOTE	BUSINESS	PROOF
1850-O		396,000	—
1851 (P)		160,000	Δ
1851-O		88,000	—
1852 (P)		177,060	Δ
1852-O		96,000	—
1853 (P)			
No Arr. & Rays	‹16›	44,200	—
Arrows & Rays	‹16›	15,210,020	Δ
1853-O		1,332,000	—
1854 (P)		12,380,000	Δ
1854-O		1,484,000	—
1855 (P)		2,857,000	Δ
1855-O		176,000	—
1855-S	‹39›	396,400	Δ
1856 (P)		7,264,000	Δ
1856-O		968,000	—
1856-S		286,000	—
1857 (P)		9,644,000	Δ
1857-O		1,180,000	—
1857-S		82,000	—
1858 (P)		7,368,000	Δ
1858-O		520,000	—
1858-S		121,000	—
1859 (P)		1,344,000	Δ
1859-O		260,000	—
1859-S		80,000	—
1860 (P)		804,400	1,000
1860-O		388,000	—
1860-S		56,000	—
1861 (P)		4,853,600	1,000
1861-S		96,000	—
1862 (P)		932,000	550
1862-S		67,000	—
1863 (P)		191,600	460
1864 (P)		93,600	470
1864-S		20,000	—
1865 (P)		58,800	500
1865-S		41,000	—
1866 (P)	‹40›	16,800	725
1866-S	‹40›	28,000	—
1867 (P)		20,000	625
1867-S		48,000	—
1868 (P)		29,400	600
1868-S		96,000	—
1869 (P)		16,000	600
1869-S		76,000	—
1870 (P)		86,400	1,000
1870-CC		8,340	—
1871 (P)		118,200	960
1871-CC		10,890	—
1871-S		30,900	—
1872 (P)		182,000	950
1872-CC		22,850	—
1872-S		83,000	—
1873 (P)			
No Arrows	‹6›	212,000	600
With Arrows	‹6›	1,271,160	540
1873-CC			
No Arrows	‹6›	4,000	—
With Arrows	‹6›	12,462	—

DATE	NOTE	BUSINESS	PROOF
1873-S			
With Arrows ‹6›		156,000	——
1874 (P)		471,200	700
1874-S		392,000	——
1875 (P)		4,292,800	700
1875-CC		140,000	——
1875-S		680,000	——
1876 (P)		17,816,000	1,150
1876-CC		4,944,000	——
1876-S		8,596,000	——
1877 (P)		10,911,200	510
1877-CC		4,192,000	——
1877-S		8,996,000	——
1878 (P)		2,260,000	800
1878-CC		996,000	——
1878-S		140,000	——
1879 (P)	‹41›	14,450	250
1880 (P)		13,600	1,355
1881 (P)		12,000	975
1882 (P)		15,200	1,100
1883 (P)		14,400	1,039
1884 (P)		8,000	875
1885 (P)		13,600	930
1886 (P)		5,000	886
1887 (P)		10,000	710
1888 (P)		10,001	832
1888-S		1,216,000	——
1889 (P)		12,000	711
1890 (P)		80,000	590
1891 (P)		3,920,000	600
1891-O	‹42›	68,000	Δ
1891-S		2,216,000	——

Barber quarter dollar

1892 (P)		8,236,000	1,245
1892-O		2,640,000	——
1892-S		964,079	——
1893 (P)		5,444,023	792
1893-O		3,396,000	——
1893-S		1,454,535	——
1894 (P)		3,432,000	972
1894-O		2,852,000	——
1894-S		2,648,821	——
1895 (P)		4,440,000	880
1895-O		2,816,000	——
1895-S		1,764,681	——
1896 (P)		3,874,000	762
1896-O		1,484,000	——
1896-S		188,039	——
1897 (P)		8,140,000	731
1897-O		1,414,800	——
1897-S		542,229	——
1898 (P)		11,100,000	735
1898-O		1,868,000	——
1898-S		1,020,592	——
1899 (P)		12,624,000	846
1899-O		2,644,000	——
1899-S		708,000	——
1900 (P)		10,016,000	912
1900-O		3,416,000	——

DATE	NOTE	BUSINESS	PROOF
1900-S		1,858,585	——
1901 (P)		8,892,000	813
1901-O		1,612,000	——
1901-S		72,664	——
1902 (P)		12,196,967	777
1902-O		4,748,000	——
1902-S		1,524,612	——
1903 (P)		9,669,309	755
1903-O		3,500,000	——
1903-S		1,036,000	——
1904 (P)		9,588,143	670
1904-O		2,456,000	——
1905 (P)		4,967,523	727
1905-O		1,230,000	——
1905-S		1,884,000	——
1906 (P)		3,655,760	675
1906-D		3,280,000	——
1906-O		2,056,000	——
1907 (P)		7,192,000	575
1907-D		2,484,000	——
1907-O		4,560,000	——
1907-S		1,360,000	——
1908 (P)		4,232,000	545
1908-D		5,788,000	——
1908-O		6,244,000	——
1908-S		784,000	——
1909 (P)		9,268,000	650
1909-D		5,114,000	——
1909-O		712,000	——
1909-S		1,348,000	——
1910 (P)		2,244,000	551
1910-D		1,500,000	——
1911 (P)		3,720,000	543
1911-D		933,600	——
1911-S		988,000	——
1912 (P)		4,400,000	700
1912-S		708,000	——
1913 (P)		484,000	613
1913-D		1,450,800	——
1913-S		40,000	——
1914 (P)		6,244,230	380
1914-D		3,046,000	——
1914-S		264,000	——
1915 (P)		3,480,000	450
1915-D		3,694,000	——
1915-S		704,000	——
1916 (P)		1,788,000	——
1916-D		6,540,800	——

Standing Liberty quarter dollar

1916 (P)		52,000	——
1917 (P)			
Bare Breast		8,740,000	Δ
Mailed Breast		13,880,000	——
1917-D			
Bare Breast		1,509,200	——
Mailed Breast		6,224,400	——
1917-S			
Bare Breast		1,952,000	——
Mailed Breast		5,552,000	——

DATE	NOTE	BUSINESS	PROOF
1918 (P)		14,240,000	—
1918-D		7,380,000	—
1918-S		11,072,000	—
1919 (P)		11,324,000	—
1919-D		1,944,000	—
1919-S		1,836,000	—
1920 (P)		27,860,000	—
1920-D		3,586,400	—
1920-S		6,380,000	—
1921 (P)		1,916,000	—
1923 (P)		9,716,000	—
1923-S		1,360,000	—
1924 (P)		10,920,000	—
1924-D		3,112,000	—
1924-S		2,860,000	—
1925 (P)		12,280,000	—
1926 (P)		11,316,000	—
1926-D		1,716,000	—
1926-S		2,700,000	—
1927 (P)		11,912,000	—
1927-D		976,400	—
1927-S		396,000	—
1928 (P)		6,336,000	—
1928-D		1,627,600	—
1928-S		2,644,000	—
1929 (P)		11,140,000	—
1929-D		1,358,000	—
1929-S		1,764,000	—
1930 (P)		5,632,000	—
1930-S		1,556,000	—

Washington quarter dollar

DATE	NOTE	BUSINESS	PROOF
1932 (P)		5,404,000	—
1932-D		436,800	—
1932-S		408,000	—
1934 (P)		31,912,052	—
1934-D		3,527,200	—
1935 (P)		32,484,000	—
1935-D		5,780,000	—
1935-S		5,660,000	—
1936 (P)		41,300,000	3,837
1936-D		5,374,000	—
1936-S		3,828,000	—
1937 (P)		19,696,000	5,542
1937-D		7,189,600	—
1937-S		1,652,000	—
1938 (P)		9,472,000	8,045
1938-S		2,832,000	—
1939 (P)		33,540,000	8,795
1939-D		7,092,000	—
1939-S		2,628,000	—
1940 (P)		35,704,000	11,246
1940-D		2,797,600	—
1940-S		8,244,000	—
1941 (P)		79,032,000	15,287
1941-D		16,714,800	—
1941-S		16,080,000	—
1942 (P)		102,096,000	21,123
1942-D		17,487,200	—
1942-S		19,384,000	—

DATE	NOTE	BUSINESS	PROOF
1943 (P)		99,700,000	—
1943-D		16,095,600	—
1943-S		21,700,000	—
1944 (P)		104,956,000	—
1944-D		14,600,800	—
1944-S		12,560,000	—
1945 (P)		74,372,000	—
1945-D		12,341,600	—
1945-S		17,004,001	—
1946 (P)		53,436,000	—
1946-D		9,072,800	—
1946-S		4,204,000	—
1947 (P)		22,556,000	—
1947-D		15,338,400	—
1947-S		5,532,000	—
1948 (P)		35,196,000	—
1948-D		16,766,800	—
1948-S		15,960,000	—
1949 (P)		9,312,000	—
1949-D		10,068,400	—
1950 (P)	‹§›	24,920,126	51,386
1950-D		21,075,600	—
1950-S		10,284,004	—
1951 (P)	‹§›	43,448,102	57,500
1951-D		35,354,800	—
1951-S		9,048,000	—
1952 (P)	‹§›	38,780,093	81,980
1952-D		49,795,200	—
1952-S		13,707,800	—
1953 (P)	‹§›	18,536,120	128,800
1953-D		56,112,400	—
1953-S		14,016,000	—
1954 (P)	‹§›	54,412,203	233,300
1954-D		42,305,500	—
1954-S		11,834,722	—
1955 (P)	‹§›	18,180,181	378,200
1955-D		3,182,400	—
1956 (P)	‹§›	44,144,000	669,384
1956-D		32,334,500	—
1957 (P)	‹§›	46,532,000	1,247,952
1957-D		77,924,160	—
1958 (P)	‹§›	6,360,000	875,652
1958-D		78,124,900	—
1959 (P)	‹§›	24,384,000	1,149,291
1959-D		62,054,232	—
1960 (P)	‹§›	29,164,000	1,691,602
1960-D		63,000,324	—
1961 (P)	‹§›	37,036,000	3,028,244
1961-D		83,656,928	—
1962 (P)	‹§›	36,156,000	3,218,019
1962-D		127,554,756	—
1963 (P)	‹§›	74,316,000	3,075,645
1963-D		135,288,184	—
1964 (P)	‹§, 11›	560,390,585	3,950,762
1964-D	‹11›	704,135,528	—
1965 (P)	‹11›	1,082,216,000	—
1965 (D)	‹11›	673,305,540	—
1965 (S)	‹11›	61,836,000	—
1966 (P)	‹11›	404,416,000	—
1966 (D)	‹11›	367,490,400	—

DATE	NOTE	BUSINESS	PROOF
1966 (S)	‹11›	46,933,517	——
1967 (P)	‹11›	873,524,000	——
1967 (D)	‹11›	632,767,848	——
1967 (S)	‹11›	17,740,000	——
1968 (P)		220,731,500	——
1968-D		101,534,000	——
1968-S	‹§›	——	3,041,506
1969 (P)		176,212,000	——
1969-D		114,372,000	——
1969-S	‹§›	——	2,934,631
1970 (P)		136,420,000	——
1970-D		417,341,364	——
1970-S	‹§›	——	2,632,810
1971 (P)		109,284,000	——
1971-D		258,634,428	——
1971-S	‹§›	——	3,220,733
1972 (P)		215,048,000	——
1972-D		311,067,732	——
1972-S	‹§›	——	3,260,996
1973 (P)		346,924,000	——
1973-D		232,977,400	——
1973-S	‹§›	——	2,760,339
1974 (P)	‹43›	801,456,000	——
1974-D	‹43›	353,160,300	——
1974-S	‹§, 43›	——	2,612,568
1976 (P)	‹43›	809,408,016	——
1976-D	‹43›	860,118,839	——
1976-S	‹43›	——	
1976 (W)	‹43›	376,000	——
1977 (P)		461,204,000	——
1977-D		256,524,978	——
1977-S	‹§›	——	3,236,798
1977 (W)		7,352,000	——
1978 (P)		500,652,000	——
1978-D		287,373,152	——
1978-S	‹§›	——	3,120,285
1978 (W)		20,800,000	——
1979 (P)		493,036,000	——
1979-D		489,789,780	——
1979-S	‹§›	——	3,677,175
1979 (W)		22,672,000	——
1980-P	‹25›	635,832,000	——
1980-D		518,327,487	——
1980-S	‹§›	——	3,554,806
1981-P		601,716,000	——
1981-D		575,722,833	——
1981-S	‹§›	——	4,063,083
1982-P		500,931,000	——
1982-D		480,042,788	——
1982-S	‹§›	——	3,857,479
1983-P		673,535,000	——
1983-D		617,806,446	——
1983-S	‹§›	——	3,279,126
1984-P		676,545,000	——
1984-D		546,483,064	——
1984-S	‹§›	——	3,065,110
1985-P		775,818,962	——
1985-D		519,962,888	——
1985-S	‹§›	——	3,362,821
1986-P		551,199,333	——

DATE	NOTE	BUSINESS	PROOF
1986-D		504,298,660	——
1986-S	‹§›	——	3,010,497
1987-P		582,499,481	——
1987-D		655,595,696	——
1987-S	‹§›	——	3,792,233
1988-P		562,052,000	——
1988-D		596,810,688	——
1988-S	‹§›	——	3,262,948
1989-P		512,868,000	——
1989-D		896,733,858	——
1989-S	‹§›	——	3,220,914
1990-P		613,792,000	——
1990-D		927,638,181	——
1990-S	‹§›	——	3,299,559
1991-P		570,960,000	——
1991-D		630,966,693	——
1991-S	‹§›	——	2,867,787
1992-P		384,764,000	——
1992-D		389,777,107	——
1992-S	‹§›		
Clad		——	2,858,903
90% silver		——	1,317,641
1993-P		639,276,000	——
1993-D		645,476,128	——
1993-S	‹§›		
Clad		——	2,569,882
90% silver		——	790,994
1994-P		825,600,000	——
1994-D		880,034,110	——
1994-S	‹§›		
Clad		——	2,443,590
90% silver		——	778,550
1995-P		1,004,336,000	——
1995-D		1,103,216,000	——
1995-S	‹§›		
Clad		——	2,124,790
90% silver		——	666,277
1996-P		925,040,000	——
1996-D		906,868,000	——
1996-S	‹§›		
Clad		——	2,145,077
90% silver		——	775,081
1997-P		595,740,000	——
1997-D		599,680,000	——
1997-S	‹§›		
Clad		——	2,055,000
90% silver		——	741,194
1998-P		960,400,000	——
1998-D		907,000,000	——
1998-S	‹§›		
Clad		——	2,086,507
90% silver		——	878,996
1999-P DE		373,400,000	——
1999-D DE		401,424,000	——
1999-S DE	‹§›		
Clad	‹123›	——	3,727,857
90% silver		——	804,565
1999-P PA		349,000,000	——
1999-D PA		358,332,000	——

DATE NOTE	BUSINESS	PROOF
1999-S PA ‹§›		
Clad ‹123›	——	3,727,857
90% silver	——	804,565
1999-P NJ	363,200,000	——
1999-D NJ	299,028,000	——
1999-S NJ ‹§›		
Clad ‹123›	——	3,727,857
90% silver	——	804,565
1999-P GA	451,188,000	——
1999-D GA	488,744,000	——
1999-S GA ‹§›		
Clad ‹123›	——	3,727,857
90% silver	——	804,565
1999-P CT	688,744,000	——
1999-D CT	657,880,000	——
1999-S CT ‹§›		
Clad ‹123›	——	3,727,857
90% silver	——	804,565
2000-P MA	628,600,000	——
2000-D MA	535,184,000	——
2000-S MA ‹§›		
Clad ‹123›	——	4,092,784
90% silver	——	965,421
2000-P MD	678,200,000	——
2000-D MD	556,532,000	——
2000-S MD ‹§›		
Clad ‹123›	——	4,092,784
90% silver	——	965,421
2000-P SC	742,576,000	——
2000-D SC	566,208,000	——
2000-S SC ‹§›		
Clad ‹123›	——	4,092,784
90% silver	——	965,421
2000-P NH	673,040,000	——
2000-D NH	495,976,000	——
2000-S NH ‹§›		
Clad ‹123›	——	4,092,784
90% silver	——	965,421
2000-P VA	943,000,000	——
2000-D VA	651,616,000	——
2000-S VA ‹§›		
Clad ‹123›	——	4,092,784
90% silver	——	965,421
2001-P NY	655,400,000	——
2001-D NY	619,640,000	——
2001-S NY ‹§›		
Clad ‹123›	——	3,100,680
90% silver	——	317,142
2001-P NC	627,600,000	——
2001-D NC	427,876,000	——
2001-S NC ‹§›		
Clad ‹123›	——	3,100,680
90% silver	——	317,142
2001-P RI	423,000,000	——
2001-D RI	447,100,000	——
2001-S RI ‹§›		
Clad ‹123›	——	3,100,680
90% silver	——	317,142
2001-P VT	423,400,000	——
2001-D VT	459,404,000	——

DATE NOTE	BUSINESS	PROOF
2001-S VT ‹§›		
Clad ‹123›	——	3,100,680
90% silver	——	317,142
2001-P KY	353,000,000	——
2001-D KY	370,564,000	——
2001-S KY ‹§›		
Clad ‹123›	——	3,100,680
90% silver	——	317,142
2002-P TN	361,600,000	——
2002-D TN	286,468,000	——
2002-S TN ‹§›		
Clad	——	3,085,940
90% silver	——	888,826
2002-P OH	217,200,000	——
2002-D OH	414,832,000	——
2002-S OH ‹§›		
Clad	——	3,085,940
90% silver	——	888,826
2002-P LA	362,000,000	——
2002-D LA	402,204,000	——
2002-S LA ‹§›		
Clad	——	3,085,940
90% silver	——	888,826
2002-P IN	362,600,000	——
2002-D IN	327,200,000	——
2002-S IN ‹§›		
Clad	——	3,085,940
90% silver	——	888,826
2002-P MS	290,000,000	——
2002-D MS	289,600,000	——
2002-S MS ‹§›		
Clad	——	3,085,940
90% silver	——	888,826
2003-P IL	225,800,000	——
2003-D IL	237,400,000	——
2003-S IL ‹§›		
Clad	——	Pending
90% silver	——	Pending
2003-P AL	225,000,000	——
2003-D AL	232,400,000	——
2003-S AL ‹§›		
Clad	——	Pending
90% silver	——	Pending
2003-P ME	217,400,000	——
2003-D ME	231,400,000	——
2003-S ME ‹§›		
Clad	——	Pending
90% silver	——	Pending

Flowing Hair half dollar

	BUSINESS	PROOF
1794	23,464	——
1795	299,680	——

Draped Bust, Small Eagle half dollar

	BUSINESS	PROOF
1796	934	——
1797	2,984	——

Draped Bust, Heraldic Eagle half dollar

	BUSINESS	PROOF
1801	30,289	——
1802	29,890	——
1803	188,234	——

DATE	NOTE	BUSINESS	PROOF
1805		211,722	——
1806		839,576	——
1807		301,076	——

Capped Bust half dollar

DATE	NOTE	BUSINESS	PROOF
1807		750,500	——
1808		1,368,600	——
1809		1,405,810	——
1810		1,276,276	——
1811		1,203,644	——
1812		1,628,059	——
1813		1,241,903	——
1814		1,039,075	——
1815		47,150	——
1817	‹44›	1,215,567	Δ
1818		1,960,322	Δ
1819		2,208,000	Δ
1820		751,122	Δ
1821		1,305,797	Δ
1822		1,559,573	Δ
1823		1,694,200	Δ
1824		3,504,954	Δ
1825		2,943,166	Δ
1826		4,004,180	Δ
1827		5,493,400	Δ
1828		3,075,200	Δ
1829		3,712,156	Δ
1830		4,764,800	Δ
1831		5,873,660	Δ
1832		4,797,000	Δ
1833		5,206,000	Δ (R)
1834		6,412,004	Δ (R)
1835		5,352,006	Δ (R)
1836			
Lettered Edge		6,545,000	Δ
Reeded Edge	‹45›	1,200	Δ
1837		3,629,820	Δ
1838 (P)		3,546,000	Δ
1838-O	‹46›	——	Δ
1839 (P)		1,362,160	Δ
1839-O	‹47›	178,976	Δ

Seated Liberty half dollar

DATE	NOTE	BUSINESS	PROOF
1839 (P)	‹48›	1,972,400	Δ
1840 (P)		1,435,008	Δ
1840-O		855,100	——
1841 (P)		310,000	Δ
1841-O		401,000	——
1842 (P)		2,012,764	Δ
1842-O		957,000	——
1843 (P)		3,844,000	Δ
1843-O		2,268,000	——
1844 (P)		1,766,000	Δ
1844-O		2,005,000	——
1845 (P)		589,000	Δ
1845-O		2,094,000	——
1846 (P)		2,210,000	Δ
1846-O		2,304,000	——
1847 (P)		1,156,000	Δ
1847-O		2,584,000	——
1848 (P)		580,000	Δ

DATE	NOTE	BUSINESS	PROOF
1848-O		3,180,000	——
1849 (P)		1,252,000	Δ
1849-O		2,310,000	
1850 (P)		227,000	Δ
1850-O		2,456,000	
1851 (P)		200,750	——
1851-O		402,000	——
1852 (P)		77,130	Δ
1852-O		144,000	——
1853 (P)	‹16, 49›	3,532,708	Δ
1853-O	‹49›	1,328,000	——
1854 (P)		2,982,000	Δ
1854-O		5,240,000	——
1855 (P)		759,500	Δ
1855-O		3,688,000	——
1855-S	‹50›	129,950	Δ
1856 (P)		938,000	Δ
1856-O		2,658,000	——
1856-S		211,000	——
1857 (P)		1,988,000	Δ
1857-O		818,000	——
1857-S		158,000	——
1858 (P)		4,226,000	Δ
1858-O		7,294,000	——
1858-S		476,000	——
1859 (P)		748,000	Δ
1859-O		2,834,000	——
1859-S		566,000	——
1860 (P)		302,700	1,000
1860-O		1,290,000	——
1860-S		472,000	——
1861 (P)		2,887,400	1,000
1861-O	‹51›	2,532,633	Δ
1861-S		939,500	——
1862 (P)		253,000	550
1862-S		1,352,000	——
1863 (P)		503,200	460
1863-S		916,000	——
1864 (P)		379,100	470
1864-S		658,000	——
1865 (P)		511,400	500
1865-S		675,000	——
1866 (P)	‹40›	744,900	725
1866-S			
No Motto	‹40›	60,000	——
Motto	‹40›	994,000	——
1867 (P)		449,300	625
1867-S		1,196,000	——
1868 (P)		417,600	600
1868-S		1,160,000	——
1869 (P)		795,300	600
1869-S		656,000	——
1870 (P)		633,900	1,000
1870-CC		54,617	——
1870-S		1,004,000	——
1871 (P)		1,203,600	960
1871-CC		153,950	——
1871-S		2,178,000	——
1872 (P)		880,600	950
1872-CC		257,000	——

DATE	NOTE	BUSINESS	PROOF
1872-S		580,000	——
1873 (P)			
No Arrows	‹6›	801,200	600
With Arrows	‹6›	1,815,150	550
1873-CC			
No Arrows	‹6, 52›	122,500	——
With Arrows	‹6›	214,560	——
1873-S			
No Arrows	‹6›	5,000	——
With Arrows	‹6›	228,000	——
1874 (P)		2,359,600	700
1874-CC		59,000	——
1874-S		394,000	——
1875 (P)		6,026,800	700
1875-CC		1,008,000	——
1875-S		3,200,000	——
1876 (P)		8,418,000	1,150
1876-CC		1,956,000	——
1876-S		4,528,000	——
1877 (P)		8,304,000	510
1877-CC		1,420,000	——
1877-S		5,356,000	——
1878 (P)		1,377,600	800
1878-CC		62,000	——
1878-S		12,000	——
1879 (P)		4,800	1,100
1880 (P)		8,400	1,355
1881 (P)		10,000	975
1882 (P)		4,400	1,100
1883 (P)		8,000	1,039
1884 (P)		4,400	875
1885 (P)		5,200	930
1886 (P)		5,000	886
1887 (P)		5,000	710
1888 (P)		12,001	832
1889 (P)		12,000	711
1890 (P)		12,000	590
1891 (P)		200,000	600

Barber half dollar

DATE	NOTE	BUSINESS	PROOF
1892 (P)		934,245	1,245
1892-O		390,000	——
1892-S		1,029,028	——
1893 (P)		1,826,000	792
1893-O		1,389,000	——
1893-S		740,000	——
1894 (P)		1,148,000	972
1894-O		2,138,000	——
1894-S		4,048,690	——
1895 (P)		1,834,338	880
1895-O	‹53›	1,766,000	Δ
1895-S		1,108,086	——
1896 (P)		950,000	762
1896-O		924,000	——
1896-S		1,140,948	——
1897 (P)		2,480,000	731
1897-O		632,000	——
1897-S		933,900	——
1898 (P)		2,956,000	735
1898-O		874,000	——

DATE	NOTE	BUSINESS	PROOF
1898-S		2,358,550	——
1899 (P)		5,538,000	846
1899-O		1,724,000	——
1899-S		1,686,411	——
1900 (P)		4,762,000	912
1900-O		2,744,000	——
1900-S		2,560,322	——
1901 (P)		4,268,000	813
1901-O		1,124,000	——
1901-S		847,044	——
1902 (P)		4,922,000	777
1902-O		2,526,000	——
1902-S		1,460,670	——
1903 (P)		2,278,000	755
1903-O		2,100,000	——
1903-S		1,920,772	——
1904 (P)		2,992,000	670
1904-O		1,117,600	——
1904-S		553,038	——
1905 (P)		662,000	727
1905-O		505,000	——
1905-S		2,494,000	——
1906 (P)		2,638,000	675
1906-D		4,028,000	——
1906-O		2,446,000	——
1906-S		1,740,154	——
1907 (P)		2,598,000	575
1907-D		3,856,000	——
1907-O		3,946,600	——
1907-S		1,250,000	——
1908 (P)		1,354,000	545
1908-D		3,280,000	——
1908-O		5,360,000	——
1908-S		1,644,828	——
1909 (P)		2,368,000	650
1909-O		925,400	——
1909-S		1,764,000	——
1910 (P)		418,000	551
1910-S		1,948,000	——
1911 (P)		1,406,000	543
1911-D		695,080	——
1911-S		1,272,000	——
1912 (P)		1,550,000	700
1912-D		2,300,800	——
1912-S		1,370,000	——
1913 (P)		188,000	627
1913-D		534,000	——
1913-S		604,000	——
1914 (P)		124,230	380
1914-S		992,000	——
1915 (P)		138,000	450
1915-D		1,170,400	——
1915-S		1,604,000	——

Walking Liberty half dollar

DATE	NOTE	BUSINESS	PROOF
1916 (P)		608,000	Δ
1916-D		1,014,400	——
1916-S		508,000	——
1917 (P)		12,292,000	——

DATE	NOTE	BUSINESS	PROOF
1917-D			
Obv. Mint Mark		765,400	——
Rev. Mint Mark		1,940,000	——
1917-S			
Obv. Mint Mark		952,000	——
Rev. Mint Mark		5,554,000	——
1918 (P)		6,634,000	——
1918-D		3,853,040	——
1918-S		10,282,000	——
1919 (P)		962,000	——
1919-D		1,165,000	——
1919-S		1,552,000	——
1920 (P)		6,372,000	——
1920-D		1,551,000	——
1920-S		4,624,000	——
1921 (P)		246,000	——
1921-D		208,000	——
1921-S		548,000	——
1923-S		2,178,000	——
1927-S		2,392,000	——
1928-S		1,940,000	——
1929-P		1,001,200	——
1929-S		1,902,000	——
1933-S		1,786,000	——
1934 (P)		6,964,000	——
1934-D		2,361,400	——
1934-S		3,652,000	——
1935 (P)		9,162,000	——
1935-D		3,003,800	——
1935-S		3,854,000	——
1936 (P)		12,614,000	3,901
1936-D		4,252,400	——
1936-S		3,884,000	——
1937 (P)		9,522,000	5,728
1937-D		1,676,000	——
1937-S		2,090,000	——
1938 (P)		4,110,000	8,152
1938-D		491,600	——
1939 (P)		6,812,000	8,808
1939-D		4,267,800	——
1939-S		2,552,000	——
1940 (P)		9,156,000	11,279
1940-S		4,550,000	——
1941 (P)		24,192,000	15,412
1941-D		11,248,400	——
1941-S		8,098,000	——
1942 (P)		47,818,000	21,120
1942-D		10,973,800	——
1942-S		12,708,000	——
1943 (P)		53,190,000	——
1943-D		11,346,000	——
1943-S		13,450,000	——
1944 (P)		28,206,000	——
1944-D		9,769,000	——
1944-S		8,904,000	——
1945 (P)		31,502,000	——
1945-D		9,996,800	——
1945-S		10,156,000	——
1946 (P)		12,118,000	——
1946-D		2,151,000	——

DATE	NOTE	BUSINESS	PROOF
1946-S		3,724,000	——
1947 (P)		4,094,000	——
1947-D		3,900,600	——
Franklin half dollar			
1948 (P)		3,006,814	——
1948-D		4,028,600	——
1949 (P)		5,614,000	——
1949-D		4,120,600	——
1949-S		3,744,000	——
1950 (P)	‹§›	7,742,123	51,386
1950-D		8,031,600	——
1951 (P)	‹§›	16,802,102	57,500
1951-D		9,475,200	——
1951-S		13,696,000	——
1952 (P)	‹§›	21,192,093	81,980
1952-D		25,395,600	——
1952-S		5,526,000	——
1953 (P)	‹§›	2,668,120	128,800
1953-D		20,900,400	——
1953-S		4,148,000	——
1954 (P)	‹§›	13,188,203	233,300
1954-D		25,445,580	——
1954-S		4,993,400	——
1955 (P)	‹§›	2,498,181	378,200
1956 (P)	‹§›	4,032,000	669,384
1957 (P)	‹§›	5,114,000	1,247,952
1957-D		19,966,850	——
1958 (P)	‹§›	4,042,000	875,652
1958-D		23,962,412	——
1959 (P)	‹§›	6,200,000	1,149,291
1959-D		13,053,750	——
1960 (P)	‹§›	6,024,000	1,691,602
1960-D		18,215,812	——
1961 (P)	‹§›	8,290,000	3,028,244
1961-D		20,276,442	——
1962 (P)	‹§›	9,714,000	3,218,019
1962-D		35,473,281	——
1963 (P)	‹§›	22,164,000	3,075,645
1963-D		67,069,292	——
Kennedy half dollar			
1964 (P)	‹§, 11›	273,304,004	3,950,762
1964-D	‹11›	156,205,446	——
1965 (P)	‹11›	——	
1965 (D)	‹11›	63,049,366	——
1965 (S)	‹11, 54›	470,000	——
1966 (P)	‹11›	——	
1966 (D)	‹11›	106,439,312	——
1966 (S)	‹11, 54›	284,037	——
1967 (P)	‹11›	——	
1967 (D)	‹11›	293,183,634	——
1967 (S)	‹11, 54›	——	
1968-D		246,951,930	——
1968-S	‹§›	——	3,041,506
1969-D		129,881,800	——
1969-S	‹§›	——	2,934,631
1970-D	‹55›	2,150,000	——
1970-S	‹§›	——	2,632,810
1971 (P)		155,164,000	——
1971-D		302,097,424	——

Flowing Hair silver dollar

		BUSINESS	PROOF
1794		1,758	——
1795		160,295	——

Draped Bust silver dollar

		BUSINESS	PROOF
1795		42,738	——
1796		72,920	——

DATE	NOTE	BUSINESS	PROOF
1797		7,776	——
1798	‹56›	327,536	——
1799		423,515	——
1800		220,920	——
1801	‹57›	54,454	——
1802	‹57›	41,650	——
1803	‹57›	85,634	——
1804	‹58›		——
1805	‹59›		——

Gobrecht silver dollar

1836	‹60›	1,600	Δ
1838	‹60›	——	Δ
1839 (P)	‹60›	300	Δ

Seated Liberty silver dollar

1840 (P)		61,005	Δ (R)
1841 (P)		173,000	Δ (R)
1842 (P)		184,618	Δ (R)
1843 (P)		165,100	Δ (R)
1844 (P)		20,000	Δ (R)
1845 (P)		24,500	Δ (R)
1846 (P)		110,600	Δ (R)
1846-O		59,000	—— (R)
1847 (P)		140,750	Δ (R)
1848 (P)		15,000	Δ (R)
1849 (P)		62,600	Δ (R)
1850 (P)		7,500	Δ (R)
1850-O		40,000	—— (R)
1851 (P)		1,300	Δ (R)
1852 (P)		1,100	Δ (R)
1853 (P)	‹16, 61›	46,110	—— (R)
1854 (P)		33,140	Δ
1855 (P)		26,000	Δ
1856 (P)		63,500	Δ
1857 (P)		94,000	Δ
1858 (P)	‹62›	——	Δ
1859 (P)		256,500	Δ
1859-O		360,000	——
1859-S		20,000	——
1860 (P)		217,600	1,330
1860-O		515,000	——
1861 (P)		77,500	1,000
1862 (P)		11,540	550
1863 (P)		27,200	460
1864 (P)		30,700	470
1865 (P)		46,500	500
1866 (P)	‹40›	48,900	725
1867 (P)		46,900	625
1868 (P)		162,100	600
1869 (P)		423,700	600
1870 (P)		415,000	1,000
1870-CC	‹63›	12,462	Δ
1870-S	‹64›		
1871 (P)		1,073,800	960
1871-CC		1,376	——
1872 (P)		1,105,500	950
1872-CC		3,150	——
1872-S		9,000	——
1873 (P)	‹6›	293,000	600
1873-CC	‹6›	2,300	——

DATE	NOTE	BUSINESS	PROOF
1873-S	‹6, 65›	700	——

Morgan silver dollar

1878 (P)	‹66›	10,508,550	1,000
1878-CC		2,212,000	——
1878-S		9,774,000	——
1879 (P)		14,806,000	1,100
1879-CC		756,000	——
1879-O	‹67›	2,887,000	Δ
1879-S		9,110,000	——
1880 (P)		12,600,000	1,355
1880-CC		591,000	——
1880-O		5,305,000	——
1880-S		8,900,000	——
1881 (P)		9,163,000	975
1881-CC		296,000	——
1881-O		5,708,000	——
1881-S		12,760,000	——
1882 (P)		11,100,000	1,100
1882-CC	‹68›	1,133,000	Δ
1882-O		6,090,000	——
1882-S		9,250,000	——
1883 (P)		12,290,000	1,039
1883-CC	‹69›	1,204,000	Δ
1883-O	‹70›	8,725,000	Δ
1883-S		6,250,000	——
1884 (P)		14,070,000	875
1884-CC	‹71›	1,136,000	Δ
1884-O		9,730,000	——
1884-S		3,200,000	——
1885 (P)		17,786,837	930
1885-CC		228,000	——
1885-O		9,185,000	——
1885-S		1,497,000	——
1886 (P)		19,963,000	886
1886-O		10,710,000	——
1886-S		750,000	——
1887 (P)		20,290,000	710
1887-O		11,550,000	——
1887-S		1,771,000	——
1888 (P)		19,183,000	832
1888-O		12,150,000	——
1888-S		657,000	——
1889 (P)		21,726,000	811
1889-CC		350,000	——
1889-O		11,875,000	——
1889-S		700,000	——
1890 (P)		16,802,000	590
1890-CC		2,309,041	——
1890-O		10,701,000	——
1890-S		8,230,373	——
1891 (P)		8,693,556	650
1891-CC		1,618,000	——
1891-O		7,954,529	——
1891-S		5,296,000	——
1892 (P)		1,036,000	1,245
1892-CC		1,352,000	——
1892-O		2,744,000	——
1892-S		1,200,000	——
1893 (P)		389,000	792

DATE	NOTE	BUSINESS	PROOF
1893-CC	‹72›	677,000	Δ
1893-O		300,000	——
1893-S		100,000	——
1894 (P)		110,000	972
1894-O		1,723,000	——
1894-S		1,260,000	——
1895 (P)	‹73›	12,000	880
1895-O		450,000	——
1895-S		400,000	——
1896 (P)		9,976,000	762
1896-O		4,900,000	——
1896-S		5,000,000	——
1897 (P)		2,822,000	731
1897-O		4,004,000	——
1897-S		5,825,000	——
1898 (P)		5,884,000	735
1898-O		4,440,000	——
1898-S		4,102,000	——
1899 (P)		330,000	846
1899-O		12,290,000	——
1899-S		2,562,000	——
1900 (P)		8,830,000	912
1900-O		12,590,000	——
1900-S		3,540,000	——
1901 (P)		6,962,000	813
1901-O		13,320,000	——
1901-S		2,284,000	——
1902 (P)		7,994,000	777
1902-O		8,636,000	——
1902-S		1,530,000	——
1903 (P)		4,652,000	755
1903-O		4,450,000	——
1903-S		1,241,000	——
1904 (P)		2,788,000	650
1904-O		3,720,000	——
1904-S		2,304,000	——
1921 (P)		44,690,000	Δ
1921-D		20,345,000	——
1921-S		21,695,000	——

Peace silver dollar

DATE	NOTE	BUSINESS	PROOF
1921 (P)	‹74›	1,006,473	——
1922 (P)		51,737,000	Δ
1922-D		15,063,000	——
1922-S		17,475,000	——
1923 (P)		30,800,000	——
1923-D		6,811,000	——
1923-S		19,020,000	——
1924 (P)		11,811,000	——
1924-S		1,728,000	——
1925 (P)		10,198,000	——
1925-S		1,610,000	——
1926 (P)		1,939,000	——
1926-D		2,348,700	——
1926-S		6,980,000	——
1927 (P)		848,000	——
1927-D		1,268,900	——
1927-S		866,000	——
1928 (P)		360,649	——
1928-S		1,632,000	——

DATE	NOTE	BUSINESS	PROOF
1934 (P)		954,057	——
1934-D		1,569,500	——
1934-S		1,011,000	——
1935 (P)		1,576,000	——
1935-S		1,964,000	——

Trade dollar

DATE	NOTE	BUSINESS	PROOF
1873 (P)	‹6, 75›	396,635	865
1873-CC	‹6›	124,500	——
1873-S	‹6›	703,000	——
1874 (P)		987,100	700
1874-CC		1,373,200	——
1874-S		2,549,000	——
1875 (P)		218,200	700
1875-CC		1,573,700	——
1875-S		4,487,000	——
1876 (P)		455,000	1,150
1876-CC		509,000	——
1876-S		5,227,000	——
1877 (P)		3,039,200	510
1877-CC		534,000	——
1877-S		9,519,000	——
1878 (P)		——	900
1878-CC		97,000	——
1878-S		4,162,000	——
1879 (P)		——	1,541
1880 (P)		——	1,987
1881 (P)		——	960
1882 (P)		——	1,097
1883 (P)		——	979
1884 (P)	‹76›	——	10
1885 (P)	‹76›	——	5

Eisenhower dollar

DATE	NOTE	BUSINESS	PROOF
1971 (P)		47,799,000	——
1971-D		68,587,424	——
1971-S			
40% silver	‹§, 77›	6,868,530	4,265,234
1972 (P)		75,890,000	——
1972-D		92,548,511	——
1972-S			
40% silver	‹77›	2,193,056	1,811,631
1973 (P)	‹78›	2,000,056	——
1973-D	‹78›	2,000,000	——
1973-S			
copper-nickel	‹§›	——	2,760,339
40% silver	‹77›	1,883,140	1,013,646
1974 (P)	‹43›	27,366,000	——
1974-D	‹43›	45,517,000	——
1974-S			
copper-nickel	‹§, 43›	——	2,612,568
40% silver	‹43, 77›	1,900,156	1,306,579
1976 (P)	‹43›	117,337,000	——
1976-D	‹43›	103,228,274	——
1976-S	‹43, 77›	——	——
1977 (P)		12,596,000	——
1977-D		32,983,006	——
1977-S	‹§›	——	3,236,798
1978 (P)		25,702,000	——
1978-D		33,012,890	——
1978-S	‹§›	——	3,120,285

DATE	NOTE	BUSINESS	PROOF
Anthony dollar			
1979-P	‹25›	360,222,000	——
1979-D		288,015,744	——
1979-S	‹§›	109,576,000	3,677,175
1980-P		27,610,000	——
1980-D		41,628,708	——
1980-S	‹§›	20,422,000	3,554,806
1981-P	‹79›	3,000,000	——
1981-D	‹79›	3,250,000	——
1981-S	‹§, 79›	3,492,000	4,063,083
1999-P		29,592,000	——
1999-D		11,776,000	——
1999-P		——	NA
Sacagawea golden dollar			
2000-P		767,140,000	——
2000-D		518,916,000	——
2000-S	‹§, 123›	——	4,062,402
2001-P		62,468,000	——
2001-D		70,939,500	——
2001-S	‹§, 123›	——	2,618,086
2002-P	‹121›	3,865,610	——
2002-D	‹121›	3,732,000	——
2002-S	‹§›	——	3,210,674
Coronet gold dollar			
1849 (P)		688,567	Δ
1849-C		11,634	——
1849-D		21,588	——
1849-O		215,000	——
1850 (P)		481,953	——
1850-C		6,966	——
1850-D		8,382	——
1850-O		14,000	——
1851 (P)		3,317,671	——
1851-C		41,267	——
1851-D		9,882	——
1851-O		290,000	——
1852 (P)		2,045,351	——
1852-C		9,434	——
1852-D		6,360	——
1852-O		140,000	——
1853 (P)		4,076,051	——
1853-C		11,515	——
1853-D		6,583	——
1853-O		290,000	——
1854 (P)		736,709	Δ
1854-D		2,935	——
1854-S		14,632	——
Indian Head gold dollar			
1854 (P)		902,736	Δ
1855 (P)		758,269	Δ
1855-C		9,803	——
1855-D		1,811	——
1855-O		55,000	——
1856 (P)			
Large Head		1,762,936	Δ
1856-D			
Large Head		1,460	——

DATE	NOTE	BUSINESS	PROOF
1856-S			
Small Head		24,600	——
1857 (P)		774,789	Δ
1857-C		13,280	——
1857-D		3,533	——
1857-S		10,000	——
1858 (P)		117,995	Δ
1858-D		3,477	——
1858-S		10,000	——
1859 (P)		168,244	Δ
1859-C		5,235	——
1859-D		4,952	——
1859-S		15,000	——
1860 (P)		36,514	154
1860-D		1,566	——
1860-S		13,000	——
1861 (P)		527,150	349
1861-D	‹80›	——	——
1862 (P)		1,361,365	35
1863 (P)		6,200	50
1864 (P)		5,900	50
1865 (P)		3,700	25
1866 (P)		7,100	30
1867 (P)		5,200	50
1868 (P)		10,500	25
1869 (P)		5,900	25
1870 (P)		6,300	35
1870-S	‹81›	3,000	——
1871 (P)		3,900	30
1872 (P)		3,500	30
1873 (P)	‹6›	125,100	25
1874 (P)		198,800	20
1875 (P)		400	20
1876 (P)		3,200	45
1877 (P)		3,900	20
1878 (P)		3,000	20
1879 (P)		3,000	30
1880 (P)		1,600	36
1881 (P)		7,620	87
1882 (P)		5,000	125
1883 (P)		10,800	207
1884 (P)		5,230	1,006
1885 (P)		11,156	1,105
1886 (P)		5,000	1,016
1887 (P)		7,500	1,043
1888 (P)		15,501	1,079
1889 (P)		28,950	1,779
Capped Bust $2.50 quarter eagle			
1796		1,395	——
1797		427	——
1798		1,094	——
1802		3,035	——
1804		3,327	——
1805		1,781	——
1806		1,616	——
1807		6,812	——
Capped Draped Bust quarter eagle			
1808		2,710	——

DATE	NOTE	BUSINESS	PROOF
Capped Head $2.50 quarter eagle			
1821		6,448	△
1824		2,600	△
1825		4,434	△
1826		760	△
1827		2,800	△
1829		3,403	△
1830		4,540	△
1831		4,520	△
1832		4,400	△
1833		4,160	△
1834	‹82›	4,000	△
Classic Head $2.50 quarter eagle			
1834		113,370	△
1835		131,402	△
1836		547,986	△
1837		45,080	△
1838 (P)		47,030	——
1838-C		7,908	——
1839 (P)		27,021	——
1839-C		18,173	——
1839-D		13,674	——
1839-O		17,781	——
Coronet $2.50 quarter eagle			
1840 (P)		18,859	△
1840-C		12,838	——
1840-D		3,532	——
1840-O		33,580	——
1841 (P)	‹83›	——	△
1841-C		10,297	——
1841-D		4,164	——
1842 (P)		2,823	△
1842-C		6,737	——
1842-D		4,643	——
1842-O		19,800	——
1843 (P)		100,546	△
1843-C		26,096	——
1843-D		36,209	——
1843-O		368,002	——
1844 (P)		6,784	△
1844-C		11,622	——
1844-D		17,332	——
1845 (P)		91,051	△
1845-D		19,460	——
1845-O		4,000	——
1846 (P)		21,598	△
1846-C		4,808	——
1846-D		19,303	——
1846-O		62,000	——
1847 (P)		29,814	△
1847-C		23,226	——
1847-D		15,784	——
1847-O		124,000	——
1848 (P)		7,497	△
CAL.	‹84›	1,389	——
1848-C		16,788	——
1848-D		13,771	——
1849 (P)		23,294	△
1849-C		10,220	——
1849-D		10,945	——
1850 (P)		252,923	——
1850-C		9,148	——
1850-D		12,148	——
1850-O		84,000	——
1851 (P)		1,372,748	——
1851-C		14,923	——
1851-D		11,264	——
1851-O		148,000	——
1852 (P)		1,159,681	——
1852-C		9,772	——
1852-D		4,078	——
1852-O		140,000	——
1853 (P)		1,404,668	——
1853-D		3,178	——
1854 (P)		596,258	△
1854-C		7,295	——
1854-D		1,760	——
1854-O		153,000	——
1854-S		246	——
1855 (P)		235,480	△
1855-C		3,677	——
1855-D		1,123	——
1856 (P)		384,240	△
1856-C		7,913	——
1856-D		874	——
1856-O		21,100	——
1856-S		71,120	——
1857 (P)		214,130	△
1857-D		2,364	——
1857-O		34,000	——
1857-S		69,200	——
1858 (P)		47,377	△
1858-C		9,056	——
1859 (P)		39,444	△
1859-D		2,244	——
1859-S		15,200	——
1860 (P)		22,563	112
1860-C		7,469	——
1860-S		35,600	——
1861 (P)		1,272,428	90
1861-S		24,000	——
1862 (P)		98,508	35
1862-S		8,000	——
1863 (P)		——	30
1863-S		10,800	——
1864 (P)		2,824	50
1865 (P)		1,520	25
1865-S		23,376	——
1866 (P)		3,080	30
1866-S		38,960	——
1867 (P)		3,200	50
1867-S		28,000	——
1868 (P)		3,600	25
1868-S		34,000	——
1869 (P)		4,320	25
1869-S		29,500	——
1870 (P)		4,520	35
1870-S		16,000	——
1871 (P)		5,320	30

DATE	NOTE	BUSINESS	PROOF
1871-S		22,000	——
1872 (P)		3,000	30
1872-S		18,000	——
1873 (P)	‹6›	178,000	25
1873-S	‹6›	27,000	——
1874 (P)		3,920	20
1875 (P)		400	20
1875-S		11,600	——
1876 (P)		4,176	45
1876-S		5,000	——
1877 (P)		1,632	20
1877-S		35,400	——
1878 (P)		286,240	20
1878-S		178,000	——
1879 (P)		88,960	30
1879-S		43,500	——
1880 (P)		2,960	36
1881 (P)		640	51
1882 (P)		4,000	67
1883 (P)		1,920	82
1884 (P)		1,950	73
1885 (P)		800	87
1886 (P)		4,000	88
1887 (P)		6,160	122
1888 (P)		16,006	92
1889 (P)		17,600	48
1890 (P)		8,720	93
1891 (P)		10,960	80
1892 (P)		2,440	105
1893 (P)		30,000	106
1894 (P)		4,000	122
1895 (P)		6,000	119
1896 (P)		19,070	132
1897 (P)		29,768	136
1898 (P)		24,000	165
1899 (P)		27,200	150
1900 (P)		67,000	205
1901 (P)		91,100	223
1902 (P)		133,540	193
1903 (P)		201,060	197
1904 (P)		160,790	170
1905 (P)		217,800	144
1906 (P)		176,330	160
1907 (P)		336,294	154

Indian Head $2.50 quarter eagle

DATE	NOTE	BUSINESS	PROOF
1908 (P)		564,821	236
1909 (P)		441,760	139
1910 (P)		492,000	682
1911 (P)		704,000	191
1911-D		55,680	——
1912 (P)		616,000	197
1913 (P)		722,000	165
1914 (P)		240,000	117
1914-D		448,000	——
1915 (P)		606,000	100
1925-D		578,000	——
1926 (P)		446,000	——
1927 (P)		388,000	——
1928 (P)		416,000	——

DATE	NOTE	BUSINESS	PROOF
1929 (P)		532,000	——

Three dollar gold

DATE	NOTE	BUSINESS	PROOF
1854 (P)		138,618	Δ
1854-D		1,120	——
1854-O		24,000	——
1855 (P)		50,555	Δ
1855-S		6,600	——
1856 (P)		26,010	Δ
1856-S		34,500	——
1857 (P)		20,891	Δ
1857-S		14,000	——
1858 (P)		2,133	Δ
1859 (P)		15,638	Δ
1860 (P)		7,036	119
1860-S	‹85›	4,408	——
1861 (P)		5,959	113
1862 (P)		5,750	35
1863 (P)		5,000	39
1864 (P)		2,630	50
1865 (P)		1,140	25
1866 (P)		4,000	30
1867 (P)		2,600	50
1868 (P)		4,850	25
1869 (P)		2,500	25
1870 (P)		3,500	35
1870-S	‹86›	——	——
1871 (P)		1,300	30
1872 (P)		2,000	30
1873 (P)	‹6, 87›	——	25 (R)
1874 (P)		41,800	20
1875 (P)		——	20 (R)
1876 (P)		——	45
1877 (P)		1,468	20
1878 (P)		82,304	20
1879 (P)		3,000	30
1880 (P)		1,000	36
1881 (P)		500	54
1882 (P)		1,500	76
1883 (P)		900	89
1884 (P)		1,000	106
1885 (P)		800	110
1886 (P)		1,000	142
1887 (P)		6,000	160
1888 (P)		5,000	291
1889 (P)		2,300	129

Capped Bust $5 half eagle

DATE	NOTE	BUSINESS	PROOF
1795		8,707	——
1796		6,196	——
1797		3,609	——
1798	‹88›	24,867	——
1799		7,451	——
1800		37,628	——
1802		53,176	——
1803		33,506	——
1804		30,475	——
1805		33,183	——
1806		64,093	——
1807		32,488	——

Capped Draped Bust $5 half eagle

DATE	NOTE	BUSINESS	PROOF
1807		51,605	—
1808		55,578	—
1809		33,875	—
1810		100,287	—
1811		99,581	—
1812		58,087	—

Capped Head $5 half eagle

DATE	NOTE	BUSINESS	PROOF
1813		95,428	—
1814		15,454	—
1815		635	—
1818		48,588	—
1819		51,723	—
1820		263,806	Δ
1821		34,641	Δ
1822	‹89›	17,796	—
1823		14,485	Δ
1824		17,340	Δ
1825	‹90›	29,060	Δ
1826		18,069	Δ
1827		24,913	Δ
1828	‹91›	28,029	Δ
1829		57,442	Δ
1830		126,351	Δ
1831		140,594	Δ
1832		157,487	Δ
1833		193,630	Δ
1834		50,141	Δ

Classic Head $5 half eagle

DATE	NOTE	BUSINESS	PROOF
1834		657,460	Δ
1835		371,534	Δ
1836		553,147	Δ
1837		207,121	Δ
1838 (P)		286,588	Δ
1838-C		19,145	—
1838-D		20,583	—

Coronet $5 half eagle

DATE	NOTE	BUSINESS	PROOF
1839 (P)		118,143	Δ
1839-C		17,235	—
1839-D		18,939	—
1840 (P)		137,382	Δ
1840-C		19,028	—
1840-D		22,896	—
1840-O		38,700	—
1841 (P)		15,833	Δ
1841-C		21,511	—
1841-D		30,495	—
1841-O		50	—
1842 (P)		27,578	Δ
1842-C		27,480	—
1842-D		59,608	—
1842-O		16,400	—
1843 (P)		611,205	Δ
1843-C		44,353	—
1843-D		98,452	—
1843-O		101,075	—
1844 (P)		340,330	Δ
1844-C		23,631	—
1844-D		88,982	—
1844-O	‹92›	364,600	Δ
1845 (P)		417,099	Δ
1845-D		90,629	—
1845-O		41,000	—
1846 (P)		395,942	Δ
1846-C		12,995	—
1846-D		80,294	—
1846-O		58,000	—
1847 (P)		915,981	Δ
1847-C		84,151	—
1847-D		64,405	—
1847-O		12,000	—
1848 (P)		260,775	Δ
1848-C		64,472	—
1848-D		47,465	—
1849 (P)		133,070	—
1849-C		64,823	—
1849-D		39,036	—
1850 (P)		64,491	—
1850-C		63,591	—
1850-D		43,984	—
1851 (P)		377,505	—
1851-C		49,176	—
1851-D		62,710	—
1851-O		41,000	—
1852 (P)		573,901	—
1852-C		72,574	—
1852-D		91,584	—
1853 (P)		305,770	—
1853-C		65,571	—
1853-D		89,678	—
1854 (P)		160,675	—
1854-C		39,283	—
1854-D		56,413	—
1854-O		46,000	—
1854-S		268	—
1855 (P)		117,098	Δ
1855-C		39,788	—
1855-D		22,432	—
1855-O		11,100	—
1855-S		61,000	—
1856 (P)		197,990	Δ
1856-C		28,457	—
1856-D		19,786	—
1856-O		10,000	—
1856-S		105,100	—
1857 (P)		98,188	Δ
1857-C		31,360	—
1857-D		17,046	—
1857-O		13,000	—
1857-S		87,000	—
1858 (P)		15,136	Δ
1858-C		38,856	—
1858-D		15,362	—
1858-S		18,600	—
1859 (P)		16,814	Δ
1859-C		31,847	—
1859-D		10,366	—
1859-S		13,220	—

DATE	NOTE	BUSINESS	PROOF
1860 (P)		19,763	62
1860-C		14,813	——
1860-D		14,635	——
1860-S		21,200	——
1861 (P)		688,084	66
1861-C	‹93›	6,879	——
1861-D		1,597	——
1861-S		18,000	——
1862 (P)		4,430	35
1862-S		9,500	——
1863 (P)		2,442	30
1863-S		17,000	——
1864 (P)		4,220	50
1864-S		3,888	——
1865 (P)		1,270	25
1865-S		27,612	——
1866 (P)	‹40›	6,700	30
1866-S			
No Motto	‹40›	9,000	——
Motto	‹40›	34,920	——
1867 (P)		6,870	50
1867-S		29,000	——
1868 (P)		5,700	25
1868-S		52,000	——
1869 (P)		1,760	25
1869-S		31,000	——
1870 (P)		4,000	35
1870-CC		7,675	——
1870-S		17,000	——
1871 (P)		3,200	30
1871-CC		20,770	——
1871-S		25,000	——
1872 (P)		1,660	30
1872-CC		16,980	——
1872-S		36,400	——
1873 (P)	‹6›	112,480	25
1873-CC	‹6›	7,416	——
1873-S	‹6›	31,000	——
1874 (P)		3,488	20
1874-CC		21,198	——
1874-S		16,000	——
1875 (P)		200	20
1875-CC		11,828	——
1875-S		9,000	——
1876 (P)		1,432	45
1876-CC		6,887	——
1876-S		4,000	——
1877 (P)		1,132	20
1877-CC		8,680	——
1877-S		26,700	——
1878 (P)		131,720	20
1878-CC		9,054	——
1878-S		144,700	——
1879 (P)		301,920	30
1879-CC		17,281	——
1879-S		426,200	——
1880 (P)		3,166,400	36
1880-CC		51,017	——
1880-S		1,348,900	——
1881 (P)		5,708,760	42

DATE	NOTE	BUSINESS	PROOF
1881-CC		13,886	——
1881-S		969,000	——
1882 (P)		2,514,520	48
1882-CC		82,817	——
1882-S		969,000	——
1883 (P)		233,400	61
1883-CC		12,958	——
1883-S		83,200	——
1884 (P)		191,030	48
1884-CC		16,402	——
1884-S		177,000	——
1885 (P)		601,440	66
1885-S		1,211,500	——
1886 (P)		388,360	72
1886-S		3,268,000	——
1887 (P)			87
1887-S		1,912,000	——
1888 (P)		18,202	94
1888-S		293,900	——
1889 (P)		7,520	45
1890 (P)		4,240	88
1890-CC		53,800	——
1891 (P)		61,360	53
1891-CC		208,000	——
1892 (P)		753,480	92
1892-CC		82,968	——
1892-O		10,000	——
1892-S		298,400	——
1893 (P)		1,528,120	77
1893-CC		60,000	——
1893-O		110,000	——
1893-S		224,000	——
1894 (P)		957,880	75
1894-O		16,600	——
1894-S		55,900	——
1895 (P)		1,345,855	81
1895-S		112,000	——
1896 (P)		58,960	103
1896-S		155,400	——
1897 (P)		867,800	83
1897-S		354,000	——
1898 (P)		633,420	75
1898-S		1,397,400	——
1899 (P)		1,710,630	99
1899-S	‹94›	1,545,000	Δ
1900 (P)		1,405,500	230
1900-S		329,000	——
1901 (P)		615,900	140
1901-S		3,648,000	——
1902 (P)		172,400	162
1902-S		939,000	——
1903 (P)		226,870	154
1903-S		1,855,000	——
1904 (P)		392,000	136
1904-S		97,000	——
1905 (P)		302,200	108
1905-S		880,700	——
1906 (P)		348,735	85
1906-D	‹95›	320,000	——
1906-S		598,000	——

DATE	NOTE	BUSINESS	PROOF
1907 (P)		626,100	92
1907-D	‹95›	888,000	——
1908 (P)		421,874	——

Indian Head $5 half eagle

DATE	NOTE	BUSINESS	PROOF
1908 (P)		577,845	167
1908-D		148,000	——
1908-S		82,000	——
1909 (P)		627,060	78
1909-D		3,423,560	——
1909-O		34,200	——
1909-S		297,200	——
1910 (P)		604,000	250
1910-D		193,600	——
1910-S		770,200	——
1911 (P)		915,000	139
1911-D		72,500	——
1911-S		1,416,000	——
1912 (P)		790,000	144
1912-S		392,000	——
1913 (P)		916,000	99
1913-S		408,000	——
1914 (P)		247,000	125
1914-D		247,000	——
1914-S		263,000	——
1915 (P)		588,000	75
1915-S		164,000	——
1916-S		240,000	——
1929 (P)		662,000	——

Capped Bust $10 eagle

DATE	NOTE	BUSINESS	PROOF
1795		5,583	——
1796		4,146	——
1797	‹96›	14,555	——
1798		1,742	——
1799		37,449	——
1800		5,999	——
1801		44,344	——
1803		15,017	——
1804		3,757	——

Coronet $10 eagle

DATE	NOTE	BUSINESS	PROOF
1838 (P)		7,200	Δ
1839 (P)	‹97›	38,248	Δ
1840 (P)		47,338	Δ
1841 (P)		63,131	Δ
1841-O		2,500	——
1842 (P)		81,507	Δ
1842-O		27,400	——
1843 (P)		75,462	Δ
1843-O		175,162	——
1844 (P)		6,361	Δ
1844-O	‹98›	118,700	Δ
1845 (P)		26,153	Δ
1845-O		47,500	——
1846 (P)		20,095	Δ
1846-O		81,780	——
1847 (P)		862,258	Δ
1847-O		571,500	——
1848 (P)		145,484	Δ
1848-O		35,850	——

DATE	NOTE	BUSINESS	PROOF
1849 (P)		653,618	——
1849-O		23,900	——
1850 (P)		291,451	——
1850-O		57,500	——
1851 (P)		176,328	——
1851-O		263,000	——
1852 (P)		263,106	——
1852-O	‹99›	18,000	Δ
1853 (P)		201,253	——
1853-O	‹100›	51,000	Δ
1854 (P)		54,250	——
1854-O		52,500	——
1854-S		123,826	——
1855 (P)		121,701	Δ
1855-O		18,000	——
1855-S		9,000	——
1856 (P)		60,490	Δ
1856-O		14,500	——
1856-S		68,000	——
1857 (P)		16,606	Δ
1857-O		5,500	——
1857-S		26,000	——
1858 (P)		2,521	Δ
1858-O		20,000	——
1858-S		11,800	——
1859 (P)		16,093	Δ
1859-O		2,300	——
1859-S		7,000	——
1860 (P)		15,055	50
1860-O		11,100	——
1860-S		5,000	——
1861 (P)		113,164	69
1861-S		15,500	——
1862 (P)		10,960	35
1862-S		12,500	——
1863 (P)		1,218	30
1863-S		10,000	——
1864 (P)		3,530	50
1864-S		2,500	——
1865 (P)		3,980	25
1865-S		16,700	——
1866 (P)	‹40›	3,750	30
1866-S			
No Motto	‹40›	8,500	——
Motto	‹40›	11,500	——
1867 (P)		3,090	50
1867-S		9,000	——
1868 (P)		10,630	25
1868-S		13,500	——
1869 (P)		1,830	25
1869-S		6,430	——
1870 (P)		3,990	35
1870-CC		5,908	——
1870-S		8,000	——
1871 (P)		1,790	30
1871-CC		8,085	——
1871-S		16,500	——
1872 (P)		1,620	30
1872-CC		4,600	——
1872-S		17,300	——

DATE	NOTE	BUSINESS	PROOF
1873 (P)	‹6›	800	25
1873-CC	‹6›	4,543	——
1873-S	‹6›	12,000	——
1874 (P)		53,140	20
1874-CC		16,767	——
1874-S		10,000	——
1875 (P)		100	20
1875-CC		7,715	——
1876 (P)		687	45
1876-CC		4,696	——
1876-S		5,000	——
1877 (P)		797	20
1877-CC		3,332	——
1877-S		17,000	——
1878 (P)		73,780	20
1878-CC		3,244	——
1878-S		26,100	——
1879 (P)		384,740	30
1879-CC		1,762	——
1879-O		1,500	——
1879-S		224,000	——
1880 (P)		1,644,840	36
1880-CC		11,190	——
1880-O		9,200	——
1880-S		506,250	——
1881 (P)		3,877,220	42
1881-CC		24,015	——
1881-O		8,350	——
1881-S		970,000	——
1882 (P)		2,324,440	44
1882-CC		6,764	——
1882-O		10,820	——
1882-S		132,000	——
1883 (P)		208,700	49
1883-CC		12,000	——
1883-O		800	——
1883-S		38,000	——
1884 (P)		76,890	45
1884-CC		9,925	——
1884-S		124,250	——
1885 (P)		253,462	67
1885-S		228,000	——
1886 (P)		236,100	60
1886-S		826,000	——
1887 (P)		53,600	80
1887-S		817,000	——
1888 (P)		132,924	72
1888-O		21,335	——
1888-S		648,700	——
1889 (P)		4,440	45
1889-S		425,400	——
1890 (P)		57,980	63
1890-CC		17,500	——
1891 (P)		91,820	48
1891-CC		103,732	——
1892 (P)		797,480	72
1892-CC		40,000	——
1892-O		28,688	——
1892-S		115,500	——
1893 (P)		1,840,840	55

DATE	NOTE	BUSINESS	PROOF
1893-CC		14,000	——
1893-O		17,000	——
1893-S		141,350	——
1894 (P)		2,470,735	43
1894-O		107,500	——
1894-S		25,000	——
1895 (P)		567,770	56
1895-O		98,000	——
1895-S		49,000	——
1896 (P)		76,270	78
1896-S		123,750	——
1897 (P)		1,000,090	69
1897-O		42,500	——
1897-S		234,750	——
1898 (P)		812,130	67
1898-S		473,600	——
1899 (P)		1,262,219	86
1899-O		37,047	——
1899-S		841,000	——
1900 (P)		293,840	120
1900-S		81,000	——
1901 (P)		1,718,740	85
1901-O		72,041	——
1901-S		2,812,750	——
1902 (P)		82,400	113
1902-S		469,500	——
1903 (P)		125,830	96
1903-O		112,771	——
1903-S		538,000	——
1904 (P)		161,930	108
1904-O		108,950	——
1905 (P)		200,992	86
1905-S		369,250	——
1906 (P)		165,420	77
1906-D	‹101›	981,000	Δ
1906-O		86,895	——
1906-S		457,000	——
1907 (P)		1,203,899	74
1907-D		1,030,000	——
1907-S		210,500	——

Indian Head $10 eagle

DATE	NOTE	BUSINESS	PROOF
1907 (P)	‹102›	239,406	——
1908 (P)			
Without Motto		33,500	——
With Motto		341,370	116
1908-D			
Without Motto		210,000	——
With Motto		836,500	——
1908-S			
With Motto		59,850	——
1909 (P)		184,789	74
1909-D		121,540	——
1909-S		292,350	——
1910 (P)		318,500	204
1910-D		2,356,640	——
1910-S		811,000	——
1911 (P)		505,500	95
1911-D		30,100	——
1911-S		51,000	——

DATE	NOTE	BUSINESS	PROOF
1912 (P)		405,000	83
1912-S		300,000	—
1913 (P)		442,000	71
1913-S		66,000	—
1914 (P)		151,000	50
1914-D		343,500	—
1914-S		208,000	—
1915 (P)		351,000	75
1915-S		59,000	—
1916-S		138,500	—
1920-S		126,500	—
1926 (P)		1,014,000	—
1930-S		96,000	—
1932 (P)		4,463,000	—
1933 (P)	‹103›	312,500	—

Coronet $20 double eagle

DATE	NOTE	BUSINESS	PROOF
1849 (P)	‹104›	—	Δ
1850 (P)	‹105›	1,170,261	Δ
1850-O		141,000	—
1851 (P)		2,087,155	—
1851-O		315,000	—
1852 (P)		2,053,026	—
1852-O		190,000	—
1853 (P)		1,261,326	—
1853-O		71,000	—
1854 (P)		757,899	—
1854-O		3,250	—
1854-S	‹106›	141,468	Δ
1855 (P)		364,666	—
1855-O		8,000	—
1855-S		879,675	—
1856 (P)		329,878	Δ
1856-O		2,250	—
1856-S		1,189,780	—
1857 (P)		439,375	—
1857-O		30,000	—
1857-S		970,500	—
1858 (P)		211,714	Δ
1858-O		35,250	—
1858-S		846,710	—
1859 (P)		43,597	Δ
1859-O		9,100	—
1859-S		636,445	—
1860 (P)		577,611	59
1860-O		6,600	—
1860-S		544,950	—
1861 (P)	‹107›	2,976,387	66
1861-O	‹108›	17,741	—
1861-S	‹109›	768,000	—
1862 (P)		92,098	35
1862-S		854,173	—
1863 (P)		142,760	30
1863-S		966,570	—
1864 (P)		204,235	50
1864-S		793,660	—
1865 (P)		351,175	25
1865-S		1,042,500	—
1866 (P)	‹40, 110›	698,745	30
1866-S			
No Motto	‹40, 110›	120,000	—
With Motto	‹40, 110›	722,250	—
1867 (P)		251,015	50
1867-S		920,750	—
1868 (P)		98,575	25
1868-S		837,500	—
1869 (P)		175,130	25
1869-S		686,750	—
1870 (P)		155,150	35
1870-CC		3,789	—
1870-S		982,000	—
1871 (P)		80,120	30
1871-CC		17,387	—
1871-S		928,000	—
1872 (P)		251,850	30
1872-CC		26,900	—
1872-S		780,000	—
1873 (P)	‹6›	1,709,800	25
1873-CC	‹6›	22,410	—
1873-S	‹6›	1,040,600	—
1874 (P)		366,780	20
1874-CC		115,000	—
1874-S		1,214,000	—
1875 (P)		295,720	20
1875-CC		111,151	—
1875-S		1,230,000	—
1876 (P)		583,860	45
1876-CC		138,441	—
1876-S		1,597,000	—
1877 (P)	‹111›	397,650	20
1877-CC		42,565	—
1877-S		1,735,000	—
1878 (P)		543,625	20
1878-CC		13,180	—
1878-S		1,739,000	—
1879 (P)		207,600	30
1879-CC		10,708	—
1879-O		2,325	—
1879-S		1,223,800	—
1880 (P)		51,420	36
1880-S		836,000	—
1881 (P)		2,220	61
1881-S		727,000	—
1882 (P)		590	59
1882-CC		39,140	—
1882-S		1,125,000	—
1883 (P)		—	92
1883-CC		59,962	—
1883-S		1,189,000	—
1884 (P)		—	71
1884-CC		81,139	—
1884-S		916,000	—
1885 (P)		751	77
1885-CC		9,450	—
1885-S		683,500	—
1886 (P)		1,000	106
1887 (P)		—	121
1887-S		283,000	—
1888 (P)		226,164	102

DATE	NOTE	BUSINESS	PROOF
1888-S		859,600	——
1889 (P)		44,070	41
1889-CC		30,945	——
1889-S		774,700	——
1890 (P)		75,940	55
1890-CC		91,209	——
1890-S		802,750	——
1891 (P)		1,390	52
1891-CC		5,000	——
1891-S		1,288,125	——
1892 (P)		4,430	93
1892-CC		27,265	——
1892-S		930,150	——
1893 (P)		344,280	59
1893-CC		18,402	——
1893-S		996,175	——
1894 (P)		1,368,940	50
1894-S		1,048,550	——
1895 (P)		1,114,605	51
1895-S		1,143,500	——
1896 (P)		792,535	128
1896-S		1,403,925	——
1897 (P)		1,383,175	86
1897-S		1,470,250	——
1898 (P)		170,395	75
1898-S		2,575,175	——
1899 (P)		1,669,300	84
1899-S		2,010,300	——
1900 (P)		1,874,460	124
1900-S		2,459,500	——
1901 (P)		111,430	96
1901-S		1,596,000	——
1902 (P)		31,140	114
1902-S		1,753,625	——
1903 (P)		287,270	158
1903-S		954,000	——
1904 (P)		6,256,699	98
1904-S		5,134,175	——
1905 (P)		58,919	90
1905-S		1,813,000	——
1906 (P)		69,596	94
1906-D	‹112›	620,250	Δ
1906-S		2,065,750	——
1907 (P)		1,451,786	78
1907-D	‹113›	842,250	Δ
1907-S		2,165,800	——

Saint-Gaudens $20 double eagle

DATE	NOTE	BUSINESS	PROOF
1907 (P)			
Roman Numerals	‹114›	11,250	——
Arabic Numerals		361,667	——
1908 (P)			
No Motto		4,271,551	——
With Motto		156,258	101
1908-D			
No Motto		663,750	——
With Motto		349,500	——
1908-S			
With Motto		22,000	——
1909 (P)		161,215	67

DATE	NOTE	BUSINESS	PROOF
1909-D		52,500	——
1909-S		2,774,925	——
1910 (P)		482,000	167
1910-D		429,000	——
1910-S		2,128,250	——
1911 (P)		197,250	100
1911-D		846,500	——
1911-S		775,750	——
1912 (P)		149,750	74
1913 (P)		168,780	58
1913-D		393,500	——
1913-S		34,000	——
1914 (P)		95,250	70
1914-D		453,000	——
1914-S		1,498,000	——
1915 (P)		152,000	50
1915-S		567,500	——
1916-S		796,000	——
1920 (P)		228,250	——
1920-S		558,000	——
1921 (P)		528,500	——
1922 (P)		1,375,500	——
1922-S		2,658,000	——
1923 (P)		566,000	——
1923-D		1,702,250	——
1924 (P)		4,323,500	——
1924-D		3,049,500	——
1924-S		2,927,500	——
1925 (P)		2,831,750	——
1925-D		2,938,500	——
1925-S		3,776,500	——
1926 (P)		816,750	——
1926-D		481,000	——
1926-S		2,041,500	——
1927 (P)		2,946,750	——
1927-D		180,000	——
1927-S		3,107,000	——
1928 (P)		8,816,000	——
1929 (P)		1,779,750	——
1930-S		74,000	——
1931 (P)		2,938,250	——
1931-D		106,500	——
1932 (P)		1,101,750	——
1933 (P)	‹115›	445,000	——

American Eagle 1-oz silver $1

DATE	NOTE	BUSINESS	PROOF
1986 (S)		5,393,005	——
1986-S		——	1,446,778
1987 (S)		11,442,335	——
1987-S		——	904,732
1988 (S)		5,004,646	——
1988-S		——	557,370
1989 (S or W)		5,203,327	——
1989-S		——	617,694
1990 (S or W)		5,840,110	——
1990-S		——	695,510
1991 (S or W)		7,191,066	——
1991-S		——	511,924
1992 (S or W)		5,540,068	——
1992-S		——	498,543

DATE	NOTE	BUSINESS	PROOF
1993 (S or W)		6,763,762	—
1993-P		—	405,913
1994 (S or W)		4,227,319	—
1994-P		—	372,168
1995 (S or W)		4,672,051	—
1995-P		—	438,511
1995-W	‹119›	—	30,125
1996 (S or W)		3,603,386	—
1996-P		—	500,000
1997 (S or W)		4,295,004	—
1997-P		—	435,368
1998 (S or W)		4,847,549	—
1998-P		—	450,000
1999 (S or W)		7,408,640	—
1999-P		—	549,769
2000 (S or W)		9,239,132	—
2000-P		—	600,000
2001 (S or W)		9,001,711	—
2001-W		—	746,154
2002 (S or W)		10,539,026	—
2002-W	‹122›	—	646,901

American Eagle 1/10-oz gold $5

DATE	NOTE	BUSINESS	PROOF
1986 (W)	117›	912,609	—
1987 (W)	‹117›	580,266	—
1988 (W)	‹117›	159,500	—
1988-P	‹117›	—	143,881
1989 (W)	‹117›	264,790	—
1989-P	‹117›	—	84,647
1990 (W)	‹117›	210,210	—
1990-P	‹117›	—	99,349
1991 (W)	‹117›	165,200	—
1991-P	‹117›	—	70,334
1992 (W)		209,300	—
1992-P		—	64,874
1993 (W)		210,709	—
1993-P		—	58,649
1994 (W)		206,380	—
1994-P		—	62,849
1995 (W)		223,025	—
1995-W		—	62,673
1996 (W)		401,964	—
1996-W		—	56,700
1997 (S or W)		528,266	—
1997-W		—	34,984
1998 (S or W)		1,344,520	—
1998-W		—	20,000
1999 (S or W)		2,750,338	—
1999-W		—	48,426
2000 (S or W)		569,153	—
2000-W		—	49,970
2001 (S or W)		269,147	—
2001-W		—	37,547
2002 (S or W)		230,027	—
2002-W	‹122›	—	40,803

American Eagle 1/4-oz gold $10

DATE	NOTE	BUSINESS	PROOF
1986 (W)	‹117›	726,031	—
1987 (W)	‹117›	269,255	—
1988 (W)	‹117›	49,000	—
1988-P	‹117›	—	98,028
1989 (W)	‹117›	81,789	—
1989-P	‹117›	—	54,170
1990 (W)	‹117›	41,000	—
1990-P	‹117›	—	62,674
1991 (W)	‹117›	36,100	—
1991-P	‹117›	—	50,839
1992 (W)		59,546	—
1992-P		—	46,269
1993 (W)		71,864	—
1993-P		—	46,464
1994 (W)		72,650	—
1994-P		—	48,172
1995 (W)		83,752	—
1995-W		—	47,484
1996 (W)		60,318	—
1996-W		—	37,900
1997 (S or W)		108,805	—
1997-W		—	29,808
1998 (S or W)		309,829	—
1998-W		—	29,733
1999 (S or W)		564,232	—
1999-W		—	34,416
2000 (S or W)		128,964	—
2000-W		—	36,033
2001 (S or W)		71,280	—
2001-W		—	25,630
2002 (S or W)		62,027	—
2002-W	‹122›	—	29,268

American Eagle 1/2-oz gold $25

DATE	NOTE	BUSINESS	PROOF
1986 (W)	‹117›	599,566	—
1987 (W)	‹117›	131,255	—
1987-P	‹117›	—	143,398
1988 (W)	‹117›	45,000	—
1988-P	‹117›	—	76,528
1989 (W)	‹117›	44,829	—
1989-P	‹117›	—	44,798
1990 (W)	‹117›	31,000	—
1990-P	‹117›	—	51,636
1991 (W)	‹117›	24,100	—
1991-P	‹117›	—	53,125
1992 (W)		54,404	—
1992-P		—	40,976
1993 (W)		73,324	—
1993-P		—	43,319
1994 (W)		62,400	—
1994-P		—	44,584
1995 (W)		53,474	—
1995-W		—	45,442
1996 (W)		39,287	—
1996-W		—	34,700
1997 (S or W)		79,605	—
1997-W		—	26,340
1998 (S or W)		169,029	—
1998-W		—	25,549
1999 (S or W)		263,013	—
1999-W		—	30,452
2000 (S or W)		79,287	—
2000-W		—	32,027
2001 (S or W)		48,047	—

DATE	NOTE	BUSINESS	PROOF
2001-W		—	23,261
2002 (S or W)		70,027	—
2002-W	‹122›	—	26,603

American Eagle 1-oz gold $50

DATE	NOTE	BUSINESS	PROOF
1986 (W)	‹117›	1,362,650	—
1986-W	‹117›	—	446,290
1987 (W)	‹117›	1,045,500	—
1987-W	‹117›	—	147,498
1988 (W)	‹117›	465,500	—
1988-W	‹117›	—	87,133
1989 (W)	‹117›	415,790	—
1989-W	‹117›	—	54,570
1990 (W)	‹117›	373,210	—
1990-W	‹117›	—	62,401
1991 (W)	‹117›	243,100	—
1991-W	‹117›	—	50,411
1992 (W)		275,000	—
1992-W		—	44,826
1993 (W)		480,192	—
1993-W		—	34,389
1994 (W)		221,633	—
1994-W		—	46,674
1995 (W)		200,636	—
1995-W		—	46,484
1996 (W)		189,148	—
1996-W		—	36,000
1997 (S or W)		664,508	—
1997-W		—	27,554
1998 (S or W)		1,468,530	—
1998-W		—	26,060
1999 (S or W)		1,505,026	—
1999-W		—	31,446
2000 (S or W)		433,319	—
2000-W		—	33,006
2001 (S or W)		143,605	—
2001-W		—	24,580
2002 (S or W)		222,029	—
2002-W	‹122›	—	27,603

American Eagle 1/10-oz platinum $10

DATE	NOTE	BUSINESS	PROOF
1997 (W)		70,250	—
1997-W		—	37,025
1998 (W)		39,525	—
1998-W		—	19,832
1999 (W)		55,955	—
1999-W		—	19,123
2000 (W)		34,027	—
2000-W		—	15,651
2001 (W)		52,017	—
2001-W		—	12,193
2002 (W)		23,005	—
2002-W	‹122›	—	12,392

American Eagle 1/4-oz platinum $25

DATE	NOTE	BUSINESS	PROOF
1997 (W)		27,100	—
1997-W		—	18,661
1998 (W)		38,887	—
1998-W		—	14,860
1999 (W)		39,734	—
1999-W		—	13,514
2000 (W)		20,054	—

DATE	NOTE	BUSINESS	PROOF
2000-W		—	11,995
2001 (W)		21,815	—
2001-W		—	8,858
2002 (W)		27,405	—
2002-W	‹122›	—	9,299

American Eagle 1/2-oz platinum $50

DATE	NOTE	BUSINESS	PROOF
1997 (W)		20,500	—
1997-W		—	15,463
1998 (W)		32,419	—
1998-W		—	13,821
1999 (W)		32,309	—
1999-W		—	11,098
2000 (W)		18,892	—
2000-W		—	11,049
2001 (W)		12,815	—
2001-W		—	8,268
2002 (W)		24,005	—
2002-W	‹122›	—	8,810

American Eagle 1-oz platinum $100

DATE	NOTE	BUSINESS	PROOF
1997 (W)		56,000	—
1997-W		—	18,000
1998 (W)		133,002	—
1998-W		—	14,203
1999 (W)		56,707	—
1999-W		—	12,351
2000 (W)		10,003	—
2000-W		—	12,453
2001 (W)		14,070	—
2001-W		—	8,990
2002 (W)		11,502	—
2002-W	‹122›	—	9,946

MINTAGE NOTES

Many different Proof issues before 1880 were restruck in Proof one or more times. In some instances, as with the 1873 $3 gold piece, there are more coins of this date known than were "officially" struck.

KEY

(R): Known to have been restruck at least once.
(§): Proofs originally sold in sets only.
——: None issued.
Δ: Specimens known or believed to exist; no official mintage reported.
U: Final, official mintages unreported by the U.S. Mint.

NOTES

1. 1804, 1823 cent, and 1811 half cent: Counterfeits, called restrikes, exist, which were made outside the Mint, using old, genuine but mismatched Mint dies.
2. 1832-35 half cent: The figures shown are listed in the Mint Report for 1833-36 instead, but are assumed to be misplaced.
3. 1823 cent, dime, quarter dollar: Proofs exist with overdate, 1823/2.
4. 1856 cent: More than 1,000 1856 Flying Eagle cents were struck in Proof and Uncirculated, in this

and later years. As they were patterns they are not included in the Mint Report or this figure.

5. 1864 cent: Proof breakdown by varieties thought to be about 300 to 350 copper-nickel and about 100 to 150 bronze coins without the designer's initial L. Perhaps 20 or fewer Proofs with initial L were struck. Business strike bronze coins with designer's initial L are also rarer.

6. 1873 coinage: Early in the year a relatively closed style of 3 was used in the date on all denominations. In response to complaints that the 3 looked like an 8, a new, more open 3 was introduced. Most types were struck with both styles, except for those that were created or discontinued by the Coinage Act of Feb. 12, 1873. This law created the Trade dollar and eliminated the standard silver dollar, the silver 3-cent piece, the 3-cent piece and the 2-cent piece. The weight of the dime, quarter dollar and half dollar were slightly increased, and the heavier coins were marked by arrows for the remainder of 1873 and all of 1874. All Proofs are of the relatively Closed 3 variety.

7. 1877 minor coinages: Proof estimates for this year vary considerably, usually upwards. For lack of any records, the number shown is that of the silver Proofs of this year, conforming with the method used in the preceding years. These figures may be considerably low.

8. 1922 "Plain" cent: No cents were struck in Philadelphia in 1922. Some 1922-D cents are found with the Mint mark missing due to obstructed dies. Beware of altered coins.

9. 1943-(P), D, S cent: All 1943 cents were made of zinc-plated steel. A few 1943 bronze and 1944 steel cents were made by accident. Many fakes of these have been produced. Test any suspected off-metal 1943 or 1944 cent with a magnet to see if it has been plated, and check the date for alterations. Cents struck on steel planchets produced in 1942 weigh 41.5 grains, while those struck on planchets produced later in 1943 weigh 42.5 grains.

10. 1960 cent: Includes Large Date and Small Date varieties. The Small Date is the scarcer for both Proof and business strikes.

11. 1964-67 coinage: All coins dated 1965-67 were made without Mint marks. Many coins dated 1964-66 were struck in later years.

12. 1982 cent: The composition of the cent changed from 95 percent copper, 5 percent zinc to 97.5 percent zinc, 2.5 percent copper (composed of a planchet of 99.2 percent zinc, 0.8 percent copper, plated with pure copper). Some 1982 cents were struck in late 1981.

13. 1864 2 cents: Struck with Large and Small Motto IN GOD WE TRUST. The Small Motto in Proof is rare.

14. 1873 2 cents: Originally struck in Proof only early in 1873 with a Closed 3. An estimated 500 restrikes in Proof with an Open 3.

15. 1887 copper-nickel 3 cents: Many Proofs struck from an overdated die, 1887/6.

16. 1853 silver coinage: In early 1853 the weight of all fractional silver coins was reduced by about 7 percent, to prevent hoarding and melting. To distinguish between the old and new weights, arrows were placed on either side of the date on the half dime through half dollar, and rays were put around the eagle on the quarter and half dollar. The rays were removed after 1853, and the arrows after 1855. Much of the old silver was withdrawn from circulation and melted. The exception to all this was the silver 3-cent piece, which was decreased in weight but increased in fineness, making it intrinsically worth more than before and proportionate with the other fractional silver coins. No coins of the new weight were struck until 1854, at which time an olive branch and a cluster of arrows was added to the reverse.

17. 1863 silver 3 cents: It is possible that all of these non-Proofs were dated 1862. Proof coins dated 1863/2 were struck in 1864. Obviously these were hard times at the Mint.

18. 1864-(P) silver 3 cents, half dime, and dime: These figures, like many others in the years 1861-1871, are highly controversial due to extraordinary bookkeeping methods used in the Mint in this era.

19. 1867 copper-nickel 5 cents: Struck with rays on reverse (type of 1866) and without rays (type of 1868-83). Approximately 25 Proofs struck With Rays on reverse (type of 1866), and 600 Without Rays (type of 1868-83).

20. 1913 Liberty Head copper-nickel 5 cents: Five unauthorized pieces were struck by person or persons unknown, using Mint machinery and dies. All five accounted for by some sources, although numismatic researcher Walter Breen states that one piece is missing. Beware of forgeries.

21. 1942-1945-(P), D, S 5 cents: To conserve nickel during the war, the composition of the 5-cent piece was changed to a 56 percent copper, 35 percent silver, and 9 percent manganese alloy. Coins of this alloy were marked with a large Mint mark over the dome of Monticello, including those from Philadelphia. They consist of some 1942-P, all 1942-S, and all 1943-45 coins. The 1942 Philadelphia coins were made either way. Many wartime alloy 5-cent coins have been melted for their silver content.

22. 1944 copper-nickel 5 cents, 1923-D and 1930-D dimes: All are counterfeits made for circulation. Not all counterfeits are of rare dates, meant to sell at high prices. Some were meant to circulate.

23. 1966 5-cent piece: Two Proof Jefferson 5-cent pieces were struck to mark the addition of designer Felix Schlag's initials, F.S., to the obverse design. At least one coin was presented to Schlag; the other may have been retained by the Mint.

24. 1971 5 cents: Some Proof sets contain 5-cent coins which were struck from a Proof die without a Mint mark. This was an engraver's oversight and is not a filled die. Official estimate of 1,655 sets released.

25. P Mint mark: The P Mint mark, placed on the 1979 Anthony dollar, was added to all 1980 denominations from the Philadelphia Mint except for the cent.

26. 1838-O half dime and dime: Both are of Seated Liberty, Without Stars design (type of 1837). 1838 Philadelphia coins have stars, as do all others through 1859.

27. 1856-O half dime: One Proof known, reason for issue unknown.

28. 1860-(P), O, S half dime and dime: Beginning in 1860 (with the exception of the 1860-S dime), the half dime and dime were redesigned by eliminating the stars, moving the legend UNITED STATES OF AMERICA to the obverse, and using a larger, more elaborate wreath on the reverse. A number of fabrications with the obverse of 1859 and the reverse of 1860 (thereby omitting the legend UNITED STATES OF AMERICA), were struck by order of the Director of the Mint. These consist of half dimes dated 1859 or 1860, and dimes dated 1859. Although they are considered by some to be patterns, that designation is doubtful as the intentions of the Director were highly questionable.

29. 1860-O half dime: Three Proofs known, reason for issue unknown.

30. 1873-CC dime: One known, all others presumably were melted.

31. 1894-S dime: Twenty-four Proof or specimen strikings were made for private distribution by the Superintendent of the San Francisco Mint. Twelve can be traced today, including two circulated pieces.

32. 1906-D dime: Proofs struck in honor of the opening of the Denver Mint.

33. 1968 dime: Some Proof sets contain dimes which were struck from a Proof die without a Mint mark. This was an engraver's oversight and is not a filled die. It has been unofficially estimated that only 20 specimens from this die are known. Beware of sets opened and reclosed with "processed" P-Mint coins inserted. Check the edge of the case for signs of tampering.

34. 1970 dime: Some Proof sets contain dimes which were struck from a Proof die without a Mint mark. This was an engraver's oversight and is not a filled die. Official estimate is that 2,200 sets were released with this error.

35. 1982 No-P dimes: Some 1982 dimes were released without a Mint mark, although dimes have been Mint marked since 1980. Distribution of the coins, many found in the Sandusky, Ohio, area, indicates they were from the Philadelphia Mint.

36. 1875-S 20 cents: Six to seven Proofs known, probably struck to celebrate the first (or last) year of this denomination at this Mint.

37. 1876-CC 20 cents: Virtually all remelted at the Mint. A few escaped, possibly as souvenirs given to visitors. Fewer than 20 are known today.

38. 1827 quarter dollar: Although the Mint Report lists a mintage of 4,000 pieces for this year, it is likely that all of these coins were dated 1825 except for a few Proofs. Later this date was intentionally (but intentionally) restruck at the Mint using an obverse die dated 1827 and a reverse die which had been used in 1819, and which had a Square Base 2 in quarter dollar, rather than the Curled Base 2 of the original 1827.

39. 1855-S quarter dollar: One Proof known, presumably struck to celebrate the beginning of silver coinage at the San Francisco Mint.

40. 1866 coinage: It was decided to add the motto IN GOD WE TRUST to the reverse of all double eagles, eagles, half eagles, silver dollars, half dollars and quarter dollars beginning in 1866. Early in the year, before the new reverse dies had arrived, the San Francisco Mint produced $20, $10, $5, and half dollar coins without the motto. These are regular issue coins and are not patterns or errors. They are not to be confused with a peculiar set of Philadelphia Mint silver coins without motto, consisting of two dollars, one half dollar and one quarter dollar, which was clandestinely struck inside (but not by) the Mint for sale to a collector. A three-piece set containing the unique quarter dollar and half dollar and one of the two known silver dollars was stolen from the Willis H. DuPont collection in 1967 and never recovered. Beware of regular coins with motto or Mint mark removed.

41. 1879 quarter dollar: The Proof figure is official, but may be wrong. The true number might be near or equal to 1,100.

42. 1891-O quarter dollar: Two Proofs known, probably struck to celebrate the resumption of fractional silver coinage at this Mint.

43. 1974-1976 quarter dollars, half dollars and dollars: The circulating commemorative coinage dated 1776-1976 in celebration of the nation's Bicentennial wreaked havoc on mintage bookkeeping. In anticipation of the program, 1974-dated coins of these denominations were struck in calendar years 1974 and 1975. No 1975-dated quarter dollars, half dollars or dollars were struck; 1975 Proof and Mint sets contain Bicentennial dates. 1776-1976-dated dollars, half dollars and quarter dollars were struck in calendar years 1975 and 1976. The 1976-S mintages for these denominations includes copper-nickel clad Proofs sold in 1975 and 1976 in six-piece Proof sets, and 40 percent silver clad Proofs and Uncirculateds, of which 15 million pieces of each denomination were struck.

44. 1817 half dollar: Only one Proof known, with overdate 1817/3.

45. 1836 Reeded Edge half dollar: Actually a pattern of the design adopted the following year, but much of the mintage was placed into circulation.

46. 1838-O half dollar: It is thought that 20 Proof specimens were struck as souvenirs in honor of the opening of the New Orleans Mint. No regular issue coins of this date and Mint were struck, and it is possible that these were struck in 1839.

47. 1839-O half dollar: Three or four Proofs known.

48. 1839-(P) half dollar: Although Christian Gobrecht's half dollar design was slightly modified during 1839 by the addition of a small drapery fold beneath the elbow, the design was never as fully

MINTAGE NOTES

modified as the other Seated Liberty denominations were in 1840. In subsequent years individual dies would occasionally be over-polished, thus removing this small drapery fold. Coins struck from these inferior dies are sometimes referred to as having a "No-Drapery design," when in fact no design change was intended or made.

49. 1853-(P), O half dollar: All 1853-(P) and virtually all 1853-O half dollars are of the new weight. Two or three 1853-O are known without the arrows and rays. Beware of alterations from 1858-O.

50. 1855-S half dollar: Three Proofs known, presumably struck to celebrate the beginning of silver coinage at the San Francisco Mint.

51. 1861-O half dollar: Mintage includes 330,000 struck by the USA; 1,240,000 by the State of Louisiana; and 962,633 by the Confederate States of America. It is impossible to tell them apart. One obverse die is identifiable as having been used with the CSA reverse to strike four pattern coins, but there is no way of telling when that die was used with a regular reverse die or who issued the coins struck from it. Three to six Proofs known, probably struck under the authority of either the state of Louisiana or the CSA .

52. 1873-S half dollar: The 1873-S Seated Liberty, Without Arrows half dollar is unknown in any condition in any collection. Presumably they were all melted with the 1873-S silver dollars. Beware of any regular 1873-S with the arrows removed. The difference in weight between the two issues is insignificant, and useless in checking a suspected altered coin.

53. 1895-O half dollar: Proofs issued to mark reopening of New Orleans Mint.

54. Proof set sales suspended 1965-67.

55. 1970-D and 1987 half dollar: Struck only for inclusion in Mint sets. Not a regular issue coin. 1987 coins were struck for Uncirculated sets, Proof sets and Souvenir Mint sets only, forcing a change in the Mint's accounting procedures. Previously, business strikes intended for Uncirculated Mint sets and Souvenir sets had been reported with coins intended for circulation. However, upon seeing "circulation" mintages where none should be, the Mint began separating the mintages of coins intended for sale to collectors from those intended for commerce.

56. 1798 silver dollar: Mintage includes both reverse designs.

57. 1801, 1802, and 1803 silver dollar: All three dates were restruck in Proof in 1858 with a plain edge, using obverse dies made in 1834-5 and the reverse die from the Class I 1804 dollar, which was also made in 1834. Due to the scandal caused by the private issue of 1804 dollars in 1858, these coins were not offered for sale to collectors until 1875, by which time their edges had been lettered.

58. 1804 silver dollar: Although the Mint Report lists 19,570 dollars for this year it is assumed that they were all dated 1803. The 1804 dollars were first struck in 1834-35 for inclusion in diplomatic presentation sets. A few pieces, possibly flawed Proofs or production overruns, reached collectors via trades with the Mint or in circulation and the coin was popularized as a rarity. In 1858 the son of a Mint employee used the obverse die prepared in 1834 and a newly prepared reverse die plus a plain collar to secretly strike 1804 dollars, a few of which were sold to collectors. While the Mint had intended to do exactly the same thing with dollars dated 1801-04, Mint officials were forced to cancel the project due to the public scandal over the privately-issued 1804s. The privately struck coins were recalled, and all but one (which went to the Mint Cabinet collection) were allegedly melted. Instead, they and the plain edged 1801-03s were put in storage and offered for sale in 1875, by which time their edges had been mechanically lettered.

59. 1805 silver dollar: The 321 dollars listed in the Mint Report for 1805 were older dollars which were found in deposits of Spanish-American silver and which were re-issued through the Treasury. On the basis of this misinformation a few coins have been altered to this date in the past.

60. 1836, 1838, and 1839 silver dollar: Gobrecht dollars, some patterns and some intended for circulation, were struck in these years. Also, some varieties were restruck in later years, making mintage figures questionable. Varieties exist with or without stars and/or the designer's name, some of them exceedingly scarce. The 1,600 mintage figure for 1836 represents 1,000 struck for circulation on the 1836 standard of 416 grains, and 600 pieces struck in 1837 (dated 1836) on the new standard of 412.5 grains.

61. 1853 silver dollar: All Proofs are restrikes, made 1864-5.

62. 1858 silver dollar: It is estimated that 80 Proofs were struck, some of them possibly at a later date.

63. 1870-CC silver dollar: Proofs mintage unknown, possibly struck to mark first Carson City dollar coinage.

64. 1870-S silver dollar: Not listed in the Mint Report, but a few pieces may have been struck as souvenirs of the opening of the new Mint.

65. 1873-S silver dollar: Presumably all or most were melted at the Mint after production of standard silver dollars was suspended?

66. 1878-(P) silver dollar: Three slightly different designs were used for both the obverse and reverse of this date, including some dies with the second designs impressed over the first. All 1878-CC and 1878-S are from the second designs. Most 1879-1904 dollars are of the third design, except for some second design reverses on 1879-S and 1880-CC coins. New, slightly different master hubs were prepared for 1921. Proof mintage includes 700 of the 8 Tail Feathers variety and 300 of the 7 Tail Feathers, flat eagle breast variety. Beware of any early strike, prooflike surface Morgan dollar being sold as a Proof.

67. 1879-O silver dollar: Two Proofs now known of 12 struck to celebrate the re-opening of the New

Orleans Mint.

68. 1882-CC silver dollar: Proof mintage unknown, reason for issue unknown.

69. 1883-CC silver dollar: Proof mintage unknown, reason for issue unknown.

70. 1883-O silver dollar: One Proof now known of 12 struck for presentation to various local dignitaries. Occasion uncertain.

71. 1884-CC silver dollar: One Proof reported, reason for issue unknown.

72. 1893-CC silver dollar: 12 Proofs struck for presentation to Mint officials to mark the closing of the Carson City Mint.

73. 1895 silver dollar: Apparently virtually all business strike coins were never issued and were probably melted in the great silver melt of 1918. One circulated business strike coin has reportedly been authenticated. Beware of altered dates and removed Mint marks.

74. 1921-(P) Peace silver dollar: The 1921 Peace dollars, (and a very few Proof 1922s), are of a higher relief than the 1922-35s.

75. 1873 Trade silver dollar: All Proofs are of the Open 3 variety.

76. 1884-85 Trade dollar: Struck in Proof in the Mint for private distribution by person or persons unknown. Not listed in the Mint Report.

77. S-Mint clad dollars: Struck only for sale to collectors. In 1971-72 struck in 40 percent clad silver in Proof and Uncirculated for individual sale. Beginning in 1973 a copper-nickel clad dollar was added to the Proof sets.

78. 1973-(P), D copper-nickel dollar: Struck only for inclusion in Mint sets. Not a regular issue coin. 1,769,258 Mint sets were sold. 439,899 excess dollars melted, presumably of near-equal distribution. 21,641 coins were kept for possible replacement of defective sets and may have been melted.

79. Anthony dollars: Anthony dollars were sold in three-coin sets only in 1981. None were released into circulation.

80. 1861-D gold dollar: A small number were struck by the CSA.

81. 1870-S gold dollar: 2,000 coins were struck without a Mint mark. It is unknown if they were melted and recoined or released as is and included in the Mint Report figure of 3,000 coins.

82. 1834 $2.50: Most or all were melted. It may be that all survivors are Proofs and circulated Proofs.

83. 1841-(P) $2.50: Struck in Proof only, possibly at a later date. Unlisted in Mint Report. Nine known, several of them circulated or otherwise impaired.

84. 1848-(P) $2.50: Approximately 1,389 coins were counterstamped CAL. above the eagle to show that they were made from California gold. This was done while the coins were resting on an inverted obverse die on a worktable. This virtually eliminated distortion of the obverse, which will probably show on a genuine coin with a fake counterstamp.

85. 1860-S $3: Out of 7,000 coins struck, 2,592 pieces were not released because of short weight.

They were melted in 1869 for use in other denominations.

86. 1870-S $3: Not included in the Mint Report, supposedly one piece was struck for inclusion in the cornerstone of the new San Francisco Mint. One piece is known in a private collection, and the present whereabouts of the cornerstone piece is unknown. It is possible there is only one piece.

87. 1873 $3: All original Proofs are of the more Open 3 variety. There were two restrikes with the Closed 3 and one with the Open 3.

88. 1798 $5: Mint Report of 24,867 coins includes Small Eagle reverse coins dated 1798, as well as Heraldic Eagle coins dated 1795, 1797 and 1798. This mixture of mulings is the result of an emergency coinage late in 1798 after the Mint had been closed for a while due to yellow fever. Quantities struck of each are unknown and can only be a guess.

89. 1822 $5: Although the Mint Report says 17,796 coins were struck, only three pieces are known and it is likely that most of this mintage was from dies dated 1821.

90. 1825 $5: Struck from the regular overdated dies. 1825/4, one known, and 1825/1, two known.

91. 1828 $5: Includes at least one overdate, 1828/7.

92. 1844-O half eagle: One Proof known, reason for issue unknown.

93. 1861-C $5: Mintage includes 5,992 pieces coined by USA and 887 by CSA. It is impossible to prove the issuer.

94. 1899-S half eagle: One or two Proofs known, reason for issue unknown.

95. 1906-D and 1907-D $5: These were, of course, struck at the Denver Mint. This is the only design that was struck at both Dahlonega and Denver.

96. 1797 $10: Mintage includes both reverse types.

97. 1839 $10: Includes first design head (type of 1838) and modified head (type of 1840-1907). Proofs are of the type of 1838, with large letters and different hair style.

98. 1844-O eagle: One Proof known, reason for issue unknown.

99. 1852-O eagle: Three Proofs known, reason for issue unknown.

100. 1853-O eagle: Proof mintage unknown, reason for issue unknown.

101. 1906-D eagle: Proofs struck in honor of the opening of the Denver Mint.

102. 1907 $10: An unknown number of Indian Head patterns were also struck in Proof.

103. 1933 $10: Very few of these were issued, perhaps several dozens known. Beware of counterfeits.

104. 1849 $20: One specimen in gold survives of a small number of trial strikes produced in December 1849. The dies were rejected, allegedly because of improper high relief, but in actuality to discredit Longacre in an attempt to force his removal. The attempt failed and Longacre eventually produced a second set of dies, but they were not completed

MINTAGE NOTES

until the following month and so they were dated 1850. The one known Proof gold specimen is in the National Numismatic Collection at the Smithsonian Institution and all others were melted.

105. 1850 $20: One Proof was once owned by the engraver, James B. Longacre. Whereabouts presently unknown.

106. 1854-S double eagle: One Proof known, in the Smithsonian Institution. Struck in honor of the opening of the San Francisco Mint.

107. 1861-(P) $20: A few trial pieces are known with a reverse as engraved by Paquet, with taller, thinner letters and a narrow rim. The design was judged unacceptable because the narrow reverse rim would not stack easily.

108. 1861-O $20: Mintage includes 5,000 coins struck by the USA; 9,750 by the State of Louisiana; and 2,991 by the Confederate States of America. It is impossible to prove the issuer of any given coin.

109. 1861-S $20: Mintage includes 19,250 pieces struck with the Paquet reverse and released into circulation. Most of these were recalled and melted during the next few years, but specie hoarding during the Civil War probably preserved a number of them until later years when the problem was forgotten.

110. 1866-(P), S $20: When the reverse of the double eagle was altered to include the motto there were also a few minor changes made in the scrollwork, the most prominent being the change in the shield from flat-sided to curved. Check any alleged 1866-S No Motto $20 for this feature.

111. 1877 $20: In this year the master hubs were redesigned slightly, raising the head and changing TWENTY D. to TWENTY DOLLARS.

112. 1906-D double eagle: Two Proofs now known of 12 struck in honor of the opening of the Denver Mint.

113. 1907-D double eagle: One Proof known, possibly struck as a specimen of the last year of this design.

114. 1907 $20: An unknown number of Saint-Gaudens type coins of pattern or near-pattern status were also struck in extremely high relief Proof.

115. 1933 $20: This issue was officially never released, so all but one of the coins are considered illegal to own. The specimen once owned by Egypt's King Farouk, brought back into the United States in the 1990s, was declared legal for private ownership in 2000. It was sold at auction July 30, 2002, for $7.59 million, a world record price for a coin. Two are held in the National Numismatic Collection at the Smithsonian Institution. Most late-date gold never filtered down through the banks and so it was returned to the Mint for melting.

116. 1994-P 5¢: The Mint double-struck 167,703 "Uncirculated" pieces from specially prepared, sandblast dies, essentially creating a Matte Proof, for inclusion in a special packaging set with the 1993 Jefferson commemorative silver dollar.

117. American Eagle gold bullion: Roman numerals used in date.

118. 1996-W Roosevelt dime: Produced with a West Point Mint mark for inclusion in 1996 Uncirculated Mint sets on the occasion of the 50th anniversary of the Roosevelt dime.

119. 1995-W American Eagle silver bullion dollar: Produced for sale only in special "10th Anniversary" sets.

120. Circulation-quality, but not released into circulation. Sold to collectors in bags and rolls.

121. Circulation-quality, but not released into circulation. Sold to collectors in bags and rolls.

122. As of July 17, 2003; final, reconciled figures, to be released at future date, may differ.

123. Mint officials reopened sales of 1999, 2000 and 2001 Proof sets on May 29, 2002, in an unprecedented and controversial offering. The 1999 and 2000 Proof set programs long had been closed, and sales of the 2001 sets had ended as 2002 sets went on sale. Officials halted sales June 25, 2002, citing damage to some of the coins in some of the 1999 sets. Sales figures for the three sets quoted here are preliminary (as of July 23, 2003) and subject to change.

YES! Make me a member of America's Coin Club. I will receive the ANA's award-winning monthly journal, *Numismatist*, access to the ANA library and educational programs, and many other exclusive member benefits.

AMERICAN NUMISMATIC ASSOCIATION

NAME

ADDRESS

CITY   STATE   ZIP

DATE OF BIRTH   E-MAIL

SIGNATURE   CW

I herewith make application for membership in the American Numismatic Association, subject to the bylaws of the Association. I also agree to abide by the Code of Ethics adopted by the Association.

MEMBERSHIP

○ Regular, $39*

○ Senior, $35*

* Includes one-time $6 application fee.

EXTEND YOUR MEMBERSHIP!

○ 3-year Regular (save $15), $90

○ 3-year Senior (save $14), $79

PLEASE CHARGE MY:

○ Visa   ○ Mastercard

○ AmEx   ○ Discover

○ Periodically, the ANA's mailing list is rented or provided to third parties. If you do not want your information provided for non-ANA-related mailings, please check here. Previous requests not to provide your information will continue to be honored.

CARD NUMBER   EXPIRATION DATE

Make check payable to the American Numismatic Association. Please send to ANA, 818 N. Cascade Ave., Colorado Springs, CO 80903, fax 719-634-4085, phone 800-514-2646, or join at www.money.org.

AMERICAN NUMISMATIC ASSOCIATION

Grading coins

7

Probably no other subject has been more hotly debated in American numismatics by collectors, dealers and investors than grading. There has been controversy since a dealer first charged a higher price for one specimen of a coin than for another of the same type, date and Mint mark simply because one had less wear than the other.

The grade of a coin (or note, medal or token) represents what professional numismatist and researcher Dr. Richard Bagg aptly called its "level of preservation." The grading controversy arises both from disagreements over the grade of a coin and often the enormous differences in price between two specimens of the same type and date of a U.S. coin, even when the only difference lies in the placement of one or two marks or surface abrasions from contact with other coins, commonly referred to as "contact marks" or "bag marks." Prices can also differ for coins bearing the "same" grade, but assigned by different private grading services which use different grading standards (more will appear on this topic later in this chapter).

The grade measures the amount of wear, natural mishaps and other surface degradation a coin has received after leaving the coining press. The more wear and surface marks a coin has received, the less it is worth compared to other specimens of the same coin with less surface degradation.

However, not all coins have received circulation wear since they were struck. These coins are called Uncirculated or Mint State. Rather than being easier to grade because there are no points of wear to determine, Uncirculated coins become much harder to grade.

A noncollector unexposed to the intricacies of grading might be expected to show surprise at this last statement. After all, he might think, it seems logical that a coin that has received less wear is worth more than one that has received more wear. However, if a coin hasn't received any wear, how can it be different from other unworn specimens of the same coin? Suffice it to say, there are graduated levels of Mint State, at least 11 (from Mint State 60 to Mint State 70), determined by such factors as contact marks, luster and—depending on the grading standard being used—the strength of the strike and toning. Therein lies the heart of the controversy.

For decades, the controversy lay mainly in the differences between the dealer's opinion about the grade for a specific coin and that of the collector. As grading became more complex and values increased in greater increments between coins of different grades, third-party grading services began operation. Third-party grading has become a lucrative business for at least eight companies (in 2003), with many dealers and collectors willing to pay fees for someone else's opinion about the grade of their coins.

The first third-party grading service, the International Numismatic Society Authentication Bureau, began grading coins in December 1976, several months after it began authenticating coins. It laid the groundwork for third-party grading services, all of which provide an opinion about a coin's grade for a fee. INSAB was followed March 1, 1979, when the American Numismatic Association Certification Service began grading coins for a fee.

Another major step in third-party grading services was taken by the Professional Coin Grading Service, a private business founded in February 1986. PCGS is responsible for two firsts. It was the first grading service to encapsulate the coins it graded into hard plastic holders, nicknamed "slabs," and it was the first grading service to use 11 levels of Mint State, from MS-60 to MS-70. It rapidly overtook ANACS, until then the most active of grading services in terms of numbers of coins graded. PCGS also published a grading guide, in 1998, the only private grading service to do so.

Numismatic Guaranty Corporation of America opened for business in 1987 and immediately challenged PCGS for market share. As encapsulated coins became more popular with dealers and collectors, existing grading firms expanded their services. INSAB offered a "slab" service beginning in 1989, as did the ANA with its ANACS Cache.

In 1990, the American Numismatic Association sold ANACS—its grading and certification service—to Amos Press Inc., publisher of *Coin World* and other hobby publications, including this book. ANA retained the right to authenticate—but not grade—coins, and operated under the acronym ANAAB, the American Numismatic Association Authentication Bureau until early 2002. Amos Press Inc. retained the ANACS name, but the acronym no longer refers to the American Numismatic Association. Amos Press moved ANACS from ANA headquarters in Colorado Springs, Colo., to Dublin, Ohio.

Over the years, other grading services have entered the market, some specializing in paper money and world coins. Not all of the companies have succeeded; several have closed over the years.

The firms that grade coins charge fees for their services. Fees differ from company to company; a company may have different fees based on the level of service expected (the speed with which the company returns your coins to you, for example).

Services differ

Fees are not the only things that differ between companies. Coins graded by some companies often bring higher prices than do coins assigned the same grades by other companies. Those higher prices generally indicate greater market confidence in the firm grading the coin. Lower prices for coins graded by other companies often indicate a lower level of market confidence in the ability of the firms' graders to grade accurately to market standards, or even a distrust of the firms' adherence to market standards or ability to detect altered or counterfeit coins.

The differing levels of dealer and collector confidence for various grading services have long been the subject of heated debate at coin club meetings, coin shows and online at coin collector forums and bulletin boards. In recent years, the debate seems to have intensified as more and more coins are sold online through dealer sites and eBay. The growth in online sales has made possible for collectors who never go to coin shows or auctions to compete with other collectors in online auctions. Many of the coins sold online are graded and encapsulated ("slabbed") by the various grading services, but because *new* collectors may be unaware that the market distinguishes between the services, some pay prices that would not be sustained in the more established market because of lower confidence in the grading service that graded the coins.

The debate over grading services got even hotter in October 2002 with the publication of the results of a grading service survey conducted by Professional Numismatists Guild (a coin dealer's organization) and the Industry Council for Tangible Assets (a trade/lobbying organization), and in May 2003 with the publication of the results of a grading test conducted by *Coin World*.

PNG and ICTA surveyed "more than 300" dealer members (no collectors were surveyed) in August 2002 and asked them to rate seven private grading services in specific categories. The survey results were based on the 151 surveys that were returned and tabulated in September. The PNG-ICTA survey was not a scientific survey.

Proponents of high-rated services and critics of the low-rated firms championed the survey as an important milestone in informing the public about the differences between the grading services. Representatives of the services that were rated as "poor" or "unacceptable" protested the methodology of the survey and called its results biased and inaccurate.

The PNG-ICTA survey results are posted online at **http://www.pngdealers.com/public/SurveyResults2002_detail.cfm.**

Coin World conducted a different kind of grading test; it arranged for the president and chief executive officer of the Chicago Better Business Bureau, who is also a coin collector, to send the same 15 coins in turn to eight grading services. *Coin World* embarked upon the test in May 2002. To test all eight services, it took 11 months for the coins to be graded and returned to the person sending them to the services, for him to send the coins to *Coin World* so their grades could be recorded, the coins photographed in the various services' "slabs," and the coins removed from their slabs, and sent to the next service. None of services were told of the testing (including ANACS, the grading firm owned by the same parent company as *Coin World*).

Coin World published the results of its test in its May 26 and June 2, 2003, issues.

Of the 15 coins used in the test, not one was graded the same by all eight services. Some firms refused to grade certain coins, citing that they had been cleaned or otherwise altered; other firms graded the cleaned and altered coins, but noted the cleaning or alteration on the holders; and some firms graded, without notation, coins other services would not grade.

Coin World also published details about the cost per firm and amount of time each firm took to evaluate and/or grade the 15 coins and return them.

Coin World also published details about each firm: who owned the service, how many years in business, how many graders it employs, how many graders grade each coin, the grading system/standard used, whether it offers authenticity and grading guarantees, whether it grades problem coins and notes the problems on the holders, and whether the firm accepts direct submissions from collectors.

Coin World's test generated some debate and controversy as well. Some questioned the mix of coins sent to the firms, since some of them are of low value and grade, and some exhibit harsh cleaning and other forms of alteration. The coins had been selected from those purchased through the *Coin World* advertising department's checking service. Coins are purchased anonymously from *Coin World* advertisers, some when a complaint is received about the coins the advertiser sells, others randomly to verify that an item is as advertised.

Which grading service should you choose? Ask other collectors and dealers for their recommendations. View the results of the PNG-ICTA survey online. *Coin World's* articles on its grading test are archived at **www.coinworldonline.com**.

Grading: What's involved?

Dr. Richard Bagg, in *Grading Coins: A Collection of Readings* that he co-edited in 1977 with James J. Jelinski, described the grade of a coin as its "level of preservation." It is not entirely accurate to call grading the charting of wear on a coin. The very definition of an Uncirculated coin (also called Mint State) is "a coin which has seen no circulation" (in *Official American Numismatic Association Grading Standards for United States Coins*) and a coin with "no wear" (in *New Photograde: A Photographic Grading Guide for United States Coins*). However, Uncirculated coins are subject to forms of surface degradation other than circulation wear.

A coin struck for circulation becomes subject to external factors affecting its surface from the second it leaves the press. The moment a coin is struck, it is pushed from the surface of the anvil die. The coin then falls into a bin of other coins. When the coin hits the previously struck coins lying in the bin, the portion of its surface coming into contact with the other coins will probably be marred. Then, as the coins are bundled into bags or other bins for shipment to commercial counting rooms and banks, the coins will scrape, scratch and bump each other.

Contact marks

The collisions between coins create a variety of surface marks called "contact marks" or "bag marks." A contact mark may range in severity from a light, minor disruption of the coin's surface to a large, heavy scrape. Generally, the bigger and heavier the coin, the larger and more unsightly the contact marks, due both to its own weight and that of other coins of the same dimension jostling against it.

The location of contact marks plays a major role in determining at what level of Mint State a coin may be categorized. For example, marks that are clearly visible in the field of a coin, or on the cheeks, chin or forehead of a Liberty Head device are more distracting than marks of equal severity hidden in curls of Liberty's hair or the wing feathers of the eagle found on the reverse of many U.S. coins.

The size of contact marks also plays a role in determining the proper Mint State level. Larger marks, of course, are more distracting than smaller marks. Remember, however, that a contact mark 1 millimeter long is less distracting on a large coin such as a silver dollar (diameter of 38.1 millimeters) than it is on a smaller coin such as a silver half dime (diameter of 15.5 millimeters).

The number of contact marks also plays a significant role in determining the proper level of a Mint State coin. A coin with numerous contact marks is less appealing to the eye than a coin with one or two distracting marks. The diameter of the coin plays a role too. A silver dollar with five contact marks scattered across its surfaces may be judged appealing; a much smaller half dime with five contact marks may be judged less appealing, since the half dime has a smaller surface area in which the marks appear.

Luster

Another factor involved in determining the level of Mint State and high-level circulated grades is luster. "Luster is simply the way light reflects from the microscopic flow lines of a coin," according to ANACS grader-authenticator Michael Fahey in "Basic Grading," a reprint from his series of articles in the American Numismatic Association's *The Numismatist*. James L. Halperin, author of the Numismatic Certification Institute's (a former grading service) *The NCI Grading Guide,* defines luster as, "The brightness of a coin which results from the way in which it reflects light."

Luster is imparted to the surfaces of a coin at the moment of striking. The immense pressures used in the coining process create flow lines, the microscopic lines that trace the paths the metal took while filling the crevices of the die that compose the designs.

A coin with full luster is generally one that has a bright, shiny surface (although toning, to be discussed later, may obscure full luster), caused by the light reflecting off the surface of the coin. If the luster has been disturbed, the light reflects from the surface of the coin differently; the coin may appear dull.

Circulation wear erases the microscopic flow lines that cause the luster. Heavy cleaning or cleaning with a substance that removes a microscopic layer of the surface metal will also damage the flow lines and disrupt or eliminate the luster of a coin.

A Mint State coin cannot be lackluster. At best, an Uncirculated coin without full luster can be no higher than Mint State 63 under the American Numismatic Association grading standards. High-level circulated coins may show small patches of luster in protected areas.

Wear vs. friction

Once a coin enters the channels of commerce, it begins to receive wear. An individual reaches into his pocket to pull out some change and his fingers rub across the surfaces of the coin, creating wear. A coin is thrown into a cash register drawer where it bumps against other coins, creating more wear. A dime is used as an impromptu screwdriver, damaging the edge and creating more wear.

The amount of wear a coin receives determines its grade among the circulated grade levels. The high points of a design are usually the first to depict wear, since they are the most exposed. Then the raised inscriptions and date exhibit wear, and finally, the flat fields.

Circulation wear erases design details, ultimately to the point where the design features are only slightly visible to the naked eye. The separate curls of hair tend to merge, the eagle's feathers are rubbed away and the inscriptions begin to disappear into the fields.

Coins with only the slightest hint of wear are called About Uncirculated, a term that, if studied closely, defies logic. A coin is either Uncirculated or it is not. Then, in descending order, are Extremely Fine, Very Fine, Fine, Very Good, Good, About Good, Fair (and many years ago, Poor). Graders use several levels for some of the higher circulated grades to denote, for example, an Extremely Fine coin of higher quality than another legitimate Extremely Fine coin (EF-45 vs. EF-40).

Many hobbyists differentiate between circulation wear and another form of wear labeled "friction." According to Halperin, friction is "A disturbance which appears either on the high points of a coin or in the fields, as a result of that coin rubbing against other projections." It is often referred to as cabinet friction, a term applied to the minute wear a coin received when sliding back and forth in the drawer of a cabinet used for storage by earlier collectors.

According to some grading services, friction does disturb the luster of the coin, but it should not disturb the metal underneath. If it does, the disturbance falls into the category of wear, they believe.

Strike

Strike is "The sharpness of detail which the coin had when it was

Mint State," according to Halperin. Fahey defines it as "the evenness and fullness of metal-flow into all the crevices of a die."

The amount of pressure used to strike a coin controls the sharpness of a strike. Design elements may also affect the strike; if two large design features are centered on both sides of the same coin, there may not be enough metal to flow into every little crevice of the design, thus leaving some details weak and ill-defined.

A coin with a sharp strike has sharp design details. For example, the curls of hair on Liberty's head are strong and distinct. The feathers on the eagle's wings and breast are clearly visible. All of the other design details, legends and other elements are sharp and well defined.

A coin with a weak strike has weak and ill-defined design details. It may look worn, since design details are missing from the high points of a coin. However, luster is unimpaired. Lower striking pressures may not force the metal into the deepest crevices on the die (the highest point on the coin); thus, the weaker design details.

Grading services, dealers and collectors consider strike an important part of a coin's grade. An Uncirculated coin relatively free of marks and with full luster may still be placed at the lower end of the Mint State scale if it has a weak strike.

Strike affects the value of a coin. A coin with a sharp strike will generally have a higher value than a coin with a weak strike, all other factors being equal.

Toning and color

As a coin ages, the original color changes in reaction to the environment. The original red of copper coins becomes brown (or green). Silver coins may tone into any color of the rainbow, depending on environmental factors. Gold is a more stable metal and even when immersed in seawater for centuries, generally shows little change in tone and color.

Many years ago, toned coins, particularly silver coins, were judged unattractive. Silver coins were "dipped" or placed into a chemical solution that removed the toning and restored the shiny surface by stripping away the outer surface of the silver or the dirt. Dipping continues today, and while it is generally accepted by many in the market, some hobbyists consider "dipping" unacceptable.

Attractively toned coins have become more appreciated from an aesthetic viewpoint by some. A silver dollar with original rainbow toning may bring a considerable premium because of its coloration.

Still, coins that exhibit bright white, original surfaces are prized (although because of the speed with which silver tones, some question whether any coins of a particular age can retain their original surfaces). Coins that exhibit unattractive toning (referred to as tarnish) are considered to be of lesser quality.

Because attractively toned coins often bring higher prices, some unscrupulous individuals (called "coin doctors") have devised ways of artificially toning coins. Some use the bluing materials used by gunsmiths. Others bake their coins in ovens using various substances to impart different colors. Some chemically treat coins.

Novices will find it difficult to distinguish between natural toning and artificial toning. Experience is important here. An individual who has looked at a large number of coins will find that he can determine at a glance whether the toning is natural or whether it has been artificially generated. Collectors should not pay a premium for an artificially toned coin.

Coin doctoring is universally condemned, although not everyone agrees on what classifies as "doctoring" (for example, some consider dipping a coin to remove tarnish a form of doctoring; others consider it an acceptable practice that need not be noted in a coin's description).

Other factors

Other factors under some grading standards do not affect the grade but may affect the value. Under other standards, those same factors affect both the grade and the value of the coin.

Among these factors are die scratches, not to be confused with "hairline" scratches. Die scratches are thin raised lines on a coin, resulting from minute scratches in the surface of the die. A hairline is a thin scratch scraped into the surface of a coin inflicted after the coin is struck.

A close examination of a coin's surface through a magnifying glass should indicate whether a line on a coin is raised, and thus a die scratch, or incused, making it a hairline scratch.

Hairlines tend to affect the value more than die scratches. Most grading services, however, will lower the grade of a coin for more extensive, distracting die scratches.

Adjustment marks are often found on older U.S. silver and gold coins. Planchets (unstruck coins) were individually weighed before striking. If the coin was found to be a little overweight, the excess gold or silver was filed away. The striking pressures often did not obliterate the adjustment marks, which may resemble a series of parallel grooves. Adjustment marks may affect both the grade and the value.

Eye appeal

All of the factors mentioned earlier are ultimately considered when graders, dealers and collectors decide on the "eye appeal" of a coin. Eye appeal relates to the overall attractiveness of a coin and ultimately determines its value. A potential buyer, whether he is a dealer, collector or investor, decides just how attractive he believes the coin to be.

Judging eye appeal is a purely subjective action. For example, a coin could have a strong strike and full details, possess full luster and have few large, distracting contact marks and still not have eye appeal if it has toned to an unattractive color.

When examining a coin, a buyer must decide for himself just how attractive and appealing the coin is and whether its attractiveness warrants the price being asked. Only the buyer can decide the eye appeal. Aesthetic judgments differ from person to person.

'Raw' coins vs. 'slabbed' coins

When the Professional Coin Grading Service began grading coins in early 1986, it introduced a new product onto the market: the "slabbed" coin. A "slab" is the hard plastic holder into which a coin

graded by a third-party grading service is encapsulated. The grading information is contained in the slab as well. The slab permits both obverse and reverse of the coin to be viewed.

Proponents of the "slab" cite several benefits:

1. A coin encased within a slab is protected somewhat from environmental factors that could cause a deterioration in the coin's surfaces, and a lowering of its grade. However, in recent years, testing has shown that coins encapsulated in grading services' slabs *can* continue to tone. That's because the plastic is permeable; the chemicals that cause a coin to tone can permeate through the plastic. Collectors who own slabbed coins should inspect them routinely to ensure that the environment in which they are stored is not causing the coins to tone unattractively. (Unslabbed coins should also be examined regularly for the same reason.)

An encapsulated, or slabbed, coin

2. By encapsulating a coin into the same holder that contains the grading information, a buyer is "assured" that a coin meets the grading requirements of a specific grading service, if graded accurately.

3. It permits the "sight unseen" trading of a coin (in other words, various dealers have agreed to purchase coins graded by a particular grading service at the grade indicated on the slab, even without seeing the coin first).

Individuals who do not like slabbed coins cite detracting factors:

1. A collector cannot handle the coin directly.

2. Most slabs do not permit the edge of the coin to be viewed.

3. It may be difficult to form one's own opinion about a coin's grade if it has already been encapsulated, since many like to grade a coin without having to examine it through a holder.

Another term is the "raw" coin. A "raw" coin is the nickname used by some hobbyists for a coin that has not been graded and encapsulated by a third-party grading service. Until the founding of PCGS in 1986, all coins were "raw."

Differences in opinion

Several times in this chapter, we have stressed that coins of different grades will sell for different prices. Sometimes, those differences in grade can be minute yet represent thousands of dollars. Take, as an example, the 1881 Morgan dollar. In Mint State 64, it is worth about $100. In Mint State 64 deep mirror prooflike (the same grade, but with a particularly reflective surface), the coin is worth about $1,400. In MS-65, one level up from an MS-64 coin, the 1881 Morgan dollar is worth $825, and in MS-65 deep mirror prooflike, the coin is worth $12,500! The same coin jumps in value from $100 to $12,500 for a one-point increase in grade and an increase in reflectivity! In such cases, accurate grading is essential. No one wants to pay $12,500 for a coin graded at one level that most collectors or dealers would grade one level lower and would say does not meet the higher reflectivity standards, thus being worth $100.

Ultimately, collectors should learn how to grade coins. It is not an easy task, nor one that can be learned in a few days. Individuals the market considers expert graders have taken years to hone their craft. They have looked at hundreds of thousands of coins, maybe more. Collectors should not feel intimidated at this, however. Most collectors can learn to grade coins fairly accurately, if they are willing to devote time to this educational process. There are even classes they can take (some conducted for free, some for a fee) that teach the fundamentals of grading. The time and effort are well worth the expense if one plans to collect coins as a hobby.

Coins for collectors

In recent years, the U.S. Mint has been producing quantities of high-quality coins for collectors. Coins struck for inclusion in Proof sets, Silver Proof sets and State Quarters Proof sets often are of extreme high quality, as are Uncirculated and Proof commemorative coins and American Eagle bullion coins. Grading services often grade these coins Proof 68, Proof 69 or Proof 70, or MS-68, MS-69 or MS-70, depending on whether a coin is a Proof or Uncirculated strike.

Coin collector publications such as *Coin World* are filled with ads from dealers seeking to sell examples of these super high grades.

Grading guidelines

The following guidelines are not presented as grading standards, but as introductions to the terminology of grading and its usage.

A few words regarding grading usage. When two grades are linked together by a virgule—as in Mint State 64/65—it may mean that the coin has two grades (the first grade represents the obverse and the second, the reverse) or that the coin falls into a range between the two grades. When two grades are linked by a hyphen—as in Mint State 64-65—it means that the grade for both sides lies somewhere between the two grades given. Collectors might want to exercise caution about buying a coin graded AU-BU. A coin is either circulated or Uncirculated—it cannot fall somewhere in between.

Plus signs are used by many to indicate a coin slightly better than the numerical grade indicated, but not as good as the next numerical grade. A coin graded MS-60+ is better than a typical MS-60 coin, but not as good as an MS-61 coin. The term "Premium Quality" means pretty much the same thing as a plus sign: that a coin is in the upper range for that grade and is very close to the next grade level.

Many dealers and collectors use adjectives instead of numerals, or combine adjectives and numerals when speaking about Mint State coins. A superb or superb gem coin is generally MS-67. A gem coin is usually MS-65. Some dealers use choice to describe an MS-63 coin, and others use choice for an MS-65 coin. Mint State 60 coins are generally referred to as Uncirculated or Brilliant Uncirculated; sometimes an MS-60 coin is called typical Uncirculated. Collectors should determine what adjectival "system" the dealer uses when no numerals are present because of the disagreement over what the adjectives represent numerically.

Buyers should remember that different dealers, different collectors and investors use different grading systems. Although various grading services use an 11-point Mint State system, this does not necessarily mean they use the same criteria for assigning grades. In fact, there is no universally accepted standard for determining grades for U.S. coins.

Collectors should also know that grading standards can change over time. Standards sometimes tighten up, with a coin once considered Mint State 65 now considered MS-64. Standards can also loosen, with an MS-64 coin grading MS-65 under the looser standards. This can be troublesome, especially if a novice collector buys a slabbed coin graded during a period of loose standards; even if the slab is marked as MS-65, current standards might consider the coin no higher than MS-64. That's why it is vital that collectors learn how to grade coins, in order to protect themselves when buying coins.

A coin that is "market graded" bears a numerical grade that generally matches the grade at which it would be traded on the rare coin market. As market standards change, so do the standards used by grading services that "market grade."

Proof: Traditionally, Proof describes a method of manufacture, not a grade. However, since numerals are often assigned to Proof coins, there are different qualities of Proof coins; in effect, different grades. A circulated Proof is often called an "impaired Proof." Proof is rarely abbreviated (if so, it often appears abbreviated as PF or PRF).

Brilliant Proof coins are struck on highly polished planchets, using slower, high-pressure presses; coins are struck two or more times to bring up greater detail in the design.

Mint State and Uncirculated: The two terms are interchangeable and describe a coin that has no wear. To qualify as Mint State, a coin must not have any level of wear. Even the slightest amount of wear will drop the coin into the About Uncirculated level. (Coins described by some dealers as "Borderline Uncirculated" have wear and are actually About Uncirculated.) Mint State is most often used with numerals.

The numerical Mint State system so widely used in the current rare coin market is based on a system created by Dr. William H. Sheldon for the U.S. large cents of 1793 to 1814. When the numerical system began to spread to other series, three levels of Mint State were used: Mint State 60, for an Uncirculated coin of average luster, strike and marks; MS-65, an Uncirculated coin of above average quality; and MS-70, a perfect coin as regards luster, strike and marks. All 11 numbers are now used from MS-60 to MS-70.

Uncirculated is usually abbreviated as Unc. It often appears as Brilliant Uncirculated, abbreviated as BU. Sometimes the term is used with numerals, generally as Unc. 60, Unc. 61 and so on. Some dealers use a plus sign to indicate a coin better than one level of Mint State, but not as good as the next level.

About Uncirculated: This is a coin with only the barest traces of wear on the highest points of the design. It is abbreviated AU and often appears with numerals as AU-50, AU-55 and AU-58. The term has gained acceptance despite seeming inconsistency. Some people in the hobby still say that no coin can be About Uncirculated — it is either Uncirculated or it is not. Some use Almost Uncirculated, although all major U.S. grading guides use "About." The AU-58 grade has been described as an MS-63 coin with just the slightest hint of wear. It should have fewer contact marks than lower level Mint State coins: MS-60, MS-61 and MS-62. It may be more attractive and more valuable than these lower Mint State coins.

Extremely Fine: Light overall wear on highest points, but with all design elements sharp and clear, distinguishes this grade. Most hobbyists abbreviate it as EF, although a few use XF. It appears as EF-40 and EF-45.

Very Fine: The coin has light to moderate even wear on surface and high points of design. Abbreviated VF, it appears with numerals as VF-20 and VF-30. The abbreviations VF-25 and VF-35 are infrequently used.

Fine: The wear is considerable although the entire design is still strong and visible. It is abbreviated as F-12.

Very Good: The design and fields are well worn, and main features are clear but flat. Abbreviated as VG, it is used with numerals as VG-8 and VG-10.

Good: Design and surface are heavily worn, with some details weak and many details flat. It is often abbreviated when used with numerals, G-4; G-6 is infrequently used. Ironically, a coin in Good condition is not a "good" coin to collect; a Good coin is generally the lowest collectible grade.

About Good: The design is heavily worn with fields fading into rim and many details are weak or missing. Abbreviated as AG, it is used with a numeral as AG-3. Few coins are collectible in About Good condition. Dealers also use the terms Fair and Fair 3 to describe a coin in this state of preservation.

Mint marks and Mints

Coin collectors, whether novice or advanced, need to know how to identify which Mint facility struck a particular coin. This information is vital because value can vary between coins of the same denomination, type and date, but different Mints.

For example, consider an 1893 Morgan dollar. Four Mints struck 1893 Morgan dollars: Philadelphia, Carson City, New Orleans and San Francisco. In the lowest level of Mint State (MS-60), a Philadelphia-struck 1893 Morgan dollar is worth $450, one struck at the Carson City Mint is worth $2,500, one struck at the New Orleans Mint is worth $1,600 and one struck at San Francisco—an 1893-S Morgan dollar—is worth $50,000. In the higher grade of MS-65, the difference in value between the Philadelphia and San Francisco Mint specimens is even greater: $6,500 for the Philadelphia Mint dollar and $325,000 for the San Francisco coin!

While often the difference in value between similar coins from different Mints is not as extreme as the example given, knowing the issuing Mint is essential information for any collector. Fortunately, the U.S. Mint has made it easy to identify which Mints struck which coins (most of the time): Many coins bear a small letter that collectors call a "Mint mark."

Mint marks have been used almost as long as coins have been produced. The ancient Greeks and Romans identified the Mints that issued their coins. When the United States began striking its own coinage in 1792, Mint marks were unnecessary because just one striking facility was in use, in Philadelphia. However, the introduction in 1838 of secondary Mint facilities—Branch Mints—made Mint marks a necessity in the United States.

Why is it important to identify which Mint struck a particular coin? When coins still had intrinsic value, when many were composed of silver and gold, any coin containing less than the intended amount of metal was underweight and thus undervalued. A Mint mark allowed officials to identify which Mint was issuing the undervalued coins and make it easier to take corrective actions to restore full value to the coins.

Mint marks appear in different locations on coins. Sometimes they appear on the obverse, and other times, on the reverse. This price guide includes information about the placement of the Mint mark on every major design type. That information can be found at the beginning of each coinage type section.

D Mint mark on Walking Liberty half reverse.

When looking at a list of coins—for example, a price list of coins available for purchase—one can easily determine the issuing Mint for a particular coin because most hobbyists have adopted a similar style for identifying them: the Mint mark appears after the date, generally linked to the date by a hyphen, as in 1893-S, 1998-D and 2002-S. Sometimes, however, some hobbyists will dispense with the hyphen and type a date and Mint mark as follows: 1983S or 1983 S. Beware, however, when someone makes a reference to the 1983s; they may be using the "s" to make the date plural (*Coin World* publications avoid this confusing style).

The following Mint marks have been used on U.S. coins:

C for Charlotte, N.C., (gold coins only), 1838 to 1861
CC for Carson City, Nev., 1870 to 1893
D for Dahlonega, Ga. (gold coins only), 1838 to 1861
D for Denver, Colo., 1906 to present
O for New Orleans, La., 1838 to 1861; 1879 to 1909
P for Philadelphia, Pa., 1793 to present
S for San Francisco, Calif., 1854 to 1955; 1968 to present
W for West Point, N.Y., 1984 to present

Confusion sometimes reigns

Collectors sometimes get confused over Mint marks (or the lack thereof). Sometimes they cannot find a Mint mark and wonder whether they have found a valuable error coin. Other times, they identify what they believe to be a Mint mark that was not used on that date and denomination and wonder whether they have bought a counterfeit coin. While sometimes they are right (the coin proves to be an error, though not always a valuable one, or a worthless counterfeit), more often than not they are just confused through lack of knowledge.

First, what about a coin lacking a Mint mark? The coin in all likelihood is normal even without a Mint mark, since not all U.S. coins bear Mint marks.

From 1792, when the Philadelphia Mint was founded, until 1979, the only coins struck there to bear the P Mint mark were the silver alloy, Jefferson, Wartime 5-cent coins of 1942 to 1945 (the P Mint mark was used to make it easy to distinguish the silver-alloy coins from the traditional copper-nickel alloy pieces). In 1979, the Mint added the P Mint mark to the

P Mint mark on Kennedy half dollar obverse.

new Anthony dollar, and in 1980, to all other denominations except for the Lincoln cent. However, to this day, Lincoln cents struck at the Philadelphia Mint bear no Mint marks (and *Coin World* occasionally gets letters and telephone calls from collectors who find a cent without a Mint mark and think it is an error coin).

Even coins struck at Branch Mints, which normally bear Mint marks, sometimes lack any identification of the issuing Mint. From 1965 to 1967, a period of a great coinage shortage in the United States, the U.S. Mint stopped using Mint marks so coin collectors would not be tempted to save large numbers of coins from each Mint. Mint officials blamed the coin shortage in part on coin collectors, who often want an example of each Mint's coins. (In reality, other causes were chiefly responsible for the shortage.) And from the mid-1970s to the mid-1980s, some coins struck at the San Francisco and West Point facilities do not bear Mint marks and thus are indistinguishable from their Philadelphia counterparts.

The mintage chapter in this book is a good guide to which Mints struck coins lacking Mint marks. Be sure to pay close attention to how the coins are listed.

Second, what should a collector do if he has found a coin with a Mint mark it should not have?

Often collectors contact *Coin World*. In one case, a collector contacted *Coin World* to complain that a recent news story in the weekly *Coin World* magazine had been in error. Within a couple of days of the first collector, another collector stopped by our offices to report he had been sold a 1923-S Saint-Gaudens $20 double eagle (he knew none had been struck, but the holder was marked "1923-S" and the collector thought he detected an S Mint mark beneath the date).

In both of these examples, the collectors had mistaken a designer's initial or monogram for a Mint mark. In the first example, the collector interpreted the designer's initial D on the coin as a D Mint mark. In the second example, the "S Mint mark" on the double eagle was actually designer Augustus Saint-Gaudens' monogram; in reality, the coin had been struck at the Philadelphia Mint and thus had no Mint mark.

U.S. Mint history

The first U.S. Mint was established in Philadelphia because that city was then the national capital. Later, when the capital was moved to the muddy patch of land and swamp that was later named after the nation's first president, the Mint stayed in place in Philadelphia.

The first Philadelphia Mint was primitive by modern standards. The presses were hand-operated, with the other equipment powered by human or horse. The typical coining press in use at the Mint was the screw press, powered by human muscle. A planchet was placed on the bottom die by an early feed system and two men grasped ropes tied to the two arms of the press and pulled quickly, causing the upper die to descend and strike the coin. The first steam-powered equipment was installed June 24, 1816. Steam powered the machines that rolled the coinage metal to the proper thickness and the punch press used to produce planchets. Further mechanization came in 1833, when the second Philadelphia Mint was opened. The man-powered screw presses were replaced with steam-powered coining presses within a few years. Other equipment was also mechanized.

O Mint mark on
Morgan dollar
reverse.

The growth of the United States Mint was linked to the westward expansion of the nation. Despite the improved output of the second Philadelphia Mint, by the mid-1830s additional coining facilities were needed. Gold discoveries in the Appalachian Mountains triggered America's first gold rush.

To meet the growing coinage needs of an ever-expanding country and population, Congress authorized the first Branch Mints in 1835, in Dahlonega, Ga.; Charlotte, N.C.; and New Orleans. All of the Southern Branch Mints opened for coining in 1838. The Dahlonega and Charlotte Mints were never prolific; they struck gold coins only, generally in smaller numbers than struck at Philadelphia. The New Orleans Mint was a better match for the Philadelphia Mint, striking both silver and gold coins.

When William Marshall discovered gold in California on the American River in 1848, the find triggered the biggest gold rush in U.S.

history. Ever larger numbers of men with visions of unlimited wealth undertook the hazardous journey from the East to the gold fields. California became a state in 1850; the population grew, as did the need for coinage. However, the closest Mint was in New Orleans. A number of private mints sprang up in California, striking pioneer gold coins out of native gold and fulfilling a need for coinage the U.S. Mint was unable to fill until Congress authorized the San Francisco Mint in 1852. The government Mint began operations in 1854, striking both silver and gold coins.

S Mint mark on Washington quarter obverse.

Even as thousands moved west to seek their fortune, the nation moved ever closer to war. California had entered the Union a free state, without slavery, the result of the Compromise of 1850. However, the Compromise only postponed the inevitable. The sectional troubles that had been tearing the country apart for decades burst into full, horrible bloom with the election of Abraham Lincoln as president in 1860. One by one, the Southern states seceded from the Union. As Louisiana, Georgia and North Carolina left the Union, the federal Mints in those states changed hands. There was no need for Southern troops to use force to capture the facilities; the majority of Mint officials and employees at the three facilities were sympathetic to the Confederate cause. All three facilities struck small quantities of coins in early 1861, the New Orleans facility even striking four half dollars with a special Confederate design on one side. However, coinage at all three Mints ended in 1861 due to dwindling Confederate resources. The Dahlonega and Charlotte Mints never reopened following the war; New Orleans resumed coining activities from 1879 to 1909.

Other gold and silver discoveries in the West, particularly in Nevada and Colorado, triggered the need for additional Mints.

The federal government in 1863 purchased the private Clark,

CC Mint mark on Coronet $10 eagle reverse.

Gruber & Co. mint in Denver and extensively remodeled the building. Although officially designated a Branch Mint, it served instead as an Assay Office (a place where precious metals ores are refined and tested). A new Mint was built in Denver at the turn of the century, opening for coining in 1906. Denver has struck coins of copper, copper-nickel, silver and gold.

The Carson City Mint in Nevada opened in 1870 and closed in 1893. Carson City struck silver and gold coins only.

The San Francisco Mint closed after striking 1955 coinage, its presses no longer needed to keep up with the national demand for coinage. Congress revised its status in 1962, naming it the San Francisco Assay Office. However, as noted, a coin shortage struck the country and in 1965, the Assay Office resumed striking coins. The facility regained Mint status in 1988.

The U.S. Mint facility at West Point has been striking coins since 1974, although none of the coins struck for circulation there have borne the W Mint mark. The West Point Mint is the newest Branch Mint, having gained Mint status in early 1988; previously, it had been the West Point Bullion Depository (opening in 1938).

Currently, there are four federal Mints in operation in the United States. The Philadelphia Mint strikes all denominations of coins for circulation and some collectors' coins; the engraving staff works there; and the Philadelphia Mint produces coining dies. The Denver Mint is in its original 1906 building, although there have been recent additions; it, too, strikes a combination of circulation issues and collectors' coins, and has had a die production shop since 1996. The San Francisco Mint is in its third building, opened in 1937; today, it strikes coins for collectors only, although it struck coins for circulation as recently as 1980. The West Point Mint is currently used only for collectors' programs and bullion coins although it has struck coins for circulation in the recent past. All platinum and most gold bullion and gold commemorative coins are struck at West Point. A special 1996-W Roosevelt dime was struck at West Point to commemorate the 50th anniversary of the coin's introduction. It was included at no extra charge in 1996 Uncirculated Mint sets.

W Mint mark on Roosevelt dime obverse

How to buy and sell coins

New collectors often ask two questions: "How do I buy coins?" and "How do I sell coins?"

There have long been traditional methods of buying and selling coins—a local coin dealer, mail-order dealers, at auction and from government Mints. Now, even more buying and selling venues exist with the advent of the Internet and easy access to online auctions at such Web sites as eBay.

All collectors, but especially new ones, need to be aware of the benefits and pitfalls of each method of buying and selling coins. This chapter will offer some advice based on years of experience by *Coin World* staff members, both as collectors and as journalists observing the coin collecting market.

How to buy coins

"How do you buy coins?"

"What's the best way to buy coins?"

"Where do I find coins for my collection?"

Such questions are frequently asked by beginning collectors. They're being asked more and more by those who once collected and are now re-entering the hobby, encountering a marketplace somewhat different from what they remember or experienced years ago.

One fundamental hasn't changed: Know what coin or coins you want to buy. "Knowing" necessarily today includes understanding how to grade coins and being cognizant of how the grade relates to the coin's value (see the chapter on grading for more information about the topic).

Additionally, the firmer grasp one has of the history of the coin or the series, its characteristics, mintage, survivability rates (rarity) and current value, the more one's chances improve for making good purchases. Therein rests the wisdom of the often-quoted adage: "Buy the book before the coin."

For our discussion, we'll assume Joe Collector has at least covered the basics of acquiring knowledge, whether from books, educational seminars, videos, coin shows or coin club attendance. He has a reliable and up-to-date price guide. And he's now ready to venture into buying.

Where does one start?

The most likely place, especially for a true beginner, is nearby: a local bank, a nearby coin shop or the comfort of one's own home, using mail order or the Internet.

One of the easiest and most nonthreatening ways to ease into the hobby is to "buy" coins at the bank: That is, exchange paper dollars for rolls of coins—any of the circulating denominations—to search for dates and Mint marks at one's leisure. The out-of-pocket costs can be limited, and the fun builds. Many millions of Americans collect State quarter dollars in this way or from other sources where coins trade in commerce.

To find coins not readily available in circulation, other nearby sources can be tapped.

In *Coin World's* most recent readership survey, 59 percent of those polled said their numismatic purchases in the previous 12 months were made from dealers/retail coin shops.

A check in the Yellow Pages of the local telephone directory or the classified ad section of the local newspaper often will reveal whether a local dealer or retail shop exists.

Another good source is your local coin club. Clubs generally provide members opportunities for buying, selling and trading coins and other numismatic collectibles during or after meetings. Many sponsor periodic coin shows, affording local collectors the opportunity to purchase from dealers and collectors on a regional or state basis. Large clubs sometimes attract dealers from across the country to their shows. Finding a local or regional coin club may be a matter of checking the community calendar or meeting announcements in the local newspaper, contacting the local library or the local Chamber of Commerce, or contacting the American Numismatic Association (**www.money.org**), which maintains an online roster of coin clubs.

A good source of upcoming coin shows and locations is the Event and Show Calendar in publications such as *Coin World* (online at **www.coinworld.com**).

Many collectors like the convenience of buying coins by mail order. It is especially handy for collectors unable or too busy to travel frequently to shows or attend coin club meetings.

Today, mail order offers the most extensive purchasing opportunities. *Coin World,* as the largest weekly numismatic publication, through its advertising pages is the largest mail-order market.

As with any buying experience, it pays to comparison shop.

Another time-proven adage is especially important to bear in mind: "There are no Santa Clauses in numismatics." A variation on this theme is: "If it looks too good to be true, it probably is." Collectors need to learn the differences between an honest dealer and dishonest one.

Collectors who expect to purchase coins from advertisements in *Coin World* should acquaint themselves with the publication's basic mail-order policy, published in every issue. This policy is an attempt to ensure equity for both buyers and sellers. A key component of the basic mail-order policy is inspection and return privileges.

A cardinal rule of successful buying by mail order is upon receipt to immediately inspect the ordered coin to verify that it is what was ordered. Do not remove the coin from the holder in which it was shipped; to do so voids any return privileges. If the coin does not meet expectations, it is incumbent upon the collector to return the coin to the seller within the time allowed by the seller's return policy.

Another popular way of acquiring coins is from auctions. Lot previewing is generally accorded potential buyers in advance of auctions, generally at the site at which the sale is to be conducted.

Veteran collectors and dealers who buy coins at auction caution to "never bid blind." That is, they suggest any coin being considered for purchase at auction should be examined. They also suggest if you don't know how to grade coins that you seek the assistance of a professional coin dealer. Often the professional, for a modest fee, will buy coins for you or act as your agent at an auction.

Another important tip veteran collectors offer is to establish a bidding limit before the sale begins, whether you are personally bidding or you have contracted an agent to bid for you. Do price research on the desired coin before the sale begins. Set a maximum price you are willing to pay and stick with it. One should also factor in the buyer's fee. Most U.S. auction firms charge a 15 percent or higher buyer's fee— 15 percent of the hammer price is added onto the hammer bid.

Most of the large numismatic auction companies produce descriptive catalogs featuring high-quality photographs of most of the coins that will be in the auction. The catalogs are mailed to potential buyers to apprise them of the coins and numismatic collectibles that will be available. The sale catalog generally includes a form for placing mail bids and specifies deadlines and terms of the sale. Usually a buyer participating as a mail bidder is accorded inspection and return privileges. Review the auction house's return policy *before* bidding.

The advent of the Internet has resulted in a new source for coins.

Auction houses are beginning to place their catalogs online and most even offer online bidding to registered bidders.

In addition to the established auction houses, a number of new businesses have formed auction sites that permit collectors, dealers and others to offer any form of collectible, including coins, to a worldwide audience. The impact of such online companies as eBay is already immense, and no one knows how big Internet trading will become. However, the introduction of these new online auction sites—which are largely unregulated—has brought with it new concerns. As with any source, collectors should exercise caution in bidding and buying online.

Some of these new online-only auction sites simply serve as a conduit between sellers and bidders. Unlike established auction houses, which guarantee the authenticity of every coin offered, some of the new online auction firms offer no such guarantees. These sites operate on the concept of "buyer beware."

Individual dealers are moving online. Many publish their price lists online. Some accept online want lists. Collectors can even "subscribe" to a dealer price list, which is automatically sent to a collector's e-mail address as soon as it becomes available. As with the online auction sites, collectors should exercise due caution.

The largest and most direct sources of new coin issues are the government Mints and sometimes private mints that produce the coins. The U.S. Mint sells directly to the public via mail order and over its Web site (**www.usmint.gov**).

Many foreign Mints also sell by mail order or through business agents established within the United States.

For the truly adventurous, occasional sources to find coins are estate auctions and flea markets. Since the auctioneers selling this material often have no specialized coin knowledge, bidders should carefully inspect each lot before bidding, in order to confirm description, grade and authenticity. Depending on the material offered and the knowledge level of the competing bidders, such sales either may offer bargains, or bids may reach levels well above the coins' market values.

Whatever the source, the key to successful coin buying is to know what you are looking for and what you are willing to pay for it.

How to sell coins

"Where can I sell my coins?"

Such a seemingly simple question is not so simply answered,

although it is a question frequently asked by beginning collectors, those who have been away from the hobby for a number of years, and by family members who have recently inherited a coin collection.

Let's begin at the beginning.

The first rule of thumb is know what you have to sell. Knowing entails identifying the coin or coins in the collection by type, date, Mint mark and variety, if appropriate. Equally important is the state of preservation or grade. Grade is particularly important if one intends to sell United States coins because a coin's "condition" or grade is a primary determinant of value. Also important to value is the coin's rarity.

Even rarity does not automatically mean that a coin is of great value. Ultimately a coin's market value is determined by demand. Demand is determined by the number of buyers desirous of acquiring the coin. Collectors are the ultimate buyers for most coins. Collectors primarily buy a coin because it is "needed" or "fits" in their collections.

Virtually all of the basic information needed to identify and grade coins is available in print, online or video form. Current retail values can be found in price guides and regular updates such as the monthly *Coin Values* published in *Coin World* and the weekly edition at *Coin World* Online (**www.coinvaluesonline.com**).

Additional ways of acquiring information include talking with coin collectors and coin dealers and attending coin shows, coin club meetings and educational presentations. However, if one is unable to spend the time necessary to acquire basic knowledge about coins and their values, he or she may wish to engage the services of a professional numismatist or professional coin appraiser. Professionals, whether dealers or appraisers, usually charge an hourly rate and will provide a preliminary estimate of cost of the appraisal based on the number of coins to be evaluated and the time needed to perform the service.

If the seller is the person who acquired the coins, he or she likely will have some ideas about prospective buyers. The most logical candidates are other collectors or dealers specializing in the coins one has for sale. Often collectors make acquaintances with others in their collecting fields through local coin clubs or regional or national organizations. Many local coin clubs hold "club auctions" in which members buy and sell coins. Others sponsor "bid-boards" on which members can list coins for sale or allow members to advertise items for sale in the club's newsletter. Regional and national specialty organizations offer similar venues for members to buy, sell or trade.

Clubs and organizations also sponsor shows, inviting members, local coin dealers and dealers from out of state or from various collecting specialties to buy and sell on the coin show's bourse.

"Bourse" is the French word for "exchange." Thus, coin bourse is literally a place to buy and sell coins and other numismatic collectibles. Dealers pay a fee to the show promoter to have a presence on the bourse. Usually this means the show promoter provides a display case, lights, and a table and chairs at an assigned space on the floor.

If selling coins is your prime objective at a coin show, the best use of time would be to first identify those dealers who are selling the various types and grades of coins that you may have for sale. The best way to determine this is to spend time going from table to table and looking at what is on display in the dealer's case. After identifying the most likely candidates, the next step is to inquire as to whether the dealer is interested in buying. You will be expected to be able to generally describe your coins by type and grade and have them available for inspection in a reasonably organized and efficient manner. The dealer may not be interested at all. He may already be overstocked and have a large inventory of coins just like yours.

If the dealer looks at your coin or coins and offers a price, you will be expected to respond as to whether the price quoted is agreeable. Sometimes rather than quoting a price, the dealer may ask: "What's your price?" When asked, be prepared to give a serious and reasonable answer.

In general, dealers expect to buy at wholesale. The wholesale market has a rather wide range, ranging from 30 to 40 percent of the retail price up to 80 percent and sometimes higher. The price a dealer quotes depends on his individual needs. It is not unusual to obtain different bids on the same coin from different dealers. It is up to the seller to determine when his price has been met and whether he desires to sell the coin.

Although some dealers will bargain, others are not so inclined, especially if they are only marginally interested in purchasing. You may have a price in mind for the initial response and a "fall-back" or bottom line in case bargaining is a possibility. However, have those numbers in mind before approaching any prospective buyer.

Sometimes buyers will be interested only in certain dates or certain grades. If you are attempting to sell a collection, determine whether your strategy is to sell it intact or to sell some or all of the coins individually.

Often other collectors or dealers may be interested in key dates or semi-key dates and have little or no interest in purchasing the entire collection.

Also, some dealers today only buy and sell coins that have been graded by a third-party grading service and sonically sealed in plastic holders known as "slabs." Upon your initial inquiry, the dealer may ask whether your coin is "raw" or "slabbed." The term "raw" as used in the coin marketplace refers to a coin that is not encapsulated and graded by a third-party grading service. It may benefit you to have the rarer and more valuable coins in your collection graded by one of the major grading service; having them slabbed may make them easier to sell. However, low-value coins generally should not be slabbed; the cost of the slabbing may exceed the value of the coin.

Many collectors who are ready to sell coins do not have the time or the inclination to travel to coin shows or club meetings. Thus, mail order becomes an option. Seasoned collectors sometimes sell their coins via "fixed-price" lists that they advertise in the classified sections of publications such as *Coin World* or to individuals whom they have identified as having an interest in purchasing coins they may have. Classified ads also are a vehicle for selling specific coins.

Many dealers who advertise in publications such as *Coin World* buy as well sell coins. Often they will list coins that they are interested in obtaining. In most cases, the transaction is contingent upon the dealer being able to inspect the coin, to confirm grade. Whenever sending coins via mail, a cover letter stating terms of sale and an inventory list of what is being offered should be included in the package. Coins should be sent by registered mail and insured.

Transactions can be conducted entirely by mail. Before sending any coins, the seller should inquire as to whether the dealer or potential collector-buyer is interested. Again, terms of sale should be stated in a forthright manner and an inventory list presented, listing coin type, date, Mint mark, variety, grade and any other important information about the coin. The seller should list a price at which he desires to sell. If he does not list a price, he may ask the dealer to quote a price.

Coins should never be sent on a "blind" inquiry. They should be forwarded only after a prospective buyer has expressed interest in purchasing. If possible, the seller should maintain a photographic record of any coins sent to a prospective buyer. Absent good photographs, detailed inventory records, including grade, should be kept by the seller in order to be certain that any coins returned are the same ones he sent for possible purchase (coin switching should not be a problem as long as you deal with an established dealer with a good reputation).

Sometimes dealers or other collectors will take groups of coins or collections on consignment. Consignment agreements should be made in writing and should detail the coins, terms of consignment (percentage the consignment agent will receive for selling the coins) and the length of time covered by the agreement.

Public auction is a popular method of selling collectible coins, especially extensive collections and highly collectible coins. Most auction firms that advertise in *Coin World* specialize in coins. They have extensive lists of identified customers who have purchased coins in the past, thus providing greater exposure to potential buyers.

Most of the numismatic auction firms have full-time staff that research and prepare descriptions of the coins that they publish in an auction catalog provided to prospective buyers. Most auction houses also extensively advertise forthcoming auctions to the widest possible audiences. Often auction preview days are designated just prior to the sale so that prospective buyers or their agents can inspect the coins. Auction firms charge the seller a fee, usually based on a percentage of the price the coin achieves at auction. Reputable auction firms require consignors to sign contracts, which state the terms and conditions of the sale. In selecting an auction firm to sell your coins, it would be important to read and compare consignment contracts.

You should contact more than one auction house and seek to gain the best deal possible. When the coin market is hot, auction houses will compete with each other to obtain desirable consignments.

Depending on the number of coins to be sold in an auction and whether specialized material is being offered, the number of days between consignment and the actual sale date can vary.

The impact of the Internet on buyers mentioned earlier also holds true for sellers. Sellers may wish to register with an online auction site and offer their coins directly to collectors worldwide. As with buying coins over the Internet, sellers should also take precautions. A seller may not want to ship coins to a successful bidder until payment has been received. Sellers also should be sure they describe their coins accurately in order to avoid deceiving potential bidders.

Some collectors buy coins with the avowed intent never to sell any. Other collectors buy and sell on a regular basis. Whether the collector sells his coins or they will be passed on to future generations, good records and inventory lists will assist when it does come time to sell.

As we have shown, there are many ways to sell coins. Each seller must determine the best method, depending on the time and energy that can be devoted to the activity.

Online auctions

Before you bid on any online auction site, you have to register. Always read the user's agreement carefully to know what kind of obligations and recourse you will have. Before you bid on an item, pay close attention to the return policies of the seller. Be sure to contact that person if you have any questions.

Often online auctions will provide rating information about buyers and sellers. People who have done business with these folks in the past will rate their attitude, promptness, honesty and so on. Keep this information in mind when buying or selling. Keep also in mind that rating systems are not foolproof; some sellers may solicit positive feedback from friends rather than from actual buyers.

Don't be too quick to trust a photograph of the lot. Photo quality is often poor and inconsistent. Digital images can be enhanced. The item offered may not be the item delivered. Of course, a photo might also be very telling; you may be able to determine the authenticity of a questionable item.

This brings up another important point: There is a certain amount of risk in not purchasing or selling through a dealer or numismatic auctioneer. You don't get the benefit of their expertise and staff or return policies.

While a vast number of individuals selling coins on the Internet are honest people, there are some who either accidentally (due to their limited knowledge) or intentionally take advantage of or defraud a customer. Because the Internet affords all users a certain amount of anonymity, criminals find they can use this to their advantage and disappear.

There are three broad categories of auctioneers on the Internet: auction venues (middlemen), live auctioneers on the Internet (a company that incorporates online bidding into its live auctions) and Internet auction companies (companies that catalog and auction consigned coins).

Companies such as eBay (**www.ebay.com**), Amazon (**www.amazon.com**) and Yahoo (**www.yahoo.com**) act as middlemen for auctions. On such sites, the owners of the coins (who may or may not be coin dealers) post their offerings and pay the site a fee for the service, which is often a percentage of the sale price. If a collector buys a coin on one of these middleman sites, he and the seller must contact each other to complete the transaction. The seller may be a single individual or a company.

Many of these sites indemnify themselves against many potential problems. They are not involved in the actual transaction between buyers and sellers and have limited control over the quality, safety or legality of the items advertised, the truth or accuracy of the listings, the ability of sellers to deliver items or the ability of buyers to buy items. In fact, such a site cannot and does not confirm that each seller (or buyer) is who he claims to be. Basically, you are on your own at such sites.

Another kind of auction site is one that accepts consignments for auctions and employs a staff of numismatists to catalog the coins. The buyer does business directly with this company, and the company is responsible for the customer's satisfaction.

As a buyer, if you fear that your item may not be all that you hoped, you might want to consider registering your purchase with an online escrow service. Many buyers use this service (there is a fee), especially if the item purchased is very expensive. In this way, the buyer and seller protect each other (or one from the other) jointly by agreeing to place the money for the item with the escrow service using a credit card. Once the funds are there, the seller ships the item.

When the item arrives at the buyer's door, he or she will have an agreed upon the number of days to examine the piece. If it is satisfactory, the money is released to the seller. If not, the item is returned and the buyer gets a refund.

If something should go very wrong with the sale of the item and the two parties cannot come to an agreement, they should seek arbitration through the venue company (if one was used) or from the Better Business Bureau (**www.bbb.org**), which also provides arbitration services for customers. Incidentally, the Better Business Bureau is a good place to start to see if any companies with which you will deal are members of BBBOnLine Inc., which promotes ethics in commerce on the Internet.

As with any coin transaction, whether you are in a shop or in your pajamas at home, knowledge will do a great deal to protect you. However, in case you have acted to the best of your knowledge, and things go wrong, know how to protect yourself.

Storage and preservation

Coins and paper money change over time, and not for the better. Collectors, dealers and investors too often neglect this simple maxim. Deterioration is at odds with the long-accepted belief that the better the condition of a numismatic collectible, the more it is worth.

The greater awareness of coin storage and preservation in recent decades has resulted in safer storage materials being offered. However, some coins sold, bought and stored are probably being housed in a holder that does not offer much protection, or may even harm the coin.

Metal

Metals vary in their resistance to corrosion; however, all coinage metals can be affected. Gold is probably the most resistant coinage metal, being unaffected by most corrosive agents. A problem arises with some gold coins because they usually contain copper, and a poor mix can result in areas of high concentration of copper that can corrode, causing streaks, spotting and other surface blemishes.

Fortunately, this does not often occur. Gold coins are remarkably resistant to damage from storage in dangerous coin holders, polluted atmospheres and under other adverse conditions. Be careful with gold coins if you smoke, however. Tobacco will stain gold. Avoid handling gold coins with tobacco-contaminated fingers, or blowing smoke on the coins, which can condense on the surface.

Silver is also quite resistant, but subject to tarnish, especially in the presence of sulfur compounds and nitrates. Since sulfur and nitrate compounds are frequent components of air pollution, modern times are especially hard on silver coins.

As with gold, most silver U.S. coins contain copper. Since the percentage of copper is about 10 percent, it is possible to oxidize copper at the coin's surface, resulting in green to blue corrosion. Some collectors consider attractive, iridescent patina desirable on silver coins. This patina results from complex chemical processes over a long period, thus the rainbow hues seen on some 19th century silver coins.

Collectors should remember that toning and tarnishing represent the same thing: a chemical change to the metal on the surface of the coin. The "difference" between toning and tarnish is the degree of chemical change and how collectors and dealers perceive the change. Essentially, "toning" is used to describe attractive, desirable color; "tarnish" is used to describe unattractive, undesirable color. Over time, if the chemical change is unchecked, desirable toning can become undesirable tarnish.

There have been modern-day attempts to duplicate natural toning when it was discovered that toned coins sometimes bring premium prices. By experimenting with various chemicals and techniques, some found that they could produce artificial toning, and there are "midnight labs" operated by "coin doctors" in various parts of the country turning out these coins. These "doctors" have developed many different techniques to enhance a coin's appearance. Beware when toning is used to cover up rubbing on an Uncirculated coin or hairlines on a Proof coin.

The copper-nickel alloy used in U.S. coins is even more susceptible to chemical attack because of the 75 percent copper present. Not only is it affected by atmospheric contaminants, but it is also more subject to electrochemical action (battery action) than silver and gold. Small black spots, called "carbon spots," are sometimes seen. These are the result of oxygen cells, discussed later, or the result of a contaminant imbedded in the coin's surface, which later corrodes or oxidizes, or causes the surrounding metal to corrode or oxidize.

Copper is one of the most fragile commonly used U.S. coinage materials. Upon oxidation, it forms green to blue copper oxide. Copper alloy coins are very susceptible to carbon spots. The zinc cents, first produced for 1982, are plated with a thin layer of copper and are especially fragile. If the copper plating is broken, the coin can corrode and deteriorate rapidly.

The atmosphere

It should be obvious that airborne gases can adversely affect a coin. Normal pollutants found in the air can cause long-term problems. They can combine with oxygen at the coin's surface. Gases produced while a coin is in a plastic holder, coming from the plastic itself, can also have an adverse effect.

The atmosphere also contains moisture and dust, both dangerous to a coin's surface. Both are carriers of oxygen and other compounds, bringing them into intimate contact with the coin's surface. Since we don't have much direct control over the air around us, the only way to protect a coin from the atmospheric pollutants is to isolate it in a container that is airtight and inert, so the container itself won't contaminate the coin.

Contaminants

Coins are dirty, even when coming off the coinage press! Since the metal is rolled, punched, annealed, struck by dies and handled by various mechanical devices, even a Mint State or Proof coin may be contaminated with metallic particles, oil and grease, rag dust, bag dust, and other foreign material.

Once the coins leave the Mint, they are further contaminated by counting machines, rolling machines and handling by the collector himself.

Coin holders themselves can contaminate the coin. They may contain dust particles picked up by static electricity from the air or surfaces. Many also contain paper or cardboard dust, highly dangerous to pristine coins. Some plastic holders give off dangerous gases due to their volatility, including acetic, hydrochloric and other acids. Some "sweat" and the liquid coming out of the plastic is deposited on the coin.

Dust particles on the coins are dangerous because they themselves may be corrosive and because they can form oxygen cells. When a particle rests on a coin, it causes an oxygen deficiency at that point and this sets up an electrochemical reaction resulting in precipitation of corrosive compounds around the particle. A spot forms as a result, and the surface of the coin pits directly under the dust particle. Experience indicates that paper and cardboard dust particles are especially prone to forming oxygen cells.

Handling

Improper handling causes abrasion, decreasing the value of the coin itself and exposes fresh metal that can oxidize and corrode. Although every collector should be aware of these facts, some can be seen carelessly handling coins. Don't allow coins to contact each other or other surfaces if you value their long-term life.

When you lay a coin down, be aware of the surface. Is it clean? If not, the coin may pick up contaminants. Coins stored in slide-type albums may develop "slide mark" abrasion on the high points from sliding the windows past the coins.

Storage materials

The factors described will have an adverse effect on coins over time, but can be reduced and perhaps eliminated by careful selection of materials for storage or display. It is foolish not to take the steps necessary to protect one's coins.

The following statement may shock you, but it is a fact: many of the coin holders on the market are not suitable for long-term storage. The following discusses the most common coin holders and their suitability.

Coin albums

Traditional cardboard albums with plastic slides are bad because of the cardboard and paper, the abrasion possible with the plastic slides, and the fact that a large number of coins are exposed at the same time when the slides are pulled.

These albums also don't protect against the atmosphere or moisture since the cardboard is porous. Some newer albums are made of plastic, and though they eliminate the slides, they are unsuitable because the plastic itself may not be inert. Some of them "sweat" over time, causing tarnish or green corrosion. Coin boards without any covering should obviously never be used for high-grade coins.

Two-by-twos

Probably the most common coin holder is the cardboard 2-by-2-inch or 1.5-by-1.5-inch square container. They come as one piece usually, with a plastic window, and are stapled or glued together with the coin in between. This holder is potentially dangerous. Many of the plastics used are dangerous, the holder is not airtight and worst of all, many are badly contaminated with paper and cardboard dust on the surface of the plastic.

Even when wiped off, the holder still has microscopic dust particles that fly to the coin's surface when it is inserted. You would be amazed how big a spot a dust particle invisible to the naked eye can cause.

Flips

This is the name given to the 2-by-2-inch plastic holders. There usually have two sections hinged at the top, and one section contains a paper insert for labeling.

Some are made of polyvinyl chloride, a dangerous plastic because it can combine with oxygen to form compounds that will attack the coin.

Some are Mylar, a polyethylene derivative, and these are basically inert, but are moisture permeable. The Myiar holders are reasonably safe for short-term storage though. There is a possibility of contaminating the interiors of the flips with paper dust from the inserts. In addition, the flips do not seal at the top, thus the coins are exposed to the atmosphere.

Plexiglas

Three-layer Plexiglas holders are available for single coins or sets. They are much better than most holders, but have the disadvantage of high cost. However, Plexiglas contains polymethacrylic acid, which can attack the coin's surface. The coins usually are loose in the holes and can rattle around, abrading the plastic and picking up dust from the plastic; thus the acid can contact the coin. Plexiglas can also absorb moisture.

Polystyrene holders

Single coin or Proof and Mint holders, as well as roll tubes, are available. Made of clear brittle plastic, the holders usually snap together. Polystyrene is one of the few inert plastics and therefore can be considered safe. The edges of these holders, however, do not seal airtight.

Slabs

The sonically sealed plastic encapsulations used by third-party grading services, euphemistically known as "slabs," offer some protection but are not a panacea for all storage problems. Contaminants trapped on a coin when it is being slabbed can continue to cause damage after slabbing. Over time, corrosive chemicals can permeate through the plastic and attack the coin housed within the slab. Coins can tone inside a slab that is kept in a corrosive atmosphere.

Intercept Shield

A new product was introduced in a variety of coin storage systems during the summer of 1999 that holds the potential for protecting coins for decades. The technology was developed and patented by Lucent Technologies Bell Labs to protect sensitive electrical components from atmospheric contamination and corrosion. The technology, which is being incorporated into the lining of coin albums and folders, 2-by-2-inch and slab-sized storage boxes, individual slab storage boxes and inserts placed inside slabs and envelopes, absorbs harmful chemicals and keeps them away from coins stored within the devices. Under proper conditions, the Intercept Shield could protect coins from toning for decades, according to testing.

Following these suggestions will not guarantee that a coin will not deteriorate, but they are the best methods known to ensure that coins that are the pride and joy of a collector will survive for the lifetime of this and future generations of collectors.

U.S. coinage history

United States coinage history is a fascinating subject involving economics, politics, artistic expression, personal rivalry, technological breakthroughs, gold and silver discoveries and more. In short, the history of the country's coinage is the history of the United States.

Denominations

Since coinage began at the Philadelphia Mint in 1793, more than 20 denominations have been used as circulating, commemorative and bullion coins of the United States. In platinum, the denominations have been $100, $50, $25 and $10. In gold, the denominations have been $50 (commemorative and bullion coins only), $25 (the American Eagle bullion coin), $20, $10, $5, $3, $2.50 and $1. The U.S. Mint has issued one platinum-gold ringed bimetallic coin, with a denomination of $10. Among silver coins (many later changed to copper-nickel clad by the Coinage Act of 1965), the Mint has issued the silver dollar, the Trade dollar, the half dollar, the quarter dollar, 20-cent coin, dime, half dime and 3-cent coin. It has also struck copper-nickel 5-cent, 3-cent and 1-cent coins; a bronze 2-cent coin; cents in copper, copper-nickel, bronze, brass, zinc-coated steel and copper-plated zinc; and a copper half cent.

Production of U.S. coins began in earnest in 1793 with copper half cents and cents. The Mint began striking silver half dimes, half dollars and dollars in 1794, and silver dimes and quarter dollars in 1796. Gold coinage began in 1795 with the $5 half eagle and the $10 eagle, followed by the $2.50 quarter eagle in 1796.

During the earlier years of the U.S. Mint, not all denominations were struck in all years.

Meanwhile, as the country's borders and population grew, the monetary system grew with them. The denominations authorized in 1792 were no longer sufficient to meet the country's monetary needs at the midpoint of the 19th century, and new denominations were authorized. Congress authorized a gold dollar and a gold $20 double eagle, both under the Act of March 3, 1849. Two years later, a silver 3-cent coin was authorized to facilitate the purchase of 3-cent postage stamps. A gold $3 coin was introduced in 1854. A smaller, copper-nickel cent was approved in 1857, replacing the pure copper large cent. The half cent was eliminated, also in 1857.

More changes to U.S. coins began in 1864, when the composition of the cent was changed to 95 percent copper and 5 percent tin and zinc (bronze), and when a bronze 2-cent coin was introduced.

A copper-nickel 3-cent coin was issued beginning in 1865 to circulate alongside the silver 3-cent coin. A copper-nickel 5-cent coin was introduced in 1866.

The year 1873 brought significant, unprecedented changes to the U.S. coinage system, under the Act of Feb. 12, 1873. Four denominations were abolished by the act: the 2-cent coin, the silver 3-cent coin, the half dime and the standard silver dollar. It authorized a Trade silver dollar for use by merchants in Asia. The weights of the silver dime, quarter dollar and half dollar were increased. In addition, the act, in effect, demonetized silver and placed the United States on a gold standard, triggering a national debate that would last for the next quarter century.

Another new denomination was authorized in 1875—the silver 20-cent coin. The coin was struck for circulation in 1875 and 1876, setting the record for the shortest-lived silver denomination in U.S. coinage history. Only Proofs were struck in 1877 and 1878.

Congress reauthorized the standard silver dollar in 1878 after lobbying efforts on behalf of the silver mine owners.

Other coinage denominations in use continued unchanged through 1889, when the gold dollar and gold $3 denominations were struck for the last time.

The circulating silver dollar was resurrected twice for circulation: in 1921, to continue through 1935; and in 1964. Although 1964-D Peace silver dollars were struck, the government withdrew support for them and ordered the coins destroyed. There is no credible evidence (though plenty of rumors) that any survive.

The copper-nickel dollar was introduced in 1971, and a smaller dollar (the Anthony dollar) was issued briefly from 1979 to 1981 and in 1999. A new golden-colored, Anthony-dollar sized dollar coin depicting Sacagawea entered circulation in 2000, but has not circulated widely. None of the 2002 and 2003 circulation-quality coins struck were released for circulation; all were sold to collectors.

The standard silver dollar lives on in commemorative coinage, with more than 40 different commemorative dollars struck since

1983. In addition, there is a 1-ounce silver bullion coin that bears a $1 denomination, introduced in 1986: the American Eagle.

Since the Mint Act of 1875, only three new denominations have been authorized, none for circulation. A gold $50 coin was approved to commemorate the 1915 Panama-Pacific Exposition being held in San Francisco. More than 70 years later, in 1986, the $50 denomination was revived and a new denomination ($25) was authorized, both for the American Eagle gold bullion coin program. A $100 denomination was given to the 1-ounce platinum American Eagle bullion coin, which was introduced in 1997.

The last gold denominations struck for circulation occurred in 1933, when coinage of the eagle and double eagle ceased under President Franklin Roosevelt's anti-gold executive orders. The gold quarter eagles and half eagles were last struck in 1929. All gold coins struck since 1984 have been commemorative or bullion coins.

Designs

The story behind the designs of U.S. coinage is one of artistic experimentation and drone-like uniformity; of political necessity and political favoritism; of beauty tempered by production realities.

The members of Congress who approved the original U.S. monetary system created design parameters that affect new U.S. coin designs even today. The Mint Act of April 2, 1792, specified that certain design features and legends appear on the coins that were authorized. On one side of all coins was to be an impression symbolic of Liberty, plus the word LIBERTY and the year of coinage. For the silver and gold coins, an eagle and UNITED STATES OF AMERICA were to appear on the reverse. The denomination was to appear on the reverses of the half cents and cents.

For more than 115 years in the history of U.S. coinage, Liberty was portrayed by allegorical female figures, appearing either as a bust or a full-length portrait.

The 1793 half cents and cents introduced the allegorical themes used on U.S. coins:

The half cent depicts a bust of Liberty with her hair flowing free. A Liberty Cap on a pole, a familiar symbol of Liberty in the American and French revolutions of the latter 18th century, rests on her right shoulder, giving the design its name: the Liberty Cap. The first half cents have a wreath on the reverse.

On the first cents of 1793, another Flowing Hair Liberty

appears. The accompanying reverse device, a 15-link chain meant to represent the unity of the 15 states, lasted only weeks, and the obverse not much longer. A 15-link chain meant to represent the unity of the 15 states appears on the first 1793 cents, along with a Flowing Hair Liberty. The public believed the chain was a symbol of enslavement perceived to represent "a bad omen for Liberty," and Liberty on the obverse was said to look frightened. Changes in the design of both sides of the cent came rapidly. A Wreath reverse replaced the Chain reverse, and a slightly different Flowing Hair Liberty was used on the obverse. Shortly after those designs were introduced, the unpopular obverse design was replaced with a Liberty Cap design similar to that on the half cent, and a revised version of the Wreath reverse replaced the original Wreath reverse. Altogether, three distinct cents were struck with the 1793 date.

Additional design changes were instituted for the cent in 1796, when a Draped Bust design was introduced and used through 1807. Liberty appears without a cap, her hair falling over bare shoulders. Loose drapery covers Liberty's bust. Another Liberty Head design called the Classic Head design was used on the cent from 1808 to 1814. It differs considerably from the earlier allegorical motifs, with Liberty wearing a ribbon inscribed with LIBERTY around her hair. Throughout this period, different Wreath reverse designs were used.

The Coronet design was introduced in 1816 on the large cent, along with yet another Wreath reverse design. The Coronet Liberty design (in several forms) would prove one of the most versatile of the 19th century. A variation of the Coronet design would appear both on copper coins until 1857 and on most of the gold denominations from the 1830s to the first decade of the 20th century. The design is similar on all of the coins, depicting Liberty wearing a coronet inscribed with LIBERTY.

The half cent used a Liberty Cap design until 1797, and from 1800 to 1808 a Draped Bust design was used. The Classic Head design was used on the half cent from 1809 to 1836 and the Coronet design was introduced in 1840.

The silver coins of the 18th century feature designs similar to those on the copper coins. The silver coins used a Flowing Hair design in 1794 and 1795, and in 1795 and 1796, a Draped Bust design was introduced on all silver coins. The Capped Bust design was used first for the half dollar in 1807, with the dime following in 1809, the quarter dollar in 1815 and the half dime in 1829. The eagles appearing on the reverse of the silver coins appeared in several forms, first in a Small Eagle design that some critics likened to a pigeon. A Heraldic Eagle was used on the dollar beginning in 1798, the half dollar in 1801 and the quarter dollar in 1804.

Allegorical Liberty figures with similar themes but somewhat different details were used on the early gold coins. A Capped Bust, Heraldic Eagle design was used from 1796 to 1807 for the quarter eagle, then replaced in 1808 with the one-year-only Capped Draped Bust type. The Capped Head quarter eagle was struck between 1821 and 1834. On the half eagle, the Capped Bust design was used from 1796 to 1807; the Small Eagle reverse was used from 1796 to 1798, and a Heraldic Eagle design was used from 1795 to 1807, concurrently with the Small Eagle at first. The Capped Draped Bust was used on the half eagle from 1807 to 1812, and the Capped Head, from 1813 to 1829. The Classic Head design was used from 1834 to 1838. For the $10 eagle, the Capped Bust design was used from 1795 to 1804, when production ceased. On the reverse of the $10 coin, the Small Eagle was used from 1795 to 1797, and the Heraldic Eagle design was used from 1797 to 1804.

An 1837 act dropped the requirement that an eagle appear on the reverses of the half dime and dime.

Production of the silver dollar resumed in 1836 with the so-called Gobrecht dollar. The obverse depicts a Seated Liberty figure on a rock, her body draped in robes. The reverse design depicts a Flying Eagle.

With the creation of the Seated Liberty design, a new age of uniformity ensued. A modification of the Seated Liberty obverse design from the dollar was introduced on the half dime and dime in 1837, the quarter dollar in 1838 and the half dollar in 1839. Wreaths were placed on the half dime and dime in 1837; eagles appeared on the new quarter dollar and half dollar; and the dollar received a new eagle design in 1840, with the Flying Eagle replaced by an eagle similar to those on the quarter dollar and half dollar.

Gold coins, too, entered the uniform age of coin designs when the Coronet (or Liberty Head) design was introduced in 1838 for the eagle, in 1839 for the half eagle and in 1840 for the quarter eagle. When the gold dollar and $20 double eagle were introduced in 1849 and 1850, respectively, the Coronet design was used for both. With the exception of the dollar, the gold coins would not break out of uniformity until the early 20th century.

A new theme was introduced in 1854 on the gold dollar,

replacing the Coronet figure. An Indian Head portrait by James B. Longacre was introduced, the first in a series of coinage tributes to the first native Americans. However, the gold dollar portrait did not depict a true Indian; Longacre simply placed an Indian headdress on the same Liberty figure he would use in many different versions of the design. A slightly larger Indian Head was used beginning in 1856 on the gold dollar. The gold $3 coin depicts an Indian Head portrait, and the reverse depicts a wreath.

When the large cent was abandoned in 1857 for a smaller cent, a Flying Eagle design was placed on the obverse. The obverse design was changed to an Indian Head design in 1859. Wreaths of various types appear on the reverses of both.

Several nonallegorical designs began to appear on U.S. coins in the 1850s. On the silver 3-cent coin, a six-point star appears as the central obverse design; the reverse depicts the Roman numeral III inside what resembles a large letter "C." Shields appear on the obverses of the 2-cent coin and the first copper-nickel 5-cent coin.

A Liberty Head design replaced the Shield design on the 5-cent coin in 1883. The silver dollar, abandoned in 1873 and reinstated in 1878, depicts a Liberty Head and an eagle (the coin is called the Morgan dollar in reference to the designer). A version of the Seated Liberty coinage design was placed on the short-lived 20-cent coin.

Coinage designs came under stricter congressional control with passage of a new law in 1890. Previously, design changes could occur at whatever frequency Mint officials determined to be appropriate, sometimes after being used for only weeks or months.

The new law prohibited design changes unless the designs had been used for at least 25 years. Congress had to authorize changes to designs in use for less than the required period. This brought an end to frequent design changes and in the 20th century, would lead to design stagnation as Mint officials began viewing design changes as undesirable.

The Seated Liberty design, used on most of the silver coins since 1836, was finally abandoned at the end of 1891. By that time, it was in use only on the dime, quarter dollar and half dollar. Chief Mint Sculptor-Engraver Charles Barber's Liberty Head design replaced it in 1892. Barber also created a Heraldic Eagle for use on the reverse of the quarter dollar and half dollar; the reverse wreath appearing on the Seated Liberty dime was maintained on the reverse of the "Barber" dime. Barber's designs were used through mid-1916 for the dime and quarter dollar, and through 1915 for the half dollar.

The first two decades of the 20th century resulted in two major design trends for U.S. coins. One, beginning in 1907, resulted in what many cite as the "Golden Age of U.S. Coin Designs." The other, beginning in 1909, was the first step away from allegorical depictions in favor of medallic tributes to prominent political figures.

The "Golden Age" began with the elevation of Theodore Roosevelt to president of the United States. Roosevelt did more to improve the aesthetics of U.S. coins than any other politician since Washington. He invited Augustus Saint-Gaudens, the premier U.S. sculptor of the day, to create coin designs Roosevelt hoped would equal the artistic beauty found on ancient Greek coins. Saint-Gaudens submitted designs for the cent, eagle and double eagle, but died before the designs could be finalized for regular production. Roosevelt chose from the submissions the designs for the two gold coins. The $10 coin depicts an allegorical Liberty Head wearing an Indian headdress on the obverse, and a standing eagle on the reverse. The double eagle depicts a Standing Liberty facing the viewer on the obverse, and a Flying Eagle design for the reverse.

Saint-Gaudens' double eagle designs are considered by many collectors to be the finest ever portrayed on a U.S. coin. However, the first $20 coins struck in 1907 contain extremely high relief features, a wonderfully artistic feature that was totally impractical for production. The coins required too many strikings for efficient production, so the relief was lowered later in 1907.

The "Golden Age" continued in 1908, with new designs for the $2.50 and $5 coins by Bela Lyon Pratt: an American Indian on the obverse, and a Standing Eagle on the reverse. These were the first true Indians to appear on U.S. coins. What made the designs so unusual, however, was their placement on the coin. Often incorrectly referred to as incused, the designs are raised, but sunken into the fields so the highest points are level with the flat fields.

In 1913, the designs for the 5-cent coin were changed. An American Indian was placed on the obverse, and an American bison was placed on the reverse. The coin, known variously as the Indian Head, Bison or Buffalo 5-cent coin (also nicknamed the Buffalo nickel), is considered the most American of U.S. coin designs because of the two themes portrayed on the coin. The Indian design appearing on the obverse is probably the finest to be placed on a U.S. coin. Three Indians—often identified as Iron Tail, Two Moons and Chief John Tree—reportedly posed for designer James Earle Fraser, who created a composite portrait. The model for the bison was Black Diamond, a resident of the New York Zoological Gardens. Variations of Fraser's designs were used in 2001 to strike the American Buffalo commemorative silver dollar.

More design changes were made in 1916, when the Barber designs for the dime and quarter dollar were replaced in mid-year.

The dime features a Winged Liberty Head on the obverse. The design is often called the "Mercury" dime, although the artist never intended the female figure to represent the male god Mercury. The reverse depicts a fasces.

The quarter dollar design introduced in 1916 proved short lived. The Standing Liberty figure had an exposed right breast. Liberty's bare breast was covered with a coat of mail in 1917 (both varieties of the 1917 coin exist). Although many numismatic books claim there was a hue and cry over Liberty's bare breast, no contemporary evidence exists that backs that theory (in fact, the coat of chain more likely indicates the nation's preparation to enter the war in Europe, a common allegorical theme). The reverse depicts a Flying Eagle; its position was modified slightly in 1917 at the same time that changes were made to the obverse.

The Walking Liberty half dollar, designed by Adolph A. Weinman, was also introduced in 1916. The obverse depicts a Walking Liberty figure. The reverse depicts one of the most attractive eagles on a regular issue of U.S. coins.

The Peace dollar replaced the Morgan dollar in 1921. The Morgan dollar, which had last been struck in 1904, was briefly resurrected in 1921 before it was replaced by the Peace dollar. The Peace dollar commemorates the peace that followed the end of World War I. Coinage of the dollar ceased at the end of 1935.

The second coinage trend to begin in the early 20th century occurred in 1909 when a portrait of Abraham Lincoln replaced the Indian Head on the cent, to celebrate Lincoln's 100th birthday. Lincoln's portrait was the first of an actual person to appear on a circulating U.S. coin, although portraits of actual persons had appeared on noncirculating commemorative coins since 1892. Presidential portraits had been considered off limits due to George Washington's opposition to the concept during his presidency.

Lincoln's 150th birthday in 1959 resulted in the Lincoln Memorial replacing the wheat stalks found from 1909 to 1958.

The portrait trend continued in 1932, when the Standing Liberty quarter dollar was replaced with the George Washington portrait on the bicentennial of Washington's birth. A portrait of Thomas Jefferson replaced the American Indian in 1938 on the 5-cent coin. Franklin Roosevelt's portrait was placed on the dime in 1946, a year after his death. A portrait of Benjamin Franklin was placed on the half dollar in 1948, replacing the Walking Liberty designs. Franklin was replaced in turn in 1964 by a portrait of John F. Kennedy after his assassination. In 1971, a copper-nickel dollar coin was introduced bearing President Dwight D. Eisenhower's portrait on the obverse and an allegorical figure of an eagle landing on Earth's moon, commemorating the Apollo 11 moon landing.

The Bicentennial of the Declaration of Independence in 1976 brought changes to the reverses of the quarter dollar, half dollar and dollar. The reverse of the 1976 quarter dollar depicts a Revolutionary War drummer; the half dollar depicts Independence Hall in Philadelphia; and the dollar depicts the Liberty Bell superimposed over the moon. The original designs returned in 1977.

In 1979, a new copper-nickel dollar sized between the quarter dollar and half dollar was introduced, replacing the Eisenhower dollar. The new design depicts feminist Susan B. Anthony and a reduced version of the moon-landing design, an odd choice since it has nothing in common with the obverse theme. The Anthony portrait and moon-landing eagle designs were not popular with collectors, since many had hoped Flowing Hair Liberty and Flying Eagle designs created by Chief Sculptor-Engraver Frank Gasparro would appear, and some objected to Anthony's political, feminist and nonreligious views. The coin did not circulate well, mainly because of its similarity in size to the quarter dollar (many found the two coins too close to each other in diameter) and because the dollar bill remained in production. The 1979 and 1980 coins were struck for circulation, and the 1981 coins were struck for collectors only. Millions of the coins clogged Treasury and Federal Reserve vaults for two decades before being depleted in 1999. With new dollar coins needed, the Anthony dollar was struck in 1999 for a few months only, both for circulation and in collector's versions.

In the 1980s, older designs were reused on the American Eagle bullion coins.

The obverse of the silver dollar depicts Adolph A. Weinman's Walking Liberty half dollar obverse, enlarged for placement on the larger coin. A new Heraldic Eagle appears on the coin's reverse.

For the gold bullion coins, Saint-Gaudens' obverse Liberty for the double eagle was chosen, but not until Treasury Secretary James A. Baker III ordered Liberty on a diet in 1986. The Mint engraver assigned to the project was ordered to reduce Liberty's apparent weight by giving her slimmer arms and legs. Members of the Commission of Fine Arts decried the changes to what many consider the most beautiful U.S. coinage design. The Commission of Fine Arts was also critical of Miley Busiek's reverse, a Family of Eagles design. The legislation authorizing the gold coins mandated the design, which shows two adult eagles and two younger birds.

The platinum American Eagles stay near the tried-and-true designs of the past. On the obverse, John Mercanti rendered a medium close-up view of the Statue of Liberty, but deliberately thinned Liberty's lips and made other cosmetic changes. The reverse depicts a fairly realistic rendering of an eagle in flight with the sun in the background. In an interesting decision, Mint officials decided that beginning in 1998, the Proof versions of the platinum coin would depict a new reverse design every year. The original reverse design remains in use on the Uncirculated versions of the coins.

As the 1990s ended, the most exciting news for collectors was a decision to introduce new designs into circulation. For decades, hobbyists and others had called for new designs on circulating coins while Mint officials had publicly opposed changes, stating that new designs would cause hoarding and coin shortages.

Administration and congressional officials debated coinage redesign for years in the 1980s and 1990s, but took little action. At one point in early 1992, it appeared as though the Senate and House had reached agreement on coinage redesign. A redesign measure was added to an omnibus coin bill seeking a variety of commemorative coins for 1992 and beyond. However, on the day the vote was scheduled, someone began spreading the false rumor that the legislation would eliminate "In God We Trust" from U.S. coinage. The House defeated the bill because of the rumor and remained hostile to coinage redesign for several years.

Finally, however, Congress changed its mind and authorized limited coinage redesign through the 50 States circulating commemorative quarter dollar program. Fifty new reverse designs will be introduced over a 10-year period beginning in 1999 at a rate of five per year, approximately every 10 weeks.

New designs were used on the new dollar coin introduced in January 2000. An unusual mixture of allegorical and historical themes was considered, with the coin depicting an allegorical image of the teenaged interpreter for the Lewis and Clark Expedition, Sacagawea, and her baby. This design concept was selected after unprecedented public discourse on the subject on June 8 to 9, 1998, in Philadelphia. Members of the public were invited to speak before a panel empowered to recommend coinage designs for the dollar coin. Artists, coin collectors and others recommended such subjects as Eleanor Roosevelt, allegorical portraits of Liberty and other themes, with the Sacagawea-inspired theme selected by the panel. The obverse depicts Sacagawea carrying her infant son, Jean Baptiste, in a cradle on her back—the first mother and child depicted on a circulating U.S. coin. The reverse depicts an eagle.

Mint officials, having embraced coinage redesign with the State quarter dollars program and the Sacagawea dollar, began considering changes to other circulating coins, ending decades of official opposition to design changes. In 2002, U.S. Mint Director Henrietta Holsman Fore began publicly discussing possible, temporary design changes to the Jefferson 5-cent coin in 2003 in commemoration of the bicentennial of the Lewis and Clark expedition, which Jefferson ordered. The first hints came during meetings Fore conducted with collectors.

In June 2002, details of the planned design began to emerge. A new portrait of a younger Jefferson (based on the portrait used in 1994 on a silver dollar commemorating the 1993 bicentennial celebration of Jefferson's birth) was planned, with Monticello to be replaced by a scene of an American Indian and an eagle. However, Virginia legislators reacted angrily to the proposal that Monticello (located in Virginia) be removed. One legislator from Virginia introduced legislation that became law in 2003 approving commemorative designs from 2003 to 2005. Beginning in 2006, however, the Jefferson and Monticello themes become mandatory. (See the special chapter on the Jefferson 5-cent coin for more details.)

Specifications

The physical specifications of U.S. coins—metallic content, weights, diameters—have been ever changing. Changes were in response to increases and decreases in metal prices, public rejection of large-diameter coins, and other factors.

Even before the first copper coins were struck in 1793, their weights were reduced from what Congress had originally authorized in 1792. Weights for both were again reduced in 1795.

The 1794 and 1795 silver coinage was struck in a composition of 90 percent silver and 10 percent copper. When additional silver denominations were added in 1796, the alloy for all five coins was changed to 89.2427 percent silver and 10.7572 percent copper.

Composition of the first gold coins is 91.6667 percent gold and 8.3333 percent copper and silver.

In 1834, the weight of gold coins was reduced and the alloy changed for two years to 89.9225 percent gold and 10.0775 percent copper and silver. In 1836, the gold alloy was changed again, to 90 percent gold and 10 percent copper and silver, an alloy unchanged until 1873. Changes were made to silver coins in 1836 as well, when the silver content was changed to 90 percent silver and 10 percent copper, an alloy used until the mid-1960s.

The rising price of silver resulted in a reduction in weights for the silver coins during 1853 (except for the silver dollar). Arrows were added to both sides of the dates on the reduced weight half dimes, dimes, quarter dollars and half dollars to distinguish them from the older, heavier coins; the arrows were used for the 1853 and 1854 coins, and removed in 1855.

A smaller cent composed of 88 percent copper and 12 percent nickel replaced the pure copper cent in 1857. Diameter of the old cent is approximately 29 millimeters; the new cent has a diameter of 19 millimeters.

The weights of the Seated Liberty silver coinage increased in 1873, and again arrows were placed at either side of the date to signify the increased weight. Silver was dropped from the gold-coin alloy, which changed to 90 percent gold and 10 percent copper.

The next major compositional changes in U.S. coins were made during World War II. Several metals used in coinage became strategically important to the war effort. The first to be affected was the 5-cent coin, which had nickel removed in mid-1942 after some copper-nickel specimens were struck, creating a nickel-less "nickel." The new composition was 56 percent copper, 35 percent silver and 9 percent manganese. The old alloy was resumed in 1946.

In addition, during the war, the composition of the cent changed. First, tin was removed late in 1942. Then, in 1943, a zinc-coated steel cent was introduced to conserve copper. The brass alloy of 95 percent copper and 5 percent zinc used late in 1942 was resumed from 1944 through 1946. The 95 percent copper, 5 percent tin and zinc composition resumed in 1947 and continued until late 1962. Once again, tin was removed from the bronze alloy, turning the alloy into the same composition, called brass, used in 1944 through 1946.

The 175-year-old history of United States coinage was changed with the stroke of a pen on July 23, 1965. On that day, President Lyndon Johnson signed into law the Coinage Act of 1965, the most sweeping changes to the U.S. coinage system since the Mint Act of 1873. The 1965 act eliminated silver in dimes and quarter dollars and reduced the silver content of the half dollars to 40 percent.

Special congressional hearings relative to the nationwide coin shortage were first held in 1964. Coin shortages had continually worsened in the decade prior to 1965 as a result of the population growth, expanding vending machine businesses, the popularity of Kennedy half dollars and the worldwide silver shortage.

In the face of the worldwide silver shortage, it was essential that dependence on silver for coinage be reduced. Otherwise, the country would be faced with a chronic coin shortage.

A clad metal composed of three bonded layers of metal was selected for the new composition. The dimes and quarter dollars were composed of two layers of 75 percent copper and 25 percent nickel bonded to a core of pure copper. The half dollars were composed of two layers of 80 percent silver and 20 percent copper bonded to a core of approximately 20 percent silver and 80 percent copper; the entire coin is composed of 40 percent silver.

The combination of copper-nickel and copper gave the new coins the required electrical conductivity, a necessary property for vending machines. The copper-nickel surfaces also continued the traditional silvery color of the coins and made counterfeiting more difficult.

The legal weights of the coins were affected by the change in alloy. The clad dime weight is 2.27 grams, the quarter dollar weighs 5.67 grams and the half dollar weighs 11.5 grams. With the elimination of silver from half dollars in 1971 and the introduction of a copper-nickel clad version, the weight was changed to 11.34 grams. The cladding of all coins constitutes approximately 30 percent of the coin by weight.

In an effort to maximize coin production, 1964-dated silver coins were struck into 1965. The Coinage Act of 1965 also made it mandatory that clad coins be dated not earlier than 1965. All clad coins actually made in 1965 bear that date. The first clad dimes were struck in late December 1965 and were released March 8, 1966. The first clad quarter dollars were struck Aug. 23, 1965, and released Nov. 1, 1965. The first silver-clad half dollars were released March 8, 1966, but were struck starting Dec. 30, 1965. The 1965 date was retained until July 31, 1966, when the date was changed to 1966. Normal dating resumed Jan. 1, 1967.

Another great compositional change to U.S. circulating coinage came in mid-1982, when the brass cent was replaced with a cent of nearly pure zinc, plated with a thin layer of pure copper to retain its copper appearance, in reaction to rising copper prices. The switch to the copper-plated zinc cent was made with few noting the difference.

When the American Eagle bullion coins were introduced in 1986, some numismatists were critical of the .9167 gold content, a composition they deemed "nontraditional"; there was some preference for a .900 gold content. However, the chosen composition is virtually identical to the alloy first used for U.S. gold coins, from 1795 to 1834. A new silver composition was introduced with the production of the .999 fine silver American Eagle dollar.

The Treasury secretary now has authority under a change in the law in 1992 to change the composition of the American Eagle gold coin without seeking congressional approval. Sources say serious consideration is being given to issuing a .9999 fine gold American Eagle bullion coin in order to sell better than the current composition.

The platinum American Eagle bullion coins, introduced in 1997, are .9995 fine.

Mint officials struck the United States' first ringed bimetallic coins in 2000 (the Library of Congress gold-platinum $10 commemorative coin), after experimenting with test pieces in early 1993. The Library of Congress coins consist of an outer ring of gold bonded to an inner ring of platinum.

The introduction of the 2000 "golden" dollar depicting Sacagawea resulted in another new alloy. U.S. Mint officials selected a composition that has two outer layers composed of manganese-bronze (77 percent copper, 12 percent zinc, 7 manganese and 4 percent nickel) bonded to an inner core of pure copper. Overall, the total composition is 88.5 percent copper, 6 percent zinc, 3.5 percent manganese and 2 percent nickel.

Commemorative coins

America's commemorative coins are graphic reminders of the United States' past, honoring its history, its heroes and its accomplishments.

They are special coinage issues, authorized by acts of Congress to recognize the people and events that have shaped the United States. They occasionally honor an individual, like Ulysses S. Grant. They may honor a historical event such as the Battle of Gettysburg or a current event such as the 1996 Olympic Games in Atlanta.

They are rarely issued for circulation, although that changed in 1999. The United States Mint began a 10-year program that when completed, will have resulted in 50 different circulating quarter dollars, each commemorating one of the 50 states in the Union. From 2003 through 2005, the Mint has the authority to issue circulating Jefferson 5-cent coins commemorating the Bicentennials of the Louisiana Purchase and Lewis and Clark Expedition.

The first series of U.S. commemorative coins dates from 1892 until 1954, when Department of Treasury support for commemorative coins ended after decades of abuse. The abuses were many, with numerous coins issued for events of purely local interest or even to commemorate nonevents. Administrations from the Eisenhower presidency to the Carter presidency opposed all commemorative coinage. There was so much opposition that when the 1976 Bicentennial of the Declaration of Independence quarter dollars, half dollars and dollars were issued in 1975 and 1976, Treasury officials carefully avoided any use of the word "commemorative," although clearly the coins are commemorative in nature.

It came as a surprise, then, when in 1981 United States Treasurer Angela M. Buchanan announced Treasury Department support for a commemorative half dollar honoring George Washington's 250th birthday in 1982. Buchanan said that the Treasury Department "has not objected to special coinage authorized by Congress for the government's own account," referring specifically to the 40 percent silver versions of the Bicentennial coinage. Buchanan said that the Treasury Department had always objected to "the issuance of commemorative coins for the benefit of private sponsors and organizations." With the Treasury

Department supportive of the measure, Congress passed the Washington half dollar bill and President Reagan signed it into law. Thus, the commemorative coin program in the United States was reborn.

Since 1982, commemorative coins have been issued in every year except 1985, often with more than one program in each year. In fact, many of the abuses of the past have resurfaced. Some recent years have witnessed multiple programs, making acquiring one of every coin an expensive proposition. Congress has also authorized programs of extremely limited interest (as shown by shrinking sales figures), many to raise funds for various congressional projects, such as the 2001 Capitol Visitor Center program. Special-interest groups have come to consider coin collectors a "cash cow," since surcharges added to the cost of modern commemorative coins are given to various special-interest groups to fund a variety of memorials and projects. In one case, $1 million in surcharges originally intended for funding scholarships for disadvantaged youth (from the sales of the Jackie Robinson commemoratives) was diverted to the Botanic Garden, even though the Botanic Garden had already received money from the sales of its own commemorative coin program. The diversion of funds occurred because the wife of the member of Congress sponsoring the diversion of funds was closely connected to the Botanic Garden.

In this section, commemorative issues are presented by year of their first issuance. For early commemoratives, those produced from 1892 to 1954, original mintage, number melted and final mintage are listed. For commemorative coins produced since 1982, the final net mintage only (reflecting sales figures) is listed. The U.S. Mint no longer makes public the original mintage, number of coins melted, or whether coins have been held in inventory or stored in Treasury vaults. Each coin is listed with the designers, and original issue prices are given, so that the collector may determine the coin's performance against its original cost.

For a complete history of the commemorative coin story, complete with politics and intrigue, consult *Commemorative Coins of the United States* by Anthony Swiatek, published by *Coin World*.

Commemoratives 1892-1954

Date	Original Mintage	Melted	Final Mintage	Original Price
Columbian Exposition half dollar			Charles E. Barber/George Morgan	
1892	950,000	None	950,000	$1.00
1893	4,052,105	2,501,700	1,550,405	$1.00
Isabella quarter dollar			Charles E. Barber	
1893	40,023	15,809	24,124	$1.00
Lafayette-Washington silver dollar			Charles E. Barber	
1900	50,026	14,000	36,026	$2.00
Louisiana Purchase Exposition gold dollar			Charles E. Barber	
1903	250,258	215,250	each type 17,375	$3.00
Lewis and Clark Exposition gold dollar			Charles E. Barber	
1904	25,028	15,003	10,025	$2.00
1905	35,041	25,000	10,041	$2.00
Panama-Pacific Exposition half dollar			Charles E. Barber	
1915-S	60,030	32,896	27,134	$1.00
Panama-Pacific Exposition gold dollar			Charles Keck	
1915-S	25,034	10,034	15,000	$2.00
Panama-Pacific Exposition quarter eagle			Charles E. Barber	
1915-S	10,017	3,278	6,749	$4.00
Panama-Pacific Exposition $50			Robert Aitken	
1915-S Round	1,510	1,027	483	$100
1915-S Octag.	1,509	864	645	$100
McKinley Memorial gold dollar			Charles E. Barber/George T. Morgan	
1916	20,026	10,049	9,977	$3.00
1917	10,014	14	10,000	$3.00
Illinois Centennial half dollar			George T. Morgan/John R. Sinnock	
1918	100,058	None	100,058	$1.00
Maine Centennial half dollar			Harry Hayman Cochrane	
1920	50,028	None	50,028	$1.00
Pilgrim Tercentenary half dollar			Cyrus E. Dallin	
1920	200,112	48,000	152,112	$1.00
1921	100,053	80,000	20,053	$1.00
Missouri Centennial half dollar			Robert Aitken	
1921 2*4	5,000	None	5,000	$1.00
1921 No 2*4	45,028	29,600	15,428	$1.00
Alabama Centennial half dollar			Laura Gardin Fraser	
1921 2X2	6,006	None	6,006	$1.00
1921 No 2X2	64,038	5,000	59,038	$1.00
Grant Memorial half dollar			Laura Gardin Fraser	
1922 Star	5,006	750	4,256	$1.00
1922 No Star	95,055	27,650	67,405	$1.00
Grant Memorial gold dollar			Laura Gardin Fraser	
1922 Star	5,016	None	5,016	$3.50
1922 No Star	5,000	None	5,000	$3.00
Monroe Doctrine Centennial half dollar			Chester Beach	
1923-S	274,077	None	274,077	$1.00
Huguenot-Walloon Tercentenary half dollar			George T. Morgan	
1924	142,080	None	142,080	$1.00

Commemorative				Designer
Date	Original Mintage	Melted	Final Mintage	Original Price
Lexington-Concord Sesquicentennial half dollar				Chester Beach
1925	162,099	86	162,013	$1.00
Stone Mountain half dollar				Gutzon Borglum
1925	2,314,709	1,000,000	1,314,709	$1.00
California Diamond Jubilee half dollar				Jo Mora
1925-S	150,200	63,606	86,594	$1.00
Fort Vancouver Centennial half dollar				Laura Gardin Fraser
1925	50,028	35,034	14,994	$1.00
American Independence Sesquicentennial half dollar				John R. Sinnock
1926	1,000,528	859,408	141,120	$1.00
American Independence Sesquicentennial quarter eagle				John R. Sinnock
1926	200,226	154,207	46,019	$4.00
Oregon Trail Memorial half dollar				James E. and Laura G. Fraser
1926	48,030	75	47,955	$1.00
1926-S	100,055	17,000	83,055	$1.00
1928	50,028	44,000	6,028	$2.00
1933-D	5,250	242	5,008	$2.00
1934-D	7,006	None	7,006	$2.00
1936	10,006	None	10,006	$1.60
1936-S	5,006	None	5,006	$1.60
1937-D	12,008	None	12,008	$1.60
1938	6,006	None	6,006	$6.25
1938-D	6,005	None	6,005	for
1938-S	6,006	None	6,006	three
1939	3,004	None	3,004	$7.50
1939-D	3,004	None	3,004	for
1939-S	3,005	None	3,005	three
Vermont Sesquicentennial half dollar				Charles Keck
1927	40,034	11,872	28,162	$1.00
Hawaiian Sesquicentennial half dollar				Juliette Mae Fraser/Chester Beach
1928	10,000	None	10,000	$2.00
Maryland Tercentenary half dollar				Hans Schuler
1934	25,015	None	25,015	$1.00
Texas Independence Centennial				Pompeo Coppini
1934	205,113	143,650	61,463	$1.00
1935	10,008	12	9,996	$1.50
1935-D	10,007	None	10,007	$1.50
1935-S	10,008	None	10,008	$1.50
1936	10,008	1,097	8,911	$1.50
1936-D	10,007	968	9,039	$1.50
1936-S	10,008	943	9,055	$1.50
1937	8,005	1,434	6,571	$1.50
1937-D	8,006	1,401	6,605	$1.50
1937-S	8,007	1,370	6,637	$1.50
1938	5,005	1,225	3,780	$2.00
1938-D	5,005	1,230	3,775	$2.00
1938-S	5,006	1,192	3,814	$2.00
Daniel Boone Bicentennial half dollar				Augustus Lukeman
1934	10,007	None	10,007	$1.60
1935	10,010	None	10,010	$1.10
1935-D	5,005	None	5,005	$1.60
1935-S	5,005	None	5,005	$1.60
1935 W/1934	10,008	None	10,008	$1.10

Commemorative				Designer
Date	Original Mintage	Melted	Final Mintage	Original Price
1935-D W/1934	2,003	None	2,003	$3.70
1935-S W/1934	2,004	None	2,004	for two
1936	12,012	None	12,012	$1.10
1936-D	5,005	None	5,005	$1.60
1936-S	5,006	None	5,006	$1.60
1937	15,010	5,200	9,810	$1.60, $7.25 set
1937-D	7,506	5,000	2,506	$7.25 in set
1937-S	5,006	2,500	2,506	$5.15
1938	5,005	2,905	2,100	$6.50
1938-D	5,005	2,905	2,100	for
1938-S	5,006	2,906	2,100	three
Connecticut Tercentenary half dollar				**Henry G. Kreiss**
1935	25,018	None	25,018	$1.00
Arkansas Centennial half dollar				**Edward E. Burr**
1935	13,012	None	13,012	$1.00
1935-D	5,005	None	5,005	$1.00
1935-S	5,506	None	5,006	$1.00
1936	10,010	350	9,660	$1.50
1936-D	10,010	350	9,660	$1.50
1936-S	10,012	350	9,662	$1.50
1937	5,505	None	5,505	$8.75
1937-D	5,505	None	5,505	for
1937-S	5,506	None	5,506	three
1938	6,006	2,850	3,156	$8.75
1938-D	6,005	2,850	3,155	for
1938-S	6,006	2,850	3,156	three
1939	2,104	None	2,104	$10
1939-D	2,104	None	2,104	for
1939-S	2,105	None	2,105	three
Arkansas-Robinson half dollar				**E.E. Burr/Henry Kreiss**
1936	25,265	None	25,265	$1.85
Hudson, N.Y., Sesquicentennial half dollar				**Chester Beach**
1935	10,008	None	10,008	$1.00
California-Pacific International Expo				**Robert Aitken**
1935-S	250,132	180,000	70,132	$1.00
1936-D	180,092	150,000	30,092	$1.50
Old Spanish Trail half dollar				**L.W. Hoffecker**
1935	10,008	None	10,008	$2.00
Providence, R.I., Tercentenary				**John H. Benson/Abraham G. Carey**
1936	20,013	None	20,013	$1.00
1936-D	15,010	None	15,010	$1.00
1936-S	15,011	None	15,011	$1.00
Cleveland, Great Lakes Exposition half dollar				**Brenda Putnam**
1936	50,030	None	50,030	$1.50
Wisconsin Territorial Centennial half dollar				**David Parsons/Benjamin Hawkins**
1936	25,015	None	25,015	$1.50
Cincinnati Music Center half dollar				**Constance Ortmayer**
1936	5,005	None	5,005	$7.75
1936-D	5,005	None	5,005	for
1936-S	5,006	None	5,006	three
Long Island Tercentenary half dollar				**Howard K. Weinmann**
1936	100,053	18,227	81,826	$1.00

	Original		Final	Original
Date	Mintage	Melted	Mintage	Price
Commemorative				**Designer**
York County, Maine, Tercentenary half dollar				Walter H. Rich
1936	25,015	None	25,015	$1.50
Bridgeport, Conn., Centennial half dollar				Henry G. Kreiss
1936	25,015	None	25,015	$2.00
Lynchburg, Va., Sesquicentennial half dollar				Charles Keck
1936	20,013	None	20,013	$1.00
Elgin, Ill., Centennial half dollar				Trygve Rovelstad
1936	25,015	5,000	20,015	$1.50
Albany, N.Y., half dollar				Gertrude K. Lathrop
1936	25,013	7,342	17,671	$2.00
San Francisco-Oakland Bay Bridge half dollar				Jacques Schnier
1936-S	100,055	28,631	71,424	$1.50
Columbia, S.C., Sesquicentennial half dollar				A. Wolfe Davidson
1936	9,007	None	9,007	$6.45
1936-D	8,009	None	8,009	for
1936-S	8,007	None	8,007	three
Delaware Tercentenary half dollar				Carl L. Schmitz
1936	25,015	4,022	20,993	$1.75
Battle of Gettysburg half dollar				Frank Vittor
1936	50,028	23,100	26,928	$1.65
Norfolk, Va., Bicentennial half dollar			William M. Simpson/Marjorie E. Simpson	
1936	25,013	8,077	16,936	$1.50
Roanoke Island, N.C., half dollar				William M. Simpson
1937	50,030	21,000	29,030	$1.65
Battle of Antietam half dollar				William M. Simpson
1937	50,028	32,000	18,028	$1.65
New Rochelle, N.Y., half dollar				Gertrude K. Lathrop
1938	25,015	9,749	15,266	$2.00
Iowa Statehood Centennial half dollar				Adam Pietz
1946	100,057	None	100,057	$2.50/$3.00
Booker T. Washington half dollar				Isaac S. Hathaway
1946	1,000,546	?	?	$1.00
1946-D	200,113	?	?	$1.50
1946-S	500,279	?	?	$1.00
1947	100,017	?	?	$6.00
1947-D	100,017	?	?	for
1947-S	100,017	?	?	three
1948	20,005	12,000	8,005	$7.50
1948-D	20,005	12,000	8,005	for
1948-S	20,005	12,000	8,005	three
1949	12,004	6,000	6,004	$8.50
1949-D	12,004	6,000	6,004	for
1949-S	12,004	6,000	6,004	three
1950	12,004	6,000	6,004	$8.50
1950-D	12,004	6,000	6,004	for
1950-S	512,091	?	?	three
1951	510,082	?	?	$3 or $10
1951-D	12,004	5,000	7,004	for
1951-S	12,004	5,000	7,004	three
Booker T. Washington/George Washington Carver				Isaac S. Hathaway
1951	?	?	110,018	$10
1951-D	?	?	10,004	for
1951-S	?	?	10,004	three

Date	Original Mintage	Melted	Final Mintage	Original Price
1952	?	?	2,006,292	$10
1952-D	?	?	8,006	for
1952-S	?	?	8,006	three
1953	?	?	8,003	$10
1953-D	?	?	8,003	for
1953-S	?	?	108,020	three
1954	?	?	12,006	$10
1954-D	?	?	12,006	for
1954-S	?	?	122,024	three

Commemorative coins 1982-2002

Commemorative		Designer
Date	**Final Mintage**	**Pre-Issue/ Regular Price**
George Washington half dollar		Elizabeth Jones
1982-D	2,210,458	$8.50/$10[1]
1982-S	4,894,044	$10/$12[1]
Los Angeles Olympic Games silver dollar		Elizabeth Jones
1983-P Unc.	294,543	$28 or $89[2]
1983-D Unc.	174,014	for
1983-S Unc.	174,014	three
1983-S Proof	1,577,025	$24.95[2]
Los Angeles Olympic Games silver dollar		Robert Graham
1984-P Unc.	217,954	$28 or $89[2]
1984-D Unc.	116,675	for
1984-S Unc.	116,675	three
1984-S Proof	1,801,210	$32[2]
Los Angeles Olympic Games gold eagle		James Peed/John Mercanti
1984-P Proof	33,309	$352[2]
1984-D Proof	34,533	$352[2]
1984-S Proof	48,551	$352[2]
1984-W Proof	381,085	$352[2]
1984-W Unc.	75,886	$339[2]
Statue of Liberty, Immigrant half dollar		Edgar Steever/Sherl Winter
1986-D Unc.	928,008	$5/$6[3]
1986-S Proof	6,925,627	$6.50/$7.50[3]
Statue of Liberty, Ellis Island dollar		John Mercanti/Matthew Peloso
1986-P Unc.	723,635	$20.50/$22[3]
1986-S Proof	6,414,638	$22.50/$24[3]
Statue of Liberty half eagle		Elizabeth Jones
1986-W Unc.	95,248	$160/$165[3]
1986-W Proof	404,013	$170/$175[3]
Constitution Bicentennial silver dollar		Patricia L. Verani
1987-P Unc.	451,629	$22.50/$26[3]
1987-S Proof	2,747,116	$24/$28[3]
Constitution Bicentennial half eagle		Marcel Jovine
1987-W Unc.	214,225	$195/$215[3]
1987-W Proof	651,659	$200/$225[3]
1988 Olympic Games silver dollar		Patricia L. Verani/Sherl J. Winter
1988-D Unc.	191,368	$22/$27[3]
1988-S Proof	1,359,366	$23/$29[3]

Date	Final Mintage	Pre-Issue/ Regular Price
1988 Olympic Games gold half eagle	Elizabeth Jones/Marcel Jovine	
1988-W Unc.	62,913	$200/$225[3]
1988-W Proof	281,465	$205/$235[3]
Congress Bicentennial half dollar	Patricia L. Verani/William Woodward	
1989-D Unc.	163,753	$5/$6[3]
1989-S Proof	767,897	$7/$8[3]
Congress Bicentennial silver dollar	William Woodward	
1989-D Unc.	135,203	$23/$26[3]
1989-S Proof	762,198	$25/$29[3]
Congress Bicentennial half eagle	John Mercanti	
1989-W Unc.	46,899	$185/$200[3]
1989-W Proof	164,690	$195/$215[3]
Eisenhower Birth Centennial silver dollar	John Mercanti/Marcel Jovine	
1990-W Unc.	241,669	$23/$26[3]
1990-P Proof	1,144,461	$25/$29[3]
Mount Rushmore 50th Anniversary half dollar	Marcel Jovine/James Ferrell	
1991-D Unc.	172,754	$6/$7[3]
1991-S Proof	753,257	$8.50/$9.50[3]
Mount Rushmore 50th Anniversary silver dollar	Marika Somogyi/Frank Gasparro	
1991-P Unc.	133,139	$23/$26[3]
1991-S Proof	738,419	$28/$31[3]
Mount Rushmore 50th Anniversary half eagle	John Mercanti/Robert Lamb	
1991-W Unc.	31,959	$185/$210[3]
1991-W Proof	111,991	$195/$225[3]
Korean War Memorial silver dollar	John Mercanti/James Ferrell	
1991-D Unc.	213,049	$23/$26[3]
1991-P Proof	618,488	$28/$31[3]
USO 50th Anniversary silver dollar	Robert Lamb/John Mercanti	
1991-D Unc.	124,958	$23/$26[3]
1991-S Proof	321,275	$28/$31[3]
1992 Olympics clad half dollar	William Cousins/Steven Bieda	
1992-P Unc.	161,607	$6/$7.50[3]
1992-S Proof	519,645	$8.50/$9.50[3]
1992 Olympics silver dollar	John R. Deecken/Marcel Jovine	
1992-D Unc.	187,552	$24/$29[3]
1992-S Proof	504,505	$28/$32[3]
1992 Olympic gold half eagle	Jim Sharpe/Jim Peed	
1992-W Unc.	27,732	$185/$215[3]
1992-W Proof	77,313	$195/$230[3]
White House Bicentennial silver dollar	Edgar Z. Steever/Chester Y. Martin	
1992-D Unc.	123,803	$23/$28[3]
1992-W Proof	375,851	$28/$32[3]
Columbus Quincentenary clad half dollar	T. James Ferrell	
1992-D Unc.	135,702	$6.50/$7.50[3]
1992-S Proof	390,154	$8.50/$9.50[3]
Columbus Quincentenary silver dollar	John M. Mercanti/Thomas D. Rogers Sr.	
1992-D Unc.	106,949	$23/$28[3]
1992-P Proof	385,241	$27/$31[3]
Columbus Quincentenary half eagle	T. James Ferrell/Thomas D. Rogers Sr.	
1992-W Unc.	24,329	$180/$210[3]
1992-W Proof	79,730	$190/$225[3]

Commemorative	Designer
Date	**Final Mintage**	**Pre-Issue/ Regular Price**

Commemorative / Date	Final Mintage	Pre-Issue/ Regular Price
Bill of Rights/Madison silver half dollar	T. James Ferrell/Dean E. McMullen	
1993-W Unc.	193,346	$9.75/$11.50[3]
1993-S Proof	586,315	$12.50/$13.50[3]
Bill of Rights/Madison silver dollar	William J. Krawczewicz/Dean E. McMullen	
1993-D Unc.	98,383	$22/$27[3]
1993-S Proof	534,001	$25/$29[3]
Bill of Rights/Madison gold $5 half eagle	Scott R. Blazek/Joseph D. Pena	
1993-W Unc.	23,266	$175/$205[3]
1993-W Proof	78,651	$185/$220[3]
World War II 50th Anniversary clad half dollar	George Klauba/Bill J. Leftwich	
1991-1995-P Unc. (1993[4])	197,072	$8/$9[3]
1991-1995-S Proof (1993[4])	317,396	$9/$10[3]
World War II 50th Anniversary silver dollar	Thomas D. Rogers Sr.	
1991-1995-D Unc. (1993[4])	107,240	$23/$28[3]
1991-1995-W Proof (1993[4])	342,041	$27/$31[3]
World War II 50th Anniversary gold $5 half eagle	Charles J. Madsen/ Edward Southworth Fisher	
1991-1995-W Unc. (1993[4])	23,672	$170/$200[3]
1991-1995-W Proof (1993[4])	67,026	$185/$220[3]
Thomas Jefferson 250th Anniversary silver dollar	James Ferrell	
1743-1993-P Unc. (1994[5])	266,927	$27/$32[3]
1743-1993-S Proof (1994[5])	332,891	$31/$35[3]
World Cup Soccer clad half dollar	Richard T. LaRoche/Dean E. McMullen	
1994-D Unc.	168,208	$8.75/$9.50[3]
1994-P Proof	609,354	$9.75/$10.50[3]
World Cup Soccer silver dollar	Dean E. McMullen	
1994-D Unc.	81,524	$23/$28[3]
1994-S Proof	577,090	$27/$31[3]
World Cup Soccer gold $5 half eagle	William J. Krawczewicz/Dean E. McMullen	
1994-W Unc.	22,447	$170/$200[3]
1994-W Proof	89,614	$185/$220[3]
Prisoner of War silver dollar	Tom Nielsen and Alfred Maletsky/Edgar Z. Steever IV	
1994-W Unc.	54,790	$27/$32[3]
1994-P Proof	220,100	$31/$35[3]
Vietnam Veterans Memorial silver dollar	John Mercanti/Thomas D. Rogers Sr.	
1994-W Unc.	57,317	$27/$32[3]
1994-P Proof	226,262	$31/$35[3]
Women in Military Service silver dollar	T. James Ferrell/Thomas D. Rogers Sr.	
1994-W Unc.	53,054	$27/$32[3]
1994-P Proof	213,201	$31/$35[3]
U.S. Capitol Bicentennial silver dollar	William C. Cousins/John Mercanti	
1994-D Unc.	68,332	$32/$37[3]
1994-S Proof	279,579	$36/$40[3]
Civil War Battlefields clad half dollar	Don Troiani/T. James Ferrell	
1995-S Unc	113,045	$9.50/$10.25[3]
1995-S Proof	326,801	$10.75/$11.75[3]
Civil War Battlefields silver dollar	Don Troiani/John Mercanti	
1995-P Unc	51,612	$27/$29[3]
1995-S Proof	327,686	$30/$34[3]
Civil War Battlefields gold half eagle	Don Troiani/Alfred Maletsky	
1995-W Unc.	12,623	$180/$190[3]
1995-W Proof	54,915	$195/$225[3]

Commemorative		Designer
Date	**Final Mintage**	**Pre-Issue/ Regular Price**
Special Olympics World Games silver dollar		Jamie Wyeth & T. James Ferrell/ Thomas D. Rogers Sr.
1995-W Unc.	89,298	$29/$31[3,6]
1995-P Proof	352,449	$31/$35[3,6]
Games of the XXVI Olympiad, Atlanta clad half dollar		Clint Hansen/T. James Ferrell
1995-S Basketball Unc.	169,527	$10.50/$11.50[7]
1995-S Basketball Proof	170,733	$11.50/$12.50[7]
Games of the XXVI Olympiad, Atlanta clad half dollar		Edgar Steever/T. James Ferrell
1995-S Baseball Unc.	164,759	$10.50/$11.50[7]
1995-S Baseball Proof	119,396	$11.50/$12.50[7]
Games of the XXVI Olympiad, Atlanta silver dollar		Jim Sharpe/William Krawczewicz
1995-D Gymnastics Unc.	43,003	$27.95/$31.95[7]
1995-S Gymnastics Proof	185,158	$30.95/$34.95[7]
Games of the XXVI Olympiad, Atlanta silver dollar		John Mercanti/William Krawczewicz
1995-D Cycling Unc.	20,122	$27.95/$31.95[7]
1995-S Cycling Proof	127,465	$30.95/$34.95[7]
Games of the XXVI Olympiad, Atlanta silver dollar		John Mercanti/William Krawczewicz
1995-D Track & Field Unc.	25,425	$27.95/$31.95[7]
1995-S Track & Field Proof	143,304	$30.95/$34.95[7]
Games of the XXVI Olympiad, Atlanta silver dollar		Jim Sharpe/William Krawczewicz
1995-D Paralympic, blind runner Unc.	29,015	$27.95/$31.95[7]
1995-S Paralympic, blind runner Proof	139,831	$30.95/$34.95[7]
Games of the XXVI Olympiad, Atlanta gold half eagle		Frank Gasparro
1995-W Torch Runner gold Unc.	14,817	$229/$249[7]
1995-W Torch Runner gold Proof	57,870	$239/$259[7]
Games of the XXVI Olympiad, Atlanta gold half eagle		Marcel Jovine/Frank Gasparro
1995-W Atlanta Stadium gold Unc.	10,710	$229/$249[7]
1995-W Atlanta Stadium gold Proof	43,399	$239/$259[7]
Games of the XXVI Olympiad, Atlanta clad half dollar		William Krawczewicz/ Malcolm Farley
1996-S Swimming clad Unc.	50,077	$10.50/$11.50[7]
1996-S Swimming clad Proof	114,890	$11.50/$12.50[7]
Games of the XXVI Olympiad, Atlanta clad half dollar		Clint Hansen/Malcolm Farley
1996-S Soccer clad Unc.	53,176	$10.50/$11.50[7]
1996-S Soccer clad Proof	123,860	$11.50/$12.50[7]
Games of the XXVI Olympiad, Atlanta silver dollar		Jim Sharpe/Thomas D. Rogers Sr.
1996-D Tennis Unc.	16,693	$27.95/$31.95[7]
1996-S Tennis Proof	93,880	$30.95/$34.95[7]
Games of the XXVI Olympiad, Atlanta silver dollar		Bart Forbes/Thomas D. Rogers Sr.
1996-D Rowing Unc.	16,921	$27.95/$31.95[7]
1996-S Rowing Proof	155,543	$30.95/$34.95[7]
Games of the XXVI Olympiad, Atlanta silver dollar		Calvin Massey/Thomas D. Rogers Sr.
1996-D High Jump Unc.	16,485	$27.95/$31.95[7]
1996-S High Jump Proof	127,173	$30.95/$34.95[7]
Games of the XXVI Olympiad, Atlanta silver dollar		Jim Sharpe/Thomas D. Rogers Sr.
1996-D Paralympic, wheelchair athlete Unc.	15,325	$27.95/$31.95[7]
1996-S Paralympic, wheelchair athlete Proof	86,352	$30.95/$34.95[7]
Games of the XXVI Olympiad, Atlanta gold half eagle		Frank Gasparro/ William Krawczewicz
1996-W Olympic Flame brazier Unc.	9,453	$229/$249[7]
1996-W Olympic Flame brazier Proof	38,871	$239/$259[7]

Commemorative Date	Final Mintage	Designer Pre-Issue/Regular Price
Games of the XXVI Olympiad, Atlanta gold half eagle		Patricia L. Verani/ William Krawczewicz
1996-W Flag Bearer Unc.	9,397	$229/$249[7]
1996-W Flag Bearer Proof	33,214	$239/$259[7]
National Community Service silver dollar		Thomas D. Rogers Sr./William C. Cousins
1996-P Unc.	23,463	$30/$32[3]
1996-S Proof	100,749	$33/$37[3]
Smithsonian 150th Anniversary silver dollar		Thomas D. Rogers/John Mercanti
1996-P Unc.	31,320	$30/$32[3]
1996-S Proof	129,152	$33/$37[3]
Smithsonian 150th Anniversary gold half eagle		Alfred Maletsky/T. James Ferrell
1996-W Unc.	9,068	$180/$205[3]
1996-W Proof	21,772	$195/$225[3]
Botanic Garden silver dollar		Edgar Z. Steever IV/William C. Cousins
1997-P Uncirculated	83,505	$30/32[3]
1997-P Proof	269,843	$33/37[3]
Franklin Delano Roosevelt gold half eagle		T. James Ferrell/Jim Peed
1996-W Unc.	29,417	$180/$205[3]
1996-W Proof	11,887	$195/$225[3]
National Law Enforcement Officers Memorial silver dollar		Alfred Maletsky
1997-P Uncirculated	28,575	$30/32[3]
1997-P Proof	110,428	$32/37[3]
Jackie Robinson silver dollar		Al Maletsky/T. James Ferrell
1997-S Uncirculated	30,180	$30/32[3]
1997-S Proof	110,002	$33/37[3]
Jackie Robinson gold half eagle		William C. Cousins/Jim Peed
1997-W Uncirculated	5,174	$180/205[3]
1997-W Proof	24,072	$195/225[3]
Robert F. Kennedy silver dollar		Thomas D. Rogers/Jim Peed
1998-S Uncirculated	106,422	$30/32[3]
1998-S Proof	99,020	$33/37[3]
Black Revolutionary War Patriots silver dollar		John Mercanti/Ed Dwight
1998-S Uncirculated	37,210	$30/32[3]
1998-S Proof	75,070	$33/37[3]
Dolley Madison silver dollar		Tiffany & Co.
1999-W Uncirculated	89,104	$30/32[3]
1999-W Proof	224,403	$33/37[3]
George Washington Death Bicentennial gold half eagle		Laura Gardin Fraser
1999-W Uncirculated	22,511	$180/205[3]
1999-W Proof	41,693	$195/225[3]
Yellowstone National Park 125th Anniversary silver dollar		Edgar Z. Steever IV/ William C. Cousins
1999-P Uncirculated	23,614	$30/32[3]
1999-P Proof	128,646	$32/37[3]
Library of Congress Bicentennial silver dollar		Thomas D. Rogers Sr./John Mercanti
2000-P Uncirculated	52,771	$25/27[3]
2000-P Proof	196,900	$28/32[3]
Library of Congress Bicentennial bimetallic $10 eagle		John Mercanti/ Thomas D. Rogers Sr.
2000-W Uncirculated	6,683	$380/405[3]
2000-W Proof	27,167	$395/425[3]

Commemorative coins — 375

Commemorative Date	Final Mintage	Designer Pre-Issue/ Regular Price
Leif Ericson Millennium silver dollar		John Mercanti/T. James Ferrell
2000-P Uncirculated	28,150	$30/32[3]
2000-P Proof	144,748	$32/37[3]
Capitol Visitor Center clad half dollar		Elizabeth Jones
2001-P Uncirculated	79,670	$8.75/9.75, $7.75/8.50[3,9]
2001-P Proof	77,240	$11.25/12, $10.75/11.50[3,9]
Capitol Visitor Center silver dollar		Marika Somogyi/John Mercanti
2001-P Uncirculated	35,500	$30/32, $27/29[3,9]
2001-P Proof	141,425	$33/37, $29/33[3,9]
Capitol Visitor Center $5 half eagle		Dean McMullen/Alex Shagin and Marcel Jovine
2001-W Uncirculated	6,750	$180/205, $175/200[3,9]
2001-W Proof	26,815	$195/225, $177/207[3,9]
American Buffalo silver dollar		James Earle Fraser
2001-D Uncirculated	227,080	$30/32[3]
2001-P Proof	272,785	$33/37[3]
U.S. Military Academy Bicentennial silver dollar		T. James Ferrell/John Mercanti
2002-W Uncirculated	103,201[10]	$30/32[3]
2002-W Proof	288,293[10]	$33/37[3]
Salt Lake City Olympic Games silver dollar		John Mercanti/Donna Weaver
2002-P Uncirculated	40,257[10]	$30/32[3]
2002-P Proof	166,864[10]	$33/37[3]
Salt Lake City Olympic Games $5 half eagle		Donna Weaver/Norman E. Nemeth
2002-W Uncirculated	10,585[10]	$180/205[3]
2002-W Proof	32,877[10]	$195/225[3]

Notes

1. Prices for 1982 George Washington half dollar are for 1982 and 1983-85.
2. Prices for 1983-84 Olympic coins in some cases are first prices charged and do not reflect higher prices charged later.
3. Prices since 1986 are pre-issue/regular issue of single coins only. Most modern commem programs have offered various packaging options and combinations.
4. Although produced and sold in 1993, none of these coins actually carries the year of issue in its legends, in apparent violation of law. The anniversary dates 1991-1995 refer to the 50th anniversaries of the beginning and ending of United States involvement in World War II. More clearly, it would have been stated "1941-1991/1945-1995."
5. Although produced and sold in 1994, the coin does not carry the year of issue in its legends, in apparent violation of law. 1743 is the year of Jefferson's birth; 1993 is the 250th anniversary of that date.
6. The Special Olympics World Games silver dollar was offered "encapsulated only" without the usual presentation case. The case option was also available, at a slightly higher price.
7. Price options for individual coins. The coins were offered on a subscription basis from Dec. 2, 1994, through Feb. 3, 1995. The coins were then to be released four at a time — one gold, two silver, one clad — in February 1995, July 1995, January 1996 and sometime in the spring of 1996. Pre-issue prices and options were to be offered during the first few weeks of each release.
8. The designs are based on Fraser's submissions in the design contest for the 1932 Washington quarter dollar. The Commission of Fine Art recommended Fraser's designs but was overruled by the secretary of the Treasury, who selected the designs used from 1932 to 1998. A popular movement supporting Fraser's 1932 quarter dollar designs led to them being used on the 1999 half eagle.
9. The Mint offered each coin in two packaging offerings (standard packaging with tray and sleeve for the gold and silver coins and Mylar and envelope for the half dollar, and encapsulated with mailer for all), each at pre-issue and regular prices. The different packaging options were designed to afford buyers a choice between the more elaborate and expensive package or the coin in less elaborate packaging at lower prices. Prices given here are, in this order: standard packaging pre-issue and regular, and mailer-only packaging at pre-issue and regular.
10. As of July 17, 2003; final, reconciled figures, to be released at future date, may differ.

Error and variety coins

Why hat is an error coin? An error coin deviates from the norm because of a mishap in the minting processes; in effect, an error represents a "substandard" product of the Mint. However, some collectors prefer these items over normal coins.

One of the most significant U.S. error coins ever produced was struck sometime during the first six months of 2000 (or just possibly, late 1999). The coin is what collectors call a double-denomination mule – it was struck on a golden dollar planchet with an obverse die for a State quarter dollar and a reverse die for the Sacagawea golden dollar. This $1.25 coin is the first U.S. double-denomination mule authenticated.

As far as can be determined, the quarter dollar-dollar mule resulted when the obverse die of a Sacagawea dollar had to be replaced, possibly because of another error. The die setter installed an obverse quarter dollar die into the press rather than a new dollar obverse die. The coins are of a similar diameter.

Mint officials aren't saying how many were struck, although they do acknowledge the coin was struck and that an unknown number entered circulation. Sources tell *Coin World* that three bins of the coins were struck before press operators noted the mistake. The coins were destroyed, according to sources, but a small number escaped melting. As of mid-2003, 10 specimens were confirmed, with others rumored. Of the 10 known specimens, seven are in the collection of a single collector.

Double-denomination mule

Some of mules entered circulation through normal channels, where lucky individuals found them. Other pieces, government officials contend, were "illegally converted" (a legal term) by two Philadelphia Mint employees who sold them to dealers, though the employees were not charged with stealing the coins. Government officials are considering whether to confiscate the pieces it claims were "converted."

The double-denomination mule has a quarter dollar obverse from one of the State quarters, meaning the denomination QUARTER DOLLAR appears on that side. The denomination ONE DOLLAR appears on the opposite side. The coin has no date, since the date on the quarter was moved to the reverse in 1999 with the advent of the State quarters program.

Collectors should beware of manufactured fakes. *Coin World* has reported that at least one individual has produced such manufactured "mules" as novelty items, hoping to sell them. It would be a relatively easy task to manufacture such a piece and recolor the quarter side so it has the same "golden" color as the genuine mule.

Authenticated specimens of the Washington quarter dollar-Sacagawea dollar mule have sold for prices ranging from $29,000 to more than $56,000.

Since the discovery of this mule, three other Mint-produced mules have been brought forward; each is unique as of July 2003. The most recent to be reported (in July 2003) is actually the first double-denomination U.S. mule to have been struck (that we know of). It is a 1993-D cent-dime mule struck on a cent planchet; it has a Lincoln cent obverse and Roosevelt dime reverse. Another is a 1995 cent-dime mule, with the obverse of a Lincoln cent and reverse of a Roosevelt dime, struck on a dime blank. A third is a 1999 cent-dime mule, with a cent obverse and dime reverse, struck on a cent blank.

A single design mule is known: a 1959-D Lincoln cent with a 1958-style Wheat reverse.

A grading service has authenticated the cent-dime mules, while the Secret Service has declared the 1959-D Lincoln cent genuine.

While the double-denomination mules have brought high prices, most error coins are worth far less. Values for error coins depend on the same factors affecting normal numismatic merchandise: supply, demand and condition.

Some error coins, such as the 1955 Lincoln, Doubled Die cent (it's also considered a die variety, to be discussed in a few paragraphs), because of publicity and dealer promotion, "cross over" and become popular with general collectors; thus, demand is higher for a fixed supply, and values are correspondingly higher. Condition is important, although error collectors seem less concerned with "perfection" than other collectors.

Rare does not necessarily mean great value. Many older error coins struck in small quantities are available for a few dollars. Even errors that are considered unique are often available for several dollars. Sometimes, persons not familiar with errors, including some dealers, place uncharacteristically high values on error coins.

Another factor affecting value is the type of coin involved. For example, in 2003, State quarter dollars bearing errors considered relatively common were selling for higher prices than 1998 quarters bearing the same errors. The individual State quarter dollars are being struck in much smaller quantities than the traditional quarters, meaning fewer errors are likely to exist per State coin.

At the same time, error dealers were cautioning collectors against paying high premiums for State quarters with *minor* errors, such as those missing a letter in a legend due to a filled die or having die cracks. In addition, there was no indication that a secondary market was being established for such pieces, which are considered very common. *Coin World* received many reports from readers who were finding State quarters bearing these and other minor errors.

Errors are in very short supply when compared to total mintages, especially in the 21st century. Mint officials have introduced equipment that has reduced the number of errors and varieties produced, and caught more of those that were made. Because of the reduced numbers of errors being made, prices for some 21st century errors are much higher than for older specimens of the same type of error. For example, older off-center cents are available for a few dollars each in quantity; a 2002 Lincoln cent struck off centered was bid to $500 in an auction before being withdrawn from sale. Other errors once considered common are very rarely encountered with 21st century dates.

Any discussion of error coins must include a discussion of varieties. A die variety is defined as a die that can be distinguished from other dies of the same design, year and Mint because of some difference that makes that die unique (for example, the placement of the four digits of the date may differ from die to die for 18th and 19th century coins, making each die a different variety). Among the 20th century coins considered varieties are such coins as the 1955, 1972 and 1995 Lincoln, Doubled Die cents, and the 1937-D Indian Head, Three-Legged Bison 5-cent coin.

Error and variety coins can be found in circulation, unlike many other collectors' items. Some collectors go to banks and obtain large quantities of coins to search through (one of the more popular columns in *Coin World* magazine, "Found in Rolls," deals with searching through coins found in circulation); coins not bearing errors are returned to the bank. Many errors, particularly of the minor classification, can be discovered simply by going through pocket change and wallets. Major errors, particularly those that leave the coin misshapen, are generally acquired from individuals who work at private companies that receive large quantities of unsearched coins directly from the Mint (the employees find the coins while rolling them for banks and other customers; they purchase the coins at face value and sell them to dealers with whom they have regular contact). All it takes are sharp eyes and knowledge of what to look for.

Many error collectors are adept at what they call "cherry picking." They use their superior knowledge of errors and varieties when going through a dealer's stock to obtain scarcer pieces at prices less than what a specialist might charge.

Some of that knowledge comes from a clear understanding of the minting process. The minting of a coin is a manufacturing process and should be fully understood by anyone interested in collecting and studying error coins (see **Chapter 14, "How coins are made"**). Many forms of alteration and damage received outside the Mint resemble certain types of errors, but none precisely duplicate genuine Mint errors. Collectors who understand the minting process should be better able to distinguish between errors, damage and alteration.

The following section presents error coins in three categories: die errors, planchet errors and striking errors. Our categorization of error types may differ from other specialists.

Die errors are those produced due to a mishap involving the die or hub. Most categories of this error type involve the surface of the die that contacts the coin during striking. Several categories involve the placement or positioning of the die in the press during coining (some error specialists believe that these errors are actually striking errors; both camps have valid points). Still others involve the use of two dies not intended to be paired together (mules).

Planchet errors are the result of defective or improperly selected planchets.

Striking errors are created during the actual striking process. Among the errors found in this category are those in which the planchet was improperly positioned during striking, coins struck more times than intended and coins struck through some foreign matter or object.

Die errors

BIE: The term commonly used for minor errors affecting the letters of the word LIBERTY on Lincoln cents. A small break in the die between the letters, especially BE, often resembles the letter I, hence the BIE designation. Such errors are much more common on the coins of the 1950s and early 1960s than more recent issues. Collectors tend to be less interested in such errors in the early 21st century than they were

30 years ago. However, interest picked up in 1995 when the discovery of the 1995 Lincoln, Doubled Die cents prompted collectors to closely examine their cents, resulting in the discovery of many BIE cents and other minor varieties and errors.

Clashed dies: When during the striking process two dies come

Clashed dies

together without a planchet between them, the dies clash (come into direct contact). Depending on the force with which the dies come together and the nature of the designs, a portion of the obverse design is transferred to the reverse, and a portion of the reverse is transferred to the obverse. Coins struck from the clashed dies will show signs of the transferred designs. Although the cause of this type of error occurs during the striking process, the die is affected; thus, it is considered a die error.

Design mule: The result of dies for two different design types of the same denomination being used to strike a coin. The only known example on a U.S. coin is a 1959-D Lincoln cent struck with the 1958-style Wheat Stalks reverse rather than the 1959-style Lincoln Memorial reverse. The Secret Service has authenticated this coin. Design mules exist for the coins of other countries, including Canada.

Die breaks, chips, cracks, gouges, scratches: Dies, like any other piece of steel, are subject to all sorts of damage. Any incused mark on the die leaves raised areas on coins. Breaks and cracks are similar, appearing on coins as raised lines. A die break affects a larger area than the die crack, and breaks often result in pieces of the die falling out. A die chip occurs when a small portion of the die breaks away, while gouges and scratches generally occur when a foreign object scores the surface of the die.

Die crack

A major die break is often though misleadingly referred to as

Major die break

a "cud." It occurs when the die breaks at the rim and a piece of the die falls out of the press. The metal of coins struck from that die flows up into the missing area, resulting in a raised blob of metal bearing no image; these are nicknamed "cud" errors. The side of the coin opposite the raised blob is often weak and indistinct; this is because metal flows along the path of least resistance, flowing into the broken area and not the recesses of the other die. A retained major die break occurs when the die breaks at the rim, but the piece does not fall out. Coins struck from these dies show the break, but also depict the image inside the break.

Double-denomination mule: The result of dies for two different denominations being used to strike a coin. The only known double-denomination U.S. mules were struck from a Washington quarter dollar obverse die and Sacagawea dollar reverse die, on a Sacagawea dollar planchet; from a 1995-D Lincoln cent obverse die and Roosevelt dime reverse die, on a cent planchet; from a 1995 Lincoln cent obverse die and Roosevelt dime die, on a dime planchet; and from a 1999 cent obverse die and dime reverse die, on a cent planchet. They are similar in concept to the design mules (dissimilar dies being used to strike a coin).

Doubled dies: If during the hubbing and die making process, a misalignment between hub and partially completed die occurs, overlapping, multiple images may appear on the die. Coins struck from the die

Doubled die

will show the overlapping images, like the doubled date, IN GOD WE TRUST and LIBERTY on the 1955 Lincoln, Doubled Die cent. Die doubling on coins with raised designs feature a rounded second image; on coins with incused designs, the second image is flat and shelf-like. At the corners of the overlapping images are distinct "notches" on coins with raised designs. A tripled or quadrupled die is caused by the same misalignment, but bears a tripled or quadrupled image. U.S. doubled dies have been largely considered impossible since 1996 to 1997 due to technological improvements at the Mint. Doubled dies can only occur when more than one impression of hub into die is required, and the alignment between hub and die shifts or distorts between hubbing operations. The new single-hubbing equipment eliminates the possibility that doubled dies can be created.

Engraving varieties and errors: While more common on the dies of the 18th and 19th centuries, engraving errors and varieties have been made on modern dies. On the earlier dies,

Repunched date

numerals and letters were often repunched to strengthen the design, punched in upside down or otherwise out of alignment, and sometimes,

Overdate

wrong letters or numbers were punched into the die. On more modern dies, engraving errors include the use of the wrong size Mint mark by mistake and Mint marks placed too close to design elements or too far from their intended locations. Other "engraving" errors, discussed in separate sections, include doubled dies, overdates and repunched Mint marks.

Misaligned dies: Although one side of the coin appears to have been struck off-center, the planchet was not off-centered during striking, as in an off-center coin. A misaligned die occurs when one die is horizontally displaced to the side, causing only a partial image to appear on that side of the coin. However, unlike the off-center coin that it resembles, only one side is affected. The other side is normal. Some specialists classify misaligned dies as striking errors.

Misplaced dates: A misplaced date is a relatively recently studied variety. Researchers have discovered numerous coins with numbers from the date punched well away from the region of the die where the date was punched. For example, coins have been found with a number or numbers punched into the dentils along the rim or into a major design element. While theories abound, no one is sure whether this punching was accidental or deliberate.

Overdates: When one or more numerals in the date are engraved, punched or hubbed over a different numeral or numerals, both the original date and the second date can be seen. Modern hubbed examples include the 1943/2-P Jefferson 5-cent coin and the 1942/1 Winged Liberty Head dime (both are also doubled dies). The traditional, pre-20th century overdate occurred when one date was punched over another date, as on the 1818/5 Capped Bust quarter dollar.

Over Mint marks: A form of repunched Mint mark, but when punches of two different Mints are used. Examples include the 1944-D/S Lincoln cent and the 1938-D/S Indian Head 5-cent coin. These can occur accidentally or deliberately. Mint officials as late as 1955 salvaged dies intended for one Mint by repunching a different Mint mark over the original Mint mark and using them at the second Mint. The

Over Mint mark

many varieties of 1955-D/S Jefferson 5-cent coins fall into this category.

Polished dies: Mint employees polish dies to extend their working life and to remove such things as clash marks, die scratches, dirt and grease. If the die is polished too much, details may be erased or small raised lines may appear on the coins. Most over-polished errors have little value, but there are exceptions, most prominently the 1937-D Indian Head, Three-Legged Bison 5-cent coin.

Repunched Mint marks: Mint marks were punched into each individual working die (for coins

Repunched

issued for circulation) by hand with mallet and punch until changes were made to the process in 1990 and 1991 (see **Chapter 14, "How Coins Are Made,"** and **Chapter 8, "Mints and Mint marks,"** for details). Under the old system, several blows to the punch were needed to properly sink the Mint mark into the working die. If the punch was not properly placed after the first blow, a multiple image could result. A coin identified as a 1960-D/D Lincoln cent has a repunched D Mint mark, for example.

Rotated dies: Most U.S. coins have the obverse and reverse sides oriented so each side is upright when rotated vertically. The alignment between the two is 180 degrees. However, if the dies are aligned at anything other than 180 degrees, the dies are considered rotated. The Mint considers coins rotated 5 degrees or less within tolerance. Some specialists consider rotated dies to be striking errors since the die's face is unchanged.

Worn dies: Dies have a limited life, based on the hardness of the coinage metal being struck and the striking pressures involved. When a die wears beyond a certain point, details around the rim tend to flow into the rim, while other details weaken. The surface of the die becomes scarred, as if heavily polished. Coins struck from worn dies rarely have collector value as die errors.

Planchet errors

Alloy errors: All U.S. coins are produced from alloyed metals that are mixed when molten to strict specifications. If mixed incorrectly, the metals may cool in nonhomogeneous form, with streaks of different metals appearing on the surface of the coin.

Brass-plated cent: A post-1982 error is the brass-plated cent. Zinc planchets are plated with copper to form a copper-plated zinc planchet. Zinc planchets sometimes remain within the plating tanks and dissolve, contaminating the plating solution (electrolyte), adding their zinc content to the copper, thus forming brass. Subsequent planchets are plated with brass instead of pure copper. Brass-plated cents have a different color than copper-plated cents, although both can tone and may be difficult to distinguish.

Damaged planchets: Planchets are subject to various sorts of damage, including cracks (not to be confused with die cracks), holes and major breaks.

Fragments, scrap struck: Small pieces of coinage metal—fragments and scrap left over from

Damaged planchet

the blanking process—sometimes fall between the dies and are struck. Fragments must be struck on both sides and weigh less than 25 percent of a normal coin's weight to qualify as struck fragments. Planchet scrap is generally larger than a fragment, and usually has straight or curved edges because of the blanking process.

Incomplete planchets: Often, though erroneously, called a "clip," an incomplete planchet results from a mishap in the blanking process. If the planchet strip does not advance far enough after a bank of punches rams through the metal, producing

Struck fragment

planchets, the punches come down and overlap the holes where the planchets were already punched out. Where the overlapping takes place, a curved area appears to be "missing" from the planchet. The word "clip," commonly used, suggests a piece of the planchet was cut off, which is not the cause of the incomplete planchet. "Clip," when properly used, refers to the ancient process of cutting small pieces of metal from the edges of precious metal coins for the bullion; that is why

Incomplete planchet

U.S. gold and silver coins have lettered or reeded edges, to make it more difficult to clip a coin. Other incomplete planchets occur when the strip shifts to the side, causing the punches to overlap the strip's edge, or when the punches overlap the end of the strip. The missing area is represented by a straight edge, not curved. An "incomplete incomplete planchet" occurs when the punch does not completely punch out a planchet, but leaves a circular groove. If the strip advances improperly, planchets overlapping the incomplete punch will bear a curved groove; the groove remains visible after the coin is struck. It is often called an incomplete clip. Most but not all incomplete planchet errors have a "signature" known as the Blakesley effect. The area of the rim 180

degrees opposite the "clip" is weak or nonexistent since the "clip" negates the rim-making process in the upset mill. The lack of pressure in the upset mill at the clip results in improper formation of the rim on the opposite side.

Laminations: During the preparation of the planchet strip, foreign materials—grease, dirt, oil, slag or gas—may become trapped just below the

Lamination

Split planchet

surface of the metal. Coins struck from this strip later may begin to flake and peel since adhesion is poor in the location of the trapped material. The Jefferson, Wartime 5-cent coins are particularly susceptible to laminations, due to the poor mixing qualities of the metals used during the war metal emergency.

Split planchets: Planchets can split due to deep internal laminations or in the case of clad coinage, because of poor adhesion of the copper-nickel outer layers to the copper core. Planchets may split before or after striking. On nonclad coins, the inner portion of the split shows parallel striations typical of the interior structure of coinage metal.

Thick and thin planchets: Planchets of the wrong thickness are produced from strip that was not rolled properly. Too little pressure can result in planchet stock that is too thick; too much pressure can result in a thin planchet. If the rollers are out of alignment on one side, a tapered planchet—thicker in one area than the other—is created.

Unplated planchets: New in U.S. coinage, unplated planchets became possible in 1982 with the introduction of the copper-plated zinc cent (and similarly in 1943 with the zinc-coated steel cents). The zinc-copper alloy planchets are plated after they are punched from the strip but some planchets miss the plating process. Coins struck on the unplated planchets are grayish-white in color. Beware of cents that have had their plating removed or have been replated after leaving the Mint. Although beyond the ability of a neophyte to detect, any authentication service should be able to distinguish between a genuine piece and an altered version.

Wrong metal, planchet, stock: A wrong metal error is struck on a planchet intended for a denomination of a different composition. This includes 5-cent coins struck on cent planchets, cents on dime planchets, and higher denominations struck on cent and 5-cent planchets. A second type is the wrong planchet error, defined as a coin struck on a planchet of the correct composition, but the

Wrong planchet

wrong denomination. These include quarter dollars struck on dime planchets, half dollars struck on quarter dollar and dime planchets, and dollars struck on other clad planchets. Some specialists claim that wrong metal and wrong planchet errors are striking errors, not planchet errors. Their argument? The planchet is OK. It was just fed into the wrong coining press. A third type is the wrong planchet stock error. It occurs when clad coinage strip rolled to the thickness of one denomination is fed into the blanking press of another denomination; the diameter is correct, but the thickness is thicker or thinner than normal. The most common appears to be 1970-D Washington quarter dollars struck on planchet stock intended for dimes. A fourth, rarer form is the double denomination. It occurs when a

Double denomination

coin is struck on a previously struck coin, such as a cent struck over a dime. Since the U.S. Mint has struck coins for foreign governments in the past, it has been possible to find in circulation U.S. coins struck on planchets intended for foreign coins, as well as U.S. coins struck on previously struck foreign coins. Another rare type of wrong metal error is called the transitional error. It occurs as a coin's composition changes. Some 1965 coins are known struck on silver planchets of 1964 composition, while some 1964 coins were struck on clad planchets (1964 coins were struck through 1965, with planchets for both types of coins available side by side). Until 2000, it was thought impossible for a coin to be struck on a planchet larger than normal (the larger planchet, it was thought, would jam the feed mechanism of the press). However, several exceptions to this rule surfaced in 2000, including State quarter dollars struck on the slightly larger Sacagawea dollar planchets.

Striking errors

Broadstrikes: If the surrounding collar is pushed below the surface of the lower die during the moment of striking, the metal of the coin being struck is free to expand beyond the confines of the dies. The design of the coin is normal at center, but as it nears the periphery, becomes

Broadstrike

distorted due to the uncontrolled spread of metal.

Brockage and capped die strikes: If a newly struck coin sticks to the surface of one of the dies, it acts as a die itself—called a die cap— and produces images on succeeding coins. The image produced by any die is the direct opposite on a coin, and brockages are no different. Since

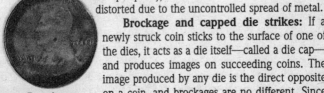

Brockage

the image is raised on the coin adhering to the die, the image on the brockage is incused and reversed—a true mirror image. The first brockage strikes, perfect mirror images and undistorted, are most prized. As additional coins are struck from the capped die, the die cap begins to spread and is made thinner under the pressures of striking, distorting its image. Although the image is recognizable, the design expands, producing an image that can be several times the normal size. At some point, as the die cap becomes thinner and the brockage image disappears, the coins struck cease to be brockages and are known as capped die strikes. While a brockage bears a recognizable though mirror and often distorted image, capped die strikes are simply a form of struck-through coin (see later explanation). At first, few of the original design elements from the obscured die are visible, though as the cap becomes thinner, more and more of the original design elements are transferred from the obscured die through the die cap. Finally, the die cap breaks off or is pounded so thin it ceases to affect succeeding strikes. Sometimes, the die caps fall off early and in a relatively undistorted state. Die caps resemble bottle caps, with the metal wrapping around the surface of the die. Die caps are very rare and collectible, much more so than capped die strikes.

Double and multiple strikes: Double strikes are coins struck more than once. If the coin rotates slightly between strikes, but remains centered within the coining chamber, two images will appear on both sides of the coin. The first strike will be almost totally obliterated by the second strike, and the first strike will be flattened and have almost no relief. Sometimes, a struck coin will flip—somewhat like a pancake on a hot griddle—and fall upside down onto the surface of the die; thus, the second strike has an obverse image obliterating the original reverse, and a reverse image flattening the first obverse image.

Double struck

If the coin falls partially outside the dies after the first strike, the second image is only partial. The partial second strike obliterates the original image beneath it, but the rest of the first strike is undistorted, except in the immediate vicinity of the second strike. A saddle strike is generally not a true double strike, but usually the result of having a planchet fall partially between two pairs of dies on a multi-die press. Saddle strikes have two partial images and an expanse of unstruck planchet between the struck areas, resembling Mickey Mouse's head with the partial coin images representing his ears. Examples of coins struck three, four or more times are known, but are typically more rare than simple double-struck coins.

Filled die

Filled dies: The Mint factory has its share of dirt, grease and other lubricants, and metal filings. The recessed areas of the dies sometimes fill with a combination of this foreign material, preventing the metal of the coins from flowing into the incused areas. This results in weak designs or missing design details, and is among the most common types of error. Filled-die coins are a form of struck-through error (see later explanation). Filled-die coins rarely carry significant premiums.

Indented errors: An indented error is a coin struck with another coin or planchet lying partially on its surface. The area covered by the planchet does not hit the die and thus is blank if indented by a planchet, or shows a partial brockage if indented by a struck coin. The most desirable of the indented errors are larger coins with the indentation of a smaller planchet centered on one side. Indented error coins are a form of struck-through error (see later explanation).

Indented error

Strike doubling

Machine, mechanical or strike doubling: A form of doubling, this is among the most common types of Mint errors. Some do not consider it an error, but believe it to be a form of Mint-caused damage. Others, however, believe it a true form of error coin. The cause is a looseness of the die or other parts in the press that causes the die to twist or bounce across the surface of the newly struck coin. In twisting or bouncing, the die shoves the metal of the raised designs to one side, creating the doubled image. The doubling is flat, like a shelf. Machine-doubled coins are often mistaken for doubled die coins. However, the two forms of doubling have different causes and are distinct in appearance. Machine-doubled coins rarely carry significant premiums.

Off-center coins: If a planchet lies partially outside of the dies during the striking, it receives an off-center strike. Each coin struck off center is unique, but due to the large numbers available, examples are very inexpensive in the lower denominations. Off-center coins with dates are more valuable than coins without dates. Generally but not always, on dated coins, the greater the off-center strike, the more it is worth. Some collectors collect off-center coins by their "clock" positions. Hold the coin with portrait upright and look for the direction the strike lies. If it is at 90 degrees, the strike is at 3 o'clock; if it lies at 270 degrees, the strike is at 9 o'clock.

Off center

Partial collar: Often known as "railroad rim" errors, the edge, not the rim, is the portion of the coin affected. It occurs when the collar is pushed somewhat below the surface of the lower die, so that the upper portion of the coin is free to expand beyond the confines of the collar, while the lower portion is restrained. On coins struck from a reeded collar, partial reeding exists on the area restrained by the collar. The error gets the nickname "railroad rim" from its appearance—the coin, viewed edge-on, resembles the wheel from a railroad car.

Struck-through errors: Struck-through errors occur when foreign objects fall between die and planchet during striking. Pieces of cloth, metal fragments, wire, slivers of reeding, grease, oil, dirt, wire bristles (from wire brushes used to clean

Struck through

dies, resembling staples), die covers, a thin die cap, other coins, planchets and other objects may fall between the dies and the coin. The most collectible struck-through errors are those with the foreign object still embedded in the surface of the coin.

Weak strikes: Weak strikes often resemble coins struck from grease-filled dies, but can be identified. They occur either when the press has been turned off—it tends to cycle through several strikings, each with less pressure than the previous—or when the press is being set up by the operators who test the placement of the dies at lower coining pressures. On reeded coins, weak strikes generally have poorly formed reeding (it is strong on filled dies). Depending on the pressure used, the image may be only slightly weak, practically nonexistent or any stage in between.

How coins are made 14

The various coining facilities of the United States Mint are factories, whose products happen to be coinage of the realm. Like any other metalworking factory, the U.S. Mint has a variety of presses, engraving and reducing machines, and metalworking equipment.

Like any metal product, coins don't "just happen." A number of intricate steps must be taken, from the preparation of the raw metal used in the coins to the striking of the coins. And before the coins can be struck, dies must be produced.

The dies used for striking coins start out as an approved sketch in the Engraving Department at the Philadelphia Mint. Using the sketch, a sculptor-engraver makes a model that will be anywhere from three to 12 times as large as the finished coin. Next, a negative is cast from the model. The negative is touched up and details are added, including legends (think of the skill necessary to engrave the letters of the legends *backwards*). Then a plaster-of-paris positive is made. The positive is used as the model to be approved by the Mint director and the secretary of the Treasury if a new design is being created.

When final approval is received, another negative is made from which a hard epoxy positive model is prepared.

The completed epoxy model is then mounted on a Janvier transfer-engraving machine. This machine cuts the design into soft tool steel—tracing the exact details of the epoxy model—and produces a positive replica of the model called a "master hub." The master hub, which has the exact dimensions of the coin, is then heat treated to harden it and is placed in a hydraulic press. The master hub is slowly pressed into a blank piece of soft die steel until a negative replica is made, called a master die.

Working hubs are made from the master die in the hydraulic press in the same way as the original, master die was impressed. Working dies (those used to strike coins) are made from the working hubs in the same way.

The number of impressions of hub into die or die into hub to fully form a usable image depends on the equipment in use. Since 1997, most dies produced at the Philadelphia and Denver Mints have been produced on newer equipment that permits single-impression hubbing,

Janvier reducing machine transfers image from large epoxy model at right to coin-sized steel hub at left

with the complete image formed during one impression of die into hub. That technology was introduced when a new die shop went into operation at the Denver Mint (the first there) on May 13, 1996. Half dollar and other larger denomination dies continued to be produced throughout 1998 on older equipment requiring multiple impressions of die into hub to fully form the image. The two Mints began producing half dollar dies in a single hubbing operation in 1999.

Mint marks—found on many U.S. coins since 1838 and all U.S. coins since 1980 except for the Lincoln cent struck at the Philadelphia Mint—have been added at various stages of the die-production process. Traditionally, Mint engravers had placed the Mint mark by hand on each of the thousands of working dies. That is no longer the case. Beginning in 1990, the Mint began placing the Mint mark on the master die for the cent and 5-cent coin. The other denominations— dime, quarter dollar and half dollar—followed in 1991. Mint marks on commemorative coins and Proof coins are placed at the initial modeling stage and have been since the mid- to late 1980s. Later in the 1990s, the D Mint mark was added to the models for the Denver Mint cents, but not for other circulating coinage. All of these changes lessen the possibility of producing Mint mark errors and varieties (see the chapter on error coins for details on the types of errors once possible).

Blanks and planchets

Modern United States coins have their beginnings in the private sector, where a number of companies process the raw metals from which coins are made, and produce some coinage blanks and planchets and all coils of strip metal the Mint purchases.

In preparing the raw metals used in coining, the coinage metals are assayed, melted and formed into slabs that are then rolled to the proper thickness. For clad coinage, bonding operations are required to bond the two layers of copper-nickel to the core of pure copper. The strip is then coiled and shipped to the Mint for blanking. The Mint once did all of its own metal processing, including melting, assaying and mixing different metals together to create alloys. However, the Mint closed its refining operations several decades ago and now relies on private companies to do all of this initial work. The Mint produced its own strip metal as late as Fiscal Year 1982 at the Philadelphia Mint, but the operations were closed officially in Fiscal 1983.

Once coinage strip is rolled to the proper thickness, blanks are punched from it. Blanks and planchets are the unstruck, circular pieces of metal that become coins when struck between the dies. Blanks and planchets represent the same product at different stages of production, although sometimes the terms "blank" and "planchet" are used interchangeably. The U.S. Mint still produces some of its coin blanks and planchets. Blanks are unfinished planchets that haven't been through all of the processing steps necessary before they can be struck into coins. Once a blank has been through all of the processing steps, it becomes a planchet and is ready to be struck.

Blanks are produced on blanking presses, which are simply punch presses similar to those found in any machine shop. They have a bank of punches (or rams) that travel downward through the strip of coinage metal and into a steel bedplate that has holes corresponding to the punches. The presses punch out blanks each time the punches make their downward cycle. The blanks made at this stage are slightly larger than the finished coins. Because of the shearing action of the punches, the blanks have rough edges. Most of the rough edges (or burrs) are removed during succeeding operations.

The next step is to give each blank a slightly raised rim. This is done in an upsetting mill.

The upsetting mill consists of a rotating wheel with a groove on its edge. The grooved edge of the wheel fits into a curved section (or shoe) that has a corresponding groove. The distance between the wheel and the shoe gets progressively narrower so that, as the blank is rolled along the groove, a raised rim is formed on both sides of the blank. This raised rim serves several purposes. It sizes and shapes the blank to lower the stress on the dies in the coining press and facilitates the formation of the rim.

At times, the Mint has found it unnecessary to upset the rims of certain planchets, including those intended for Jefferson 5-cent coins struck at the Denver Mint.

During the upsetting operation, the blanks have been "work-hardened" and must now be softened by being heated to controlled temperatures in a process called annealing. The blanks are heated to approximately 1,400 degrees Fahrenheit, changing their crystal structure to a softer state. Planchets are cooled slowly. The annealing process prolongs the life of the coining dies by ensuring well-struck coins with lower striking pressures.

Despite a protective atmosphere, annealing causes some surface discoloration that must be removed from the

Die being polished for a Proof coin

blanks. The blanks pass through a chemical bath, are tumble dried and then burnished (these last steps clean the planchets and shine them to a high luster).

The blanks are next passed over sorting screens that are supposed to eliminate all of the defective pieces. Too-large, too-small and incomplete planchets will fall through the screens. Rejected blanks are remelted.

The blanks are now planchets and are ready to be struck into coins on the Mint's coining presses.

Coining presses are designed for any denomination of coin. Dies and collars are interchangeable and striking pressures are adjustable for the various denominations and metals. A circular piece of hardened steel forms the collar, which acts as the wall of the coining chamber. The dies impress the various designs and devices on the obverse and reverse for the coin while the collar forms the edge of the coin, flat and smooth on cents, 5-cent coins and Sacagawea dollars and reeded on the dime, quarter dollar, half dollar and other dollar coins. The collar, which is five-thousandths of an inch larger in diameter than the dies, is mounted on springs that allow slight vertical movement.

Generally, the reverse die is the lower (or anvil) die while the obverse die is the upper (or hammer) die; however, there are exceptions. The dies are mounted horizontally so that they move parallel to the floor on some presses. Still, the terms anvil die and hammer die are appropriate on these latter presses.

Planchets are fed by gravity from a basin attached to the press through a cylindrical tube. This tube stacks 20 or so planchets. From this stack, the bottom planchet is fed into the press by one of several feed devices.

One device is called the feed fingers: two parallel pieces of metal joined in such a way that they can open and close; on one end of the two pieces is a covered recessed slot and in the center is a hole. A second device is a dial feeder: a circular piece slotted with holes that transport the planchets to the coining chamber and then transport the newly struck coin from the dies.

No matter which feed device is used, the coining process is the same. The anvil die at this point is stationary. The hammer die moves toward the anvil die, the dies impress the designs of both sides into the planchet and then the hammer die completes its cycle by moving back to its original position. On presses using the dial feeder, the dial remains stationary so that the hole transporting the planchet remains centered over the anvil die, with the hammer die passing through the hole to strike the coin. Then, the anvil die moves above the collar, actuated by an eccentric cam, raising the struck coin out of the coining chamber. Depending on the feeder system used, one of two things happens.

As the anvil die moves, about the same time the feeder fingers, in a closed position, start to move forward with a planchet lying in the center hole. At this time the anvil die reaches the top of its cycle, the recessed slot (ejection slot) slides over the struck coin and pushes the coin away from the coining chamber. The feed fingers have completed their forward movement and now the center hole is moving toward the coining chamber. The struck coin's momentum carries it forward until it hits a shield that deflects it into the struck coin hopper. The feed fingers open, allowing the planchet to fall into the coining chamber. Then the feed fingers reverse direction to return to their original position.

On presses using a dial feeder, the struck coin is pushed back up into the hole that had carried the planchet; the dial rotates, moving the coin away from the coining chamber while the next hole drops a new planchet onto the lower die. The cam action now causes the lower die to move to its stationary position.

Presses fed by dial feeders have sensors that automatically stop the press if a planchet is mispositioned, of the wrong size or incomplete, or is completely missing. The Mints have made good use of this feature to decrease production of many of the error coins that entice collectors.

Frequently, while a press is in operation, the press attendant may pick up a finished coin for inspection to catch some of the remaining varieties and errors that are still produced. The inspector examines the coin under a magnifier to search for any defects made in the die during operation. Another attempt is made to prevent improperly shaped coins from reaching circulation by passing them through a second device to remove improperly sized or shaped coins.

Throughout the minting process, computers track such statistics as the productivity of each press operator, any repairs to a coining press, quantities of coins struck per press, plus installation, movement and destruction of the dies.

After the coins have been struck, they are counted automatically by machines or weighed, and are bagged or placed into shipping bins. The Mint has stopped using the canvas "Mint-sewn bags" for most denominations; instead, it uses much larger "ballistic" bags, which can hold hundreds or thousands of coins. Counters on top the mechanism that dumps coins into the ballistic bags remove most out-of-specification coins (errors). The coins now are ready for shipment from the Mint to the Federal Reserve Banks or private money-handling firms for distribution.

Proof and Uncirculated coins

The United States Mint has had a longstanding relationship with American coin collectors, though not always a problem-free one. Although the primary business of the Mint is to produce sufficient coinage for use in commerce, it has produced special collectors' products for much of its existence. The Mint's most popular collectors' products, no doubt, have been Proof coins and sets and Uncirculated Mint sets, including since 1994 some low-mintage coins with a special Matte Finish. Limited edition sets of commemorative coins and rolls and mini-bags of State quarter dollars are other popular programs.

Proof coins are produced using special minting and processing techniques, resulting in coins with special finishes. They have been sold separately in the past, but since 1950 have been offered only in sets, although Proof versions of recent commemorative coins, the American Eagles and the 1999 Anthony dollars have been offered individually.

Uncirculated Mint sets contain coins produced under more or less standard conditions (recent sets contain coins of higher quality than those struck for circulation; older sets contain coins of the same quality as intended to circulate), packaged as a set and sold for a fee over the coins' face value. The sets provide collectors with Uncirculated examples of each coin struck for circulation that year, and in some cases, examples of coins struck for the Uncirculated Mint sets only.

The first Uncirculated Mint sets, with coins dated 1947, were offered in 1948. After the 1947 sets sold out, 1948-dated sets were offered to the public. Sets were again offered in 1949, but none were offered in 1950 due to a Treasury decision to conserve appropriations and manpower during the Korean War, and because Uncirculated coins were available from banks. From 1951 through 1964, sets were offered every year. The numbers of coins offered fluctuated from year to year, depending upon what denominations were being struck for circulation.

Before 1959, Uncirculated Mint sets were individually packaged in cardboard folders; each set contained two specimens of each coin struck that year. Beginning in 1959, sets were packaged in polyethylene packets and contained just one example of each coin struck that year.

No Uncirculated Mint sets or Proof sets were offered from 1965 to 1967 because of a major coin shortage sweeping the country, which was blamed in part on coin collectors and speculators. However, Mint officials did offer Special Mint sets, featuring coins not the quality of Proofs but better than those found in the pre-1964 Uncirculated Mint sets.

Production and sales of Uncirculated Mint sets resumed in 1968. From 1973 to 1978, Philadelphia and Denver Mint specimens of the Eisenhower dollar were contained in the set. In 1979, the Eisenhower dollar was replaced by the Anthony dollar, and a San Francisco Assay Office specimen was added. No Uncirculated Mint sets were offered in 1982 and 1983, with Mint officials blaming budgetary cutbacks. Because of collector pressure, Congress passed a law in 1983 requiring annual sales of both Uncirculated Mint sets and Proof sets.

As noted earlier, some Uncirculated Mint sets contain coins not struck for circulation. This generally increases the value of the sets because collectors saving an example of each coin struck each year will be unable to find the needed coins in circulation. In 1970, no half dollars were struck for circulation; thus, the 1970-D Kennedy half dollar could only be found in the set. In 1973, no Eisenhower dollars were struck for circulation, but the dollars were included in the set. The only way to obtain the three 1981 Anthony dollars was to buy the Uncirculated Mint set of that year, and in 1987, no Kennedy half dollars were struck for circulation but they were included in the set. The 1996 Uncirculated sets include a 1996-W Roosevelt dime—available nowhere else—added at no charge to commemorate the 50th anniversary of the coin's introduction.

Proof coins and sets

While coins in Uncirculated Mint sets are little or no different from those struck for circulation, Proof coins are a special breed. A Proof coin is struck on specially prepared planchets, using special minting techniques, generally on a specialized coining press.

"Proof" in numismatics refers to a special manufacturing process designed to result in coins of the highest quality produced especially for collectors. "Proof" is not a grade, as many beginning collectors think, although grading services, dealers and collectors may assign Proof coins numerical grades such as Proof 63 or Proof 65.

Proof coins result from the same basic processes used in producing the dies and planchets also required to make coins for circulation. However, Mint employees use special techniques in preparing the surfaces of the dies and planchets intended for Proof coins. Special presses and striking techniques are also used in the production of Proof coins.

Most of the Proof coins sold by the United States Mint today are Frosted Proofs. The flat fields are mirror-like, reflective and shiny. The frosting refers to the white, textured, nonreflective finish found on the raised devices, lettering and other points in relief. Both the frosted and mirror finishes are the results of the special techniques used in preparing the dies.

All dies are produced at the Philadelphia Mint and Denver Mint die shops, although the surfaces of Proof dies used at the San Francisco Mint are prepared in San Francisco. Remember that a die features a mirror-image, incused version of the finished coin's design.

To prepare a Frosted Proof die, incused areas of the die (which will create corresponding raised areas on the coins) are sandblasted with an aluminum oxide and glass bead compound.

The fields, in contrast, are polished to a high sheen.

Once the polishing is completed, the die receives a light plating of chrome, two- to three-thousandths of an inch thick. The chrome is then buffed. The finished die now has mirror-like fields and textured relief, and will impart the same finishes to the coins it strikes.

The planchets used to strike the Proof coins also receive special treatment. The planchets are burnished in a process that tumbles them in a media of carbon steel balls, water and an alkaline soap. The process cleans and polishes the planchets. The burnished planchets are rinsed in clear water and towel-dried by hand, then go through another cleaning and hand-drying process. Compressed air is used to blow lint and dust from the planchets.

Proof coins are struck on special presses that operate at slower speeds than the high-speed presses used for striking circulating coinage. While the Proof coining presses, like all presses, impress the design from the dies onto the planchet, the production of a business strike is a much more rapid, violent event. Each Proof coin is struck two or more times, depending on the size of the coin, the design and the composition of the metal. The multiple striking ensures that the detail is brought up fully on each coin. Business strikes are struck only once.

Proof coins are then sealed into plastic capsules or plastic holders to give their surfaces some protection (though not total) from potentially damaging environmental factors.

Although most collectors of modern U.S. Proof coins are familiar with the Frosted Proofs in vogue today, there are many other types of Proof finishes. Some used by the U.S. Mint include the Matte Proof, first used in the early 20th century; a similar Matte Finish was used on several special coins issued in the 1990s. The entire surface of the coin is uniformly dull or granular; the surface of the original Matte Proof coins results from the struck coin being pickled in acid. A Satin Finish Proof coin has a matte, satiny surface; the finishing process, used in the early 20th century, is currently unknown. A Sandblast Proof is a type of Matte Proof in which the surface of the coin is sandblasted, not pickled in acid. A Roman Finish Proof was used on gold Proofs of 1909 and 1910 and is similar to the Satin Finish Proof. A Brilliant Proof is one in which the entire surface is mirror-like; any frosted devices are accidental, found generally only on the first few strikes of the die. Brilliant Proofs were produced by the U.S. Mint until the late 1970s and early 1980s, when Mint officials began producing the Frosted Proofs.

The Philadelphia Mint struck its first true Proof coins in 1817, not for collectors but as presentation pieces. From 1817 to 1859, Proof coins were made in small batches whenever a number of orders had accumulated.

Proof coins were first offered to the public at large in 1858, the result of a decision by Mint Director John Ross Snowden. It was not until 1860, however, that mintages jumped as collector interest caught hold and the Mint began anticipating demand rather than striking the Proof coins to order.

Coins were sold individually and in complete sets, the latter in limited quantities. Sets were sometimes sold as separate sets of minor coins and gold coins in addition to the complete sets.

From 1907 to 1916, the Mint began experimenting with various Proof finishes, including the aforementioned Matte Proof, Sandblast Proof and Roman Finish Proof finishes.

The Mint stopped offering Proof coins in 1916. Walter Breen in his *Encyclopedia of United States and Colonial Proof Coins: 1722-1977* notes: "At first ostensibly because of the war, later more likely because of administration changes (there being no coin collectors in high office until William H. Woodin became secretary of the Treasury), no Proofs were publicly sold. The few made went to VIPs and most are controversial."

Proof coinage resumed in 1936 with the production of Brilliant Proofs. Coins were sold by the piece with five denominations making a complete set. Mintages of the Proof "sets" from 1936 through 1942 are based on the coin with the smallest mintage. Abandoned were the experiments with Matte Proofs and other experimental finishes. Proof production halted again at the end of 1942 because of World War II, and did not resume until 1950.

Beginning in 1950, customers could no longer purchase single coins. The five-coin sets were housed in individual cellophane envelopes, stapled together and placed into a cardboard box. The box and envelope combination was not meant to be a permanent holder for the coins, something collectors learned after the staple began to rust and threatened to damage the coins within the set. The Mint changed to new packaging in mid-1955 (the 1955 set is available each way): a plastic soft-pack inserted into an envelope.

No Proof sets were struck in 1965 to 1967 because of the massive coin shortage haunting the nation.

Proof set production resumed in 1968, but at a new location. Prior to 1968, most Proof coins were struck at the Philadelphia Mint. All earlier Branch Mint Proof coins were and are rare. Production was moved to the San Francisco Assay Office (the San Francisco Mint became an Assay Office in 1962, and a Mint again in 1988), and the S Mint mark was added to the coins. The coins were housed in a hard-plastic holder.

Proof sets have been struck every year since 1968, with a Proof version of the Eisenhower copper-nickel dollar first placed in the set in 1973. A 40 percent silver version of the Proof Eisenhower dollar was offered in a separate package from 1971 through 1974.

Special Proof and Uncirculated sets were offered in recognition of the 1976 Bicentennial of American Independence. The Bicentennial event was numismatically celebrated with changes in the reverse designs of the Washington quarter dollar, Kennedy half dollar and Eisenhower dollar. Copper-nickel versions of all three were issued for circulation and for the regular Proof set.

Collectors were offered two three-coin sets of the same coins struck in a 40 percent silver composition, in Proof and Uncirculated versions. The silver collectors' coins were first offered Nov. 15, 1974, at prices of $15 for the Proof set and $9 for the Uncirculated set. In the 12 years of sales for the two three-coin sets, from November 1974 to Dec. 31, 1986, prices for the three-coin sets were changed no less than five times due to rising and falling silver prices.

From 1976 to 1981, standard Proof sets were issued with either the Eisenhower dollar (through 1978) or Anthony dollar (beginning in 1979). With the resumption of commemorative coinage production in 1982, and the introduction of American Eagle bullion coins in 1986, Proof production was spread to all four coining facilities, in Philadelphia, Denver, San Francisco and West Point. The San Francisco Mint continues to strike the regular Proof set in addition to some Proof commemorative and bullion coins. Prestige Proof sets were offered from 1983 to 1998 in years when the Mint issued commemoratives. Prestige Proof sets contain the regular set and one or more Proof commemorative coins.

Another change occurred in 1986 in the Proof die production process. Since Mint marks were first used in 1838, they had been punched into the individual working dies. However, the inadvertent release of a 1983 Proof dime with no S Mint mark prompted Mint officials to place the Mint mark on the master die in an attempt to prevent this type of error from occurring again. The same mistake also happened in 1968, 1970, 1971 and, according to some sources, 1975. In 1986, the Mint mark was included on the plasticene model stage for all Proof coins, including commemoratives; thus, the Mint mark appears at every stage of the modeling and die-making process of all collectors' coins.

Congress mandated annual sales of a Silver Proof set in 1990; it authorized a Proof set with 90 percent silver versions of all denominations of a dime or higher, at that time the dime, quarter dollar and half dollar since no dollar coins had been struck for circulation for about a decade. The Mint did not issue the first Silver Proof sets until 1992, citing 1991 production difficulties. The Mint offered two packaging versions of the new Proof set: a set in the same kind of holder as the standard Proof set marked with the word "silver," and a Premier Silver Proof set containing the same coins in a higher quality package.

More wrinkles in Proof coin production occurred in 1999 and 2000 because of changes in coinage designs and the need to strike new denominations.

The State quarter dollars program, introduced in 1999, is reflected in the Proof sets since 1999. The traditional Proof set contains all five quarters for nine coins total (in 1999) or 10 coins (in 2000). A second Proof set containing only the five State quarters is also offered.

The siphoning of 1979 and 1980 Anthony dollars from Treasury vaults throughout the end of the 1990s and the delay in production of the new Sacagawea dollar (introduced in 2000) resulted in the need to strike 1999-dated Anthony dollars for circulation. Mint officials announced that they would offer Proof and Uncirculated versions of the Anthony dollar later in the year in single-coin packaging. The decision to strike the coins came after Proof set production had begun, making it difficult to include them with the other Proof coins.

The Proof sets sold since 2000 contain a Proof version of the Sacagawea golden dollar, increasing the number of coins to 10. The addition of that new coin caused problems its first year because of the the law requiring Silver Proof sets every year.

Mint officials delayed sales of the 2000 Silver Proof sets until Congress could amend the portion of the U.S. Code regulating their production. As noted earlier, the law required the Mint to produce 90 percent silver versions of all coins struck for circulation from the dime through the dollar. However, Mint officials did not want to strike a silver version of the coin it was marketing as the "golden dollar." The coin's golden color and new alloy were in complete opposition to a silver composition (unlike the dime, quarter dollar and half dollar, which had been composed of silver for most of their existence as denominations). Once Congress passed the necessary legislation and President Clinton signed it into law, the Mint could begin delivering the sets for which it had already accepted orders.

A new offering by the Mint generated a good deal of collector hostility in mid-2002. The Mint briefly reopened sales of sets it had previously reported as closed or sold out by offering a package of 1999, 2000 and 2001 Proof sets at coin market prices, not at their original prices. A majority of collectors objected to the program, saying that once a program is closed or reported as sold out, it should remain closed. The Mint stopped offering the packaged sets after a few weeks of sales; officials claimed that storage problems resulted in damage to some of the coins in the 1999 sets and made them unsaleable.

Matte Finish coins

As the United States Mint began offering more collector coin products in the 1980s and 1990s, officials began experimenting with special finishes to enhance some of the Uncirculated commemorative coins. By the early 1990s, for example, commemorative silver dollars were given a matte surface similar in appearance to the Matte Proof coins of the early 20th century mentioned earlier. Collectors took little note of this special finish, however, because the Mint referred to it as their Uncirculated finish (although it differed considerably from the Uncirculated finish given to coins in the standard Uncirculated Mint sets). In 1994, however, the special Uncirculated finish was applied to a noncommemorative denomination placed in a special limited-edition set.

Congress authorized a commemorative silver dollar celebrating the 250th anniversary of Thomas Jefferson's birth for release in 1994. The Mint offered the 1994 Jefferson silver dollar in Proof and Uncirculated versions, the latter bearing the special matte surfaces developed over the years. Mint officials also offered the dollar in a variety of purchasing options.

Among the special options was a Jefferson Coin and Currency set, which contained three monetary instruments bearing Jefferson's portrait: a 1994-P Jefferson silver dollar, a $2 Federal Reserve note and a 1994-P Jefferson 5-cent coin. While Mint officials intended to limit this set to 50,000 pieces, they forgot to mention that fact on any sales literature. Thus the Mint produced the set to order, selling 167,703 sets.

Mint officials also forgot to tell collectors that the Jefferson 5-cent coin in the set was given the same matte surfaces that had been given to the Jefferson silver dollar in the set, to give the two coins uniform finishes. A collector, however, noted the special finish and informed *Coin World* of that fact. That suddenly made the Jefferson Coin and Currency set a hot property. Many collectors collect Jefferson 5-cent coins, and many seek to acquire Proof and traditional Uncirculated specimens of each date and Mint mark. As collectors and dealers began referring to the coin as having a Matte Finish, many sought specimens of the special 5-cent coin to complete their collections of the denomination. Many Matte Finish 5-cent coins were probably removed from their original holders for placement into whatever holders the collectors were using to store their Jefferson 5-cent sets. Prices for this special 5-cent coin remain high, as much as $100.

Three years later, Mint officials offered a second Matte Finish Jefferson 5-cent coin (although Mint officials were still not using this terminology), this one dated 1997-P and housed in the Botanic Garden Coin and Currency set (also containing a Botanic Garden silver dollar and $1 Federal Reserve note). Production of the set was limited to 25,000 sets, meaning just 25,000 Matte Finish 1997-P Jefferson 5-cent coins would be offered, making this set an even hotter property than the Jefferson sets of three years earlier. In what became one of the most criticized offerings by the U.S. Mint in recent years, the Botanic Garden Coin and Currency set sold out in about a week, before many collectors even received their order forms in the mail. Dozens of irate collectors called *Coin World* to complain about being shut out of the offering because other collectors living closer to where the order forms were placed into the mail had an advantage over those living farther away. Few if any of the callers (including those lucky ones receiving the sets) wanted the sets for the Botanic Garden dollar. Most wanted the extremely limited, 25,000-mintage Matte Finish 1997-P Jefferson 5-cent coin for their collections. Today, these coins sell for as much as $275.

Mint officials learned from this experience, so in 1998, when it offered a Kennedy Collectors set bearing a 1998-P Robert F. Kennedy silver dollar and 1998-P John F. Kennedy half dollar, it limited sales to a specific ordering period, not to a specific number of sets. Sales totaled more than 63,000 sets. By this time, Mint officials had also accepted the terminology that had caught on in hobby circles, and noted that the half dollar in the set had been given the special Matte Finish. The same literature also noted that the dollar in the set was an Uncirculated specimen. However, it was clear to collectors that the finish was the same on both coins (which had been the intention in 1994 when the first Matte Finish 5-cent coin was produced). *Coin World* began calling the RFK dollar a Matte Finish specimen, prompting a rival coin collector publication to contact Mint officials, who confirmed that the RFK had an Uncirculated surface, not a Matte Finish. *Coin World* persisted in calling both coins Matte Finish, and Mint officials eventually confirmed that yes, the finish on both coins is the identical Matte Finish. (As with the Botanic Garden set, many collectors bought the coin for the Matte Finish half dollar to keep their collections complete, not for the commemorative silver dollar.) The special 1998-P Kennedy half dollar today sells for $300 or more.

Will the popularity of the two Matte Finish 5-cent coins and half dollar prompt Mint officials to make similar offerings in the future? Stay tuned.

Proof sets

Year Minted	Note	Sets Sold	Prestige Commemorative	Selling Price	Face Value
1950		51,386		2.10	0.91
1951		57,500		2.10	0.91
1952		81,980		2.10	0.91
1953		128,800		2.10	0.91
1954		233,300		2.10	0.91
1955		378,200		2.10	0.91
1956		669,384		2.10	0.91
1957		1,247,952		2.10	0.91
1958		875,652		2.10	0.91
1959		1,149,291		2.10	0.91
1960	‹1›	1,691,602		2.10	0.91
1961		3,028,244		2.10	0.91
1962		3,218,019		2.10	0.91
1963		3,075,645		2.10	0.91
1964		3,950,762		2.10	0.91
Production suspended during 1965, 1966, 1967					
1968	‹2›	3,041,506		5.00	0.91
1969		2,934,631		5.00	0.91
1970	‹3›	2,632,810		5.00	0.91
1971	‹4›	3,220,733		5.00	0.91
1972		3,260,996		5.00	0.91
1973		2,760,339		7.00	1.91
1974		2,612,568		7.00	1.91

Year Minted	Note	Sets Sold	Prestige Commemorative	Selling Price	Face Value
1975	‹5›	2,845,450		7.00	1.91
1976	‹6›	4,123,056		7.00	1.91
1977		3,236,798		9.00	1.91
1978		3,120,285		9.00	1.91
1979	‹6›	3,677,175		9.00	1.91
1980		3,554,806		10.00	1.91
1981		4,063,083		11.00	1.91
1982	‹7›	3,857,479		11.00	0.91
1983	‹8›	3,138,765		11.00	0.91
1983 Prestige		140,361	1983-S Olympic silver dollar	59.00	1.91
1984		2,748,430		11.00	0.91
1984 Prestige		316,680	1984-S Olympic silver dollar	59.00	1.91
1985		3,362,821		11.00	0.91
1986		2,411,180		11.00	0.91
1986 Prestige		599,317	1986-S Immigrant half dollar, 1986-S Ellis Island silver dollar	48.50	2.41
1987		3,356,738		11.00	0.91
1987 Prestige		435,495	1987-S Constitution silver dollar	45.00	1.91
1988		3,031,287		11.00	0.91
1988 Prestige		231,661	1988-S Olympic silver dollar	45.00	1.91
1989		3,009,107		11.00	0.91
1989 Prestige		211,807	1989-S Congress half dollar 1989-S Congress silver dollar	52.00	2.41
1990	‹9›	2,793,433		11.00	0.91
1990 Prestige		506,126	1990-P Eisenhower silver dollar	46.00	1.91
1991		2,610,833		11.00	0.91
1991 Prestige		256,954	1991-S Mount Rushmore half dollar 1991-S Mount Rushmore silver dollar	55.00	2.41
1992	‹10›	2,675,618		11.00/12.50	0.91
1992 Prestige	‹11›	183,285	1992-S Olympic half dollar 1992-S Olympic silver dollar	49.00/56.00	2.41
1992 Silver	‹11, 12›	1,009,586		18.00/21.00	0.91
1992 Premiere	‹11,12›	308,055		29.50/37.00	0.91
1993		2,337,819		12.50	0.91
1993 Prestige	‹11›	232,063	1993-S James Madison half dollar 1993-S James Madison silver dollar	51.00/57.00	2.41
1993 Silver	‹11, 12›	589,712		18.00/21.00	0.91
1993 Premiere	‹11,12›	201,282		29.00/37.00	0.91
1994		2,308,701		12.50	0.91
1994 Prestige	‹11›	175,893	1994-P World Cup half dollar 1994-S World Cup silver dollar	49.00/56.00	2.41
1994 Silver	‹11, 12›	636,009		18.00/21.00	0.91
1994 Premiere	‹11,12›	149,320		29.00/37.00	0.91
1995		2,018,945		12.50	0.91
1995 Prestige	‹11›	105,845	1995-S Civil War Battlefields half dollar 1995-S Civil War Battlefields dollar	55.00/61.00	2.41
1995 Silver	‹11, 12›	537,374		18.00/21.00	0.91
1995 Premiere	‹11,12›	128,903		29.00/37.00	0.91
1996		2,085,191		12.50	0.91

Year Minted	Note	Sets Sold	Prestige Commemorative	Selling Price	Face Value
1996 Prestige	‹11›	59,886	1996-S Olympic Soccer half dollar 1996-P Olympic Rowing dollar	55.00/61.00	2.41
1996 Silver	‹11,12›	623,264		18.00/21.00	0.91
1996 Premier	‹11,12›	151,817		29.00/37.00	0.91
1997		1,975,000		12.50	0.91
1997 Prestige		80,000	1997-S Botanic Garden dollar	44.00	1.91
1997 Silver	‹11,12›	605,289		18.00/21.00	0.91
1997 Premier	‹11,12›	135,905		29.00/37.00	0.91
1998		2,086,507		12.50	0.91
1998 Silver	‹11,12›	878,996		18.00/21.00	0.91
1999	‹19,23›	2,557,899		19.95	1.91
1999 State	‹20›	1,169,958		13.95	1.25
1999 Silver	‹12,19›	804,565		31.95	1.91
2000	‹19,23›	3,096,981		19.95	2.91
2000 State	‹20›	995,803		13.95	1.25
2000 Silver	‹12,19›	965,421		31.95	2.91
2001	‹19,23›	2,300,944		19.95	2.91
2001 State	‹20›	799,736		13.95	1.25
2001 Silver	‹12,19›	317,142		31.95	2.91
2002	‹19,24›	2,321,848		19.95	2.91
2002 State	‹20,24›	764,092		13.95	1.25
2002 Silver	‹12,19›	888,826		31.95	2.91
2003	‹19›	Pending		19.95	2.91
2003 State	‹20›	Pending		13.95	1.25
2003 Silver	‹12,19›	Pending		31.95	2.91

40% silver clad dollars
Struck in San Francisco

Year Minted	Uncirculated	Proof
1971	6,868,530	4,265,234
1972	2,193,056	1,811,631
1973	1,883,140	1,013,646
1974	1,900,156	1,306,579

Special Mint Sets

Year Minted	Sets Sold	Selling Price	Face Value
1965	2,360,000	4.00	0.91
1966	2,261,583	4.00	0.91
1967	1,863,344	4.00	0.91

Uncirculated sets

Year Minted	Note	Sets Sold	Selling Price	Face Value
1947		12,600	4.87	4.46
1948		17,000	4.92	4.46
1949		20,739	5.45	4.96
1951		8,654	6.75	5.46
1952		11,499	6.14	5.46
1953		15,538	6.14	5.46

UNCIRCULATED SETS (CONTINUED)

Year Minted	Note	Sets Sold	Selling Price	Face Value
1954		25,599	6.19	5.46
1955		49,656	3.57	2.86
1956		45,475	3.34	2.64
1957		34,324	4.40	3.64
1958		50,314	4.43	3.64
1959		187,000	2.40	1.82
1960		260,485	2.40	1.82
1961		223,704	2.40	1.82
1962		385,285	2.40	1.82
1963		606,612	2.40	1.82
1964		1,008,108	2.40	1.82
1965		2,360,000	4.00	0.91
1966		2,261,583	4.00	0.91
1967		1,863,344	4.00	0.91
1968		2,105,128	2.50	1.33
1969		1,817,392	2.50	1.33
1970		2,038,134	2.50	1.33
1971		2,193,396	3.50	1.83
1972		2,750,000	3.50	1.83
1973		1,767,691	6.00	3.83
1974		1,975,981	6.00	3.83
1975		1,921,488	6.00	3.82
1976		1,892,513	6.00	3.82
1977		2,006,869	7.00	3.82
1978		2,162,609	7.00	3.82
1979	‹13›	2,526,000	8.00	3.82
1980	‹13›	2,815,066	9.00	4.82
1981	‹13›	2,908,145	11.00	4.82
1984		1,832,857	7.00	1.82
1985		1,710,571	7.00	1.82
1986		1,153,536	7.00	1.82
1987		2,890,758	7.00	1.82
1988		1,447,100	7.00	1.82
1989		1,987,915	7.00	1.82
1990		1,809,184	7.00	1.82
1991		1,352,101	7.00	1.82
1992		1,500,098	7.00/8.00	1.82
1993		1,297,094	8.00	1.82
1994		1,234,813	8.00	1.82
1995		1,013,559	8.00	1.82
1995 Deluxe		24,166	12.00	1.82
1996	‹14›	1,450,440	8.00	1.92
1997		940,047	8.00	1.82
1998		1,188,487	8.00	1.82
1999	‹21›	1,421,625	14.95	3.82
2000	‹21›	1,490,160	14.95	4.82
2001	‹21›	1,113,623	14.95	4.82
2002	‹21,24›	1,135,572	14.95	4.82
2003	‹21›	Pending	14.95	4.82

Year	Note	Metal	1/10 oz	1/4 oz	1/2 oz	1 oz	Set
1986		Gold	——	——	——	550.	——
		Silver	——	——	——	21.00	——
1987		Gold	——	——	295.	585.	870.
		Silver	——	——	——	23.00	——
1988		Gold	65.00	150.	295.	585.	1065.
		Silver	——	——	——	23.00	——
1989		Gold	65.00	150.	295.	585.	1065.
		Silver	——	——	——	23.00	——
1990		Gold	70.00	150.	285.	570.	999.
		Silver	——	——	——	23.00	——
1991		Gold	70.00	150.	285.	570.	999.
		Silver	——	——	——	23.00	——
1992		Gold	70.00	150.	285.	570.	999.
		Silver	——	——	——	23.00	——
1993		Gold	70.00	150.	285.	570.	999.
		Silver	——	——	——	23.00	——
1993 Philadelphia set ‹16›						499.	
1994		Gold	70.00	150.	285.	570.	999.
		Silver	——	——	——	23.00	——
1995		Gold	70.00	150.	285.	570.	999.
		Silver	——	——	——	23.00	——
1995 10th Anniv. set ‹17›		——	——	——	——	——	999.
1996		Gold	70.00/75.00	150./159.	285./299.	570./589.	999./1025.
		Silver	——	——	——	23.00	——
1997		Gold	75.00	159.	299.	589.	1,025.
		Silver	——	——	——	23.00	——
		Platinum	99.00	199.	395.	695.	1,350.
1997 Impressions of Liberty set ‹18›		——	——	——	——	——	1,499.
1998		Gold	70.00	150.	285.	570.	999.
		Silver	——	——	——	24.00	——
		Platinum	99.00	199.	395.	695.	1,350.
1999		Gold	70.00	150.	285.	570.	999.
		Silver	——	——	——	24.00	——
		Platinum	99.00	199.	395.	695.	1,350.
2000		Gold	70.00	150.	285.	570.	999.
		Silver	——	——	——	24.00	——
		Platinum	118.	227.	405.	740.	1,375.
2001		Gold	70.00	150.	285.	570.	999.
		Silver	——	——	——	24.00	——
		Platinum	118.	227.	405.	740.	1,375.
2001		Gold	70.00	150.	285.	570.	999.
		Silver	——	——	——	24.00	——
		Platinum	118.	227.	405.	740.	1,375.
2002		Gold	70.00	150.	285.	570.	999.
		Silver	——	——	——	24.00	——
		Platinum	118.	227.	405.	740.	1,375.
2003		Gold	85.00	165.	315.	630.	1,098.
		Silver	——	——	——	24.00	——
	‹22›	Platinum	NA	NA	NA	NA	NA

Bicentennial sets

Final mintages are 3,998,621 for the Proof set, and 4,908,319 for the Uncirculated set.

Notes

1. Includes Large Date and Small Date cents. The Small Date is rarer.
2. Some Proof sets contain dimes struck from a Proof die missing the Mint mark, an engraver's oversight, not a filled die. Unofficially estimated that 20 specimens are known. Beware of sets opened and reclosed with "processed" P-Mint coins inserted. Check edge of case for signs of tampering.
3. An estimated 2,200 Proof sets contain dimes struck from Proof die missing the Mint mark, an engraver's oversight, not a filled die.
4. An estimated 1,655 Proof sets contain 5-cent coins struck from Proof die missing the Mint mark, an engraver's oversight, not a filled die.
5. Contains 1776-1976 dated Bicentennial quarter dollar, half dollar and dollar.
6. 1979 Proof set: The Anthony dollar replaced the Eisenhower dollar. During latter 1979, a new, clearer Mint mark punch was used on the dies. Sets with all six coins bearing the new Mint mark command a premium.
7. 1982 Proof set: A new Mint mark punch with serifs was introduced.
8. 1983 10-cent piece: Some 1983 sets were issued with dimes missing the S Mint mark, similar to errors on 1968, 1970, 1971 and 1975 Proof coins.
9. The Mint released an estimated 3,555 1990 Proof sets with a cent missing the S Mint mark. The die was for business strikes at Philadelphia, but was inadvertently sent to San Francisco, prepared as a Proof and placed into Proof production.
10. Price increased from $11 to $12.50 July 1, 1992.
11. Prices are pre-issue discount/regular price.
12. Beginning in 1992 a new type of Proof set was issued, consisting of a regular Proof cent and 5 cents, but with the dime, quarter dollar and half dollar struck on 90 percent silver planchets, rather than the copper-nickel clad planchets of the circulating and regular Proof coinage. A "Premiere" edition — essentially fancy packaging — was sold at an additional premium.
13. 1979-81 Uncirculated sets: While Anthony dollars were struck for circulation at the San Francisco Assay Office, the Unc. S dollar was not included in the 1979 Uncirculated Mint set, which has 12 coins and a face value of $3.82. The Anthony dollar was included in the 1980 and 1981 sets, which are 13-coin sets with a face value of $4.82.
14. 1996 Uncirculated set: A 1996-W Roosevelt dime, available only in these sets, was added at no additional cost to mark the 50th anniversary of the coin.
15. Prices are for single-coin or -set purchase only; bulk discounts may apply; in 1996, a pre-issue discount was offered on gold coins.
16. Includes tenth-, quarter-, half-ounce gold, 1-ounce silver coin and 1-ounce silver medal.
17. Includes four gold coins and one silver, all with West Point Mint mark.
18. Includes one each Proof 1-ounce platinum, gold and silver bullion coin.
19. Includes one each of that year's State quarter dollars, plus Proof versions of other regular denominations.
20. Includes one each of that year's State quarter dollars only.
21. Includes one each of that year's State quarter dollars, plus examples of other regular denominations.
22. Mint officials had not released price information as of July 22, 2003.
23. Mint officials reopened sales of 1999, 2000 and 2001 Proof sets on May 29, 2002, in an unprecedented and controversial offering. The 1999 and 2000 Proof set programs long had been closed, and sales of the 2001 sets had ended as 2002 sets went on sale. Officials halted sales June 25, 2002, citing damage to some of the coins in some of the 1999 sets. Sales figures for the three sets quoted here are preliminary (as of July 23, 2003) and subject to change.
24. Sales as of July 17, 2003; final, reconciled figures, to be released later, may differ.

Glossary

16

Numismatics (pronounced nu-mis-mat-iks), like any science, has a language of its own spoken by its practitioners and students. New collectors unfamiliar with terms like obverse, reverse, Mint mark and double eagle may feel confused by a bewildering lexicon. However, the language need not be confusing.

The terms defined here are those that may be commonly encountered during the normal course of coin collecting. A more in-depth glossary can be found online at **www.coinworld.com**.

Alloy: Mixture of more than one metal.

Altered coin: A coin that has been deliberately changed to make it resemble a rare or more valuable piece, or to change its appearance for any reason.

American Buffalo silver dollar: Commemorative silver dollar struck in 2001, bearing revised versions of James Earle Fraser's designs for the Indian Head 5-cent coin ("Buffalo nickel").

American Eagle: A legal tender bullion coin struck and issued by the United States Mint. The Mint strikes four .9995 fine platinum coins, four .9167 fine gold coins and a .999 fine silver coin. Refer to "Values" section for other specifications.

Bag marks: See Contact marks.

Bicentennial coins: Quarter dollar, half dollar and dollar struck in 1975 and 1976 with special reverse designs commemorating the 200th anniversary of the signing of the Declaration of Independence. Dated 1776-1976.

Bimetallic coins: See "ringed bimetallic coins."

Buffalo nickel: Nickname given the Indian Head 5-cent coin. Nickname is commonly though incorrectly used; most U.S. coins are named after their obverse design; the creature on the reverse is a bison, not a buffalo; and no U.S. coin denomination is legally called a "nickel." See "American Buffalo silver dollar."

Clad: Composite coinage metal strip composed of a core, usually of a base metal such as copper, and surface layers of more valuable metal like copper-nickel. The U.S. dimes, quarter dollars, half dollars and dollars struck for circulation since 1965 are a clad coinage, including the Sacagawea "golden" dollar.

Coin: Usually a piece of metal, marked with a device, issued by a governing authority and intended to be used as money. Coins may or may not be legal tender. All coins issued by the United States government are legal tender.

Colonial coins: Coins struck by one of the 13 British Colonies before the American Revolution. Few of the Colonial coins were struck with the authority of the British throne, which legally had all coinage rights in Great Britain and the Colonies.

Contact marks: Surface abrasions found on U.S. coins, because of coins striking the surfaces of other coins during bagging and shipping procedures. See chapter on "Grading," for details.

Coronet: A style of Liberty Head used on U.S. copper and gold coins for much of the 19th century. Liberty wears a coronet (usually marked with the word liberty).

Denomination: The face value of a coin; the amount of money it is worth as legal tender.

Device: The principal design element, such as a portrait, shield or heraldic emblem, on the obverse or reverse of a coin.

Die: A hardened metal punch, the face of which carries an intaglio or incused mirror image to be impressed on one side of a planchet.

Disme: Original spelling of "dime." May have been pronounced "deem."

Double eagle: A $20 gold coin of the United States. Introduced into circulation in 1850; last struck in 1933.

Eagle: A $10 gold coin of the United States.

Edge: Often termed the third side of a coin, it is the surface perpendicular to the obverse and reverse. Not to be confused with the rim. Edges can be plain, reeded, lettered or carry other designs.

Fantasy piece: An object having the physical characteristics of a coin, issued by an agency other than a governing authority (or without official sanction) yet purporting to be issued by a real or imagined governing authority as a coin.

Field: The flat part of a surface of a coin surrounding and between the head, legend or other designs.

Flow lines: Microscopic striations in a coin's surface caused by the movement of metal under striking pressures. A coin's luster is caused by its flow lines; loss of luster is the result of wear to the flow lines.

Frost: Effect caused by striking a coin with sandblasted dies, often used in reference to Proof coins.

Half dimes, half dismes: A silver 5-cent coin of the United States. The Mint Act of April 2, 1792, authorized "half dismes," which was the standard spelling (rather than "half dime") until well into the 19th century. See disme.

Half eagle: A $5 gold coin of the United States.

Hub: A right-reading, positive punch used to impress incused, mirror-image dies.

Large cent: Refers to the U.S. cents of 1793 to 1857, with diameters between 26 and 29 millimeters, depending on the year each was struck.

Legal tender: Currency (coins or paper money) explicitly determined by a government to be acceptable in the discharge of debts.

Lettered edge: An incused or raised inscription on the edge of a coin.

Minor coin: A silver coin of less than crown weight or any coin struck in base metal.

Mint mark: A letter or other symbol indicating the Mint of origin. Also spelled Mintmark.

Money: A medium of exchange.

Mule: A coin struck from two designs not normally used together. Examples include a 1959 Lincoln cent with 1958-style Wheat Stalks reverse and four double-denomination mules (see the chapter on "error coins" for details on the latter).

Nickel: A silver-white metal widely used for coinage. It is factually incorrect to use "nickel" for the copper-nickel 5-cent coin. In the mid-19th century, copper-nickel cents and 3-cent coins were also nicknamed "nickel," like the modern 5-cent coin. The U.S. Mint has never struck a coin officially called a "nickel."

Numismatics: The science, study or collecting of coins, medals, paper money, tokens, orders and decorations and similar objects.

Numismatist: A person knowledgeable in numismatics, with greater knowledge than a novice collector.

Obverse: The side of a coin that bears the principal design or device, often as prescribed by the issuing authority. In informal English, the "heads."

Pattern: Coin-like pieces designed to test coin designs, mottoes or denominations proposed for adoption as a regular issue and struck in the metal to be issued for circulation, but that were not adopted, at least in year of pattern issue. The 1856 Flying Eagle cent is a pattern; the coin was not struck for circulation or authorized until 1857.

Penny: The nickname given the 1-cent coin. The United States Mint has never struck a penny for use in the United States. The nickname derives from the country's English origins; England still uses a denomination called a penny.

Pioneer gold coins: Gold coins, generally privately produced, struck in areas of the United States to meet the demands of a shortage of federally issued coins, generally in traditional U.S. coin denominations. Often called "private gold," which is correct for many but not all of the issues, and "territorial gold," which is incorrect since none of the coins were struck by a territorial government authority.

Planchet: The disc of metal that when placed between the dies and struck becomes a coin. Also called flan or blank.

Restrike: A numismatic item produced from original dies later. In the case of a coin, the restrike usually occurs to fulfill a collector demand and not a monetary requirement.

Reverse: The side opposite the obverse, usually but not always the side with the denomination (the denomination appears on the obverse of the State quarters, for example). The side opposite the side containing the principal design. Informally, the "tails."

Ringed bimetallic coin: A coin composed of two parts: a holed ring into which is inserted a core. The two parts are often different colors and compositions. The only U.S. ringed bimetallic coin is a 2000 commemorative $10 coin honoring the Library of Congress, composed of a platinum core and gold ring.

Slab: A rigid plastic, sonically sealed holder, usually rectangular, especially those used by third-party grading services.

Series: Related coinage of the same denomination, design and type, including modifications and varieties.

Subtype: A modification of a basic design type that leaves the basic theme intact without major revision. Examples include the Bison on Plain and Bison on Mound reverses for the Indian Head 5-cent coin and the three reverse subtypes used on the Capped Bust half dollar from 1836 to 1838 (the same Eagle design was used with and without e pluribus unum; the denomination appears as 50 c., 50 cents and half dol.).

Type: A basic coin design, regardless of minor modifications. The Indian Head and Jefferson 5-cent coins are different types.

Variety: As in die variety. The difference between individual dies of the same basic design or type. A minute change in the positioning of the numerals of the date from one die to another results in different die varieties.

Index